监察取证原理与规则

阳平 著

Principles and Rules of Supervisory Investigation

法律出版社
LAW PRESS·CHINA
北京

图书在版编目(CIP)数据

监察取证原理与规则 / 阳平著. -- 北京 : 法律出版社, 2023

ISBN 978-7-5197-8049-4

Ⅰ. ①监… Ⅱ. ①阳… Ⅲ. ①监察－证据－研究－中国 Ⅳ. ①D922.114.4

中国国家版本馆 CIP 数据核字(2023)第 111724 号

监察取证原理与规则
JIANCHA QUZHENG YUANLI YU GUIZE

阳　平 著

责任编辑 董　昱
装帧设计 汪奇峰

出版发行 法律出版社
编辑统筹 法规出版分社
责任校对 王晓萍
责任印制 耿润瑜
经　　销 新华书店

开本 710 毫米×1000 毫米　1/16
印张 19.25　　**字数** 281 千
版本 2023 年 9 月第 1 版
印次 2023 年 9 月第 1 次印刷
印刷 三河市兴达印务有限公司

地址:北京市丰台区莲花池西里 7 号(100073)
网址:www.lawpress.com.cn
投稿邮箱:info@lawpress.com.cn
举报盗版邮箱:jbwq@lawpress.com.cn

销售电话:010-83938349
客服电话:010-83938350
咨询电话:010-63939796

书号:ISBN 978-7-5197-8049-4　　**定价**:78.00 元

序

自2021年9月20日起施行的《中华人民共和国监察法实施条例》(以下简称《监察法实施条例》),“聚焦监督调查措施使用,围绕明确规则、规范程序、自我约束作出具体规定”①,是一部以规范监察取证活动为主要内容的法规。在此之前,以《中华人民共和国监察法》(以下简称《监察法》)中相关取证条款为基础,一系列规范监察调查权行使的法律法规与规范性文件②业已制定实施。这些法规文件在内容上与侦查取证规则、证据规则进行了衔接,同时保持了自身特色,③形成了独立化的监察取证规则体系。目前学界侧重研究基于庭审活动而构建的证据规则,④对审前取证规则的研究并不多。并且,对监察调查权的性质是否等同于侦查权、监察机关是否适用《刑事诉讼法》也存在认识上的分歧。⑤ 使得对监察取证规则的性质、理论基础、运行原理的研究更有必要。另外,尽管有文献通过分析监察权的属性,提出构建监察证据规则的思路,但更多是通过比照侦查取证规则、刑事证据规则构建片段式

---

① 《2020年,哪些纪检监察法规制度新动态值得关注?》,载中央纪委国家监委网,http://v.ccdi.gov.cn/2020/03/20/VIDEZRaZ43ZSDNZRqRe5c8F1200320.shtml。

② 这些法规文件主要包括:《中国共产党纪律检查机关监督执纪工作规则》(以下简称《监督执纪工作规则》)、《监察机关监督执法工作规定》、《纪检监察机关监督检查审查调查措施使用规定》、《国家监察委员会与最高人民检察院办理职务犯罪案件工作衔接办法》。

③ 例如,《监察法实施条例》第56条规定开展讯问、搜查、查封、扣押以及重要的谈话、询问等调查取证工作,“应当全程同步录音录像”,而《刑事诉讼法》第123条仅要求“对于可能判处无期徒刑、死刑的案件或者其他重大犯罪案件,应当对讯问过程录音或录像”。

④ 参见马方:《侦查取证规则基础理论研析》,载《社会科学研究》2006年第5期,第97页。

⑤ 主张监察调查权不同于侦查权的代表性文献参见马怀德:《国家监察体制改革的重要意义和主要任务》,载《国家行政学院学报》2016年第6期,第20页。主张监察调查权等同于侦查权的代表性文献参见刘玫:《论监察委员会的调查措施》,载《学习与探索》2018年第1期,第62-63页;张建伟:《法律正当程序视野下的新监察制度》,载《环球法律评论》2017年第2期,第65页。

的监察证据规则，①有待于基于监察取证的原理构建完备的规则体系。

本书首先对《监察法》及其配套法规文件中有关规范监察取证的条款进行概念化和体系化解释，提炼出“监察取证规则”概念，将之界定为“规范监察取证主体收集、审查证据的规则体系”。监察调查权的属性决定了监察取证规则由职务违法取证规则、职务犯罪取证规则构成，二者在内容上应“同中有异”；在外延方面，监察取证规则与证据法、侦查取证规则构成交叉关系，兼具监察程序法、刑事程序法和证据法的特征。监察取证规则具有独立化的正当性和必要性，主要表现为它有助于提高纪检监察工作规范化法治化水平，解决现有规范适用依据不充分，实现规制监察调查权、保障人权、促进真相发现等多重价值。监察取证规则的性质决定其应借鉴吸收证据规则、侦查取证规则相关内容。同时，监察取证规则应充分体现监察取证原理，主要包括监察调查权的属性、监察取证的认识论基础和价值论基础。为此，本书以界定监察调查权的属性为切入点，为构建监察取证规则设定逻辑起点。在此基础上，本书阐释了监察取证主体的“组织化”认识结构及其“廉洁监察”价值追求，二者分别构成监察取证规则的认识论和价值论基础。基于这两个建构逻辑，监察取证规则应包括监察取证主体规则、权利保障规则、监察证据收集规则、监察证据审查规则等四类规则，体现并促进求真和求善的有机统一。监察取证规则的性质、理论基础、体系构成是监察取证规则制定与实施的基本遵循。本书据此围绕监察取证主体、监察取证中的权利保障、监察证据的收集、监察证据的审查展开论述，旨在揭示监察取证原理，并据此建构监察取证规则的具体内容。

本书的价值有两个方面：一方面，本书率先提出了“监察取证规则”的概念，并运用哲学、政治学、宪法学、刑法学、刑事诉讼法学、证据法学、监察法学、行政法学等多学科知识和研究方法论证其理论基础、体系，构建具体内容，阐

---

① 这方面的代表性文献参见马方、吴桐：《逻辑与司法：监察程序中证据规则的解构与建构》，载《河北法学》2018年第9期，第50-65页。需要指出的是，用“监察证据规则”指代规范监察取证的规则并不精准，原因是证据规则在一般语境中通常是指审判阶段规范事实认定的规则。为此，本书采用“监察取证规则”概念，其不仅包括部分证据规则，还包括规范措施使用、取证主体行为等不属于传统证据规则范畴但具有证据规则功能的规则。

释监察取证原理,这是对监察调查权运行规律及其制度化的体系化研究,将丰富纪检监察学一级学科的学科体系、学术体系、话语体系;另一方面,本书通过论证监察取证规则的理论逻辑、建构其体系,为制定和实施有关规范监察取证活动的法律法规提供一个理论分析视角和参照系,有助于推动监察取证工作的规范化、法治化发展。

本书除前言、结论外,正文共分六章:

第一章监察调查权的性质。监察调查权是一种集监督属性、政治属性、法律属性、行政属性、侦查属性等多种属性于一体的复合性权力,不同于侦查权。在权力构成上,监察调查权与侦查权是交叉关系,二者交叉的权力是职务犯罪调查权。监察调查权的上述性质决定了监察取证规则的性质和特征。

第二章监察取证规则的理论基础和体系。监察取证主体的"组织化"认识结构塑造监察取证规则的内容,同时监察取证规则可以优化这一认识结构的求真功能。监察取证主体的主体性特征决定其应将"廉洁监察"作为价值追求。作为对这一价值观的具体化,监察取证规则应体现"准确、公正、文明、效率"这四个价值。监察取证规则的体系构成包括取证主体规则、权利保障规则、证据收集规则、证据审查规则等四类规则,体现监察取证主体的"组织化"认识结构与"廉洁监察"价值,实现求真、求善这两种目标的有机统一。

第三章监察取证的主体。监察取证主体的主体性包括主体资格规定性、主观性、价值及社会性。它塑造了监察取证规则的内容,并影响监察取证规则的实施效果。监察取证规则又能为监察取证的主体提供方法论和理念指导。监察取证主体在与客体相互作用的过程中,所运用的溯因推理方法符合监察调查活动的回溯性特征,但同时存在推理结果或然性大的风险,因此有必要综合运用溯因推理与归纳推理。监察取证规则应将无罪(错)推定原则、证据裁判原则确立为取证的基本原则,使之内化于监察取证主体的思维结构,对其推理方法发挥建构作用。此外,监察取证规则有必要明确监察取证主体行使权力的原则、恪守的义务以及违法行使权力的法律责任,从正反两个维度规范监察取证主体的行为。

第四章监察取证中的基本权利保障。本章论证了当事人在监察调查中的基本权利具有抵抗权功能及其对监察取证规则的塑造作用,并据此从自由权利、程序权利、救济权利三方面构建了当事人在监察调查中的权利体系。第一节论述了当事人在接受监察调查时享有基本权利的理论依据,阐述身为公职人员的被调查人的权利被克减的正当性及其边界,论证职务违法调查程序与职务犯罪调查程序在权利保障方面应有所差异,表现为后者比前者的标准更高。第二节论述了当事人的自由权利对监察取证规则的塑造功能。第三节、第四节阐释《监察法》中的权利保障条款,并主张建立配套的权利保障制度。

第五章监察证据的收集。本章旨在阐述监察证据收集规律,并据此阐释和建构监察证据收集规则。鉴于证据的收集是通过调查措施的实施实现的,因而规范证据的收集关键是规范取证措施的使用。第一节言词证据收集规则,阐述了监察机关的谈话、询问、讯问规则。第二节实物证据收集规则,阐述了监察机关的查询、调取、搜查、查封、扣押、冻结规则。第三节技术调查取证规则,阐述了监察机关决定采取技术调查措施的条件、审批程序、实施程序等规则。

第六章监察证据的审查。本章论述了监察证据的审查理论与方法,并在此基础上构建了监察证据的审查规则。关于监察证据的证据能力审查,本章论述了监察证据可以在刑事诉讼中作为证据使用的条件,包括取证主体、取证方式、证据种类、证据来源、取证阶段等条件限制,主张确立证据禁止使用规则,完善监察案件非法证据排除规则。关于监察证据的证明力审查,本章主张确立最佳证据规则、证据补强规则,构建监察案件层次性证明标准体系,即职务犯罪案件的证明标准应高于职务违法案件的证明标准,前者为“排除合理怀疑”,后者为“清晰且令人信服”,并阐释背后的原理。

总结起来,本书立足纪检监察学科的跨学科特征,贯通运用多学科理论和知识,采用法教义学方法、文献分析法、比较法考察、实证研究等研究方法,聚焦监察取证活动这一具有中国气派、中国风格、中国特色的课题,旨在揭示监察取证的运行原理并据此阐释和建构监察取证规则,为提升纪检监察工作的规范化、法治化和正规化水平提供方法论和理论指引。

本书基于笔者十余年纪检监察实务经验,尝试对纪检监察实践尤其是国家监察体制改革实践进行理论阐释,努力实现学理性和实践性的有机融合。

本书既可以是纪检监察干部学习审查调查、案件审理、证据适用等纪检监察业务的参考书,也可以作为纪检监察学科统编教材的配套教材供从事纪检监察学研究或教学的专家、学者使用。

监察法学作为纪检监察学这一新兴一级学科的二级学科,有许多理论和实践课题有待学术界和实务界共同探讨交流和研究。本书仅是对这一领域相关问题的初探,希冀本书的出版能激发学界、同仁对监察取证原理与规则的更多关注和研究,共同推动纪检监察学科的繁荣发展。

是为序。

阳　平

2023 年 9 月于北京百望山脚下

目　录

图表目录

前　言

一、研究意义

2016年11月，中共中央办公厅印发《关于在北京市、山西省、浙江省开展国家监察体制改革试点方案》，在三省市设立各级监察委员会，[①]由此拉开了国家监察体制改革的序幕。经过近两年先后在京、晋、浙三地及全国范围开展国家监察体制改革试点，2018年3月20日，十三届全国人大一次会议表决通过了《监察法》，自此国家监察体制改革的成果正式为立法所确认。国家监察体制改革后，县级以上地方各级人民政府的监察厅（局）、预防腐败局和人民检察院查处贪污贿赂、失职渎职以及预防职务犯罪等部门的相关职能整合至监察委员会（以下简称监察机关）。各级监察机关对所有行使公权力的公职人员进行监察，调查职务违法和职务犯罪行为，[②]有权采取或决定采取谈话、讯问、询问、留置、搜查、查询、调取、查封、扣押、冻结、勘验检查、鉴定、技术调查、通缉、限制出境等15项调查措施。国家监察体制改革后，过去分散的反腐败资源被整合，监察范围更广，监察权限更大，更有助于实现“建立集中统一、权威高效的监察体系”的改革目标。

在认识国家监察体制改革的重要意义的同时，对于权力较为集中、统一的监察机关，如何监督其权力的运行，防止权力滥用；如何保障被调查人的权利；如何建立监察机关与司法机关的协调衔接机制，形成监察机关与审判机关、执法部门互相配合、互相制约的改革目标；如何避免“监察中心主义”的出现，实

---

① 具体内容参见《中共中央办公厅印发〈关于在北京市、山西省、浙江省开展国家监察体制改革试点方案〉》，载新华网，http://www.xinhuanet.com/politics/2016-11/07/c_1119867301.htm。

② 参见《监察法》第3条。

现“以审判为中心”的刑事诉讼制度改革目标,也成为人们广泛关注的问题。在立法层面,为更好贯彻和适用《监察法》,回应如何监督监察权运行的问题,自《监察法》颁布实施以来,包括《监察法实施条例》在内的一系列规范监察调查权行使的法律法规与规范性文件先后制定实施,形成了一套以《监察法》为中心的规范监察机关调查取证的规则群,它们对于规范监察调查权的行使、保障当事人的合法权益、提升案件质量具有重要意义。

通过梳理发现,现有监察取证规则存在条款零散分布、体系性不强、效力等级不一等特点。造成这种局面的一个学理原因在于,对监察取证规则的性质、理论基础、体系等缺乏足够研究。目前,尽管已有部分文献主张通过制定监察取证规则规范监察机关权力的行使,但没有对监察取证规则的性质、理论基础、具体内容展开研究,无法为监察取证规则的制定与实施提供有效理论指引。为此,本书基于对监察取证活动规律的认识,通过对《监察法》及其配套法规文件中有关监察取证的条款进行体系化解释和概括,阐述监察取证规则的性质、理论基础和体系构成,为监察取证规则的制定实施提供理论框架和具体建议,并论证监察取证规则是规制监察调查权的有效路径。当然,控权仅是监察取证规则的功能之一,其还具有通过优化监察取证主体的认识结构、培育廉洁监察价值,促进真相发现、提升案件办理质量、保障人权的功能。随着国家监察体制改革的深入推进,通过研究监察权的运行规律,构建体现监察取证原理的规范体系,具有理论和实践意义。

二、研究现状

国家监察体制改革受到学术界的广泛关注。这方面的文献也呈现“井喷”状态。笔者以主题为“国家监察”,文献发表时间为“2016 年 1 月 1 日至 2023 年 7 月 31 日”为检索条件,在中国知网进行检索,查询到的文献共有 3967 篇。这些文献论及国家监察体制改革的方方面面,既有关于如何监督制约监察机关权力的文献,也有从宪法、行政法角度讨论国家监察机关、监察权属性的文献,还有文章论述国家监察机关的管辖范围、监察机关与司法机关的衔接、调查措施适用的法律规范、监察官制度等。受篇幅所限,笔者将所有关于上述研究内容的文献均作一个综述显然不现实,也无必要。由于本书所要论证的问题是为什么需要制定监察取证规则，以及如何建构监察取证规则，而这些论证须以阐述对监察调查权的监督制约模式以及监察调查权的属性为条件，故本书对聚焦于这两方面的文献研究情况进行梳理和评价，而涉及其他内容的文献则在正文中作为“对话”的对象。

首先是关于监督制约监察机关权力的文献。目前关于监察的文献，有很多主题是关于监督制约、限制监察机关权力的。例如，童之伟教授提出，制约监察委员会权力的一种有效方式是，“创造和维持制约者与被制约者享有的政法综合权重比大致均衡的局面”[①]。马怀德教授认为，对监察委员会的监督应包括权力监督权力、权利监督权力两种模式。其中权力监督权力模式包括人大的监督、司法机关的监督；权利监督权力模式指的是社会、民众、党对监察委员会的监督，其主张设立投诉委员会，专门受理民众对监察委员会的投诉。[②] 谭世贵教授全面论述了针对监察权的监督制约方式，具体包括执政党的监督，国家权力机关、司法机关的制约与监督，社会组织和社会舆论、公民个人的监督，以及国家监察机关自身的制约与监督等。[③] 还有学者持同样观点，系统论述了应通过监督执纪过程中的程序监督、监察机关的自我监督、律师介入制度、社会监督体系、新闻媒体与社会舆论监督等方式。[④] 此外，也有学者认为，对监察委员会的监督，应注重强化人大监督、衔接司法监督和做好内部监督。[⑤]

上述文献的一个共同点是主张构建全方位的监督体系监督制约监察机关的权力：既包括权力制约权力模式，也包括权利制约权力模式；既有外部监督，也有内部监督。诚然，对监察机关进行全方位的监督是必要的，但这种全

---

① 主张通过公民广泛行使和维护基本权利，以及强化人大监督、政协监督和法院、检察院制约同等重要的监督制约方式实现。参见童之伟：《对监察委员会自身的监督制约何以强化》，载《法学评论》2017 年第 1 期，第 1-8 页。

② 参见马怀德：《〈国家监察法〉的立法思路与立法重点》，载《环球法律评论》2017 年第 2 期，第 15 页。

③ 参见谭世贵：《论对国家监察权的制约与监督》，载《政法论丛》2017 年第 5 期，第 3-12 页。

④ 参见李勇、余响铃：《对监察委员会的监督制度设计》，载《国家行政学院学报》2017 年第 2 期，第 17-19 页。

⑤ 参见李红勃：《迈向监察委员会：权力监督中国模式的法治化转型》，载《法学评论》2017 年第 3 期，第 157-158 页。

方位的监督对任何一个国家机关都是必要的,究竟如何才能有效监督监察机关的权力,还须基于其特殊之处研究最适合的权力监督方式。因而,上述文献关于监督制约监察机关的论述只能是基础性的,成果的针对性还不强。

不同于上述主张通过“大而全”的方式监督制约监察机关的文献,有部分文献着重论述了某一种监督制约监察机关的方式。例如,郭华教授论述了监察机关及监察调查权的属性,在此基础上主张监察机关调查权的行使除接受党的领导或者纪委监督、人大监督、社会监督外,还应接受检察机关的检察监督与司法权的制约。[①] 朱福惠教授专门论述了检察机关制约监察机关职务犯罪调查的理论基础、方式方法及限度。[②] 左卫民等论述了监察机关与检察机关是相互配合与相互制约的关系,并对检察机关如何制约监察机关提出了意见建议。[③] 有的文献论述了被监察者的权利保障,包括程序性权利和救济权利,及其对监督制约监察机关权力的重要性。[④] 有的文献主张制约和监督监察委员会应充分发挥我国人民代表大会制度的优势。[⑤] 上述文献分别论述了对监察机关的某种特定监督制约方式,相比于主张“大而全”的监督制约体系,这种聚焦于具体某种监督制约模式的研究针对性更强。不过,上述这些文献提出的监督方式,由于仍未能充分考虑监察机关权力的属性及其运行的制度环境,并非适用于监督制约监察机关权力的有效路径。本书所要论证的是,作为对监察调查权的静态控权方式,监察取证规则是监督制约监察机关调查权的一种主要路径,其他监督制约方式属于动态控权方式,是在静态控权方式失灵下介入的,[⑥]两者相互补充,共同发挥着对监察机关调查权的规制作用。

目前,已有部分文献主张通过制定规范监察调查权运行的规则规制监察

① 参见郭华:《监察委员会职务犯罪调查权的属性及制约机制》,载《贵州民族大学报(哲学社会科学版)》2019 年第 1 期,第 183-208 页。

② 参见朱福惠:《论检察机关对监察机关职务犯罪调查的制约》,载《法学评论》2018 年第 3 期,第 13-21 页。

③ 参见左卫民、唐清宇:《制约模式:监察机关与检察机关的关系模式思考》,载《现代法学》2018 年第 4 期,第 18-26 页。

④ 参见杨红:《被监察者的权利及其保障研究》,载《行政法学研究》2017 年第 6 期,第 69-77 页。

⑤ 参见焦洪昌、古龙元:《从全国人大常委会授权看监察体制改革》,载《行政法学研究》2017 年第 4 期,第 10 页。

⑥ 关于动态控权模式、静态控权模式的原理,参见阳平:《论我国香港地区廉政公署调查权的法律控制——兼评〈中华人民共和国监察法(草案)〉》,载《政治与法律》2018 年第 1 期,第 28-43 页。

机关权力。例如,施鹏鹏教授认为,监察机关职务犯罪调查权等同于侦查权,限制这一权力的方式之一便是通过系统修法工程,对调查权进行程序控制。[①] 郑贤君教授在阐述监察调查权属性的基础上,从理论上界定了调查权的原则、对象和范围、程序及宪法边界。[②] 值得指出的是,这两个文献所涉及的内容尽管是关于监察取证规则的,但遗憾的是,它们未对监察取证规则的原理、法律规范和具体内容作具体阐述,有待于对之进行体系化研究。

其次是关于监察权或监察调查权属性的文献。[③] 对监察权的定性大致可分为监督权说、第四权力说、新型复合性权力说、二元属性说等观点。学界和实务界就监察调查权的属性的讨论则更为激烈,主要有以下四种:监察调查权不同于刑事侦查权,[④]监察调查权具有部分"侦查权"属性,[⑤]监察调查权等同于侦查权,[⑥]监察调查权是一种新型的权力。[⑦] 随着针对监察调查权属性的讨

① 施鹏鹏:《国家监察委员会的侦查权及其限制》,载《中国法律评论》2017 年第 2 期,第 49-50 页。

② 参见郑贤君:《试论监察委员会之调查权》,载《中国法律评论》2017 年第 4 期,第 111-121 页。

③ 代表性文献参见秦前红:《我国监察机关的宪法定位——以国家机关相互间的关系为中心》,载《中外法学》2018 年第 3 期;陈瑞华:《论国家监察权的性质》,载《比较法研究》2019 年第 1 期;张建伟:《监察至上还是三察鼎立——新监察权在国家权力体系中的配置分析》,载《中国政法大学学报》2018 年第 1 期;徐汉明:《国家监察权的属性探究》,载《法学评论》2018 年第 1 期;郑曦:《监察委员会的权力二元属性及其协调》,载《暨南学报(哲学社会科学版)》2017 年第 11 期。

④ 代表性文献参见马怀德:《国家监察体制改革的重要意义和主要任务》,载《国家行政学院学报》2016 年第 6 期;《深化监察体制改革推进试点工作之四:使党的主张成为国家意志》,载《中国纪检监察报》2017 年 7 月 17 日,第 1 版;肖培:《监察体制改革是一项重大政治体制改革》,载人民网,http://cpc.people.com.cn/19th/n1/2017/1026/c414536-29610616.html。

⑤ 代表性文献主要参见陈光中:《监察体制改革需启动系统修法工程》,载财新网,http://china.caixin.com/2017-01-17/101044638.html;陈瑞华:《论监察委员会的调查权》,载《中国人民大学学报》2018 年第 4 期;左卫民、安琪:《监察委员会调查权:性质、行使与规制的审思》,载《武汉大学学报(哲学社会科学版)》2018 年第 1 期;郑曦:《监察委员会的权力二元属性及其协调》,载《暨南学报(哲学社会科学版)》2017 年第 11 期。

⑥ 代表性文献参见刘玫:《论监察委员会的调查措施》,载《学习与探索》2018 年第 1 期;张建伟:《法律正当程序视野下的新监察制度》,载《环球法律评论》2017 年第 2 期;熊秋红:《监察体制改革中职务犯罪侦查权比较研究》,载《环球法律评论》2017 年第 2 期;郑贤君:《试论监察委员会之调查权》,载《中国法律评论》2017 年第 4 期,第 111 页。

⑦ 持这一观点的代表性文献参见陈一天:《监察调查权与刑事侦查权界限考》,载《法治论坛》2018 年第 3 期,第 129 页;秦前红:《监察体制改革的逻辑与方法》,载《环球法律评论》2017 年第 2 期,第 17-27 页;韩大元:《论国家监察体制改革中的若干宪法问题》,载《法学评论》2017 年第 3 期,第 11-22 页。

论,有部分学者讨论了监察调查权运行的法律依据。[①] 这些学者的研究为人们理解监察调查权以及监察调查权运行的法律依据奠定了很好的基础。不过,对监察调查权属性或法律依据的研究,最终都无法回避一个问题,即监察机关应遵循什么样的取证规则。从这个角度看,现有文献主要集中研究监察机关权力运行的制度环境和法律规范,涉及了监察取证规则的部分内容,但对于监察机关具体调查措施应如何适用,除了有部分关于留置措施适用规则的文献,[②]针对其他调查措施的研究则很少有涉及。并且,由于现有文献对监察调查权的研究更多仅聚焦于某一个视角,使其研究缺乏体系性和完整性。

通过分析上述文献,可以看出目前对监察调查权的研究大多是从控权、人权保障的角度来论述的,研究的结果大多是提出控权举措或人权保障的建议。然而,无论是控权还是人权保障措施都需要一个制度来实现。对于监察机关而言,控制其权力运行,防止权力滥用固然重要,但同时还应确保其权力能有效地运转,以保障案件质量、推进监察工作的顺利进行。鉴于此,本书旨在构建一套有助于实现上述目标的规则体系,即监察取证规则。

三、研究对象和思路

(一)研究对象

由于新成立的国家监察机关与党的纪律检查机关合署办公,实行一套工作机构,两个机关名称,集违纪、职务违法、职务犯罪三类案件调查权于一体,且违纪案件调查与职务违法犯罪案件调查由同一部门一体调查,因而监察机关与纪委在调查权运行目的和规范方面存在一些相通之处。尽管如此,监察调查权与纪委审查调查权本质上仍不属于同一种权力,前者属于国家权

---

① 代表性文献参见陈卫东、聂友伦:《职务犯罪监察证据若干问题研究——以〈监察法〉第33条为中心》,载《中国人民大学学报》2018年第4期;卞建林:《监察机关办案程序初探》,载《法律科学(西北政法大学学报)》2017年第6期。

② 关于"留置"的代表性文献包括谭世贵:《监察体制改革中的留置措施:由来、性质及完善》,载《甘肃社会科学》2018年第2期;吴建雄等:《"用留置取代两规措施"笔谈》,载《新疆师范大学学报(哲学社会科学版)》2018年第2期;徐汉明、张乐:《监察委员会职务犯罪调查与刑事诉讼衔接之探讨——兼论法律监督权的性质》,载《法学杂志》2018年第6期;阳平:《"两规"到留置的演进历程、逻辑及启示》,载《法学杂志》2021年第5期。

力,后者属于党的权力。并且,监察机关是2018年《宪法修正案》新创设的国家机关,履行特定的法律职责,其权力属性和权力运行规律具有自身的特点,对之进行专门研究具有必要性、可行性。另外,考虑到违纪、职务违法、职务犯罪三类案件的调查涉及党纪与国法两个规范体系,对三者予以一体研究会因研究范围过大而不便于聚焦。因此,本书仅在《监察法》视野下研究监察机关对职务违法、职务犯罪案件的取证规则,并不包括纪委的取证规则。尽管如此,本书在研究监察调查权的属性和运行规律时,仍会从监察机关的运行环境及其与纪委合署办公的视角进行考量。

鉴于监察机关发动监察调查权的主要目的是取得证据,且国家权力与公民权利的冲突主要发生在取证阶段,故规范监察取证行为对于规制监察调查权、保障人权具有关键作用。此外,保障案件质量、防范冤错案件的关键也在于规范取证行为。故研究监察机关的取证行为及相关规则,相当于是从众多选项中选择最核心的一个问题作为研究对象,可以起到"提纲挈领"的作用。综上,本书所研究的监察取证规则仅指监察机关调查职务违法、职务犯罪案件时收集、固定、审查、运用证据所应遵循的规范。

(二)研究思路

本书分为前言、正文、结论三大部分。其中,前言部分主要介绍选题背景、选题意义、研究现状、研究对象、基本观点、研究思路及主要创新点。正文部分分为六章,具体研究思路如下:

第一章监察调查权的性质。监察调查权的性质决定了监委调查取证应遵循哪些法律;是否有必要制定专门的监察取证规则;以及如果制定监察取证规则,它应具有什么特点等问题。因而,它是研究监察取证规则的基础。本章通过阐述国家权力的一般性质,回顾监察权的起源和性质,阐述监察权的性质,在此基础上界定监察调查权的性质,尤其是其与侦查权的关系。

第二章监察取证规则的理论基础和体系。本章通过对《监察法》中有关监察机关取证的规则进行概念化,提出"监察取证规则"概念,并界定其内涵、外延。在此基础上,论证了制定监察取证规则的必要性和正当性,阐释了其建构的认识论和价值论逻辑,并据此提出监察取证规则的体系构成包括监察取证的主体规则、监察取证中的权利保障规则、监察证据的收集规则、监察证据的审查规则等四类规则。

第三章监察取证的主体。鉴于取证主体对取证行为的重要影响,本章阐述了取证主体的主体性特征,论证了监察取证主体的主体性、主体与客体的互动作用机制对监察取证规则的塑造功能,以及监察取证规则对监察取证主体的主体性的培育作用。在此基础上,本章论述了监察取证主体行使调查权的原则、应履行的义务以及违法行使职权的法律责任,从正反两个角度对监察取证主体的行为进行规范。

第四章监察取证中的基本权利保障。本章从当事人的基本权利视角,阐述了基本权利对监察取证规则的影响。第一节阐述当事人在监察取证中的基本权利的抵抗权功能,论述保障被调查人权利的法理依据,以及被调查人的权利克减情形及边界。在此基础上,第二节论述当事人的自由权对监察取证行为的消极规范作用,以及对监察取证规则的塑造功能。第三节、第四节阐述《监察法》中的权利保障条款,提出相关立法完善建议,主张建立配套的权利保障制度。

第五章监察证据的收集。本章旨在阐述监察证据收集规律,并据此阐释和建构监察证据收集规则。鉴于证据的收集是通过调查措施的实施实现的,对取证行为的规范的关键是对取证措施的规范。为此,本章通过阐述各调查措施的使用规范,包括各调查措施的性质、适用条件、适用对象、审批程序、实施程序等内容,构建监察证据的收集规则。为便于研究,本章按言词证据收集规则、实物证据收集规则、技术调查取证规则三节予以展开。

第六章监察证据的审查。本章阐述监察证据的审查理论与方法,并构建监察证据的审查规则。本章参照法官对证据审查的内容,将监察证据的审查内容分为证据能力审查、证明力审查,并据此阐述和构建监察证据的证据能力审查规则、监察证据的证明力审查规则。

四、主要观点及创新点

(一)主要观点

(1)监察调查权是一种监督权,既有政治属性又有法律属性,既有行政属性又有侦查属性,是一种集多种属性于一体的复合性权力。在权力构成上,监察调查权与侦查权是交叉关系,二者交叉的权力即是职务犯罪调查权。监察调查权的性质决定了监察取证规则的性质及其与侦查取证规则、证据法的关系。具言之,监察取证规则与侦查取证规则、证据法均属于交叉关系,因而具有《监察法》、《刑事诉讼法》和证据法的交叉特征。构成监察取证规则的职务违法取证规则、职务犯罪取证规则应有部分相同内容,同时在证明标准、权利保障等方面存在差异。

(2)监察取证规则是规范监察取证主体收集、审查证据的规则体系。制定监察取证规则的认识论基础在于它是对监察取证主体的"组织化"认识结构的反映。监察取证主体的"组织化"认识结构塑造了监察取证规则的内容,监察取证规则应体现这一特征,同时监察取证规则可确立相应的规则以优化这一认识结构的求真功能。监察取证规则的价值论基础在于它应体现监察调查人员[①]"廉洁监察"的价值观。作为对这一价值观的具体化,监察取证规则的四个价值支柱是"准确、公正、文明、效率"。

(3)监察取证规则的体系包括监察取证主体规则、权利保障规则、监察证据收集规则、监察证据审查规则。这些规则应体现监察取证主体的"组织化"认识结构与"廉洁监察"价值,实现求真、求善这两种目标的有机统一。

(二)创新点

(1)观点的创新。本书基于现有法律文本及对监察实践规律的认识,提出了"监察取证规则"概念,阐述了监察取证规则的理论基础和体系,为制定监察取证规则提供了理论框架和方法论指引。本书以此为基础构建的监察取证规则对现有监察实践有一定的解释力,为制定监察取证规则提供了一些具体的立法建议。

(2)研究视角的创新。其一,本书对监察取证规则的研究是从研究调查权的性质入手,通过阐述国家权力的性质、监察权的起源及发展变迁,为研究监察权、监察调查权的性质提供分析视角,并通过阐述监察调查权与侦查权、

① 由于监察取证活动包括证据的收集和审查,本书所指的"监察调查人员"不仅是指参与案件调查的人员,还指参与案件审理的人员,其与后文提到的"监察取证主体"性质一样,后者是从取证的主客体角度,界定监察调查人员的身份。本书会在不同的语境中根据需要使用"监察调查人员"或"监察取证主体"表述。

起诉权、检察权、纪委调查权的关系，界定监察调查权的性质，为后续有关监察取证规则的研究提供理论铺垫。其二，本书从认识论、价值论两个视角，阐述了监察取证的运行规律，为构建监察取证规则的理论体系提供了一个较有解释力的理论框架。其三，本书通过阐述基本权利的功能，分析基本权利与国家权力的关系，论述了当事人在监察调查中享有基本权利的理论依据，并据此阐述了基本权利对监察取证规则的塑造功能。

五、研究方法

（一）法教义学方法

法教义学又称“法释义学”“法解释学”“法律信条学”等，是“围绕整个法律文本或者个别法律条文的解释和适用而形成的规则和理论”①。本书研究的监察取证规则，主要是基于对《监察法》文本进行解释和适用，将其中属于取证的规则进行概念化和体系化，形成一个理论体系，涉及两个方面的工作：（1）对《监察法》有关取证的条款进行文义解释、目的解释，界定监察取证规则的概念；（2）通过对《宪法》《监察法》等法律法规中与监察取证规则有关的内容进行体系解释，界定监察取证规则的性质。例如，本书通过阐述《宪法》中“基本权利条款”、《宪法》第124条对立法机关规定监察机关职权的授权条款②，以及《监察法》有关具体调查措施的授权条款之间的关系，论证技术调查、搜查、查封、扣押等干预基本权利的措施应受到宪法合宪性控制。

（二）比较解释方法

本书对监察权性质、证据法的范围、取证程序、基本权利保障等内容的阐述均涉及比较法解释方法。本书运用比较解释方法，不只是“功能主义”③的比较，即简单地借鉴和援引外国法律体系中与我国法律体系中相似的东西；同时，更重要的是“结构主义”的比较考察与分析，即注重把相比较的对象放入各自所在的制度环境中去分析，辨析它们之间的异与同，尤其是差异背后的深

① 张翔：《基本权利的规范建构》，法律出版社2017年版，第6-7页。

② 《宪法》第124条第4款规定：“监察委员会的组织和职权由法律规定。”

③ 关于比较法研究的“功能主义”与“结构主义”之概念及关系，参见张翔：《基本权利的规范建构》，法律出版社2017年版，第17页。

层次原因。例如,本书分析了监察调查措施的审批程序与外国法中强制性侦查措施的“令状制”的差异及其背后的制度性原因,论证的目的是在立足本国实际的基础上完善相应制度。总之,本书运用比较解释方法的目的不只是借鉴,还包括解释我国的监察立法和实践。

(三)实证研究

为了解监察机关调查取证的实践面向,笔者利用工作便利,开展实证调研,调研对象为纪检监察干部,调研方式包括参加座谈、问卷调查、开展个别访谈等。具言之,笔者于2018年10月23日至25日,围绕“纪检监察工作中的调查取证”这一主题,与课题组成员赴山西省吕梁市纪委监委进行实地调研,与来自市、县两级纪检监察机关、公检法机关近50名干部进行了座谈、访谈,了解职务违法调查、职务犯罪调查是否存在分设的可行性(具体调研结果见第一章),以及调查措施使用的规范化水平(具体调研结果见第五章);2019年3月至4月,笔者对来自全国各地的纪检监察干部,主要是市级纪委监委的干部,进行问卷调查(发放问卷1000份,实际收回有效问卷980份),调研纪检监察干部对“制定监察取证规则”必要性的态度(具体调研结果见第二章)。这些实证研究为本书的研究提供实践层面的信息,使研究的成果对实践有一定的解释力。

第一章　监察调查权的性质

监察取证规则是规范监察调查权运行的规则,而调查权的行使以权力的属性为基础。监察调查权的属性决定其权力的法律效果及应遵循的法律规范。例如,如果监察调查权是侦查权,证据收集是否应遵循《刑事诉讼法》?若监察调查权不具有侦查属性,监察机关调查获得的证据材料是否“可以在刑事诉讼中作为证据使用”? 自国家监察体制改革以来,学界关于监察机关调查权属性的讨论比较多。为此,本书在研究监察取证规则前,有必要先厘清监察调查权的权力属性。由于监察调查权是监察权的一部分,或派生于监察权,研究监察调查权的属性应从讨论监察权的属性入手。目前,学界对监察权的属性以及监察调查权的属性是什么,尚未达成共识。不同文献对监察权或监察调查权属性的讨论大多停留在纯粹的比较或论争上而缺乏理论支撑,使相关论点解释力不强。本书避免直接对现有关于监察权或监察调查权的观点进行比较分析,而是从研究国家权力的一般性质和结构入手,论述监察权在国家权力监督中的作用,以回答监察权的属性。另外,本章通过对监察权的渊源和历史沿革作比较和历史考察,分析监察权在我国历史上和域外语境中的本质,为研究国家监察体制改革后监察权的性质提供参照。在此基础上,本章通过阐述监察调查权的构成以及其与其他权力的关系,界定其性质。本章分三节:第一节权力的性质;第二节监察权的起源与性质;第三节监察调查权的性质。

第一节　权力的性质

一、权力的来源

权力来源的问题既是对一种社会现象的抽象描述，也是确定权力为何要被监督、被谁监督以及监督为了谁的重要依据。“存在于政治、经济、社会生活甚至家庭生活中的一般权力现象在人类社会一开始就出现了。”①至于制度化的权力产生，英国学者迈克尔·曼考察后认为：“在真正的起点上，既不存在权力，也不存在历史，直到稳定的、有边界的、大概是‘复杂的’社会发展了，具体体现为劳动分工、社会的不平等和政治的中心性，也许可以开始谈论权力；在国家、分层系统以及家长制中才具体表现永久权力关系的纪元。”②因此，被制度化的权力是直到出现文字、国家后才形成，是为了满足社会公共生活的需要而产生。国家权力是随着国家出现后才有的政治现象。恩格斯指出：“国家是社会在一定发展阶段上的产物；国家承认：这个社会陷入了不可解决的自我矛盾，分裂为不可调和的对立面而又无力摆脱这些对立面。而为了使这些对立面，这些经济利益互相冲突的阶级，不致在无谓的斗争中把自己和社会消灭，就需要有一种表面上凌驾于社会之上的力量，这种力量应当缓和冲突，把冲突保持在‘秩序’的范围以内；这种从社会中产生但又自居于社会之上并且日益同社会相异化的力量，就是国家。”③这一定义表明，国家是为缓和社会不同阶级的利益冲突而出现的力量，实质是阶级专政。从公共权力性质演变的角度来看，国家权力是公共权力获得政治性质的阶段性形态，是由统治阶级掌握并以强制性力量保障实施的政治权力。④ 国家权力虽然本质上是实现政治统治的工具，具有阶级性，但它同时来自个人对权利的让渡和委托，具有公共性，国家权力在服务于统治阶级利益的同时，必须履行社会管理

---

① 林吕建：《权力错位与监控》，中国方正出版社 1996 年版，第 18 页。

② [英]迈克尔·曼：《社会权力的来源》（第 1 卷上），刘北成、李少军译，上海人民出版社 2002 年版，第 43-44 页。

③ 《马克思恩格斯选集》（第 4 卷）（第 2 版），人民出版社 1995 年版，第 170 页。

④ 本书编写组：《政治学概论》（第 2 版），高等教育出版社、人民教育出版社 2020 年版，第 70 页。

职能。中华人民共和国是人民民主专政的国家,人民是国家的主人。人民是国家权力的拥有者,同时也是国家权力服务的对象。中国共产党是为人民奋斗的政党,始终把人民放在第一位。[①] 因此,在我国,国家权力或公共权力的阶级性与人民性是有机统一的,这一属性决定权力必须由人民掌握,受人民监督,并为人民服务。列宁强调"监督的全部问题归根到底在于谁监督谁,就是说哪一个阶级是监督阶级,哪一个是被监督阶级"。[②] 在我国,监督的根本问题在于人民监督权力。监督权既包括人民直接监督权力,也包括特定机关受人民委托监督权力。其中,特定机关对权力进行的监督,属于"治权之权",本身就是公权力,是阶级性与人民性的统一,始终坚持党的领导,代表人民的利益。

二、权力的形态

随着人类社会的发展,权力的现象越来越普遍,权力的种类也越来越多。不过,权力的种类或形态是一个现代概念。权力的划分只是社会发展到近代的事情。在古代社会,由于生产力水平发展低下,在国家权力处于军政合一或政教合一的条件下,不存在政党问题,除宗教组织外也没有社会组织或其他社会团体的产生,社会关系比较简单。随着人类社会不断发展进步,人类社会中的各种关系逐渐多样化和复杂化,在此基础上形成的权力关系也逐渐地多样和复杂起来。[③] 基于不同的标准或视角,对权力的种类或形态有不同的划分。罗素说:"关于权力的形态,有许多分类的方法,各有其功用。"[④]

罗素依据不同标准,对权力作了不同的区分。他认为,权力可以区分为对人的权力和对无生物或非人类的生物的权力。其中,对人的权力根据权力对个人发生影响的方式或根据与权力有关的组织的类型来分类,分为:军队与警察执行人身强制的权力;经济组织一般用赏罚来作为鼓励或制止的手段;学校、教会和政党的目的在于影响人们的意见。[⑤] 另外,从权力的功能看,权力

① 参见《中国共产党的历史使命与行动价值》,载新华网,http://www.news.cn/2021-08/26/c_1127796861.htm。

② 《列宁全集》(第32卷),人民出版社2017年版,第202页。

③ 参见李中华:《权力学》,济南出版社2005年版,第88页。

④ [英]伯特兰·罗素:《权力论》,吴友三译,商务印书馆2017年版,第26页。

⑤ 参见[英]伯特兰·罗素:《权力论》,吴友三译,商务印书馆2017年版,第26页。

可以分为支配型权力、纠正或阻止型权力、控制型权力、影响型权力。

英国学者迈克尔·曼在《社会权力的来源》一书中将社会权力分为四个来源，分别是：意识形态的、经济的、军事的和政治的。[①] 换言之，权力分为意识形态权力、经济权力、军事权力和政治权力。其中，政治权力来自对社会关系许多方面的集权化、制度化和领土化管理的有效性，限定于受中央支配并且有领土界限的管理和强制——也就是限定于国家权力。[②] 马克思、恩格斯持同样观点，指出："在我们面前有两种权力：一种是财产权力，也就是所有者的权力，另一种是政治权力，即国家的权力。"[③]

我国学者林吕建从广义权力和狭义权力的角度，将权力分为三个层次：第一个层次的权力是最广义的权力概念，泛指存在于政治、经济、社会生活甚至家庭生活之中的权力；第二个层次是国家权力；第三个层次是职权。[④] 这一分类中，属于第二层次的国家权力等同于迈克尔·曼所称的"政治权力"。

李中华教授依据权力与社会的经济基础和上层建筑的关系，将权力划分为经济权力、政治权力、社会权力和强力权力（武装权力）。[⑤] 其中，政治权力是政治统治权力，是通过国家权力具体体现的。[⑥] 国家机构是统治阶级使用政治权力，执行国家职能，对社会实行政治统治的管理和组织体系，包括立法机关、行政机关、司法机关等国家机关，是政治权力的核心部分。[⑦]

关于权力的形态如何划分，取决于划分的标准或依据。归纳起来看，对人的权力可统称为社会权力。本书讨论的并非对自然界或对物的权力，而是作为对人的社会权，同时也不是广义上的权力，而是公权力以及属于公权力的监督权。按照罗素的划分，公权力属于国家权力，而非个人权力，是处于一定的

---

① 参见［英］迈克尔·曼：《社会权力的来源》（第1卷），刘北成、李少军译，上海人民出版社2002年版，第3页。

② 参见［英］迈克尔·曼：《社会权力的来源》（第1卷），刘北成、李少军译，上海人民出版社2002年版，第34页。

③ 《马克思恩格斯选集》（第3卷），人民出版社1995年版，第58-59页。

④ 参见林吕建：《权力错位与监控》，中国方正出版社1996年版，第18-19页。

⑤ 参见李中华：《权力学》，济南出版社2005年版，第91页。李中华认为，强力权力也叫武装权力，它是由武装力量形成的权力关系，主要通过军队、警察表现出来。这是一种特殊的权力关系，主要用于征服和反征服，统治和反统治。

⑥ 参见李中华：《权力学》，济南出版社2005年版，第112页。

⑦ 参见李中华：《权力学》，济南出版社2005年版，第124页。

社会关系中的权力,属于社会权力的来源之一。当然,监督权的行使主体是组织,也可以是个人,但个体权力是受国家委托行使的权力,严格来说,仍不是个人权力。公权力是社会权力,在国家出现后表现为制度化的政治权力。政治权力是通过国家权力具体体现的,国家权力是政治权力的核心部分。在我国,党领导人民建立中华人民共和国,并通过党的组织和国家机构治国理政,由此所形成的党的权力和国家权力,均属于政治权力或公权力。

三、权力的结构

权力与权力之间的关系,构成权力的结构。前文论述的权力形态的划分,本身就是权力关系的体现。按照迈克尔·曼的观点,社会权力的四种来源是交叠的社会互动网络,不是单一社会整体的维度、层次或要素。[①] 国家权力的结构关系可划分为两类:一类是纵向层面,即中央政府和地方政府之间的权力关系;另一类是横向层面,即组成政府权力的各种子权力之间的关系。由于本书研究的权力属于国家权力的范畴,并且国家权力的拥有者之间具有一定的互联关系,因此,本书对权力结构的讨论围绕横向层面即不同国家权力之间的关系展开。

国家权力的结构取决于国家中各种权力相互作用的状况,特别是统治阶级内部各种政治权力相互作用的状况,还取决于社会政治生活的复杂程度和社会政治管理的发达程度。[②] 古代社会是君主专制的制度,权力完全掌握在君主手里,不存在法定的权力划分问题,权力结构主要表现为中央和地方之间的权力关系,各平级之间的权力关系主要是为王权服务的。[③] 近代社会,由于分工的细化,同时也是为了避免君主制权力的滥用和专制,属于君主独占的国家权力或公权力逐渐被分为多个子权力,由不同的主体来行使。关于国家权力应划分哪几种权力,取决于不同的政体。

(一)“国家一元”格局下的“多权分立”式权力结构

亚里士多德在《政治学》中提出,“一切政体都有三个要素,作为构成的要

① 参见[英]迈克尔·曼:《社会权力的来源》(第1卷),刘北成、李少军译,上海人民出版社2002年版,第3页。

② 参见李景鹏:《权力政治学》,北京大学出版社2008年版,第45页。

③ 参见李中华:《权力学》,济南出版社2005年版,第195-198页。

素,一个优良的立法家在创制时必须考虑到每一要素,怎样才能适合于其所构成的整体"。① 他提出,这三个要素分别是有关城邦一般公务的议事机能、行政机能和审判(司法)机能。② 因此,亚里士多德实际上是将国家权力分为议事权、行政权和审判权。现代国家的政治权力(国家权力)的划分是为人们所熟知的,即英国洛克提出的立法权、行政权和同盟权(外交权)分立的"三权说",③以及孟德斯鸠提出的"立法权、行政权和司法权"三种权力形态。不过,孟德斯鸠说"如果司法权同立法权合二为一,公民的生命和自由将会遭到专断的统治,因为法官就是立法者。如果司法权同行政权合二为一,法官会像压迫者那样横行霸道",并不是说"这些部门不应部分参与或支配彼此的行动。他的意思就像他所说的那样,尤其像他心目中的事例作出更明确的说明那样,只能是在一个部门的全部权力由掌握另一部门的全部权力的同一些人行使的地方,自由宪法的基本原则就会遭到破坏"。④ 当然,这只是对国家权力或职能的传统界定。凯尔森认为:"普通的权力三分法归根结底是一个二分法,即立法和立法执行的基本区分,后一职能再被分为司法职能和行政职能。"⑤

英国、美国是以上权力结构分配的主要代表。在英国,行政权和司法权并非完全分立的。"行政长官是立法机关的一个主要部分,他有单独与外国签订条约的特权,条约一旦签订,在某些限制下具有法令的力量。所有司法部门的成员都由他任命,并且在议会两院的请求下可以由他撤销职务;当他愿意与两院协商时,他可以组成一个宪政会议。立法部门的某一单位也对行政长官组成一个大的宪政会议,因为在另一方面,这个会议是弹劾案中司法权的唯一受托者,而且在所有其他案件中也被授予最高上诉权。"⑥此外,"法官和立法

---

① [古希腊]亚里士多德:《政治学》,吴寿彭译,商务印书馆2017年版,第218页。

② [古希腊]亚里士多德:《政治学》,吴寿彭译,商务印书馆2017年版,第218-219页。

③ 参见[英]洛克:《政府论》(下篇),叶启芳、瞿菊农译,商务印书馆1964年版,第89-91页。

④ [美]汉密尔顿、杰伊、麦迪逊:《联邦党人文集》,程逢如、在汉、舒逊译,商务印书馆2017年版,第285页。

⑤ [奥]凯尔森:《法与国家的一般理论》,沈宗灵译,商务印书馆2013年版,第367页。

⑥ [美]汉密尔顿、杰伊、麦迪逊:《联邦党人文集》,程逢如、在汉、舒逊译,商务印书馆2017年版,第284页。

部门有着密切联系，时常出席和参加其审议，虽然不准参加立法方面的投票"。[①] 在美国，根据联邦党人麦迪逊的考察，立法、行政、司法这几个权力部门没有一个绝对分立的实例。根据美国新罕布什尔州、马萨诸塞州、纽约州、宾夕法尼亚州、特拉华州、马里兰州、弗吉尼亚州、北卡罗来纳州、南卡罗来纳州、佐治亚州等州的宪法，三个权力都存在不同程度的混合，其中某些实例中，不同权力的大混合，甚至实际上得到巩固。[②] 可见，西方国家的"三权分立"不是指立法权、行政权、司法权三权之间的截然分立，或者是完全不相关，而是根据需要，可以有不同程度的混合。在中华民国时期，孙中山吸收与借鉴了资本主义国家的三权分立权力结构形式，但同时又汲取了中华传统文化中的权力结构形式，形成了"五权宪法"思想，即将国家权力分为立法权、司法权、行政权、考试权和纠察权（弹劾权）。[③] 这五个权力之间的关系类似于西方国家的"三权分立"，是彼此并列的。

无论是西方国家的"三权"还是中华民国时期的"五权宪法"思想，它们所指的权力都属于国家权力，政党并不具有实质的领导权、执政权，属于"国家一元"格局下的权力分立。

（二）党领导下的"一元多体"统合型权力结构

新中国成立前，由于不存在具有稳定执政地位的政党，因而不存在具有政治统治权性质的党的权力，公权力由单一的国家权力构成，由此形成的是"国家一元"格局下的多权分立或统一的权力结构。新中国的成立彻底改变了中国传统的政治权力结构。1949 年新中国成立，在中国共产党的领导下，建立了属于人民自己的政权。并且，为确保权力的人民性，不仅确立了人民民主专政的国体，而且明确最高国家权力机关的组织形式是人民代表大会，规定我国的根本政治制度是人民代表大会制度。党领导人民通过人民代表大会制度选举产生了国家权力。党的权力和国家权力构成了我国公权力结构中的两个权

---

① ［美］汉密尔顿、杰伊、麦迪逊：《联邦党人文集》，程逢如、在汉、舒逊译，商务印书馆 2017 年版，第 284－285 页。

② ［美］汉密尔顿、杰伊、麦迪逊：《联邦党人文集》，程逢如、在汉、舒逊译，商务印书馆 2017 年版，第 286－289 页。

③ 《孙中山全集》（第 5 卷），中华书局 1985 年版，第 559 页。

力形态。一方面,党的权力与国家权力分属不同性质的权力、彼此具有相对独立性。其中,党的权力是党在领导人民进行革命、建设新中国的历史进程中形成的,是我国历史和人民的选择。同时,党的权力的持续运行是党进行自身建设、治国理政、实现长期执政所必需的。党的权力体系内部存在一定的分工,根据功能可分为决策权、执行权、监督权,三者既有分工配合也有相互制约关系。国家权力源于人民,具有人民性。国家监察体制改革前,我国的人民代表大会制度及其一府两院的设置实际上是将政体职能划分为议事、行政、审判和检察四种形式。[①] 国家监察体制改革后,我国的政体职能又分为议事、行政、监察、审判和检察五种形式,相应形成了立法权、行政权、监察权、审判权、检察权五种权力。这五种权力并非并立,而是在党的领导下经由立法权产生并监督行政权、监察权、审判权、检察权。

另一方面,党的权力和国家权力在功能、行使主体、作用对象等方面互为补充配合、相互作用影响,并在党的领导下一体运行、有机融合。党的权力的主要功能是坚持和完善党的领导,包括领导党的自身建设和国家权力的运行。国家权力的功能在于履行国家职能,是党的权力在国家层面的外部体现。由于"党管干部",大多数公职人员是党员,所有公职人员均是党的干部,且国家机构中均设有不同形式的党组织,党的权力与国家权力在行使主体上、作用对象上又存在一定的融合。党通过发挥领导作用,党的权力对国家权力的行使产生影响,并同时受国家权力所作用。例如,党的决策权的实施对国家经济社会发展产生深刻影响;党的执行权有时需要借助国家权力得以实施;党的监督权,既包括对党自身的监督,还包括党对国家权力的监督。

综上,党的权力体系和国家权力体系内部各自形成了不同权力分工配合、相互制约的结构。二者尽管存在差异和分工,但又在功能、作用主体和对象等方面相互补充、相互作用,在党的领导下一体运行并有机统合于党和国家治理体系之中。从一定程度上讲,这种权力结构是党领导下的"党和国家一元"权力结构,该权力结构下的各权力主体均源于人民,受人民监督,共同服务、共同作用于中国特色社会主义制度建设,运行的宗旨在于为人民谋取利益。从这

① 魏宏:《论我国人民代表大会制度下的分权体制——兼论我国人民代表大会制度的完善》,载《现代法学》2003 年第 3 期,第 162 页。

个意义上说，它又可表述为党领导下的“一元多体”统合型权力结构。

无论是西方的“三权分立”、中华民国时期的“五权宪法”，还是新中国成立后党领导下的“一元多体”统合型权力结构，均属于特定国家、特定时期、特定社会形态的权力结构。权力结构是具体的、历史的。国家权力或职能在不同国家或地区，有不同的划分标准，甚至具有权力划分的本质区别。尤其是随着社会关系的复杂化以及人类认知的变化，国家权力的内涵和外延都存在一个漫长的变化过程。罗素认为，洛克的政治哲学在工业革命以前大体上一直适用的。但随着工业革命的到来，洛克分权理论越来越不能适应复杂化的社会权力关系，也无法用简单的权力分立来处理各类重大问题。因为，“我们的时代是个组织化时代，时代的冲突是组织和组织间的冲突，不是各个人之间的冲突”。[①] 尤其是在资产阶级作为统治阶级的社会形态中，无产阶级与资产阶级之间形成尖锐对立，分权理论使这种阶级冲突更加显著。因此，国家权力的形态划分及其结构设定必须置于特定的政体和历史阶段来考察，并不存在一个“普世”的标准。但从权力的性质以及权力的来源来看，权力主体之间的分工、协作、制衡、监督等，需要明确权力是对谁负责、为谁服务的，这是公权力结构设定的基础性、根本性问题。

第二节　监察权的起源与性质

一、监察权在权力监督中的作用

权力关系表现为权力主体与权力客体的关系，二者之间的关系是一种支配与被支配、控制与被控制或影响与被影响的关系。就个人而言，主观上并不希望被支配。然而，如前文所述，权力是为了满足人类的公共需求产生的。行使公权力的少数人由于事先的授权，而获得了行使权力的合法性。权力的行使虽被赋予正当性，但不能消除其在本性上就存在被掌权人私用、进而使公共利益遭受损害的可能，因而从一开始就不能让授权人放心。[②] 一旦行使公权

① ［英］罗素：《西方哲学史》（下卷），马元德译，商务印书馆 2009 年版，第 188-189 页。

② 参见魏宏：《权力论》，上海三联书店 2011 年版，第 37 页。

力者因主观或客观原因，没有按照权力委托者的意志行使权力，就会出现权力腐败或权力滥用现象。罗素说："在每一个民主国家中，如果只想给予个人或团体以某种明确规定的职能，而不加抑制，那么，个人或团体就很可能取得非常不良的独立权力。"①权力具有强烈的占有欲、扩张性、排他性，以及权力失去监督的危险性，②这决定了对权力监督制约的必要性。权力的监督与制约既具有规避权力要素本身公权私化的必然性，又具有权力使用边界与效能反馈需要的应然性。对于规避权力要素本身公权私化而言，因为权力的天然权威性与趋利性，需要权力赋予者对权力执行者进行监督。

如何有效监督权力？古今中外，世界各国一直在探索监督权力的良方。各国的政体形式是纷繁复杂、种类繁多，而这种纷繁复杂的形式又决定了它们的监督模式在"为了简化和监督国家机构而实行日常事务上的分工"的基础上有所侧重、有所区别。③

权力主体是否正确行使权力，既取决于权力主体是否廉洁，更重要的是取决于是否有监督制约制度。制度建设对于遏制权力滥用具有更关键的作用。④ 从制度层面讲，一些国家形成的分权政府体制以及中央和地方的邦联制关系本身就是监督权力的制度设置。此外，就世界范围而言，权力监督的主体可划分为最基本的两大类：一是国家机关的监督，二是社会组织的监督。国家机关的监督一般包括立法机关的立法监督、行政机关的行政监督、司法机关的司法监督；有些国家还有军事机关的军事监督、专门机关的专门监督。社会组织的监督主要包括政党、社会政治组织、利益集团、舆论集团以及公民个人对国家机关活动的各种监督。⑤ 国家机关的监督属于国家的自身监督，而社会组织对公权力的监督则属于国家的外部监督。设置监察机关或监察官（多

① ［英］伯特兰·罗素：《权力论》，吴友三译，商务印书馆 2017 年版，第 229 页。

② 陈哲夫主编：《监察与监督》，北京大学出版社 1994 年版，第 35-41 页。

③ 参见孔令望等：《国家监督论》，浙江人民出版社 1991 年版，第 144 页。

④ 关于制度建设对遏制权力滥用的重要作用，邓小平同志于 1980 年 8 月在《党和国家领导制度的改革》这篇重要讲话中曾指出："我们过去发生的各种错误，固然与某些领导人的思想、作风有关，但是组织制度、工作制度方面的问题更重要。这些方面的制度好可以使坏人无法任意横行，制度不好可以使好人无法充分做好事，甚至会走向反面。"参见《邓小平文选》（第 2 卷），人民出版社 1994 年版，第 333 页。

⑤ 参见孔令望等：《国家监督论》，浙江人民出版社 1991 年版，第 144 页。

数设于议会或国会之下,有的设于行政机关之中,有的独立设置),通过监察权来监督制约权力,便是一种国家机关监督。

二、监察权的起源与变迁

目前关于监察委员会、监察权的性质、定位的研究较多,但这些研究主要是通过解释《宪法》和《监察法》来论述的,属于内部证成的方式,鲜有文献去追问监察权的正当性基础,或者监察权的起源。当然,也有文献论述了北欧的行政监察专员制度或我国古代的监察制度,但仅是简单的比较,并未去反思行政监察专员制度或我国古代监察制度的本质、内涵是什么,以及其对研究监察权的参照作用。从比较的、历史的角度研究监察制度,以外部关照的方式,论证中国特色社会主义监察权的本质、内涵及其制度安排的正当性基础,既能更深层次地说明其合理性,也能以此揭示某些监察模式之间内在机理的相似性和差异性。[①]

(一)域外监察权的渊源及性质

在域外,关于监察的最早记载,可以追溯到古罗马时期的"监察官"制度。[②] 古罗马监察官制度创设于公元前443年。[③] 监察官由对官吏掌握升迁、赏罚之权的人民大会的百人团会议选举产生。两名监察官作为国家的高级长官,最初仅主管户籍调查、财产登记和征召壮丁。随着国家政权组织的逐步发展,监察官还监管着财政事宜,通过编制国家的五年预算来督查国家的经济活动,还负责公民风纪的监督。此外,监察官还具有监督官员履职之职责,正如西塞罗在《论共和国　论法律》第20章中写道:"官员卸任时应向监察官(censura)作履职报告,监察官应事先对他们做出评估。"[④]

古罗马这种民主弹劾型监察权延续至中世纪中期。西方社会现代监察官制度则起源于瑞典。1809年,瑞典议会建立监察专员办公室,旨在解决一个重要的古典政治理论问题:治理者和被治理者的合适关系或者"公民自愿或

---

① 参见黄美玲:《监察模式及其权力本质的历史解释》,载《中外法学》2019年第4期,第985页。

② 参见黄美玲:《监察模式及其权力本质的历史解释》,载《中外法学》2019年第4期,第985页。

③ 参见孔令望等:《国家监督论》,浙江人民出版社1991年版,第61页。

④ [古罗马]西塞罗:《论共和国　论法律》,王焕生译,中国政法大学出版社1997年版,第280页。

非自愿地与政府发生互动的过程”①。后来,芬兰、丹麦分别于 1917 年、1954 年先后建立了类似的机构,挪威于 1952 年开始在军队建立监察机构,该制度于 20 世纪 60 年代初被引入普通法系国家。② 在后来的发展中,一些国家和地区的监察机构的职责已超越传统监察模式下监督不良行政的范畴,监察机构成为打击腐败的一个机构。例如,拉丁美洲的监察机构,旨在遏制腐败,通过提升透明度和打击腐败巩固民主制度和良政。③ 有的是在行政机关下设监察专员,形成了“行政监察制度”,包括俄罗斯、埃及、美国、日本、墨西哥等国家,其中以埃及行政监察署、俄罗斯总统监察署、日本行政监察局、美国监察长办公室等行政监察机构的设置为代表。国家监察体制改革前,我国监察机关设在行政系统内部,就属于“行政监察”模式。除了议会监察模式、行政监察模式外,还有一种独立监察模式,这种模式的典型代表是韩国、波兰等。基于这种模式形成的监察权独立于立法权、行政权、司法权。

每一个国家或地区实行什么样的监察制度都有背后的原因,其中一个重要原因是政体的不同。就监察权而言,在不同政体的国家,监察权的走向也不同。④ 左右监察权走向的决定因素,是政府向谁(是议会,还是总统,抑或二元的)负责,就由谁参与行使监察权。⑤ 除了政体国体外,不同国家的历史传统、政党情况、社会文化、民众心理,也对采用何种监察权模式产生影响。无论采取的是哪一种监察模式,监察制度的设置均是为了对权力进行监督,监察权本质是监督权。

(二)我国监察权的渊源及性质

1. 我国古代的监察权

我国自古以来就有着极为丰厚的监督权力思想。尤其是自秦代以降,历

---

① See Hill, L., *The Model Ombudsman Institutionalizing New Zealand Democratic Experiment*, Princeton: Princeton University Press(1976), p. 12.

② See Kemal Bokhary, *The Ombudsman's Role: A Judicial Perspective*, Asia Pacific Law Review 17, No. 1(2009), p. 136.

③ See Kemal Bokhary, *The Ombudsman's Role: A Judicial Perspective*, Asia Pacific Law Review 17, No. 1(2009), p. 136.

④ 参见李福海编著:《行政监察学》,四川大学出版社 1994 年版,第 80 页。

⑤ 参见李福海编著:《行政监察学》,四川大学出版社 1994 年版,第 80 页。

朝历代统治者在治理统一的疆域时，都极为重视自上而下对文武百官权力的监督。我国古代思想家们一直渴望的是贤人政治，但也注意到了君臣实际上并非圣明。秦朝的丞相李斯曾是荀子的弟子，对于君主专制下的"督责之术"作了详尽的说明："夫贤主者，必且能全道而行督责之术者也。督责之，则臣不敢不竭能以徇其主矣……督责之诚，则臣无邪，臣无邪则天下安，天下安则主严尊，主严尊则督责必，督责必则所求得，所求得国家富，国家富则君乐丰。故督责之术设，则所欲无不得矣。群臣百姓救过不给，何变之敢图？"①

在上述监督思想的影响下，防止权力弊病必然会把注意力集中于各级官吏身上，这对中国封建政治制度中监察和谏议制度的建立和发展具有重要影响。在黄帝时，"置左右大监，监于万国"②，意思是设置左、右大监，对众多属国进行监督。三代便设御史，"掌邦国都鄙及万民之治令，以赞宰。凡治者受令焉，掌赞书。凡数从政者"③。在这一时期，国家机构中还没有专门的监察机构，也没有专职的监察官员，对国家机关及其官员的制约职能，由行政机构和行政官员兼职行使，因而也没有监察活动的专门立法。④ 随着封建中央集权专制的加强，监察制度不断完善，虽然未专设言谏机构，但有专职官员侍中、谏议大夫、给事中，专门对皇帝献纳谏正，纠正决策违失。御史机关设置专门机构御史台，专职官员御史大夫、御史中丞、监察御史，代表皇权对百官的行政行为进行制约。⑤ 秦汉监察机构的职权与监察法规所调整的法律关系范围，涉及对立法、行政、司法、人事、经济、军事、治安和仪制的全方位监察，特别是司法监察权力尤隆，这个格局一直延续二千多年，直到清王朝。⑥ 不仅如此，设立专门机构或官职承担监察职责的制度也一直持续到清代。例如，唐代承担监察职责的机构包括门下省、御史台、匭使院。宋代的监察机构是御史台，职责是"掌纠察官邪，肃正纲纪"。元朝的主要监察机构也是御史台，"掌

① 《史记·李斯列传》。
② 《史记·五帝本纪》。
③ 《周礼·春官宗伯下·御史》。
④ 参见彭勃主编：《中华监察大典·法律卷》，中国政法大学出版社 1994 年版，第 1 页。
⑤ 参见彭勃主编：《中华监察大典·法律卷》，中国政法大学出版社 1994 年版，第 21 页。
⑥ 参见彭勃主编：《中华监察大典·法律卷》，中国政法大学出版社 1994 年版，第 21 页。

纠察百官善恶、政治得失”[①]。明代在监察制度上取消了门下省，设通政司、六科给事中为言谏机构，将御史台的台院、殿院归入察院，更名都察院。[②] 清代承担监察职责的机构或官职包括都察院、六科给事中、十五道监察御史、五城察院。[③]

综上所述，监察制度在我国有着悠久的历史。自先秦以来，古代监察制度经多次发展变化，监察的主体、监察的客体和对象、监察权限均经历了发展变迁。但我国古代监察具有一些共通的特点：(1)监察的客体十分广泛，包括行政、司法、人事、经济、军事、仪制等方面；(2)监察权在大部分时期里独立于行政权、司法权而设，直接受封建皇帝的领导；(3)监察的目的旨在整饬纲纪、防止权力滥用，最终维护封建制度的运行。

2. 中华民国时期的监察权

辛亥革命摧毁了两千多年的封建帝制。作为调整国家机关各职能部门法律关系的监察法律法规，从立法思想和立法形式上打破了封建主义监察法制的体系。[④] 在中华民国时期，无论是北洋军阀政府，还是广州国民政府、南京国民政府，均设有专门的监察监督机关(尽管名称有所不同)，[⑤]最有影响的是孙中山先生创制的立法权、行政权、司法权、考试权、监察权鼎立的“五权宪法”思想。[⑥] “五权宪法”思想为1947年(民国三十六年)国民政府通过的《中

---

① 彭勃主编：《中华监察大典·法律卷》，中国政法大学出版社1994年版，第461页。

② 彭勃主编：《中华监察大典·法律卷》，中国政法大学出版社1994年版，第514页。

③ 彭勃主编：《中华监察大典·法律卷》，中国政法大学出版社1994年版，第648-652页。

④ 参见彭勃主编：《中华监察大典·法律卷》，中国政法大学出版社1994年版，第816页。

⑤ 湖北军政府设立总监察处以钳制见风使舵的湖北军政府都督黎元洪及漫无纪律的军政机关；广州国民政府于1925年成立监察院以监察国民政府所属各级公务员的行政行为及考核税收与各种资金用途的状况；北洋政府时期设置平政院肃政厅专司监察公务员；南京国民政府设监察院，同立法院、司法院、行政院、考试院等四院地位同等，行使弹劾权、纠举权、建议权(纠正权)、同意权、审计权、监试权、调查权。参见傅奎主编：《纪检监察概论》，中国方正出版社2007年版，第114-116页。

⑥ “以五院制为中央政府，一曰行政院，二曰立法院，三曰司法院，四曰考试院，五曰监察院。宪法制定之后，由各县人民投票选举总统，以组织行政院；选举代议士，以组织立法院；其余三院之院长，由总统得立法院之同意而委任之，但不对总统及立法院负责，而五院皆对国民大会负责。各院人员失职，由监察院向国民大会弹劾之；而监察院人员失职，则国民大会自行弹劾而罢黜之。国民大会职权，专司宪法之修改及制裁公仆之失职。国民大会及五院职员、与夫全国大小官吏，其资格皆由考试院定之。此为五权宪法。”参见孙中山：《中国革命史》(1923年1月29日)，载《孙中山全集》(第7卷)，中华书局1985年版，第62-63页。

华民国宪法》所确立，其第 97 条规定，“监察院经各该委员会之审查及决议，得提出纠正案，移送行政院及其有关部会，促其注意完善。监察院对于中央及地方公务人员认为有失职或违法情事，得提出纠举案或弹劾案，如涉及刑事，应移送法院办理”①。可见，“五权宪法”中的监察权首要是监督、督促行政院及有关部会“注意完善”，同时在监督中若发现官员有违法行为，可提出纠举或弹劾。为行使监察权，监察院还被赋予调查权、起诉权，“有权随时调查各官署之档案册籍；对于官吏违法或处分失当，可以职权检查之；发现刑事犯罪，执行刑事原告官职务”②。

列宁指出，在资产阶级临时政府执政时期，资本家虽然在口头上也装模作样地拥护监督的原则，但建立起来“非常复杂庞大、毫无生气的官僚监督机关，这些机关只能依赖资本家”③，只能是把监督化为乌有。尽管中华民国时期的监察权在立法层面被赋予了相当的权限，然而它代表的是资产阶级的利益，并不是最广大人民的利益，具有阶级局限性。此外，由于国民党当局对权力监督重视不够，监督制度停留在规范设置上而未得以有效贯彻实施，所创设的监察机关未能有效行使其监察权，加之，缺乏监督体系的整体构建，靠监察权这一单一权力难以对庞大的监督对象进行立体监督，以致这一时期的腐败未能得以有效遏制，最终没有改变国民党在大陆的溃败。“五权宪法”思想的破产，凸显了坚持监察监督制度的人民性的必要性。

3. 新中国成立后监察权的历史沿革

新中国成立后形成的监察制度的雏形源于党在局部执政时期的探索。苏维埃政府内设人民监察委员部，行使对政府工作人员的监督检查。在井冈山革命根据地时期，工农检察部负责“监督着国家企业和机关，及有国家资本在内的企业和合作社企业等，要那些企业和机关，坚决地站在工人、雇农、贫农、中农、城市贫苦劳动民众的利益上，执行苏维埃的劳动法令，土地法令，及其他一切革命法令，要适应某阶段的革命性质，正确地执行苏维埃的各种政策”④。

---

① 参见《中华民国宪法》(1946 年 12 月 25 日国民大会三读通过，1947 年 1 月 1 日国民政府公布)。

② 《国民政府监察院组织法》(1926 年 10 月 4 日修正公布)第 3 条、第 4 条、第 5 条。

③ 《列宁全集》(第 32 卷)，人民出版社 2017 年版，第 185 页。

④ 《工农检察部的组织条例》(1932 年)第 5 条。

为履行监督权,工农检察部受理工农的控告,有权组织检查机关工作,“可以揭破官僚主义者与腐化分子的假面具,还可以组织群众法庭以审判犯法行为的官僚腐化分子”①。在抗日战争时期,陕甘宁边区及县(或等于县的市)参议会的一项职责是监察及弹劾同级政府、司法机关之公务人员,督促及检查同级政府执行参议会决议之事项。② 在解放战争时期,华北人民政府、陕甘宁边区政府均设人民监察院,其职责为“检查、检举并决议处分各级行政人员、司法人员、公营企业人员之违法失职、贪污浪费及其他违反政策、损害人民利益之行为,并接受人民对上述人员的控诉”③。

综上,新中国成立前的土地革命战争时期、抗日战争时期、解放战争时期均设有监督机关,尽管这些机关的名字有变化,但一个共性是这些机关均是专门的监督机关,主要职责是监督、检举人的违纪违法行为,尤其是贪污浪费行为以及检查行政机关执行法令的情况。

新中国成立后,我国监察制度经历了重新建立、撤销到恢复重建的过程,监察机关的名字也多次变更。具体而言,1949 年,政务院下设人民监察委员会,并明确“人民监察委员会负责监察政府和公务人员是否履行其职责”④。1954 年,政务院改为国务院,国务院设立监察部,取代人民监察委员会。⑤ 1959 年监察部被撤销。1982 年《宪法》第 89 条规定国务院的职权之一是“领导和管理民政、公安、司法行政和监察等工作”,为之后监察机关的恢复重建提供了宪法依据。1986 年第六届全国人民代表大会常务委员会第十八次会议决定:“为了恢复并确立国家行政监察体制,加强国家监察工作,设立中华

---

① 《地方苏维埃政府的暂行组织条例》(1931 年 11 月中央执行委员会第一次全体会议通过)第 61 条。

② 参见《陕甘宁边区各级参议会组织条例》(1941 年 11 月边区第二届参议会修正通过,1942 年 4 月边区政府公布)第 13 条、第 14 条。

③ 参见《华北人民政府组织大纲》(1948 年 8 月 16 日华北临时人民代表大会通过)第 9 条,《陕甘宁边区政府暂行组织规程》(1949 年 4 月 9 日陕甘宁边区参议会常驻议员会、陕甘宁边区政府委员会联席会议通过)(选自《陕甘宁边区重要政策法令汇编》,1949 年版)第 22 条。

④ 《中华人民共和国中央人民政府组织法》(1949 年 9 月 27 日中国人民政治协商会议第一届全体会议通过)。

⑤ 《中华人民共和国国务院组织法》(1954 年 9 月 21 日第一届全国人大第一次会议通过)第 2 条。

人民共和国监察部。”[1]1987 年,监察部正式恢复办公。1993 年开始,党的纪律检查委员会和行政监察机关合署办公,这种工作机制一直持续到国家监察体制改革前。综上所述,新中国成立后,监察机关尽管在名称上发生多次变化,但由于都设在行政部门,属于行政监察机关,监察权仍属于行政监察权。

(三)古今中外监察权的共性

通过梳理域外和我国监察制度的起源及历史沿革发现,作为监察权的运行载体,监察机关或类似于监察机关的机构的名字、宪法定位、权力行使范围等在不同历史阶段存在发展变化,或在不同国家和地区存在差异,但一个共同点是其所履行的职责均是监督职责。“监察”一词的词义或监察权的性质尽管经历了漫长的演进,但均未脱离“监督”之意。并且,与一般意义的“监督”不同,“监察”指的是主体是专门人员或专门机构行使的监督,尽管“监察”的客体在不同朝代或国家发生了变化,但均涉及对公权力的监督。此外,不同于立法、司法、行政管理等其他控制权力的机关,监察与监督则是专门用于控制权力、消除弊病的一种制度。[2] 为行使监察权,监察机关一般被赋予一定的调查权,旨在通过调查对违法行为进行纠正,达到监督的目的。通过上述比较研究和历史回顾,无论在哪个时期,监察权的创设一般是旨在通过监督公权力,最终维护正常的政治秩序、政治权力的运行。因而,在权力形态划分上,监察权属于政治权力,是政治性的专门监督权。

三、国家监察体制改革视野下监察权的性质

(一)监察权形成的背景

下文要讨论的监察权是我国国家监察体制改革所创设的一种新型权力。了解这一权力为何产生,有必要阐述国家监察体制改革的原因,这也有助于了解国家监察权的属性。国家监察体制改革前,行政监察机关的监察权是行政监察权,属于行政权的子权力。过去行政监察机关对于监督公权力运行、打击腐败起到了重要作用,但随着经济社会的发展,它同时也暴露了一些与反腐败

① 全国人民代表大会常务委员会《关于设立中华人民共和国监察部的决定》(1986 年 12 月 2 日第六届全国人大常委会第十八次会议通过)。

② 参见陈哲夫主编:《监察与监督》,北京大学出版社 1994 年版,第 2 页。

形势不相适应的问题，概括起来，主要有以下几个方面：

其一，行政监察范围过窄。行政监察机关的监察对象仅限于“行政机关及其公务员或行政机关任命的其他人员”①。随着经济社会的不断发展，管理社会的国家机器的各种职能不仅局限于行政机关，行使公权力的主体和所涉及的领域早已不只是行政领域。监察范围过窄的行政监察权，无法与监察权所应具有的监督公权力廉洁性的功能相匹配。监察权需要对所有公权力行使者进行监察，以维护公权力的廉洁性。其二，行政监察机关隶属于行政部门，影响了其履行监察职能的权威性和相对独立性。其三，行政监察机关并非宪法创设的机关，且原《行政监察法》不是基本法律，相关干预公民基本权利的调查措施②宪法依据不足，这些均对监察权行使的合宪性与合法性造成影响。其四，国家监察体制改革前，反腐败力量分散、效率低。过去，纪委与行政监察机关合署办公，仅具有对违反党纪政纪行为的调查权，无职务犯罪案件调查权，在调查中依法收集的物证、书证等实物证据以“行政执法证据”身份进入刑事诉讼程序，作为证据适用，③但收集的言词证据无法作为刑事诉讼证据使用，需要检察机关重新收集。由于存在证据转换程序、违纪调查与刑事侦查的程序衔接，影响了腐败案件的办理效率。我国过去的行政监察体制改革存在“监察范围过窄、反腐败力量分散、体现专责和集中统一不够”等依然与严峻复杂的反腐败斗争形势明显不适应的问题，④是启动国家监察体制改革的重要背景。

国家监察体制改革后，新设立的监察委员会集职务违法调查、职务犯罪调查于一体，监察范围涵盖所有行使公权力的公职人员。而且，因为《宪法》的授权，监察权的行使获得了宪法保障，国家监察走向法治化轨道。监察权形成

---

① 1997年《行政监察法》第2条规定：“监察机关是人民政府行使监察职能的机关，依照本法对国家行政机关、国家公务员和国家行政机关任命的其他人员实施监察。”

② 例如，过去行政监察机关的“双指”措施，即“责令有违反行政纪律嫌疑的人员在指定的时间、地点就调查事项涉及的问题作出解释和说明，但是不得对其实行拘禁或者变相拘禁”，不符合《立法法》第8条关于限制人身自由的措施需要法律规定的规定，也不符合《宪法》中的“基本权利”条款。

③ 我国《刑事诉讼法》第54条第2款规定：“行政机关在行政执法和查办案件过程中收集的物证、书证、视听资料、电子数据等证据材料，在刑事诉讼中可以作为证据使用。”

④ 参见李建国：《关于〈中华人民共和国监察法（草案）〉的说明》，载《人民日报》2018年3月14日，第5版。

的原因以及其预期功能，也将影响具体监察制度的创设和监察权、监察调查权的运行。

（二）监察权的属性

1. 监察权的属性之争

关于监察权的属性，主流观点主张监察权是一种独立监察权。坚持这一观点的学者又分为两类：一类是将这一权力视为第四权力，就是监察权；①另一类是将其视为监督权。② 有的学者将监察权视为新型复合权力。③ 对于这种监察权有哪些性质，有的学者认为它具有直接的政治属性。④ 有的学者认为，监察权具有政治和法律双重属性，"政治性是指其体现党和人民意志的统一，负有督察谏责官员之职；法律性是指其可运用司法刑事手段予以调查侦讯"⑤。有的学者认为，"监察委员会的权力兼具行政性与专门调查性"⑥。还有的学者通过讨论监察委员会的性质来讨论监察权。例如，有的学者认为监察委员会是本土意味极为浓厚的"政法机关"，兼有政治权和司法权属性。⑦

2. 监察权的属性界定

结合前文对国外监察权和我国不同历史阶段的监察权性质的阐述，并立足国家监察体制改革后监察机关的定位，笔者对监察权的性质界定如下：

第一，监察权是专门的国家监督权。根据对国家权力性质的考察，监察权属于国家监督权，是对公权力的自我监督。通过对监察权的比较和历史考察发现，无论是在域外还是在我国不同历史时期，监察权创设的目的均是对权力进行专门监督。监督属性是监察权的一贯属性。国家监察体制改革产生的监察权是对行政监察权的取代，旨在通过扩大监察范围，强化监督。值得指出的

---

① 参见张建伟：《监察至上还是三察鼎立——新监察权在国家权力体系中的配置分析》，载《中国政法大学学报》2018 年第 1 期，第 177 页。

② 参见秦前红：《我国监察机关的宪法定位——以国家机关相互间的关系为中心》，载《中外法学》2018 年第 3 期，第 556 页；陈瑞华：《论国家监察权的性质》，载《比较法研究》2019 年第 1 期，第 3-5 页。

③ 参见徐汉明：《国家监察权的属性探究》，载《法学评论》2018 年第 1 期，第 20 页。

④ 参见王希鹏：《国家监察权的属性》，载《求索》2018 年第 4 期，第 130-131 页。

⑤ 郑贤君：《试论监察委员会之调查权》，载《中国法律评论》2017 年第 4 期，第 121 页。

⑥ 郑曦：《监察委员会的权力二元属性及其协调》，载《暨南学报（哲学社会科学版）》2017 年第 11 期，第 71 页。

⑦ 参见郑贤君：《试论监察委员会之调查权》，载《中国法律评论》2017 年第 4 期，第 113 页。

是,监察权并非如有的观点所认为的是"与传统的监督权在权力属性上并无实质性差别,两者完全可以等同视之"[①]。除监察机关外,很多其他国家机关也发挥着监督职能。但是,监察机关是专门设立的监督公权力的监督机关,是"行使国家监察职能的专责机关"[②]。因而,与一般的监督权不同,监察权属于专门的国家监督权,可以称为"监察监督权"。

第二,监察权是与司法权、行政权相并列的第三权力。有的将监察权视为与立法权、行政权、司法权相独立的第四种权力。[③] 这一观点实际上是建立在孟德斯鸠提出的"三权分立"模式上,我国的国家权力结构并不是三权分立或并列的,而是"议行合一"制度[④]。国家监察体制改革后,新修改的《宪法》明确监察委员会由全国人大选举产生,因此,立法权与监察权是产生与被产生的关系,监督与被监督关系。《宪法》创设监察机关后,我国宪制权力格局由之前的"一府两院"转变为"一府一委两院"。监察权是与行政权、司法权(检察权、审判权)相独立的"第三种"权力,而非与"立法权、行政权、司法权"相独立的一种权力。

第三,监察权具有政治性和法律性。由于监察权与行政权、司法权是并列的权力,从逻辑上讲,监察权既非行政权,也非司法权。尽管监察权有行政属性,甚至也有准司法职能,但不影响其可称为一个相对独立的权力,理由是"权力之间职能的完全分割是不可能的"[⑤]。从监察权的渊源看,监察权的创设一般是旨在通过监督公权力,最终维护正常的政治秩序,因而监察权属于政治权力。加之,在监察机关与党的纪律检查机关合署办公机制下,监察权和党的纪律监督权相融合,实现了党内监督和国家监察的有机统一,这也使得监察权具有政治属性。与此同时,监察权须在宪法法律的框架下运行,因而同时具有法律属性。

---

① 刘练军:《监察官立法三问:资格要件、制度设计与实施空间》,载《浙江社会科学》2019 年第 3 期,第 53 页。

② 参见《监察法》第 3 条。

③ 参见张建伟:《监察至上还是三察鼎立——新监察权在国家权力体系中的配置分析》,载《中国政法大学学报》2018 年第 1 期,第 177 页。

④ 人民代表大会是国家权力分配的核心要素,具体方式是人民代表大会将人民赋予的权力进行划分并赋予不同的国家机关行使。

⑤ [奥]凯尔森:《法与国家的一般理论》,沈宗灵译,商务印书馆 2013 年版,第 367 页。

（三）监察权的构成

根据《监察法》第11条的规定，监察机关履行监督、调查、处置三项职责。相应地，监察权由监督权、调查权、处置权三项构成。由于国家监察权是一项专门的监督权，这一权力属性决定监督职责是监察机关的第一职责，监督权是国家监察权的第一权力。监察机关对在监督中发现的涉嫌职务违法犯罪问题进行调查、处置，达到监督、纠正的目的，因而，调查权、处置权的实施是为了实现监督的目的。监察机关行使监督权，通过开展廉政教育、监督检查，属于事前、事中监督。监察机关行使调查权，对涉嫌职务违法犯罪的人员进行调查，经调查对构成违法犯罪的进行处置，属于事后监督。因而，监察机关调查权是服务于监督目的，本身具有监督权的特征。

第三节　监察调查权的性质

一、监察调查权的构成

研究监察调查权的构成是界定其性质的基础。监察调查权的构成包括该权力的内涵、适用对象、措施配置、管辖范围与管辖原则。

（一）监察调查权的内涵界定

1. 调查职责中的调查权与监督职责中的调查权

监察权由监督权、调查权、处置权三部分组成。监察机关根据监督结果作出处置，应同样以事实与证据为基础，故理论上监察机关在行使监督权过程中，也需要进行相应的调查取证。事实上，《监察法》也赋予了监察机关行使监督权时所享有的调查权限，①监察机关监督检查部门的职责就包括“对涉嫌一般违纪问题线索处置”②。因此，监察机关并不完全是在行使调查职责时才具有调查权，在行使监督职责中同样有一定的调查权。由于监察机关行使监

---

① 《监察法》第18条第1款规定：“监察机关行使监督、调查职权，有权依法向有关单位和个人了解情况，收集、调取证据。有关单位和个人应如实提供。”

② 根据《中国共产党纪律检查机关监督执纪工作规则》第11条的规定，市地级以上纪委监委实行监督检查和审查调查部门分设，监督检查部门主要负责联系地区和部门、单位的日常监督检查和对涉嫌一般违纪问题线索处置，审查调查部门主要负责对涉嫌严重违纪或者职务违法、职务犯罪问题线索进行初步核实和立案审查调查。

督权并不需要经初步核实程序、立案程序,且不涉及对严重职务违法、职务犯罪问题的初步核实和立案调查,其行使监督权所使用的监察调查措施限于谈话、查询、调取、勘验鉴定等任意性调查措施,不得使用干预当事人基本权利的调查措施(如搜查、查封、扣押、冻结、技术调查)以及需要立案后才能实施的调查措施。因此,监察机关行使监督权所采用的调查权限均未超出监察调查权的范围,为监察调查权所包含。

2. 监察调查权中的职务违法调查权与职务犯罪调查权

监察机关被赋予调查职务违法案件、职务犯罪案件的双重职能。[①] 由于这两类案件性质不同,且《监察法》对这两类案件的调查权限作了一定的区分,因而,监察调查权由职务违法调查权、职务犯罪调查权组成。根据《监察法》的有关规定,监察机关被赋予的 15 项调查措施中,仅适用于职务犯罪调查的措施有 3 项(讯问、搜查、技术调查),[②]仅适用于职务违法调查的措施只有 1 项(谈话措施),[③]既适用于职务违法调查又适用于职务犯罪调查的措施有 11 项(询问、查询、调取、勘验检查、鉴定、查封、扣押、冻结、留置、限制出境、通缉)。换言之,适用于调查职务犯罪案件的措施有 14 项(除谈话措施外);适用于调查职务违法案件的措施有 12 项(除讯问、搜查、技术调查措施外)。可见,职务违法调查权、职务犯罪调查权在措施配置上差别不大,后者仅比前者多 3 项调查措施。

3. 监察调查权中的非取证权与取证权

监察调查权的行使目的是取证。为实现取证目的,监察机关需要采取一些程序性活动,包括立案、审批,并在必要时采取一些保障调查程序进行的措施。按照调查措施的功能分,监察机关有权采取的调查措施可分为取证类调查措施和非取证类调查措施。其中,取证类调查措施是指用于收集、固定、保全证据的措施,共 12 项。[④] 非取证类调查措施是指用于保障调查程序顺利进行的调查措施,该类措施的直接目的不是取证,包括留置、限制出境、通缉这 3

---

① 参见《监察法》第 3 条。

② 参见《监察法》第 20 条、第 24 条、第 28 条。

③ 参见《监察法》第 19 条。

④ 这 12 项属于取证措施的调查措施分别是:谈话、询问、讯问、调取、查询、技术调查、搜查、查封、扣押、冻结、勘验检查、鉴定。参见《监察法》第四章“监察权限”第 18-34 条。

项调查措施。据此，监察调查权可细分为“取证权”和“服务于取证的调查权”。鉴于本书的研究主题是“监察取证规则”，本书所研究的“监察调查权”集中于调查权中的“取证权”，研究证据的收集、审查，以及取证程序中的权利保障。当然，鉴于监察取证权是监察调查权的子权力，本书对监察取证规则的研究是在“监察调查权”这一主线下展开的。

综上，本书所研究的“监察调查权”可被定义为“监察机关及其工作人员在依法履行监督或调查职责中，实施调查措施进行取证的权力”。监察调查权的范围既包括监察机关在履行调查职责过程中行使的调查权，也包括履行监督职责中所行使的调查权，后者为前者所包含。限于本书的研究目的，本书对监察调查权的研究限缩为对其中的“取证权”进行研究，包括取证主体、取证中的权利保障、取证程序、取证后的证据审查。

（二）监察调查权的适用对象

监察调查权的适用对象指的是可对哪些人或事实施调查。根据权力法定原则，调查权的对象必须由法律规定，须具有确定性，这是规范调查权的边界的重要方面。具体而言，监察机关调查权的适用对象包括可对哪些人或单位进行调查。监察调查权的适用对象主要是监察对象，即《监察法》第15条规定的6类公职人员。[①] 当然，监察调查权的对象并不只限于监察对象，还可能包括单位、非公职人员，理由是监察机关管辖的101种罪名中，有部分罪名的犯罪主体可能是非国家工作人员或单位，例如行贿罪、单位受贿罪、单位行贿罪，并且监察机关的调查对象还包括证人、共犯、相关单位。不过，监察机关的调查对象是以监察对象为条件。只有确定了监察对象，相应地才能确定调查对象。与之对照的是，侦查权的适用对象是普通公民。由于监察调查权的适用对象以公职人员为主，而公职人员在权利享有方面受到一定的限制（第二章将详述），进而会使得监察取证规则与侦查取证规则存在一定的差异。

---

① 根据《监察法》第15条的规定，监察对象包括以下6类人员：(1)中国共产党机关、人民代表大会及其常务委员会机关、人民政府、监察委员会、人民法院、人民检察院、中国人民政治协商会议各级委员会机关、民主党派机关和工商业联合会机关的公务员，以及参照《公务员法》管理的人员；(2)法律、法规授权或者受国家机关依法委托管理公共事务的组织中从事公务的人员；(3)国有企业管理人员；(4)公办的教育、科研、文化、医疗卫生、体育等单位中从事管理的人员；(5)基层群众性自治组织中从事管理的人员；(6)其他依法履行公职的人员。

（三）监察调查权的措施配置

根据《监察法》，监察机关有权依法采取谈话、讯问、询问等 12 项调查措施，并有权决定采取通缉、技术调查、限制出境措施。其中，讯问、留置、搜查、查封、扣押、冻结、通缉等 7 种调查措施，须在立案后才能实施；谈话、询问、技术调查、限制出境、勘验检查、鉴定、查询、调取等 8 种调查措施，可在立案前实施；设区的市级以下监察机关在初步核实中不得采取技术调查措施。[①] 这些措施中，有的是源自《刑事诉讼法》中的侦查措施，如技术调查措施、讯问、搜查、查封、扣押、冻结、询问等；有的则是《监察法》创制的措施，如谈话、留置。可见，监察调查权与侦查权在措施配置上尽管有部分名称相同，但仍存在种类和性质的差异。

（四）监察调查权的管辖范围及管辖原则

监察机关的管辖范围（或职能管辖）涉及的是监察机关相对于其他机关而言，对哪些案件有管辖权。监察调查权的管辖范围是指监察机关对哪些案件有调查权。由于监察机关有权调查职务违法行为、职务犯罪行为，因此，监察调查权的管辖范围可分为职务违法案件管辖范围、职务犯罪案件管辖范围。

1. 监察机关对职务违法案件的管辖范围

《监察法》第 11 条第 2 项规定监察机关“对涉嫌贪污贿赂、滥用职权、玩忽职守、权力寻租、利益输送、徇私舞弊以及浪费国家资财”等 7 类职务违法和职务犯罪进行调查。不过，这 7 类职务违法和职务犯罪行为仅是监察机关调查的主要内容，[②]并非监察机关全部的管辖范围。因而，此处的“等”应作“等外等”解释。监察机关有权对公职人员实施的所有职务违法行为进行调查，其中，重点是对《监察法》第 11 条列举的 7 种职务违法行为进行调查。对于公职人员既涉嫌职务违法行为，又涉嫌其他违法行为的，“一般应当由监察机关为主调查，其他机关予以协助”[③]。此外，监察机关对于职务违法行为之

---

① 参见《监察法实施条例》第 55 条。

② 参见中共中央纪律检查委员会中华人民共和国国家监察委员会法规室编写：《〈中华人民共和国监察法〉释义》，中国方正出版社 2018 年版，第 92 页。

③ 《监察法》第 34 条“监察为主”管辖原则。

外的其他违法行为,在特定情况下可以依法进行调查、处置。①

2. 监察机关对职务犯罪案件的管辖范围

不同于对职务违法行为的全部管辖权,监察机关并非对所有职务犯罪行为具有调查权。立法保留了公安机关、检察机关对部分职务犯罪的侦查权,存在监察机关与公安机关、检察机关在职务犯罪罪名方面的管辖分工与衔接,因而,有必要对监察机关管辖的具体职务犯罪罪名予以界定。根据《监察法》第11条、《监察法实施条例》第26条至第31条以及第52条、《国家监察委员会管辖规定(试行)》以及《关于人民检察院立案侦查司法工作人员相关职务犯罪案件若干问题的规定》,监察机关可以管辖的罪名共7类,具体包括贪污贿赂类罪名(19个)、滥用职权类罪名(18个)、玩忽职守类罪名(11个)、徇私舞弊犯罪类罪名(15个)、重大责任事故犯罪(12个)、公职人员在行使权力过程中实施的其他犯罪(17个)以及司法工作人员利用职权实施的侵犯公民权利、损害司法公正的犯罪(14个)。这7类罪名加起来共106个,由于司法工作人员利用职权实施的侵犯公民权利、损害司法公正的14个罪名中"滥用职权罪、玩忽职守罪、非法拘禁罪、虐待被监管人罪、非法搜查罪"等5个罪名与滥用职权类罪名、玩忽职守类罪相应罪名重合,因此,监察机关可以管辖的罪名共计101个。这101个罪名中,既有自然人犯罪也有单位犯罪,既有监察机关专属管辖的罪名也有监察机关与公安机关或检察机关共同管辖的罪名。

(1)监察机关专属管辖的罪名。

监察机关专属管辖的罪名是指只有监察机关才有权管辖的罪名,公安机关、检察机关等其他机关无权管辖。这类罪名对犯罪主体均有"国家工作人员"的身份要求。根据《监察法实施条例》,属于监察机关专属管辖的罪名共

---

① 《监察法实施条例》第24条规定:"监察机关发现公职人员存在其他违法行为,具有下列情形之一的,可以依法进行调查、处置:(一)超过行政违法追究时效,或者超过犯罪追诉时效、未追究刑事责任,但需要依法给予政务处分的;(二)被追究行政法律责任,需要依法给予政务处分的;(三)监察机关调查职务违法或者职务犯罪时,对被调查人实施的事实简单、清楚,需要依法给予政务处分的其他违法行为一并查核的。监察机关发现公职人员成为监察对象前有前款规定的违法行为的,依照前款规定办理。"

计49个,包括:14个贪污贿赂类罪名[①]、11个滥用职权类罪名[②]、9个玩忽职守类罪名[③]、15个徇私舞弊类罪名[④]。

(2)监察机关与公安机关共管的罪名。

监察机关与公安机关共管的罪名是指根据犯罪主体的身份是不是公职人员以及是否涉及公权力的行使,确定由监察机关或公安机关管辖的罪名。根据《监察法实施条例》及刑法有关规定,在监察机关可以管辖的101个罪名中,有38个是监察机关与公安机关共同管辖的罪名,分为以下几类:①5个贪污贿赂类罪名,包括:职务侵占罪,挪用资金罪,对外国公职人员、国际公共组织官员行贿罪,非国家工作人员受贿罪,对非国家工作人员行贿罪。②3个滥用职权类罪名,包括:打击报复会计、统计人员罪,挪用特定款物罪,故意泄露国家秘密罪。③1个玩忽职守类罪名,即过失泄露国家秘密罪。④12个重大责任事故罪名。[⑤] 需要注意的是,《刑法修正案(十一)》将"强令违章冒险作业罪"罪名调整为"强令、组织他人违章冒险作业罪",这个罪名的犯罪主体可以是非公职人员,也可以是公职人员。此外,与《国家监察委员会管辖规定(试行)》规定的100个罪名相比,《监察法实施条例》将公职人员在行使公权力过程中实施的"危险作业罪"这个新罪名纳入监察机关调查的职务犯罪范

---

① 包括:贪污罪,挪用公款罪,受贿罪,单位受贿罪,利用影响力受贿罪,行贿罪,对有影响力的人行贿罪,对单位行贿罪,介绍贿赂罪,单位行贿罪,巨额财产来源不明罪,隐瞒境外存款罪,私分国有资产罪,私分罚没财物罪以及公职人员在行使公权力过程中实施的职务侵占罪,挪用资金罪。

② 包括:国有公司、企业、事业单位人员滥用职权罪,滥用管理公司、证券职权罪,食品、药品监管渎职罪,报复陷害罪,阻碍解救被拐卖、绑架妇女、儿童罪,帮助犯罪分子逃避处罚罪,违法发放林木采伐许可证罪,办理偷越国(边)境人员出入境证件罪,放行偷越国(边)境人员罪,非法剥夺公民宗教信仰自由罪,侵犯少数民族风俗习惯罪。

③ 包括:国有公司、企业、事业单位人员失职罪,签订、履行合同失职被骗罪,国家机关工作人员签订、履行合同失职被骗罪,环境监管失职罪,传染病防治失职罪,商检失职罪,动植物检疫失职罪,不解救被拐卖、绑架妇女、儿童罪,失职造成珍贵文物损毁、流失罪。

④ 包括:徇私舞弊低价折股、出售国有资产罪,非法批准征收、征用、占用土地罪,非法低价出让国有土地使用权罪,非法经营同类营业罪,为亲友非法牟利罪,枉法仲裁罪,徇私舞弊发售发票、抵扣税款、出口退税罪,商检徇私舞弊罪,动植物检疫徇私舞弊罪,放纵走私罪,放纵制售伪劣商品犯罪行为罪,招收公务员、学生徇私舞弊罪,徇私舞弊不移交刑事案件罪,违法提供出口退税凭证罪,徇私舞弊不征、少征税款罪。

⑤ 包括:重大责任事故罪,教育设施重大安全事故罪,消防责任事故罪,重大劳动安全事故罪,强令、组织他人违章冒险作业罪,危险作业罪,不报、谎报安全事故罪,铁路运营安全事故罪,重大飞行事故罪,大型群众性活动重大安全事故罪,危险物品肇事罪,工程重大安全事故罪。

围。⑤公职人员在行使公权力过程中涉及的其他犯罪(共 17 个罪名)[①]。

这 38 个罪名的一个共性是对犯罪主体的身份没有要求,存在犯罪主体是公职人员或非公职人员的可能。由于监察机关一般是对公职人员利用职权实施的职务犯罪案件或非公职人员参与的“对合犯”案件(如行贿罪、对单位行贿罪)进行调查,不对仅有非公职人员实施的犯罪进行调查。因此,对于上述罪名,在确定管辖时,应当重点把握涉嫌犯罪人员是否属于公职人员。具言之,公职人员在行使公权力过程中实施的上述犯罪,应当由监察机关管辖;非公职人员实施的上述犯罪,由公安机关依法管辖;公职人员与非公职人员涉嫌共同职务犯罪,则监察机关有权对涉案人中的非公职人员一并管辖。在具体个案中,由于被调查人的身份在被立案时总是特定的,不可能既是公职人员又是非公职人员,因而,一般不会造成监察机关、公安机关之间的管辖冲突。不过,实践中存在被调查人的身份之前不是公职人员,被立案调查时是公职人员,或者之前是公职人员,被立案时不是公职人员的情形。例如,若被调查人在没有成为公职人员期间涉嫌非国家工作人员受贿罪,之后成为公职人员后又在行使公权力过程中实施了非国家工作人员受贿罪,尽管在这两个时期涉嫌的罪名一样,但管辖机关不同。根据《监察法实施条例》第 51 条的规定,被调查人在公职人员期间实施的非国家工作人员受贿罪应由监察机关立案调查,在非公职人员期间实施的非国家工作人员受贿罪由公安机关立案调查,监察机关承担组织协调职责,协调调查和侦查工作进度、重要调查和侦查措施使用等重要事项。

(3)监察机关与检察机关共管的罪名。

在这 101 个罪名中,监察机关与检察机关对一部分罪名具有共同管辖权。为与国家监察体制改革相衔接,2018 年修订的《刑事诉讼法》一方面删去了检察院对贪污贿赂等案件行使侦查权的规定,另一方面保留了检察机关依照法

---

① 包括:破坏选举罪,背信损害上市公司利益罪,金融工作人员购买假币、以假币换取货币罪,利用未公开信息交易罪,诱骗投资者买卖证券、期货合约罪,背信运用受托财产罪,违法运用资金罪,违法发放贷款罪,吸收客户资金不入账罪,违规出具金融票证罪,对违法票据承兑、付款、保证罪,非法转让、倒卖土地使用权罪,私自开拆、隐匿、毁弃邮件、电报罪,故意延误投递邮件罪,泄露不应公开的案件信息罪,披露、报道不应公开的案件信息罪,接送不合格兵员罪。

律规定对部分刑事案件行使侦查权。[①] 根据《关于人民检察院立案侦查司法工作人员相关职务犯罪案件若干问题的规定》，检察机关对在诉讼监督中发现司法工作人员利用职权实施的14种罪名可以立案侦查，包括：非法拘禁罪，非法搜查罪，刑讯逼供罪，暴力取证罪，虐待被监管人罪，徇私枉法罪，民事、行政枉法裁判罪，执行判决、裁定失职罪，执行判决、裁定滥用职权罪，私放在押人员罪，失职致使在押人员脱逃罪，徇私舞弊减刑、假释、暂予监外执行罪，滥用职权罪，玩忽职守罪。由检察机关对这14个罪名立案侦查，主要是“基于工作的便利性和实效性”，[②]也有助于维护检察机关作为法律监督机关的权威性。检察机关对这14类罪名是“可以”而非“应当”立案侦查，并且管辖这14类罪名须满足实施主体身份是“司法工作人员”，犯罪行为是检察机关“在对诉讼活动实行法律监督中发现的”[③]这两个条件。由于司法工作人员同时也是公职人员，这14个罪名显然也是监察机关的管辖范围，属于监察机关与检察机关共管的罪名。实践中，已出现监察机关对司法工作人员涉嫌检察机关可以侦查的罪名采取留置措施的情形。[④]

3. 互涉案件的管辖

根据《监察法》第34条，对于涉及多个管辖机关的互涉案件确立了“监察为主”管辖原则，即对于被调查人同时涉嫌职务违法犯罪和其他违法犯罪

---

① 《刑事诉讼法》第19条第2款规定：“人民检察院在对诉讼活动实行法律监督中发现的司法工作人员利用职权实施的非法拘禁、刑讯逼供、非法搜查等侵犯公民权利、损害司法公正的犯罪，可以由人民检察院立案侦查。对于公安机关管辖的国家机关工作人员利用职权实施的重大犯罪案件，需要由人民检察院直接受理的时候，经省级以上人民检察院决定，可以由人民检察院立案侦查。”为与这条相衔接，《刑事诉讼法》第108条规定，“‘侦查’是指公安机关、人民检察院对于刑事案件，依照法律进行的收集证据、查明案情的工作和有关的强制性措施”，明确侦查权的主体也包括人民检察院。《人民检察院组织法》第20条规定检察院的职权之一是“依照法律规定对有关刑事案件行使侦查权”。

② 参见中共中央纪律检查委员会中华人民共和国国家监察委员会法规室编写：《〈中华人民共和国监察法〉释义》，中国方正出版社2018年版，第95页。

③ 《刑事诉讼法》第19条第2款规定：“人民检察院在对诉讼活动实行法律监督中发现的司法工作人员利用职权实施的非法拘禁……的重大犯罪案件，需要由人民检察院直接受理的时候，经省级以上人民检察院决定，可以由人民检察院立案侦查。”

④ 例如，监察机关已对孙小果案中涉案的省监狱管理局原副巡视员刘思源、省监狱管理局原副局长朱旭、省高级人民法院审判委员会原专职委员梁子安、昆明市中级人民法院审判监督庭原副庭长陈超以及孙小果重要关系人等11人采取了留置措施。参见《孙小果案件办理进展情况通报》，载中央纪委国家监委网，http://www.ccdi.gov.cn/yaowen/201905/t20190528_194694.html。

的，一般应当由“监察委员会为主调查，其他机关予以协助”。对公职人员职务犯罪案件的调查确立“监察为主”管辖原则，主要理由在于职务犯罪案件的特殊性①，由监察机关调查为主，是党和国家自我监督的一种方式，发挥“惩前毖后、治病救人”的功能。② 因此，确立“监察为主”管辖原则，是通过与纪委合署办公的监察机关主导调查的方式，使调查工作发挥惩处和监督、预防的双重作用，体现“党管干部”原则，最终目的是加强党对反腐败工作的集中统一领导。

4. 监察调查权的管辖原则

各监察机关对有管辖的案件内部还存在管辖分工问题，即监察管辖原则。《监察法》第 16 条第 1 款关于“各级监察机关按照管理权限管辖本辖区内本法第十五条规定的人员所涉监察事项”的规定，确立了监察机关的“级别管辖”与“地域管辖”相结合的一般管辖原则，即监察机关对本辖区内且属于本级监察机关干部管理权限的监察对象进行监察。在此基础上，《监察法》还确立了提级管辖、指定管辖这两种特殊管辖原则，以及管辖争议的解决方式。③与此不同，侦查机关对案件的管辖采取的是“属地管辖”。

二、监察调查权的性质

目前，学界和实务界关于监察调查权属性的讨论较多，主要是围绕监察调查权与侦查权的关系。然而，与侦查权的关系异同，仅是监察调查权的部分属性。界定监察调查权的属性还涉及监察调查权与其他权力的关系，以及权力运行的特征。

---

① “职务犯罪案件主体身份特殊，犯罪手段隐蔽，案件内容涉及大量国家秘密、国家安全和国家利益。”参见中共中央纪律检查委员会中华人民共和国国家监察委员会法规室编写：《〈中华人民共和国监察法〉释义》，中国方正出版社 2018 年版，第 172－173 页。

② 参见中共中央纪律检查委员会中华人民共和国国家监察委员会法规室编写：《〈中华人民共和国监察法〉释义》，中国方正出版社 2018 年版，第 172－173 页。

③ 《监察法》第 16 条第 2 款、第 3 款规定：“上级监察机关可以办理下一级监察机关管辖范围内的监察事项，必要时也可以办理所辖各级监察机关管辖范围内的监察事项。监察机关之间对监察事项的管辖有争议的，由其共同的上级监察机关确定。”第 17 条规定：“上级监察机关可以将其所管辖的监察事项指定下级监察机关管辖，也可以将下级监察机关有管辖权的监察事项指定给其他监察机关管辖。监察机关认为所管辖的监察事项重大、复杂，需要由上级监察机关管辖的，可以报请上级监察机关管辖。”

(一)监察调查权与侦查权的关系

监察调查权属于监察权,侦查权属于行政权。监察权与行政权是两个并立的权力,属于"互相配合、互相制约"的关系,这一关系同样也体现在两权力的子权力之间。"互相配合、互相制约"仅是解释监察调查权与侦查权的一个维度,目前学界和实务界对两权力的关系的争议点在于,二者究竟是同一权力,还是不同权力。

1. 监察调查权与侦查权关系之辨

(1)监察调查权不同于侦查权。国家监察体制改革开始前,马怀德教授撰文指出,即将成立的监察委员会调查权不继受行使检察机关的侦查权,"不会取代检察院侦查权,性质上也不同于侦查权"①。国家监察体制改革试点期间,《中国纪检监察报》持同样的观点,认为"监察机关行使的调查权不同于刑事侦查权",出于三个理由:"监察委员会是监督机关,与公安、检察机关等执法和司法机关不同""职务犯罪区别于一般犯罪""国家监察法区别于刑事诉讼法"。②

(2)监察调查权等同于侦查权。有少数学者认为,监察调查权"在本质上就是侦查违法犯罪行为的侦查权,而包括留置在内的调查措施在本质上也是作为侦查措施存在的",原因在于,调查权的来源之一是检察机关职务犯罪侦查权,调查权包含侦查权,调查与侦查只是文字上的差别,本质上是一样的。③还有学者认为,监察委员会的"调查权"实质上是"刑事侦查权",称其为"调查

---

① 马怀德:《国家监察体制改革的重要意义和主要任务》,载《国家行政学院学报》2016年第6期,第20页。

② 原文为:"国家监察法实质就是反腐败国家立法,为监察机关依法履职提供法治依据。监察委员会是由国家权力机关设立的监督机关,与公安、检察机关等执法和司法机关性质完全不同。反腐败针对的职务犯罪区别于一般刑事犯罪,国家监察法也区别于刑事诉讼法;监察机关行使的调查权不同于刑事侦查权,不能简单套用司法机关的强制措施。监察机关调查职务违法和职务犯罪适用国家监察法,案件移送检察机关后适用刑事诉讼法。要通过制定国家监察法,明确监察机关监督、调查、处置的职责,把目前正在实际运用的调查手段写入法律,赋予必要的调查权限,以法治思维和法治方式惩治腐败。留置是调查手段,要将其在国家监察法中确立,形成依法治国的重要制度,解决长期困扰的法治难题,彰显出全面依法治国的决心和自信。"《深化监察体制改革推进试点工作之四:使党的主张成为国家意志》,载《中国纪检监察报》2017年7月17日,第1版。

③ 参见刘玫:《论监察委员会的调查措施》,载《学习与探索》2018年第1期,第62-63页。

权”是对刑事诉讼程序控制的规避。[①] 类似观点认为,监察机关行使的职权“已经溢出了对‘调查权’内涵的通常理解”[②]。也有学者从监察权的视角分析,认为监察机关调查权是由监察职权的性质决定的,监察权是人民性、政治性和法律性的统一,而法律性是“指其可运用司法刑事手段予以调查侦讯”[③]。上述观点的片面性在于,没有注意到监察机关不只具有对职务犯罪案件的调查职能,还具有对职务违法案件的调查职能,而职务违法调查权在性质上不可能等同于侦查权。既然构成监察调查权的职务违法调查权不同于侦查权,那么,认为监察调查权等同于侦查权就不符合逻辑。

(3)监察机关调查权是一种复合性权力,具有部分“侦查权”属性。主张这一观点的文献占据主流,认为监察机关集党纪调查权、政纪调查权与刑事犯罪调查权于一身,但其对职务犯罪案件的调查具有侦查属性,或根本就是侦查权力。[④] 主张监察机关调查职务犯罪案件具有侦查属性,主要基于以下几个原因:其一,从权力来源角度看,监察机关的刑事调查“是对检察机关职务犯罪侦查的延续和替代”[⑤]。其二,从程序的特点角度看,检察机关可将监察机关移送的案件“退回补充调查”,“退回补充调查”的期限和次数与检察机关将侦查机关的案件“退回补充侦查”这一程序的规定一样,表明“退回补充调查”与“退回补充侦查”性质一样。[⑥] 其三,从监察机关调查所获得的证据材料的证据能力角度看,如果调查权不具有侦查权属性,则采取讯问和询问取得的调

---

① 参见张建伟:《法律正当程序视野下的新监察制度》,载《环球法律评论》2017 年第 2 期,第 65 页。

② 熊秋红:《监察体制改革中职务犯罪侦查权比较研究》,载《环球法律评论》2017 年第 2 期,第 58 页。

③ 郑贤君:《试论监察委员会之调查权》,载《中国法律评论》2017 年第 4 期,第 121 页。

④ 主张这种观点的代表性文献主要有:陈光中:《监察体制改革需启动系统修法工程》,载财新网,http://china. caixin. com/2017-01-17/101044638. html;陈瑞华:《论监察委员会的调查权》,载《中国人民大学学报》2018 年第 4 期;左卫民、安琪:《监察委员会调查权:性质、行使与规制的审思》,载《武汉大学学报(哲学社会科学版)》2018 年第 1 期;郑曦:《监察委员会的权力二元属性及其协调》,载《暨南学报(哲学社会科学版)》2017 年第 11 期。

⑤ 如果监察机关对职务犯罪案件的调查不是侦查,而检察机关对监察机关移送的案件不经侦查,直接提起公诉,则“违背了我国宪法和刑诉法所确立的公诉体制”。参见陈瑞华:《论监察委员会的调查权》,载《中国人民大学学报》2018 年第 4 期,第 14 页。持相同观点的文献参见施鹏鹏:《国家监察委员会的侦查权及其限制》,载《中国法律评论》2017 年第 2 期。

⑥ 参见陈瑞华:《论监察委员会的调查权》,载《中国人民大学学报》2018 年第 4 期,第 14 页。

查笔录,不可以直接作为刑事诉讼证据。[①] 其四,监察机关刑事案件调查权应当是侦查权,否则,监察调查权就不受《刑事诉讼法》约束,不利于保障人权。[②]

笔者认为,上述观点具有一定道理,但所使用的理由值得商榷。首先,侦查权并不必然属于执法或司法机关。在我国,除执法或司法机关外,军队保卫部门、海警局、国家安全机关、监狱均有侦查权。[③] 同样地,监察机关尽管是监督机关,但同时还是反腐败工作机构,赋予反腐败机构侦查权并不与其性质相悖。此外,中国香港特别行政区及澳门特别行政区、新加坡等国家或地区的专门反腐败机构均被赋予了侦查权。其次,职务犯罪虽然不同于一般刑事犯罪,有自身的独特性,立法也为职务犯罪的调查或侦查作了一些特别规定,但它既然是刑事犯罪案件,对其调查或侦查,[④]无论称呼上怎么变,都不影响其属于侦查权的本质。最后,《监察法》在立法目的、内容、规范的法律关系等方面的确不同于《刑事诉讼法》,但并不能因为监察调查权与刑事侦查权的法律依据不同,就直接推出监察调查权不同于侦查权。我国香港地区廉政公署调查权源于香港《廉政公署条例》《防止贿赂条例》的授权,而非《刑事诉讼条例》,但并不影响其是侦查权的特点。

2. 监察调查权与侦查权的关系界定

通过对上述不同观点的评价,本书关于监察调查权与侦查权的关系的观点已形成,具体如下:

首先,监察调查权是一种复合性权力,不同于侦查权。监察调查权是监察权的子权力,具有监察权的监督权特性,在权力行使目的上与侦查权不完全一样。另外,监察调查权是一种由职务违法调查权、职务犯罪调查权两种权能组

---

① 参见秦前红、叶海波等:《国家监察制度改革研究》,法律出版社 2018 年版,第 161 页。

② 参见张建伟:《法律正当程序视野下的新监察制度》,载《环球法律评论》2017 年第 2 期,第 78 页。

③ 我国《刑事诉讼法》第 4 条规定:"国家安全机关依照法律规定,办理危害国家安全的刑事案件,行使与公安机关相同的职权。"第 308 条规定:"军队保卫部门对军队内部发生的刑事案件行使侦查权。中国海警局履行海上维权执法职责,对海上发生的刑事案件行使侦查权。对罪犯在监狱内犯罪的案件由监狱进行侦查……"

④ 事实上,香港廉政公署、澳门廉政公署对腐败犯罪案件的调查,行使的是侦查权,但使用的是"调查",而非侦查。从我国香港特别行政区、澳门特别行政区和新加坡等国家或地区的法律用词上看,"调查"的含义与我国《刑事诉讼法》中的"侦查"具有相同的含义。参见刘玫:《论监察委员会的调查措施》,载《学习与探索》2018 年第 1 期,第 63 页。

成的复合性调查权。与之不同的是,侦查权的适用对象是刑事犯罪案件。从这个角度看,监察调查权不同于侦查权。

其次,监察调查权中的职务犯罪调查权具有部分侦查权属性,与我国公安机关等侦查机关的侦查权构成“同中有异”关系。由于监察机关职务犯罪案件调查权与侦查机关侦查权的适用对象均是刑事犯罪案件,二者依法获得的证据材料均可在刑事诉讼中作为证据使用,接受刑事审判的审查判断,因而,监察机关职务犯罪案件调查权具有部分侦查权属性。不过,由于《监察法》的创制,监察调查权并非将“原构成它的各种权能进行简单的叠加,而是实质上对既往‘分散式反腐模式’下不同主体调查权能的继承与改造”[①],作为监察调查权子权力的职务犯罪调查权在权限、适用对象、管辖原则、管辖范围等方面与《刑事诉讼法》中公安机关等侦查机关的侦查权存在一些差异。因而,监察机关的职务犯罪调查权与公安机关等侦查机关的侦查权“同中有异”,二者的差异之处体现为监察调查权或监察机关职务犯罪调查权不同于一般侦查权的特殊之处。

由于监察机关有权管辖的罪名数(101个)仅占《刑法》规定的罪名的一部分(且监察机关与公安机关、检察机关对部分罪名存在管辖分工),其他罪名由侦查机关管辖,因而对刑事犯罪案件的侦查或调查权由监察机关职务犯罪调查权、侦查机关行使的侦查权两部分组成。因此,从权力的构成看,监察调查权与侦查权是交叉关系,交叉部分即是职务犯罪调查权(两者关系如图1-1所示)。

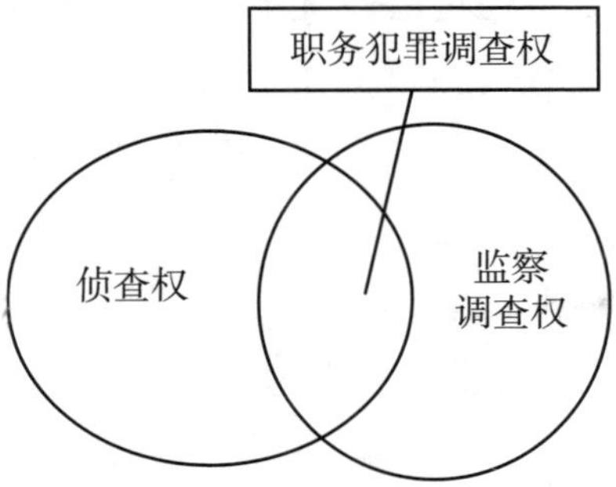

图1-1 监察调查权与侦查权的关系

① 徐汉明:《国家监察权的属性探究》,载《法学评论》2018年第1期,第16页。

(二)监察调查权与起诉权、审判权的关系

监察机关将涉嫌犯罪的案件移送检察机关审查起诉,检察机关依法对被调查人采取强制措施,根据审查情况,依法作出起诉、退回补充调查(必要时补充侦查)或不起诉决定。[①] 职务犯罪案件被起诉后,由审判机关进行审理,作出有罪判决、无罪判决或免于刑事处罚。因此,监察机关因职务犯罪调查权的行使,才与检察机关、审判机关发生关系。三者的关系体现为监察调查权与检察权中的起诉权、审判权之间的关系。监察机关调查的案件中,仅职务犯罪案件才能进入刑事诉讼程序,形成“调查—起诉—审判”的权力关系。故在办理职务犯罪案件过程中,监察机关与检察机关、审判机关三者的关系体现为监察调查权、起诉权、审判权三者之间的关系。从权力的来源看,监察调查权、起诉权与审判权之间的关系应表现为监察机关与检察机关、审判机关三者之间“互相配合,互相制约”的关系。[②] 不过,上述三个权力之间不应是互相制约关系,而主要表现为起诉权、审判权对监察调查权的制约。

1. 监察调查权与起诉权、审判权的互相配合关系

在职务犯罪案件办理中,监察机关、检察机关、审判机关分别履行调查、起诉、审判职责,经“调查—起诉—审判”程序,实现对腐败犯罪行为的惩罚,并为裁判结果的权威性和可接受性提供正当性基础。因而,三者在打击腐败犯罪、维护国家廉洁秩序、保障公职人员依法行使公权力方面具有目标的一致性。

一方面,监察调查权与起诉权的互相配合在于,监察机关、检察机关是职务犯罪案件的共同“控方”,通过调查、起诉分工,共同完成证明被告人有罪的证明责任。监察机关对检察机关的配合体现为:(1)监察机关应依法收集所有与案件相关的证据,查证属实,并达到一定的证明标准,为检察机关履行证明责任提供符合法律要求的证据。(2)检察机关在审查起诉中需要调取同步录音录像的,或需要监察机关补充调查的,监察机关应当配合。检察机关对监察机关的配合表现为:(1)对监察机关移送的被调查人依法采取强制措施;(2)对监察机关移送的案件进行证据、事实认定、定性、量刑方面的把关,并通过要求监察机关补充调查、必要时补充侦查,确保案件证据符合刑事审判对证

① 参见《监察法》第 47 条。

② 参见《宪法》第 127 条。

据的要求和标准；(3)对于重大、复杂案件，检察机关应监察机关的商请在案件移送审查起诉前提前介入，就案件定性、证据收集、案件管辖等方面提出意见，确保案件公正办理；(4)通过出庭举证、质证，履行控方的证明责任。

另一方面，监察调查权与审判权的互相配合在于：(1)监察机关通过对职务犯罪行为的调查，为审判机关审理职务犯罪案件提供证据材料。经法院通知，监察机关应派调查人员就证据收集的合法性出庭说明情况。(2)审判机关对监察机关移送的案件进行审理，对需要指定管辖的案件，与检察机关协商共同确定指定管辖的审判机关、检察机关，对判决有罪的被告人施以刑罚并追缴赃款赃物。审判机关在工作中发现公职人员涉嫌职务违法犯罪的问题线索，移送监察机关由其依法调查处置。①

2. 起诉权、审判权对监察调查权的制约

检察机关对监察机关的制约是由检察机关是宪法规定的法律监督机关这一职责定位决定的，即作为法律监督者，检察机关有义务对监察机关调查行为的合法性进行监督，以维护宪法和法律的尊严，实现司法公正，保障被调查人的合法权益。这种制约同时也是公诉权的内在要求，以提升案件的胜诉率。检察机关对监察机关的制约方式包括：退回监察机关补充调查、自行补充侦查、非法证据排除、作出不起诉决定等方式。

审判权对监察调查权的制约一方面是由无罪推定原则决定的，即任何人在未经法院判决有罪前，不得被推定为有罪。换言之，未经审判机关的审理，监察机关无法对涉嫌职务犯罪的行为施加刑罚。另一方面，这种制约是由审判在刑事诉讼中的中心地位决定的。《监察法》第33条第2款规定："监察机关在收集、固定、审查、运用证据时，应当与刑事审判关于证据的要求和标准相一致。"换言之，若监察机关移送案件的证据要求和标准达不到刑事审判的要求，则面临证据被排除甚至案件被判无罪等不利后果。具体而言，审判权对监察调查权的制约主要有四方面：(1)通过对监察机关移送案件的证据进行审查，将不符合定案要求的证据予以排除；(2)对事实不清、证据不足或不构成犯罪的案件依法宣判无罪；(3)对案件罪名定性不准或漏罪的，依法需要变

① 参见《监察法》第34条。

更罪名或补充审查起诉的，退回检察机关重新提起诉讼；(4)就证据收集方式合法性问题要求监察机关派调查人员出庭说明情况。

(三)监察调查权与纪委审查调查权的关系

1. 监察调查权与纪委审查调查权是互补、有机统一关系

在中国，党是领导一切的，包括党管干部、党领导制定影响国家发展的路线、方针、政策、宪法法律，领导并深度参与国家治理等，因此，中国的国家治理体系由党的治理和国家的治理两部分组成，两者深度融合，形成具有中国特色的党和国家治理体系。在这种治理体系中，党内监督和国家监督属于党和国家的自我监督，两者在目的上具有相通性。由于监察机关是履行国家监督职能的专责机关，党的纪律检查机关是履行党内监督的专责机关，纪检监察机关是党内监督和国家监察专责机关。[①] 纪委监委的合署办公整合了国家监察权和党的纪律检查权，实现了党内监督和国家监察的有机统一。由于监察权与纪律检查权是互补、有机统一关系，作为两权力各自的子权力，监察调查权与纪委审查权同样也是互补、有机统一关系。在合署办公模式下，监察调查权、纪委审查调查权由"同一套人马"一并行使，使得两种权力的有机统一、互补关系在运行上具有可操作性。

2. 监察调查权与纪委审查调查权在性质上是两种不同的权力

作为监察权的子权力，监察调查权属于国家权力。与之对照的是，作为党的纪律检查权的子权力，纪委审查调查权属于党的权力。尽管在中国特色政治体制下，党的权力表现出一定的国家权力特征，但二者的来源不一样，不能混为一种权力。同理，监察调查权与纪委审查调查权尽管在权力行使目的、权力运行程序等方面存在一些相通之处，但二者本质上不属于同一种权力。二者存在以下差别：第一，权力的适用条件和对象不同。监察调查权是调查职务违法、职务犯罪案件，适用对象是监察对象。纪委审查调查权是调查违反党纪的案件，适用对象是党员和党组织。第二，权力的适用规范不同。监察调查权的行使遵循的是《宪法》、《监察法》及其他相关法律，纪委审查调查权的行使遵循的是党章党规。由于二者适用规范不同，二者的行使程序、权限也不同。

---

① 参见杨晓渡：《坚持和完善党和国家监督体系》，载《党建研究》2019年第11期，第18页。

第三，权力的行使机关性质不一样。监察调查权、纪委审查调查权的行使机关分别是监察机关和党的纪律检查机关，两机关分属国家机关和党的机关。第四，权力行使的后果及对当事人的权益影响不同。根据《监察法》第 11 条，监察调查权的行使，产生的法律后果包括给予政务处分、移送检察机关审查起诉、撤销案件或批评教育。纪委审查调查权的行使可能产生的纪律后果包括：对违纪的党组织、党员给予党纪处分或组织处理、问责、提出纪律检查建议。

监察调查权与纪委审查调查权之间互补、有机统一的关系，以及二者之间的属性差异，使两种权力的运行既有相互衔接之处，也存在需要区隔的情形。二者的衔接主要表现为两种调查程序的衔接以及纪检证据、监察证据的相互转换。两权力的性质差异要求监察机关与纪委不能共用取证权限和取证程序（尽管两种程序存在一些相似性）。由于纪委与监委合署办公，纪委的人员同时是监委人员，加之《监督执纪工作规则》未对监察机关、纪委的权力运行程序分别规定，容易出现二者共用取证资格、调查措施、调查程序的风险，这尽管有利于实现纪检监察一体化，但不利于体现法治反腐，且会影响证据材料的证据能力。为避免上述情况的出现，一方面，对于《监察法》赋予监察机关的调查措施，而纪委没有被赋予相应权限的，应以"监委"名义实施。另一方面，应根据立案的类型，在调查取证中严格使用不同的调查文书和印章。对于需要移送检察机关审查起诉的证据材料，应使用监委的文书和印章，不得使用纪委或纪委监委的文书或印章，否则，就会造成移送的证据材料无证据能力。

（四）职务违法调查权与职务犯罪调查权的关系

监察调查权由职务违法调查权与职务犯罪调查权这两个权力组成。根据两个权力的适用案件，职务违法调查权属于行政调查权，职务犯罪调查权属于刑事调查权。目前，学界争议的是监察机关同时行使两种权力，是否适用同样的程序？是否应由不同的部门调查？有人主张，将监察调查分为一般调查和特殊调查，对于特殊调查适用《中华人民共和国刑事诉讼法》（以下简称《刑事诉讼法》）。[①] 有人主张，监察机关内部分设党纪政纪调查部门和刑事调查部

① 参见陈光中：《监察体制改革需启动系统修法工程》，载财新网，http://china.caixin.com/2017-01-17/101044638.html。

门,前者适用《监察法》及关联法规的约束,后者适用《刑事诉讼法》的约束。[①]这两个观点均主张对职务违法调查与职务犯罪调查采用分别调查、适用不同法律规范的“双轨调查”模式。这种模式被认为“可以化解监察体制改革中遇到的诸多问题,在有效惩治腐败与遵守正当程序之间保持新的平衡,避免国家反腐败权力的滥用,走出‘顾此失彼’的尴尬境地”[②]。

由于本书不讨论违纪调查,故仅分析职务违法调查、职务犯罪调查分设模式是否具有可操作性。主张监察机关调查职务犯罪适用《刑事诉讼法》的假设前提之一是,监察调查可分为职务违法调查、职务犯罪调查,分别由不同的部门开展调查。笔者调研了解到,一些地方监察机关在改革试点期间,曾试行过这种“双轨调查”模式,即违纪违法案件、职务犯罪案件分别由不同人员调查,但试行一段时间后发现难以运行下去。[③] 这也是后来《监察法》并未对职务违法调查、职务犯罪调查设定不同的程序,两者适用同一套程序的原因。笔者认为,职务违法调查、职务犯罪调查分设在实践中的不可行性,原因有以下三个方面:

其一,职务违法与职务犯罪案件的差异在很多情形下表现的是同一个行为对公权力运行秩序的危害程度,或者对公职人员廉洁的不可收买性的危害程度上的差异。在很多情形下职务犯罪与职务违法的差异在于前者多一个“特别的构成要件”。若将违法调查、犯罪调查分设,则容易出现重复取证,不利于提升工作效率。

其二,一般刑事犯罪具有犯罪现场,犯罪嫌疑人是涉嫌犯罪还是涉嫌违法在立案时比较好判断,但职务违法或职务犯罪案件一般是“由人到案”的调查模式,被调查人是仅涉嫌职务违法或仅涉嫌职务犯罪,还是两者兼有,调查人员在初核或立案调查时有时并不清楚,被调查人在接受谈话或讯问时,供述的内容可能同时涉及违法和犯罪的信息。若这两种调查由不同部门调查,不利

---

① 参见陈瑞华:《论监察委员会的调查权》,载《中国人民大学学报》2018 年第 4 期。

② 陈瑞华:《论监察委员会的调查权》,载《中国人民大学学报》2018 年第 4 期。

③ 笔者于 2018 年 10 月 23-25 日,围绕“纪检监察工作中的调查取证”这一主题,与课题组成员赴山西省吕梁市纪委监委实地调研,与来自市、县两级纪检监察机关、公检法机关近 50 名干部进行了座谈、访谈,了解职务违法调查、职务犯罪调查是否存在分设的可行性。

于案件的调查。实践中,监察机关同时承担职务违法行为和职务犯罪案件的调查。[①] 由于监察机关与党的纪律检查机关合署办公,监察机关还同时承担违纪行为的调查。既然职务违法调查、职务犯罪调查由不同部门调查的模式在实践中不具有可操作性,那么,要求两类调查分别适用不同的法律程序,就不具有实践的可行性。

其三,从改革的功能进路看,国家监察体制改革的目的之一是"构建权威高效、集中统一的监察体制"。这也是为何《监察法》对职务违法调查权、职务犯罪调查权的权限配置大致相同的原因之一。"双轨调查"模式必然会带来两种程序的大量衔接和两类证据的转换,影响效率,不利于实现改革的目的。

综上,职务违法调查权、职务犯罪调查权尽管是两个不同的权力,但由于权力行使主体一样,职务违法行为、职务犯罪行为关系紧密,以及为避免重复取证,职务违法调查程序、职务犯罪调查程序不应分设。

(五)监察调查权的属性界定

通过分析,本书对监察调查权的属性界定如下:

第一,监察调查权与其他权力的关系。监察调查权与侦查权表现为"互相配合、互相制约"关系。监察调查权与起诉权、审判权同样也存在互相配合关系,同时受起诉权、审判权的制约。监察调查权与纪委审查调查权属于互补、有机统一关系,同时在适用规范上存在差别,不可混同为同一权力行使。

第二,监察调查权的本质。由于监察调查权是监察权的一部分,是服务于监督目的而设的权力,属于监督型调查权。同时,由于监察调查权是由职务违法调查权、职务犯罪调查权组成,两个权力性质不一样,且法律后果不一样,因而监察调查权是一个复合性权力。将监察调查权视为一个整体来研究,并不能完全呈现各子权力的本质和特征,有必要分别分析各子权力的性质和特征。

---

① 根据《监督执纪工作规则》第 11 条,市地级以上纪委监委实行监督检查和审查调查部门分设,监督检查部门主要负责联系地区和部门、单位的日常监督检查和对涉嫌一般违纪问题线索处置,审查调查部门主要负责对涉嫌严重违纪或者职务违法、职务犯罪问题线索进行初步核实和立案审查调查。不过,笔者调研了解到,实践中,这种分设没有得到很好的执行,中央纪委国家监委以及一些省级纪检监察机关的监督检查部门也负责对涉嫌严重违纪或职务违法、职务犯罪问题进行立案审查调查。除了监督检查部门、审查调查部门外,纪检监察机关内设的干部监督室、机关纪委负责对所在单位的纪检监察干部涉嫌违纪、职务违法和职务犯罪问题进行立案审查调查。

具体而言,监察机关职务违法调查权与行政执法机关调查行政不法行为的权力并无区别,属于行政调查权。监察机关职务犯罪调查权是一种与我国公安机关等侦查机关的侦查权“同中有异”的权力,兼具侦查和监察的双重属性。因而,从权力构成上看,监察调查权与侦查权是交叉关系,交叉的那部分权力即职务犯罪调查权。

第三,监察调查权的特征。由于监察调查权属于监察权的一部分,且与纪委审查调查权构成互补、有机统一关系,因而具有监督特性、政治特性。同时,由于监察调查权是《监察法》创设的权力,须在《宪法》《监察法》框架内运行,因而具有法律性。从构成监察调查权的子权力看,监察机关职务违法调查权具有行政属性,监察机关职务犯罪调查权具有部分侦查属性。因此,监察调查权是一种集监督属性、政治属性、法律属性、行政属性、侦查属性于一体的复合性权力。

本章小结

“在每一个民主国家中,如果只想给予个人或团体以某种明确规定的职能,而不加抑制,那么,个人或团体就很可能取得非常不良的独立权力。”①作为一种监督制约权力的国家监督权,监察权得以产生。从历史和比较法两个视角看,监察权在我国历史上和西方语境中的本质上均属于专门监督权。国家监察体制改革产生的监察权,在中国特有的政治体制下,具有一些不同的特征,但本质上仍是一种专门的国家监督权,是与行政权、司法权相分立的“第三种权力”,具有政治性和法律性。监察权的监督权属性必然会投射到它的子权力监察调查权上,这使监察调查权具有强烈的监督权色彩,是“监督型调查权”。另外,通过研究监察调查权的构成及与其他权力的关系,监察调查权是一种集监督属性、政治属性、法律属性、行政属性、侦查属性于一体的复合性权力,不同于侦查权。职务犯罪调查权与侦查权的“同中有异”关系,决定了监察调查权与侦查权存在重叠、交叉之处,也决定了本书后面要讨论的监察取证规则与侦查取证规则之间的关系是“同中有异”关系。

---

① ［英］伯特兰·罗素:《权力论》,吴友三译,商务印书馆 2017 年版,第 229 页。

第二章　监察取证规则的理论基础和体系

监察调查权的性质、监察取证原理塑造了监察取证规则的内容。关于监察取证规则，首先需要回答的问题是：(1)它的性质是什么？(2)为什么我国需要制定监察取证规则？(3)我国应制定一个什么样的监察取证规则？为此，本章第一节阐述监察取证规则的概念、内涵与外延，界定监察取证规则是什么。第二节论证监察取证规则独立化的正当性和必要性。第三节、第四节分别阐述监察取证规则的认识论基础、价值论基础。在此基础上，第五节阐述监察取证规则的体系构成。

第一节　监察取证规则的性质

一、监察取证规则的概念

《监察法》是反腐败国家立法，是对国家监察工作起统领性和基础性作用的法律。[①]《监察法》的定位决定了其是一部综合性法律，集实体法、程序法、组织法于一体。其中，《监察法》中关于规范监察机关收集、固定、审查、运用证据的条款占比较大，在内容上具有相对的独立性和体系性。这些规则对规制监察调查权的行使、保障被调查人的合法权益、促进真相发现具有重要意义。本书将这类条款概括为"监察取证规则"。由于监察机关一般仅在履行监督、调查职责时才涉及取证，为便于研究，本书所指的"监察取证规则"是对

① 参见沈春耀：《关于〈全国人民代表大会常务委员会关于国家监察委员会制定监察法规的决定(草案)〉的说明》，载中国人大网，http://www.npc.gov.cn/npc/c30834/201910/0f2ffd6c12df47a58f5dc3658d9c0329.shtml。

监察机关的取证行为，不包括对线索处置、移送审查起诉程序等不直接属于取证行为的监察活动，进行规范。此外，《监察法》规定的实体法内容（例如，监察对象、管辖范围）、组织法内容（监察机关及其职责）以及其他内容（如反腐败国际合作），虽然本书会有所涉及，但不在监察取证规则的范围内。由于监察取证规则是对监察机关取证活动的规范，界定该规则的概念需要厘清监察取证的法定程序。在取证过程中，监察调查人员除了收集证据，本身还包括固定、审查和运用证据。同时，为监督制约调查部门，监察机关还设有案件审理部门，对调查部门收集的证据进行审查，[①]有权提前介入调查并对证据不足的案件退回调查部门重新调查或补充调查。[②] 并且这一阶段的证据审查产生法律后果，即非经案件审理部门审理，不得对案件作出处分或移送司法机关审查起诉的决定。[③] 可见，监察审理阶段的证据审查是独立于证据收集的法定程序，二者虽然存在一定交集但各自具有相应的程序意义。监察阶段的取证活动是围绕证据收集、证据审查这两项工作依次展开，以求查明案件事实。为此，属于监察取证活动的证据收集、证据审查均应有相应的规则予以规范。综上所述，“监察取证规则”可定义为：“规范监察取证主体[④]收集、审查证据的规则体系。”

---

① 《监督执纪工作规则》第 11 条规定，“案件审理部门负责对需要给予党纪政务处分的案件审核把关”。

② 《监督执纪工作规则》第 55 条规定，“审理工作按照以下程序进行：……（二）……对涉嫌违纪或者职务违法、职务犯罪行为性质认定分歧较大的，经批准案件审理部门可以提前介入……（五）对主要事实不清、证据不足的，经纪检监察机关主要负责人批准，退回监督检查、审查调查部门重新审查调查；需要补充完善证据的，经纪检监察机关相关负责人批准，退回监督检查、审查调查部门补充审查调查”。

③ 《监督执纪工作规则》第 52 条第 1 款规定：“审查调查报告以及忏悔反思材料，违纪或者职务违法、职务犯罪事实材料，涉案财物报告等，应当按程序报纪检监察机关主要负责人批准，连同全部证据和程序材料，依照规定移送审理。”

④ 本书所使用的“取证主体”主要是便于从认识论角度研究监察取证活动的规律，它对应于取证客体。凡是参与监察案件证据收集、审查的主体都是监察取证主体，范围包括监察调查人员、监察审理人员及其他受委托从事这项工作的人员，其与监察官的范围存在交叉，参与监察调查的人员不一定是监察官，监察官并不都参与监察调查。由于监察取证是监察官的基本职责之一，适用于监察取证主体的行为规范、价值理念同样适用于监察官。

二、监察取证规则的内涵与外延

由于监察调查权由职务违法调查权、职务犯罪调查权两种不同权力构成，相应地，监察取证规则由职务违法取证规则、职务犯罪取证规则两类规则组成。界定监察取证规则的内涵与外延，需要分别讨论职务违法取证规则、职务犯罪取证规则之间的关系，以及监察取证规则与侦查取证规则的关系。

（一）职务违法取证规则与职务犯罪取证规则的关系

如前文所述，有学者主张，将监察调查分为一般调查和特殊调查，对于特殊调查适用《刑事诉讼法》。① 还有的主张，监察机关内部分设党纪政纪调查部门和刑事调查部门，前者适用《监察法》及关联法规的约束，后者适用《刑事诉讼法》的约束。② 这两个观点实质上是建议对职务违法案件、职务犯罪案件采取分部门调查、分别适用不同法律规范的“双轨调查”模式，即职务违法取证规则应完全异于职务犯罪取证规则。对此，笔者持不同观点，具体如下：

一方面，职务违法取证规则与职务犯罪取证规则应存在部分相同的内容。职务违法行为与职务犯罪行为在构成要件上存在一定的重合。职务违法行为可分为两类：一类职务违法行为不可能上升为职务犯罪行为，这类职务违法行为称为“单纯职务违法行为”；另一类职务违法行为在满足特定构成要件后，可上升为职务犯罪行为，③这类职务违法行为与对应的职务犯罪行为构成“层次关系”，④可称为“非单纯职务违法行为”。大多数职务违法行为属于“非单纯职务违法行为”，其与职务犯罪行为的差异在于，后者仅比前者多一个“特别的构成要件”。职务违法与职务犯罪的层次关系，决定职务违法调查程序、职务犯罪调查程序应存在部分相同内容。反之，若将职务违法调查、职务犯罪调查分设，分别适用两套完全不同的调查程序，则容易出现重复取

① 陈光中：《监察体制改革需启动系统修法工程》，载财新网，http://china.caixin.com/2017-01-17/101044638.html。

② 参见陈瑞华：《论监察委员会的调查权》，载《中国人民大学学报》2018 年第 4 期，第 12 页。

③ 例如，公职人员收受可能影响公正行使公权力的财物，则仅构成职务违法；反之，若同时还符合“利用职务便利为他人谋利”这一构成要件且收受金额达到法定立案标准，则构成受贿罪。

④ 笔者借鉴了行政违法与刑事犯罪的“层次关系”理论。关于该理论的论述，参见陈瑞华：《行政不法事实与犯罪事实的层次性理论——兼论行政不法行为向犯罪转化的事实认定问题》，载《中外法学》2019 年第 1 期，第 76-93 页。

证,不利于提升工作效率。从实然层面来看,《监察法》规定职务违法调查、职务犯罪调查适用同一套调查程序,且职务违法调查、职务犯罪调查均可适用同样的 11 项调查措施。[①]

另一方面,职务犯罪取证规则与职务违法取证规则应存在一定差异。第一,监察机关调查职务犯罪案件取得的证据需要进入刑事诉讼程序,接受刑事审判的检验,职务犯罪取证活动除了遵循《监察法》,还同时受刑事审判关于证据的要求和标准所约束,而职务违法调查所取得的证据由监察机关自身进行评价,仅需遵循《监察法》规定即可,故职务犯罪取证规则总体上应严于职务违法取证规则。第二,职务犯罪行为对社会的危害性通常要大于职务违法行为,根据比例原则,职务犯罪调查措施在强度配置上应高于职务违法调查措施。例如,监察机关有权使用或决定使用的 15 项调查措施中,虽然有 11 项调查措施同时适用于职务违法调查、职务犯罪调查,但讯问、搜查、技术调查这 3 项措施[②]只能用于职务犯罪调查。第三,职务违法案件与职务犯罪案件的证明标准应存在层次性。证明标准的设立是为了减少错判,准确地说,是为了减少错判有罪,因而,它是在事实认定错误无法消除的情况下的一种错误分配制度。为实现公正的价值,错判成本越高,错判有罪率应更低,证明标准应更高。公职人员职务违法的后果最多是开除公职,并不涉及人身自由的剥夺,而职务犯罪的后果则可能面临人身自由甚至生命的剥夺。由于职务违法案件的错判成本低于职务犯罪案件的错判成本,职务犯罪案件的证明标准相应应高于职务违法案件的证明标准,以减少职务犯罪案件的错判有罪率。

综上,监察机关职务违法取证规则与职务犯罪取证规则二者的关系是“同中有异”关系,即两者在总体原则和主要内容上“同一”,而在相关调查措施使用规范、证明标准、权利保障等方面,职务违法取证应比职务犯罪取证标准低一些。

---

① 根据《监察法》第 21-23 条、第 25-27 条、第 29-30 条的规定,这 11 项调查措施包括:询问、留置、查询、冻结、调取、查封、扣押、勘验检查、鉴定、通缉、限制出境。

② 参见《监察法》第 20 条、第 24 条、第 28 条。

(二)监察取证规则与证据法的关系

多数英美法系学者是从“结构化进路”①界定什么是证据法,即只有在审判阶段规制证据可采性的规则或成文证据法典才属于证据法。与“结构化进路”对应的是从“功能进路”界定证据法的范围。亚历克斯·斯坦(Alex Stein)认为,“在确定一个法律规则的身份时,是根据它的功能和影响,而非它在教条体系中的形式上的位置”②。杰克林·罗斯(Jacqueline Ross)教授认为,德国等欧陆法系国家尽管在审判阶段的证据规则较少,但在侦查阶段已形成发达的侦查规则,而侦查规则只要在一定程度上能筛选和决定到达事实裁判者视野中的信息,它就发挥了证据规则的功能。③ 按照“功能进路”,并非只有形式上是成文证据法典或法庭审判中的证据规则才属于证据法,凡是服务于事实认定目标的规则,包括审前发挥证据规则作用的规则,如侦查取证规则,均属于“广义的证据法”。我国虽然没有成文证据法典,但存在大量证据规则,包括作为整体意义上的证据规则,例如最高人民法院《关于民事诉讼证据的若干规定》,也包括分散在诉讼法和实体法中的证据规则。④ 并且我国一些司法解释通过对犯罪嫌疑人供述和辩解等证据种类设定相应的审查判断标准,⑤实际上已对侦查取证行为进行了规范,这部分规范在性质上属于侦查取证规则,同时也属于“广义的证据法”。这意味着,我国的证据法的范围不仅限于法庭中运用的证据规则,还包括部分具有证据规则功能的审前取证规则。

由于监察机关既调查职务违法案件,又调查职务犯罪案件,监察取证规则

---

① 有学者提出了“结构化进路”和“功能进路”两种界定证据法范围的路径。其中,“结构化进路”是从证据法的体系构成的角度界定证据法;“功能进路”是从证据法制度的角度界定证据法。参见樊传明:《证据评价论:证据法的一个阐释框架》,中国政法大学出版社2018年版,第13页。

② [美]亚历克斯·斯坦:《证据法的根基》,樊传明、郑飞等译,中国人民大学出版社2018年版,第4页。

③ 参见[美]Jacqueline Ross:《证据规则(仅)适用于审判阶段吗?——美国和德国欺骗性讯问规则比较研究》,冯俊伟、阳平译,载《现代法治研究》2017年第3期,第102-103页。

④ 参见张保生主编:《证据法学》(第2版),中国政法大学出版社2014年版,第139页。

⑤ 例如,根据《关于办理死刑案件审查判断证据若干问题的规定》第18条的规定,对被告人供述和辩解应当着重审查以下内容:讯问的时间、地点、讯问人的身份等是否符合法律及有关规定,讯问被告人的侦查人员是否不少于二人,讯问被告人是否个别进行等。

与证据法的关系表现为与证据法中的刑事证据规则的关系。一方面,监察机关既是职务违法案件的调查机关,又是这类案件的裁判、处置机关,那么职务违法取证规则作为规范职务违法案件证据收集、审查的规则,既有程序法属性,又属于职务违法案件证据规则,与刑事证据规则不发生关联。与之对照的是,监察机关仅仅是职务犯罪案件的调查机关,对这类案件的起诉、审判分别由检察机关、审判机关进行。根据《监察法》第 33 条第 1 款的规定,监察机关依法收集的证据可以在刑事诉讼中作为证据使用。由于进入刑事诉讼程序的一般是“职务犯罪案件证据”,从而使职务犯罪取证规则与刑事证据规则发生关联。综上,监察取证规则与证据法的关系实质上表现为监察机关职务犯罪取证规则与刑事证据规则的关系。二者的关系如下:

第一,监察取证规则受刑事证据规则的约束、调整。根据《监察法》第 33 条第 1 款的规定,监察机关依法收集的证据可以在刑事诉讼中使用。此处的“可以”使用,仅仅是不需要检察机关重新取证,要成为定案的根据还需要符合证据法的有关要求。由于刑事审判对审前取证行为的“指挥棒”作用,为确保移送审查起诉案件的证据可以作为刑事诉讼证据使用,监察机关需要遵照刑事审判中的证据规则收集证据。[①] 为此,监察取证规则须将部分刑事证据规则转换为规范监察调查取证行为的规则。

第二,监察取证规则发挥着庭前“证据规则”功能。监察取证规则规范监察机关收集、审查证据的方式和标准,决定哪些证据具有证据能力、可以进入刑事诉讼程序,因而影响进入法庭事实认定者视野中的信息,发挥着庭前证据规则作用,并具有部分证据规则的特征,属于“广义的证据法”。

第三,监察取证规则不完全等同于证据规则。监察取证规则还包括规范监察取证主体行为、保障当事人合法权益以及监察调查程序顺利进行的规则,这些规则不仅只是为了收集证据、发现真相,还包括保障人权等非认识论价值。这部分规范在性质上属于监察程序法的内容,不属于证据法的范围。

综上,监察取证规则受刑事证据规则所塑造、具有部分证据规则功能,同时在内容和功能上不完全等同于证据规则,二者构成交叉关系。由于监察取

---

① 《监察法》第 33 条第 2 款关于“监察机关在收集、固定、审查、运用证据时,应当与刑事审判关于证据的要求和标准相一致”的规定,体现的正是这一要求。

证规则源于《监察法》，监察取证规则与刑事证据规则的交叉关系表现为《监察法》与证据法的交叉关系，两者交叉部分即监察取证规则中具有证据规则功能的那部分规则。两者关系如图 2-1 所示：

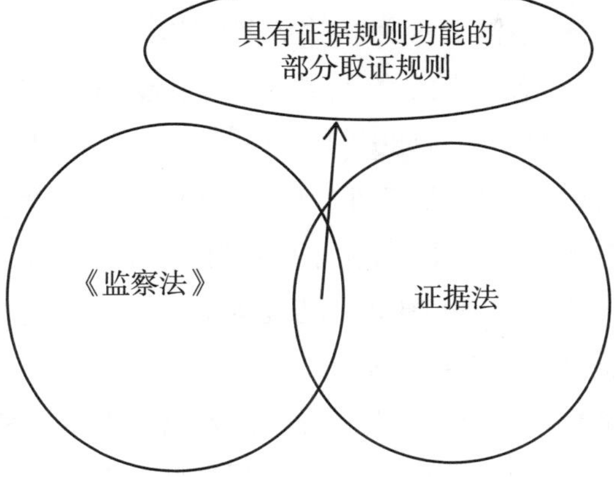

图 2-1　监察取证规则与刑事证据规则的关系

（三）监察取证规则与侦查取证规则的关系

以监察机关的讯问规则为例，它的内容与侦查讯问规则是否一样？这涉及监察取证规则与侦查取证规则应选择哪一种关系模式，即“同一模式”、“相异模式”还是“同中有异”模式。

1. “监侦同一模式”的不合理性

有学者认为，监察机关调查措施的强制性程度与侦查措施相当，主张统一适用《刑事诉讼法》，甚至主张监察机关将“谈话”“留置”措施作为侦查措施适用。[①] 这一观点可概括为“监侦同一模式”，即监察取证规则与侦查取证规则一样，将《刑事诉讼法》等刑事法律关于侦查取证规则的内容直接移植到监察取证规则中。然而，这一观点的不合理之处在于，监察机关既调查职务违法案件，又调查职务犯罪案件，而侦查取证规则仅适用于对犯罪案件的调查。若监察取证规则与侦查取证规则一致，相当于将用于侦查犯罪行为的措施适用于违法案件的调查，这不符合比例原则，也不利于监察机关有效调查职务违法

① 参见刘玫：《论监察委员会的调查措施》，载《学习与探索》2018 年第 1 期，第 66 页。

案件。

2.“监侦相异模式”的局限性

由于监察机关调查职务违法案件的取证规则性质上本身不同于侦查取证规则,本书所界定的“监侦相异模式”指的是监察机关职务犯罪案件取证规则与侦查取证规则完全不同。这种模式固然可体现反腐败调查活动的特殊性,但是这种特殊性须有一定的边界,其必然要接受刑事审判对证据要求和标准的约束。考虑到刑事审判对证据的要求和标准与侦查取证规范大部分是对应的,若监察机关调查职务犯罪案件的规则与侦查取证规则完全不同,则意味着监察取证规则与刑事审判关于证据的要求和标准不一致,与现有法律规定相悖。[①] 并且,由于监察调查权中的职务犯罪调查权具有侦查权属性,职务犯罪取证规则必然会有部分内容与侦查取证规则相同。如此,监察取证规则就不可能与侦查取证规则的内容完全相异。此外,对于查询、鉴定、辨认、勘验检查等一般性调查措施,在《刑事诉讼法》中已经规定,对其采取不同于《刑事诉讼法》的规范的必要性不大。

3.“监侦同中有异模式”的可行性

“监侦同中有异模式”是对“监侦同一模式”“监侦相异模式”这两种模式的折中,即监察机关对职务犯罪案件的取证规则大体上应与侦查取证规则内容相一致,同时保持一定的特殊性。其中,监察取证规则与侦查取证规则内容具有部分一致性是由监察机关职务犯罪案件调查权具有部分侦查权属性,以及监察机关职务犯罪案件调查获得的证据材料需要接受刑事审判的审查判断所决定的。监察取证规则与侦查规则具有部分差异性,有两方面的原因:一是监察调查权不同于侦查权,尤其是职务违法取证规则不能等同于侦查取证规则;二是监察取证规则中的职务犯罪取证规则因为要实现特定的价值、目标,与侦查取证规则应存在一定的差异。

从实然层面来看,目前《监察法》中有关取证规则的条款与侦查取证规则在内容上便是“同中有异”关系。一方面,《监察法》对新创制的调查措施,例如,谈话、留置的实施,进行了单独规定;另一方面,关于搜查、讯问、询问等在

① 根据《监察法》第 33 条第 2 款的规定,监察机关收集证据“应当与刑事审判关于证据的要求和标准相一致”。

名称和性质上与侦查措施一样的调查措施的规范与《刑事诉讼法》中有关规定相同，同时保留了一些特殊性。以讯问措施为例，《监察法》关于讯问措施的规定在讯问人数、讯问程序、被讯问人签名等方面借鉴了《刑事诉讼法》对讯问措施的规定。[①] 同时，监察讯问规则与侦查讯问规则存在一些重要差异。例如，侦查机关在第一次讯问犯罪嫌疑人的时候，应当告知犯罪嫌疑人有权委托辩护人[②]，而《监察法》未规定被调查人在被第一次讯问时有权委托辩护律师，排除了在监察调查期间律师介入的可能。又如，《监察法》要求讯问被调查人必须录音录像，而《刑事诉讼法》对此未作硬性规定，仅规定"对于可能判处无期徒刑、死刑的案件或者其他重大犯罪案件，应当对讯问过程录音或录像"，且未要求同时录音、录像。

无论是应然层面，还是实然层面，监察取证规则与侦查取证规则均是"同中有异"关系。由此可得出《监察法》与《刑事诉讼法》的交叉部分即监察取证规则（见图 2-2）。

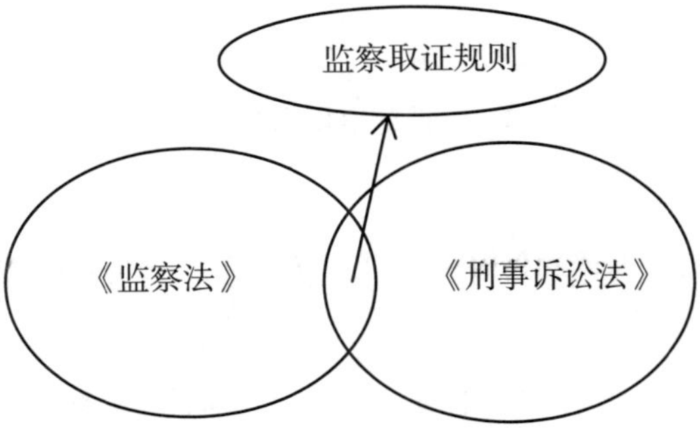

图 2-2 监察取证规则与侦查取证规则的关系

综上，在内涵方面，监察取证规则中的职务违法取证规则、职务犯罪取证规则在内容方面"同中有异"，这要求监察取证规则的制定与实施应注重处理好职务违法取证规则与职务犯罪取证规则的异同。在外延方面，监察取证规

---

① 《〈中华人民共和国监察法〉释义》明确指出，《监察法》第 20 条关于讯问的规定借鉴了纪律检查机关监督执纪工作中的成功做法和刑事诉讼法的有关规定。参见中共中央纪律检查委员会中华人民共和国国家监察委员会法规室编写：《〈中华人民共和国监察法〉释义》，中国方正出版社 2018 年版，第 128 页。

② 参见《刑事诉讼法》第 34 条。

则可视为是与证据法相关、被证据法所塑造的规则，存在与证据法交叉的内容，并与侦查取证规则构成“同中有异”关系，因而，兼具监察程序法、刑事程序法和刑事证据规则的特征，处于《监察法》、《刑事诉讼法》、证据法三者交叉的地带（见图2-3）。监察取证规则的外延决定其不同于侦查取证规则、证据法，具有独立化的必要性，同时在构成内容上应借鉴刑事程序法、证据法，形成体现监察取证原理的规则，做到与后者“同中有异”。

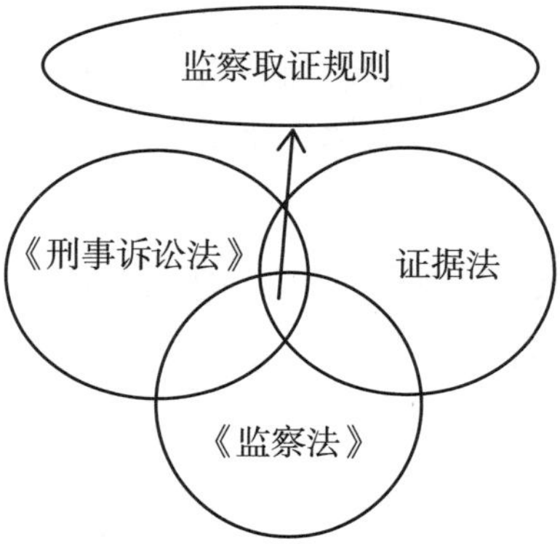

图2-3　监察取证规则的特征

第二节　监察取证规则独立化的正当性和必要性

监察取证规则的独立化是指应在现行侦查取证规则、证据规则、纪委审查调查规则之外制定专门的监察取证规则。监察取证规则独立化的正当性与必要性主要体现在以下三个方面。

一、推进纪检监察工作规范化、法治化发展

国家监察体制改革是一次重大的政治体制改革，具有整合反腐败资源、实现对所有行使公权力的公职人员监察全覆盖、推进反腐败法治化发展的重要意义。在推进国家监察体制改革的过程中，对于权力较为集中的监察机关，如何确保其权力规范运行、依法保障当事人的合法权益，是破解“谁来监督纪委”、解决“灯下黑”问题的内在要求。同时，作为“治权之权”，监察权的规范

运行本身构成国家监察体制改革的正当性基础。正因如此，党的十九届中央纪委六次全会提出把“加强法规制度建设”作为深化纪检监察体制改革的内容之一，并将“加强纪检监察机关规范化、法治化、正规化建设”列为纪检监察机关2022年的一项重要工作。[①] 习近平总书记在二十届中央纪委二次全会上强调，“要增强法治意识、程序意识、证据意识，不断提高纪检监察工作规范化、法治化、正规化水平”。[②] 考虑到监察调查权是监察权的一项核心子权力，监察调查权的行使也是纪检监察机关最容易侵犯公民基本权利的场合，“提高纪检监察工作规范化、法治化、正规化水平”的关键是对监察调查权进行有效规制。

制度具有根本性、全局性、稳定性和长期性的特点。[③] 规范监察调查权的行使关键是建立相应的制度。《监察法》颁布实施以来，监察机关先后制定了一系列规范监察调查权运行的法规制度，发挥了重要的控权作用。然而，它们存在零散分布、效力等级不一的问题，且有的只是内部文件，无法成为检察官、法官、律师办理监察案件的直接依据，因而，仍不足以对监察调查权进行刚性约束。为此，有必要加强制度建设和制度创新，将国家监察体制改革中的经验做法上升为法规制度，制定独立化的监察取证规则，以有效规制监察调查权，推进纪检监察工作规范化、法治化发展，适应国家监察体制改革深入推进的需要。

二、解决现有规范适用依据不充分的问题

（一）侦查取证规则、刑事证据规则不能直接规范监察取证活动

如前文所述，监察取证规则存在不同于侦查取证规则、刑事证据规则的内容。不仅如此，如第一章已论证的，监察调查权不同于侦查权，监察取证活动无法直接适用《刑事诉讼法》，自然包括无法适用其中的侦查取证规则。此外，监察机关也无法依据《监察法》第33条第2款关于监察机关收集审查证

---

① 参见《中国共产党第十九届中央纪律检查委员会第六次全体会议公报》，载《人民日报》2022年1月21日，第1版。

② 《一刻不停推进全面从严治党　保障党的二十大决策部署贯彻落实》，载《人民日报》2023年1月10日，第1版。

③ 参见《邓小平文选》（第2卷），人民出版社1994年版，第333页。

据应当与“刑事审判关于证据的要求和标准相一致”这一原则性规定开展调查取证活动，理由是“刑事审判关于证据的要求和标准”或刑事证据规则主要被规定在《刑事诉讼法》及相关司法解释中，且是从法官的视角对取证行为、证据种类作出规定，并有部分内容实质上是对应于侦查取证规则。因此，现有刑事证据规则无法为监察取证活动提供直接的法律依据，监察取证活动对刑事证据规则的遵循也只能是“间接遵循”。为解决上述法规适用依据不足的问题，有必要制定监察取证规则，将“刑事审判关于证据的要求与标准”转化为监察机关可以直接适用的条款。而且，由于现有刑事证据规则规范、调整的对象均不包括“监察机关”，而《监察法》中关于监察案件的证据规则较为原则，监察取证规则的制定可以为控、辩、审三方办理监察案件、审查运用监察证据提供所应遵循的“证据规则”。

（二）纪委审查调查规则无法规范监察取证活动

在纪委监委合署办公体制下，监察机关的监察权和纪委的纪律检查权由“同一套人马”一并行使，使监察权与纪律检查权构成互补、有机统一关系。作为两权力各自的子权力，监察调查权与纪委审查调查权同样也是互补、有机统一关系。尽管如此，二者分别属于国家权力、党的权力。在中国特色政治体制下，党的权力虽然表现出一定的国家权力特征，但二者的来源、性质不一样，不能混为一种权力。因此，监察调查权与纪委审查调查权是两种不同性质的权力，各自适用的条件、对象、规范以及后果不同。例如，根据《监察法》第11条的规定，监察调查权的行使可能产生的法律后果包括给予政务处分、移送审查起诉、撤销案件或批评教育等。纪委审查调查权的行使可能产生的纪律后果包括给予党纪处分、组织处理或问责等。两种权力的性质差异，决定监察机关与纪委不能共用取证权限和取证程序（尽管两种程序存在一些相似性）。因此，需要在纪委审查调查规则之外制定监察取证规则，为规范监察取证活动提供直接的法律依据，增强制度权威。

三、实现规制权力、保障人权、促进真相发现等多重价值

（一）规制监察调查权

鉴于监察机关在我国权力结构中的权威地位，以及与普通刑事案件相比

职务犯罪案件的审判存在证人出庭率极低、庭审实质化程度不高等现实因素，司法机关对监察取证行为的规制效果有限。即便监察机关违法行使职权，并体现到移送的证据上，审查起诉、审判程序对其进行了纠正，但彼时违法造成的危害已形成，并造成了监察资源、司法资源的浪费。加之，监察机关办理的案件中，大量案件在监察阶段处置完毕，移送司法机关处置的案件比例较低，意味着司法机关通过证据规则规范监察调查权的场合并不多。因此，司法制约以及以庭审为中心构建的证据规则对监察调查权的规制并非常态化的，且具有滞后性、间接性、高成本等弊端。中国共产党历来强调自我监督、自我革命。与纪委合署办公的监察机关同样强调对权力的自我监督。[①] 监察取证规则对监察调查权的规制是自我监督模式，更容易被监察机关及人员接受和遵守。并且，监察取证规则作为一种对监察调查权的静态控制机制，一旦被违反，对该权力的动态控制机制将被激活。[②] 例如，监察调查人员违反监察取证规则、涉嫌非法取证时，司法机关可据此对监察机关移送的案件启动非法证据排除程序。综上，监察取证规则在规范监察调查权方面具有证据规则所不具备的直接性、常态化、成本低的优势，并且是证据规则对监察取证行为发挥规制作用的基础，二者可以形成规范监察取证的合力。

（二）保障人权

我国 2004 年《宪法修正案》在基本权利条款中引入"尊重和保障人权"[③]的规定，明确了国家是保护基本权利的义务主体。因此，监察机关保障当事人的权利是其宪法义务。人权保障的初衷是为了体现对人的尊重，是现代法治社会的要求，具有自身的独立价值，而不只是作为制约权力的一种工具。监察机关作为一个对道德正当性要求更高的机关，在保障人权方面理应走得更远。监察取证规则对《监察法》中权利保障条款予以细化、完善，同时将基本权利对监察调查权的消极规范和监察机关保护当事人基本权利的义务转化为具体规则，有助于落实监察机关保障基本权利的宪法义务，也使监察机关保障当事

① 例如，《监察法》第 5 条明确强调要"权责对等，严格监督"，并设专章"对监察机关和监察人员的监督"。

② 关于权力"静态控制""动态控制"的详述，参见阳平：《论我国香港地区廉政公署调查权的法律控制——兼评〈中华人民共和国监察法（草案）〉》，载《政治与法律》2018 年第 1 期，第 28-43 页。

③ 参见《宪法》第 33 条。

人权利之义务更具有可执行性，从而更好发挥保障人权的功能。

（三）促进真相发现

监察机关调查职务犯罪案件，为审判阶段的事实认定提供事实和证据材料，是保障案件质量的“第一道关”，关乎能否在后续程序中准确查明案件真相、实现司法公正。因“追诉程序一旦启动难以叫停的程序惯性，使错误难以在后续程序中被纠正”，监察机关在移送审查起诉前若能对证据质量发挥程序“漏斗”作用，则可避免“问题证据”在后续环节难以被纠正的风险，从而有助于减少错案发生、促进司法公正。对于监察机关调查的职务犯罪案件而言，仅在审查起诉、审判阶段才能发挥直接规制作用的证据规则在防止“问题证据”进入诉讼程序并对之进行纠正方面，同样存在滞后性、难度大、成本高的弊端。与之对应的是，监察取证规则的重要价值就在于通过制定服务于真相发现的规则和程序，使之能提升证据收集的质量，及早发现“问题证据”，避免其被用作认定职务违法行为的依据或“污染”后续程序，以减少或避免错案的发生。

需要说明的是，监察取证规则的独立化尽管具有正当性和必要性，但该规则与侦查取证规则、证据规则的差异性应符合现代法治精神，并“应当符合基本的正义标准和人权标准”[①]。基于监察机关具有调查职务犯罪案件的权限以及刑事审判对审前取证行为的“指挥棒”作用，监察取证规则涉及职务犯罪取证规则的内容在保持自身特色的情况下还应与《刑事诉讼法》等刑事法规中的有关内容相衔接。并且，监察取证规则也绝不能是对相关规范的“组装”。一方面，它对监察取证活动的规范和指引应具有可操作性，因而须遵循法的实证主义立场，体现监察取证活动的规律与监察程序特点。另一方面，作为一种法，监察取证规则应体现法的正义性，融入特定的价值理念，实现法的实证性与理想性的有机统一。据此，可分别从认识论、价值论视角分别阐述监察取证规则的建构逻辑。

---

① 张建伟：《法律正当程序视野下的新监察制度》，载《环球法律评论》2017年第2期，第79页。

第三节　监察取证规则的认识论基础

认识论研究的问题包括认识的主体和客体及其相互关系，认识的感性和理性形式及其相互关系，认识、实践和真理及其相互关系等问题。[①] 认识论的应用性研究，则是研究"各种旨在发现真相的调查制度，是否能够真正形成有关世界的真信念"[②]。监察取证规则的认识论基础是认识论在监察调查阶段的应用性研究，研究的是监察调查阶段发现真相的制度，研究内容包括这一阶段各认识主体的角色及互动关系、取证主体之间的互动关系、事实认定的过程等影响真相发现的因素。监察调查阶段的认识论特点决定和塑造了监察取证规则。同时，通过研究监察调查阶段中的真相发现制度，可以针对其可能存在的局限性，设置相应的监察取证规则，以促进真相发现。

一、监察调查阶段各认识主体的角色及其互动

在监察取证活动中，参与或能影响案件事实认定的均属于认识主体，主要包括监察调查人员、证人、被调查人、审理人员[③]以及领导、指挥案件调查、审理的上级决策者。他们在监察调查取证中各自扮演着不同的角色，具有不同的认识视角、利益和立场，对事实认定的过程及结果施加着某种影响，反映了认识主体特殊的社会性和实践性。在监察调查阶段，各认识主体的角色及互动关系如下（见图2-4）：

---

① 参见张保生主编：《证据法学》，中国政法大学出版社2014年版，第91页。

② ［美］拉里·劳丹：《错案的哲学：刑事诉讼认识论》，李昌盛译，北京大学出版社2015年版，第2-3页。

③ 此处的"审理人员"不是指法庭审理人员，而是指监察机关案件审理部门的人员。根据《监督执纪工作规则》第53条、第54条的规定，纪检监察机关案件审理部门对涉嫌违纪或者职务违法、职务犯罪问题，依照规定应当给予纪律处理或者处分的案件和复议复查案件进行审核处理。案件审理部门的职责是对涉嫌违纪或者违法、犯罪案件严格依规依纪依法审核把关，提出纪律处理或者处分的意见，做到事实清楚、证据确凿、定性准确、处理恰当、手续完备、程序合规。

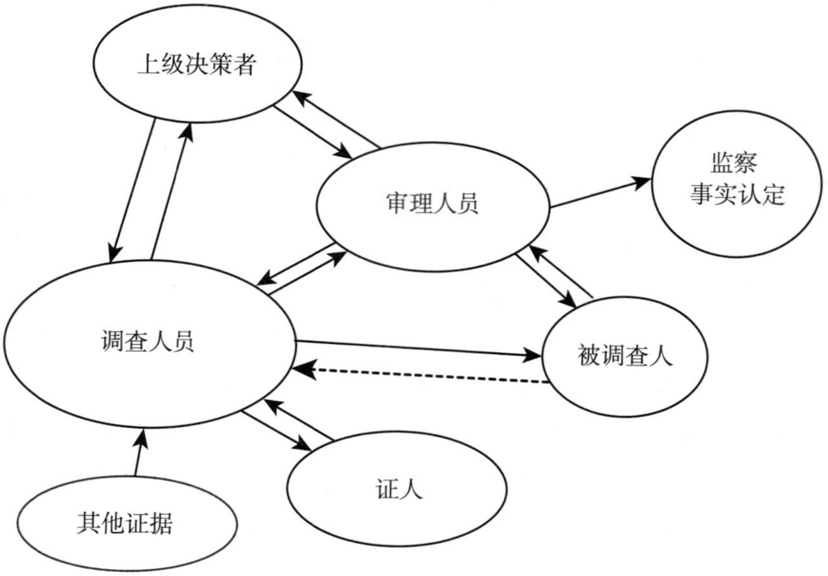

图 2-4　监察调查阶段各认识主体的认识互动

（一）调查人员

监察案件的调查人员在案件调查中通过与被调查人员谈话（进行讯问）、询问证人以及其他取证方式收集证据，[①]为后续的证据审查、案件处置提供事实和证据材料，其角色相当于案件的“控方”。由于监察案件的调查通常是由多名调查人员共同进行，各调查人员均有明确的分工，因而，单个调查人员对案件的认识最初均是片段的、碎片化的。之后，通过与其他调查人员的交流，基于所听取到的信息，才会对案件事实形成一个更加完整的认识。调查人员对案件事实的这一认识模式，决定了监察阶段事实认定的结果并非由单个调查人员决定。

（二）审理人员

为防止某个部门权力滥用，确保案件办理质量，监察机关建立了相互协调、相互制约的工作机制。作为这种工作机制的一部分，调查部门负责案件调

① 当然，调查人员在证据收集中也伴随对证据的审查，但其对证据的审查属于取证的附随行为，不具有单独的法律后果，目的仍是服务于取证。

查,案件审理部门负责对需要给予党纪政务处分的案件审核把关,提出处置意见。[①] 为履行上述职责,案件审理部门参与案件审核把关的"审理人员"对调查部门移交过来的案件进行事实、程序、定性、证据等全面审核把关,以做到"事实清楚、证据确凿、定性准确、处理恰当、手续完备、程序合规"[②]。为实现上述目标,审理人员有权决定是否受理调查部门移交的案件,有权要求调查部门重新调查或补充完善有关证据,对重大疑难、定性分歧较大的案件可提前介入调查,并可根据案件审理情况与被调查人谈话,听取辩解意见。[③] 可见,监察阶段的审理人员发挥"控方"与"裁判者"的双重角色,其"控方"角色在于对调查人员收集的证据进行审核把关,确保案件质量,提升移送审查起诉案件的胜诉率;其"裁判者"角色在于对调查人员提供的事实和证据材料进行内部审理,并根据需要与被调查人进行谈话、听取其辩解意见,作出监察阶段的事实认定和案件处置。

(三)被调查人

被调查人接受调查人员的谈话或讯问,是重要的证据提供者。一方面,由于被调查人具有如实供述的义务,[④]并且认罪认罚、符合法定从宽情节的,监察机关在移送审查起诉时可以提出从宽处罚建议,因而,被调查人具有配合监察机关调查的义务和权益,充当的是具有作证义务的"证人"角色;另一方面,由于被调查人不具有证明自己无罪(错)的义务,且有权辩解、申辩,因而,其有时又是案件的"辩方",对案件事实的认定产生一定影响。不过,由于被调查人与监察机关的力量配置相差悬殊,且没有证明自己无罪(错)的取证权限,缺乏与不利于自己的证人进行质证的程序设置,难以对抗监察调查权,更多的是充当监察机关的"证人"角色,故图 2-4 用虚线箭头表示被调查人与调查人员之间这种非对等的互动关系。

(四)证人

根据《布莱克法律词典》,严格法律意义上的"证人"(witness),是指"在

---

① 参见《监督执纪工作规则》第 11 条。

② 参见《监督执纪工作规则》第 53 条。

③ 参见《监督执纪工作规则》第 55 条。

④ 《监察法》第 20 条第 2 款规定:"对涉嫌贪污贿赂、失职渎职等职务犯罪的被调查人,监察机关可以进行讯问,要求其如实供述涉嫌犯罪的情况。"

法庭前就某一事项作证的人；一般意义上的证人包括那些其口供被用于任何司法程序的所有人”①。换言之，法律意义上的证人，是在法庭上出庭作证的人。根据该定义，无论是犯罪嫌疑人，还是被害人，只要在法庭上提供证言，都是证人身份；未出庭作证的人严格来说不是证人，而只能是案外陈述人。我国《刑事诉讼法》第 62 条第 1 款规定：“凡是知道案件情况的人，都有作证的义务。”由于我国《刑事诉讼法》除了对犯罪嫌疑人、被告人供述和辩解的审查判断、讯问程序进行规定外，还对证人证言的审查判断、对证人的询问程序等作了专门规定，因此，我国法律中的“证人”区别于犯罪嫌疑人。并且，我国法律中的证人并非专指在法庭上出庭作证的人，原因是法官对于未出庭作证的人所作庭前证言，只要该证言有相关证据印证或真实性能得到确认，便可以将之采信为证据。② 因而，我国法律中的证人是“一般意义上的证人”，既包括在法庭上作证的人，也包括庭前提供“证言”的陈述人。参照上述有关证人的规定，为避免引起文义混淆，本书将监察机关办理的案件中被调查人、被害人以外的知道案件情况并在监察调查阶段向监察机关提供证言的人界定为“证人”。在职务违法或职务犯罪案件中，“证人”有很多种，有涉案人员，比如行贿人，也有与案件无关联的知情人；既有利益相关人，也有利益无关人。③ 由于大多数职务违法、职务犯罪案件发生在利害关系人之间，很少有第三方目击证人，因而这类案件的证人大多同时是涉案人员或利益相关人。换言之，职务违法犯罪案件的证人大多数是与案件有利害关系的人，这会影响他们证言的真实性。尤其是涉案人员为获得从宽处罚而“揭发有关被调查人职务违法犯罪行为”④，这种“揭发式证言”的真实性更需要查证。另外，不同于法庭阶段

① Black's Law Dictionary, 8th ed. Thomson west, 2004, p. 4996. “The term ‘witness’, in strict legal sense, means one who gives evidence in a cause before a court; and in its general sense includes all persons from whose lips testimony is extracted to be used in any judicial proceeding, and so includes deponents and affiants as well as persons delivering oral testimony before a court or jury.”

② 参见最高人民法院《关于适用〈中华人民共和国刑事诉讼法〉的解释》（以下简称《刑事诉讼法解释》）第 91 条第 2 款、第 3 款规定：“证人当庭作出的证言与其庭前证言矛盾，证人能够作出合理解释，并有其他证据印证的，应当采信其庭审证言；不能作出合理解释，而其庭前证言有其他证据印证的，可以采信其庭前证言。经人民法院通知，证人没有正当理由拒绝出庭或者出庭后拒绝作证，法庭对其证言的真实性无法确认的，该证人证言不得作为定案的根据。”

③ 参见《〈中华人民共和国监察法〉案例解读》，中国方正出版社 2018 年版，第 190 页。

④ 参见《监察法》第 32 条。

辩方可以申请对己有利的证人出庭，并有权与控方证人进行质证；在监察调查阶段，根据现有法律，被调查人无法与不利于自己的证人质证，同时也难以申请对自己有利的证人为自己作证。职务违法犯罪案件的证人构成、作证政策以及质证程序的缺乏，均使这类案件的证人更多是监察机关的"证人"，为其认定案件事实提供证人证言。

（五）上级决策者

根据《监督执纪工作规则》的有关规定，从监察案件调查的启动、实施到案件的调查终结、处置均需要审批，且审批层级多，监察调查权运行的"科层式"特征明显。[①] 调查人员、审理人员对案件事实的认定和处置建议并不具有终局性，仅是上级决策的依据，或本身就体现了上级决策者的意见。这些决策者并不直接参与案件的调查或审理，而是通过听取下属的汇报获得对案件的认知，并通过对下级提供的事实认定版本提出意见或以其他方式将自身意志传递给参与案件调查或审理的人员，从而对案件事实的形成产生影响。

二、监察调查阶段认识主体的认识结构

从认识论视角来看，监察取证活动是认识主体在特定的程序环境中，运用一定的工具与方法作用于客体（证据材料），以求反映客体规律（查明案件真相）的认识活动。"同实践主体一样，认识主体既不是脱离社会的抽象的个人，也不是脱离个人的抽象的社会，而是个人与社会的有机统一。"[②]认识主体有自己的社会构成或具有社会性。相比于一般认识主体的社会性，监察取证活动中认识主体的社会性体现为各认识主体之间的关系。在监察取证活动中，各认识主体之间的关系由监察取证的运行程序或权力组织决定。"程序性权力的组织方式对法律程序有着某种影响，这一点是非常明显的，也是人们经常提到的。"[③]

---

① 关于"科层式"概念，参见［美］米尔伊安·R. 达玛什卡：《司法和国家权力的多种面孔——比较视野中的法律程序》，郑戈译，中国政法大学出版社 2017 年版，第 22 页。

② 李秀林、王于、李淮春主编：《辩证唯物主义和历史唯物主义原理》（第 5 版），中国人民大学出版社 2004 年版，第 245 页。

③ ［美］米尔伊安·R. 达玛什卡：《司法和国家权力的多种面孔——比较视野中的法律程序》，郑戈译，中国政法大学出版社 2017 年版，第 12 页。

(一)“组织化”认识结构

在纵向层面,监察机关的权力运行严格执行请示报告制度,并通过“民主集中制”进行决策。[①] 监察调查的启动、实施和终结均是在监察取证主体与上级之间的“上传下达”式互动中进行,监察取证主体扮演着初级决策者和执行者角色,而上级扮演着最终决策者、指令下达者的角色。在横向层面,形成了案件调查部门与案件审理部门“相互协调、相互制约”的权力运行机制,其中,案件调查部门主要负责收集证据,案件审理部门主要负责对调查部门收集的证据进行审查,且非经案件审理部门审理,不得对案件作出处分或移送审查起诉的决定。[②] 在监察调查阶段,各调查人员之间的明确分工决定了单个调查人员对案件的认识仅仅是局部、片段的。调查组组长汇合各调查人员的证据材料后,并经集体讨论,形成对全案事实的认知。然而,这一阶段认定的事实具有暂时性、阶段性,或者说仅为最终的事实版本提供“初稿”。上级对调查组提供的事实版本进行审查(可能提出修改意见,调查人员据此调整后再次上报),并经集体讨论后,形成调查部门对案件的事实版本。调查部门将认定的案件事实及证据材料移送案件审理部门审理,后者经审理并履行审批程序后形成对案件最终的事实版本,该事实版本既可能与调查部门认定的事实版本相同也可能相异。在事实认定过程中,由于被调查人与监察机关的力量配置悬殊,没有证明自己无罪(错)的取证权限,缺乏与不利于自己的证人进行质证的程序设置,难以对抗监察调查权,且还负有配合监察机关调查的义务和权益,因而,其更多时候与证人一样,扮演着监察机关的“证人”角色,对监察阶段事实认定的影响甚微。因此,监察阶段的案件事实认定并非由个别的取证主体对客体的个别化认识,而是参与案件办理的调查人员、审理人员与上级决策者三方互动、消除分歧后对案件形成的集体性共识,体现着监察机关的组织意志。

笔者将这种认识结构概括为“组织化”认识结构。与“组织化”认识结构相匹配的是案件调查的启动、实施、终结与案件处置等事项均有相应的内部审批程序。不同于法庭上的司法证明,监察阶段的事实认定过程更多是监察取

---

① 参见《监督执纪工作规则》第10条第3款。

② 参见《监督执纪工作规则》第54条。

证主体对案件的“自向证明”[①],且调查人员被赋予强大的调查权限,调查工作涉及多个调查人员的集体协作,事实认定的过程和结果几乎为监察机关一方所主导。因而,监察阶段的事实认定“行政化”特点明显,并且相较于侦查机关的“行政化事实认定”[②],监察机关的“组织化”认识结构强化了监察阶段事实认定的“行政化”色彩。

(二)“组织化”认识结构在发现真相方面的优势与风险

“组织化”认识结构是在特定的监察体制和监察程序中形成的,与纪委监委合署办公、监察取证主体之间“科层式”权力结构及“团队协作、集体作战”[③]监察工作特点有关,符合监察机关是政治机关的定位,有助于贯彻、体现决策主体的意志,实现党对反腐败工作的集中统一领导。同时,在这种认识结构下,案件结果是多个认识主体形成的共识性认识,有助于避免个别调查人员滥用权力、徇私枉法等不法行为的发生,理由是上级的全面审查将增加这种不法行为被发现的概率。此外,在“科层式”的权力关系网中,由于对升职的期待和可能被降职、问责等不利后果的恐惧,监察取证主体在案件调查中存在认真负责、办好案件的动机,监察取证主体之间存在团结协作的共同利益。这些因素均有助于促进案件真相发现、提升案件质量。并且,还存在这样一种愿景:高级别官员从一个俯瞰全局的视角审视卷宗,并通过民主集中制所产生的集体智慧,或能为案件突破提供方向、指引,或能找出下级在事实认定方面的错误或法律适用的不妥,从而有利于实现个案的公平正义。

“组织化”认识结构的上述积极功能实现的前提是,上级能干、廉洁公正,下级能力素质高并具有职业道德,且决策机制真正实现民主集中。若民主不足、集中有余,且上级自身能力不足、自身腐败,则“科层式”权力结构下的

① 有学者将证明分为他向证明和自向证明。存在双方举证的证明过程称为他向证明,否则为自向证明。参见宋英辉、甄贞主编:《刑事诉讼法学》(第4版),中国人民大学出版社2013年版,第207-208页。

② See Packer & Herbert L., *Two Models of the Criminal Process*, University of Pennsylvania Law Review, No. 1 (1964), p. 10-14.

③ 参见《学习贯彻监察官法促进规范化、法治化、正规化——中央纪委国家监委法规室主任邹开红》,载中央纪委国家监委网,http://v.ccdi.gov.cn/2021/08/27/VIDEYhLwPcSRBpw6WqyKTdI9210827.shtml。

事实认定容易被“长官意志”影响,以至于真相可以被定义。人的素质能力这一变量,使“组织化”认识结构可能发挥积极功能,也可能产生潜在风险。

具体而言,“组织化”认识结构在促进真相发现方面的一些优势也可能被以下情形所抵消:第一,强调案件调查的组织化运行,在一定程度上会弱化监察取证主体的主观能动性,进而减少对案件质量的精力投入。这种心理表现在证据收集上,则是监察调查人员穷尽所能收集证据的动机不会很强;体现在证据审查上,则是监察审理人员不一定会认真对证据进行审核把关,认为还有上级在把关。第二,职业化的监察调查人员在破案与绩效考核的压力下,容易形成有罪推定、溯因推理的思维定式,倾向于收集不利于被调查人的证据,而排斥被调查人等私人力量在事实认定中的作用,影响所收集的证据材料的真实性、全面性。第三,上级决策者由于没有直接参与案件的办理,属于间接的认知主体,其对案件的认知基于直接认识主体(调查人员)汇报过来的信息。调查人员对需要汇报的信息的整理、叙述甚至选择,以及信息在汇报中可能产生的损耗,均会影响作为决策者的上级对案件的认知。第四,不同主体的认识结构不同,对客体的理解也会存在差异,正所谓“仁者见仁,智者见智”。受主体的认识结构的影响,主体即便是对客体进行即时的观察,这种观察也不是中性的,而是“渗透着理论”的,理由是“对 x 的观察由观察者对 x 的先前知识所决定”①。在监察调查工作中,认识主体并不是单个的取证主体,而是由多个取证主体集体参与认识客体。他们各自的认识结构不同,会存在对同一个案件有不同的认识,并因各自在调查中的角色大小,对调查结果或查明的“真相”产生不同程度的影响。

上述因素均会影响案件事实的准确认定,若不被有效规避,则可能会削弱“组织化”认识结构在查明案件真相方面的功能优势。因而,一方面,需要通过塑造监察取证主体的职业道德、主体资格等,培育监察取证主体的主体性。另一方面,或者更为重要的事业是,应研究非变量的因素,即研究这种认识结构可能存在的弊端,并通过建立相应的规则以规避。

---

① “Seeing is a‘theory-laden’undertaking. Observation of x is shaped by prior knowledge of x.”See Norwood Russell Hanson, *Patterns of Discovery: An Inquiry into the Conceptual Foundations of Science*, The Syndics of Cambridge University Press, 1965, p. 19.

三、"组织化"认识结构与监察取证规则的相互作用

(一)监察调查阶段的认识结构塑造监察取证规则

监察取证规则作为一种因监察取证实践而创设的规则,首先应反映监察取证活动的规律,使之对监察取证活动的规范和指引具有可操作性。监察调查阶段各认识主体的互动关系以及监察机关内部各认识主体之间的关系或权力结构,有的是由主体长期形成的思维方式、框架决定的,有的则是因服务于特定价值、目的,通过制度创设而形成的,它们共同决定了监察调查阶段认识主体的认识结构。这种认识结构具有相对的稳定性和惯性,塑造着监察取证规则的内容,构成监察取证规则的认识论基础,这主要表现为以下几个方面:

第一,"组织化"认识结构表明监察机关取证活动是在上级的审批和监督下进行的,这决定了监察取证规则应对取证确立相应的审批程序。第二,"组织化"认识结构优势发挥有赖于监察取证主体具有相应的能力素质,这决定了监察取证规则应对监察取证主体的行为进行规制,以及对其价值观、职业道德进行塑造,以确保取证主体的能力素质能适应这种认识模式。

(二)监察取证规则具有优化监察调查阶段认识结构的作用

虽然监察调查阶段认识结构具有一定的稳定性,但并不完全是先定的,本身就有部分制度建构的因素,因而,并不排斥根据需要对之再建构,以使之更好服务于认识论目的。针对监察取证主体"组织化"认识结构存在的一些不利于真相发现的风险,有必要建立相应的监察取证规则,优化"组织化"认识结构发现真相的功能。

第一,强化被调查人的辩方角色,提升被调查人在事实认定中的作用。应保障被调查人在监察调查阶段的基本权利,包括通信自由权、财产权、住宅权、人身自由权、辩护权、申诉权、申请获得国家赔偿权等,尤其是保障被调查人自我辩护权的行使,增强事实认定过程的对抗性。

第二,建立严格且科学的证据收集与审查规则。一方面,设定科学合理的审批程序,对不同的调查措施、不同的适用对象,实行"差别化"审批机制,既保障审批主体对下级的监督制约,又发挥监察调查人员的主观能动性。另一

方面,为弱化监察阶段事实认定的“行政化”特征以及克服监察调查人员溯因推理思维定式的局限,有必要确立无罪(错)推定原则、证据裁判原则、最佳证据规则、相关性规则等服务于真相发现的一般原则或规则,明确事实认定应达到的证明标准,以及为满足证明标准对监察案件的证据能力、证明力审查设定相应的规则、程序和证据标准。

第三,充分尊重承办的调查人员、审理人员的主体性,建立案件承办人制度,确立案件调查、案件审理的承办人。对于案件的事实认定和法律适用,应在充分听取承办人意见的基础上,坚持民主集中制,对于少数反对意见,应记录在案。

第四,建立规范监察取证主体行为的规则。通过确立取证主体应遵循的原则及应履行的义务,明确违法行使职权的法律责任,从正反两方面对监察取证主体的行为进行规范,使之发挥对监察取证主体的思维和行为模式的方法论指导作用。

第四节　监察取证规则的价值论基础

价值论提出和回答的问题是:“世界的存在及其意识对于人的意义如何?”①简言之,价值论研究的是价值问题,关注的是“好坏”“应当是什么”的问题。与之对应的是,认识论关注的是“是真是假”的问题。当然,由于真理和价值既彼此对立,又相互统一,价值论和认识论并非相互排斥的关系,而是相互融合、统一的关系。这种关系表现为真、善、美之间并非彼此绝缘的。由于价值论研究的兴起,真善之间的关系呈现出从统一走向分化的趋势,对此,有学者认为这是“人类认识进步发展一定阶段上的现象”②。

一、监察取证主体的价值追求:廉洁监察

监察调查人员在从事调查取证的实践中,为实现自身的需要以及客体对这种需要的满足,就是其价值。监察取证主体的“组织化”认识结构与监察取

---

① 李德顺:《价值论》,中国人民大学出版社 2007 年版,第 6 页。

② 李德顺:《价值论》,中国人民大学出版社 1987 年版,第 28 页。

证规则的相互作用主要体现为对真相发现的促进。作为法的监察取证规则,除了求真之外,还应求善。对此,柏拉图认为,“无论是最高的个人生活目标还是法的和政治的最高目标都在于善”[①]。求善是超越任何经验的价值或目标,是适用于所有个体或群体的一般性价值。求真与求善又是有机统一的,二者“本质上是人类活动的两大尺度——物的尺度和人的尺度的对立统一”[②]。这同样适用于对监察取证主体的价值评价。基于监察机关是国家反腐败机构的性质和职责定位,应以“廉洁监察”作为监察取证主体的最高价值追求,实现求真与求善的有机统一。

（一）廉洁监察的内涵

在现代汉语中,“廉洁”通常是对个人品行的评价。《现代汉语词典》将“廉洁”解释为,“不损公肥私;不贪污”[③]。另外,在我国传统文化中,“廉洁”还包括对制度的评价,被作为关乎国家存亡的重要方略。例如,《管子·牧民》把礼、义、廉、耻视为国之四维,提出:“四维不张,国乃灭亡。”[④]《晏子春秋·卷一·内篇》曰:“廉者,政之本也。”[⑤]“廉洁”对应的英文单词是“integrity”。在韦伯词典中,“integrity”有三种定义:(1)坚守道德或美学价值的行为,等同于“不可腐蚀性”;(2)处于无偏私的状态;(3)完整或不可分的质量或状态。还有学者将英语语境下的“廉洁”(integrity)制度概括为,“遵守基本价值,考量长远利益,依法保护当事人(包括被害人和犯罪嫌疑人)的合法权益。并且,为了长期的利益,廉洁制度允许出现短期的损失”。[⑥] 从“廉洁”的定义可以看出,“廉洁”不仅是对公职人员行为的一个价值评价,也是对制度的价值评价。从一个整体的视角,“廉洁”意味着规范的融贯而不是在基

---

① [德]迪特玛尔·冯·德尔·普佛尔滕:《法哲学导论》,雷磊译,中国政法大学出版社 2017 年版,第 56 页。

② 李秀林、王于、李淮春主编:《辩证唯物主义和历史唯物主义原理》,中国人民大学出版社 1990 年版,第 302 页。

③ 中国社会科学院语言研究所词典编辑室编:《现代汉语词典》(第 7 版),商务印书馆 2016 年版,第 811 页。

④ 李山译注:《管子》,中华书局 2009 年版,第 2 页。

⑤ 吴则虞:《晏子春秋集释》,中华书局 1962 年版,第 403 页。

⑥ David Dixon, *Integrity, Interrogation, Injustice*, in Jill Hunter and Paul Roberts eds., *The Integrity of Criminal Process: From Theory into Practice*, Hart Publishing, 2016, p. 94.

础性的行动中出现不可调和的冲突。[①] 廉洁制度应实现多种价值的融合、平衡,并以追求公正为最高价值。

监察机关作为监督公职人员的反腐败工作机构,具有保持自身廉洁的法律和道德要求。由于监察机关的权力是由作为人的主体行使的,监察机关的廉洁便应通过监察取证主体的廉洁价值观来实现。一方面,“廉洁监察”是侧重于对监察取证主体品行的价值评价,要求其秉公执法、客观公正、廉洁自律、维护公平正义。另一方面,“廉洁监察”是对监察制度的价值评价。相应地,“廉洁监察”制度的一个核心含义是整合和贯彻重要的价值和原则,实现求真与求善的有机统一。监察取证规则应体现监察取证主体的“廉洁”价值观,进而实现制度性的“廉洁监察”。

(二)“廉洁监察”作为监察取证主体价值追求的正当性

首先,“廉洁监察”是监察调查人员的工作职责要求。在我国,“廉洁从政从业”已成为公职人员和党员干部的一条基本行为准则,[②]并且是监察机关监督的内容之一。监察调查人员履行国家监察职责,是公权力廉洁性的监督者、维护者,这一角色定位决定其相比于其他公职人员,应有更高的廉洁标准。《监察法》第56条、《监察官法》第4条对监察人员(监察官)履职提出的要求就包括“清正廉洁”。如果监察调查人员自身不廉洁,则其监督公职人员、开展反腐败调查的正当性基础也就丧失了。

其次,“廉洁监察”是监察制度的属性要求。监察机关是履行国家监察职能的专责机关,职责内容包括“开展廉政建设和反腐败工作”[③]。因此,监察制度维持廉洁性具有法律和道德要求。监察制度自身保持廉洁也是对“谁来监督纪委”的制度回应。更为重要的是,监察制度在建设和维护廉洁的过程中,其自身的廉洁将起到示范、传导、辐射作用,推动其他制度的廉洁化,从而有助于提升制度的整体廉洁水平。

---

① See Jill Hunter, Paul, Roberts, Simon N M Young and David, *Integrity, Interrogation, Injustice, The Integrity of Criminal Process: From Theory into practice*, Hart Publishing, 2016, p. 79.

② 参见《公务员法》第14条、《中国共产党廉洁自律准则》第5条。

③ 参见《监察法》第3条。

二、"廉洁监察"对监察取证规则的塑造：四个价值支柱

"廉洁监察"作为监察取证主体的价值追求，仍然是一种抽象的存在，仍需要有一种对主体有约束力的规则，将之转化为对主体的行为规范。这种规则根据所涉及利益的重要性和普遍性、所调整的社会关系，在表现形式上分为法律、纪律、约定、规矩等强制性程度不同的规范。由于本书讨论的是监察调查人员行使监察调查权的价值，该价值涉及的不仅是作为主体的监察调查人员的利益，还包括被调查人及其所代表的群体公民的利益，作为承载该价值的规则所涉及的利益具有重要性、普遍性，所调整的是国家与公民的关系，不是两个私人主体的关系，也不是一个组织内部各成员的关系，故应以制定法律为宜。因此，有必要制定专门的监察取证规则，体现监察调查人员的廉洁监察价值。基于"廉洁监察"的内涵，其大致是对准确、公正、文明、效率这四个子价值的融贯统合。为此，监察取证规则的内容设定应体现这四个价值，发挥各自在"促进真相发现、规范权力、保障人权、高效监察"方面的价值指引与规则塑造作用。同时，监察取证规则的实施又可反过来培育、塑造监察调查人员的价值，内化成监察调查人员的思维结构和行为模式。

（一）准确

监察调查人员开展调查取证工作，第一目标是查明真相，其对实现廉洁监察和司法公正均具有重要意义。若监察机关认定的案件事实经常出错，则监察机关作为权力监督者的公信力和权威性也会丧失，对被调查人的处置也会缺乏正当性。因此，监察取证规则的重要作用是促进真相发现。

《监察法》"总则"部分第5条强调国家监察工作的原则之一是"以事实为根据"，"分则"部分第45条第1款第4项规定监察机关将案件移送审查起诉应达到"犯罪事实清楚，证据确实、充分"的标准，第40条要求监察机关"收集被调查人有无违法犯罪以及情节轻重的证据"体现的均是"准确"价值。在此基础上，《监察法实施条例》第60条规定，"只有被调查人陈述或供述，没有其他证据的，不能认定案件事实；没有被调查人陈述或者供述，证据符合法定标准的，可以认定案件事实"，第61条明确"证据必须经过查证属实，才能作为定案的根据"。这些规定均有助于查明案件真相，是"准确"价值在监察取证

中的具体化。在此基础上,监察取证规则应将“保障案件质量”作为制定规则的目的之一,确立无罪(错)推定原则、证据裁判原则、客观公正原则,制定完善的取证程序,并建立健全证据收集、证据审查规则,使“组织化”认识结构在事实认定方面的优势得以发挥、风险能被规避。

(二)公正

尽管准确是实现“廉洁监察”的前提,但并不意味着可以不惜代价地追求准确。正义是“社会制度的首要价值”①。国家监察体制改革不仅是为了反腐败资源的重新整合,实现监察的权威性、高效性,推进反腐败法治化水平也是其目标之一。实现反腐败法治化的一个标志是,监察机关在行使调查权过程中,能以公正的方式查明真相,并通过发现真相,填补正义,实现求真与求善的双重目的。

《监察法》第5条关于“适用法律上一律平等,保障当事人的合法权益”“权责对等,严格监督”的要求正是“公正”价值的体现。《监察法》第33条第3款关于“以非法方法收集的证据应当依法予以排除,不得作为案件处置的依据”的规定,以及第40条第2款关于“严禁侮辱、打骂、虐待、体罚或者变相体罚被调查人和涉案人员”的规定,则是通过明确非法证据的不利后果以及对非法取证提出禁止性规定,从反向角度强调了公正价值。此外,《监察法实施条例》为各项监察调查措施的使用设定了严格的程序,并对《监察法》中非法证据排除规则进行了细化,同样也体现了监察取证的公正价值。在此基础上,监察取证规则应将《监察法实施条例》“总则”部分的权利保障条款②有效转化为监察机关取证的程序规则,将“尊重和保障人权”确立为监察取证主体的一项义务,并设立“权利保障”专章,赋予被调查人与证人对质权、申请监察机关调取证据权,细化保障当事人人身权、知情权、财产权、申辩权、申诉权等合法权利的条款,明确监察机关及其人员侵犯当事人合法权益的法律后果。

① [美]约翰·罗尔斯:《正义论》,何怀宏、何包钢、廖申白译,中国社会科学出版社1998年版,第1页。

② 《监察法实施条例》第7条规定,监察机关应当“充分保障相关人员的人身权、知情权、财产权、申辩权、申诉权以及申请复审复核等合法权益”。

（三）文明

文明是社会进步和国家发展的重要标志，社会主义核心价值观的内容之一。文明执法是经济社会发展到一定阶段、社会文明程度提高后人们对政府提出的新要求，是发展社会主义政治文明的内在要求。党的十九大报告提出，“建设法治政府，推进依法行政，严格规范公正文明执法”。党的二十大报告进一步强调，“深化行政执法体制改革，全面推进严格规范公正文明执法”。监察机关作为执法机关，同时也是监督其他执法机关依法履行职权的机关，更应率先垂范，在依法执法的基础上坚持文明执法。此外，监察机关文明执法有助于缓和监察机关与被调查人及其家属的对立情绪，减少工作阻力，维护社会的安定团结。文明执法要求，监察取证主体坚持“以人为本”理念，体现执法的人性化，尊重当事人的人格尊严，采取调查措施遵循比例原则，保护善意第三人的合法权益，维护家庭和社会关系的和谐。

《监察法》第 24 条第 2 款规定，“搜查女性身体，应当由女性工作人员进行”。《监察法实施条例》规定，监察机关不得对“患有严重疾病、生活不能自理”“怀孕或者正在哺乳自己婴儿的妇女”“系生活不能自理的人的唯一扶养人”这三类人员采取留置措施（第 96 条）；冻结、查封、扣押财产（财物）应当为被调查人及其所扶养的亲属保留必需的生活费用或物品（第 105 条、第 126 条）；搜查时，应当避免未成年人在场（第 117 条）。上述规定均体现了监察取证的文明价值。在此基础上，监察取证规则还应增加一些体现文明价值的规定，包括：(1)对于留置、搜查、查封、扣押、冻结等干预当事人基本权利的措施的适用及延期，应遵循比例原则，并保护善意第三人的合法权益；(2)在对家庭成员中的涉案人员决定采取留置措施和处置方式时，应考虑未成年人的监护问题；(3)在调查中需要有关企业实际控制人配合调查的，要充分评估对企业正常经营的影响，畅通有关企业实际控制人等在配合调查期间保证企业正常经营的联系渠道，将案件查办对企业合法正常生产经营的影响降到最低。

（四）效率

效率同样是“廉洁监察”的内在要求。首先，若监察机关调查取证的效率低下、案件久拖不决，会使职务违法犯罪行为得不得及时查处、纠正，给国家和人民带来更大损害，也会影响监察机关的公信力。从被调查人的角度来看，监察调查效率低下，会使被调查人处于不安定状态，不利于其安排工作、生活；对于涉嫌职务犯罪被留置的被调查人而言，监察调查时间过长相当于侵害了被调查人及时受审的权利，增加了被调查人的审前羁押时间，变相增加了对被调查人人身自由权的侵害程度。尽管效率是一个很重要的价值，但不意味着可以一味追求效率，而忽视案件质量，或者可以滥用权力、侵犯人权，如此就损及了公正价值。有学者说，效率与公正之间存在天然冲突。面对这种冲突，罗尔斯提出："某些法律和制度，不管它们如何有效率和有条理，只要它们不正义，就必须加以改造或废除。"[①]效率与公正并不是绝对对立关系，二者可以有机统一。为了效率而诉诸刑讯逼供等滥用权力的行为，短期看实现了效率，节省了经济成本，但由此造成的不公正甚至错案，则损及的是道德成本[②]，而这种道德成本可能需要相应的经济成本来弥补。因此，追求效率应以不影响公正为前提。

《监察法》规定，留置、技术调查、搜查、冻结等干预被调查人基本权利的措施应有相应的适用期限和及时解除要求。《监察法》第 31 条、第 32 条规定，监察机关对于涉嫌职务犯罪的被调查人主动认罪认罚，并具有特定情形的，或者涉嫌共同职务违法犯罪的涉案人员具有立功情节的，可以在移送审查起诉时提出从宽处罚建议。《监察法实施条例》第 185 条明确监察案件的调查期限。这些均体现了监察取证的效率价值。并且，监察取证规则通过规范监察调查权的行使，保障被调查人的合法权益，促进真相发现，避免"带病"案件进入刑事诉讼程序，减少纠错的成本，长远看本身有助于实现效率。为实现以公正为基础的效率，监察取证规则可在上述规定的基础上确立如下要求：(1)职务违法取证规则与职务犯罪取证规则关于取证主体、强制程度低的调查措施的使用之规定至少应保持一致，以减少重复取证、提升案件办理效率。(2)根据各调查措施的强制性程度差异，采取"梯度化"审批模式。(3)对案

① ［美］约翰·罗尔斯：《正义论》，何怀宏、何包钢、廖申白译，中国社会科学出版社 1998 年版，第 1 页。

② "道德成本就是未能实现经济效率之外的其他目的，或侵权须赔偿的成本。"参见［美］迈克尔·D. 贝勒斯：《法律的原则——一个规范的分析》，张文显等译，中国大百科全书出版社 1996 年版，第 29 页。

情简单、情节轻微、被调查人认罪认罚的,建立简易调查、审理程序。同时,应确保被调查人、涉案人员认罪认罚的真实性、自愿性与合法性,并对认罪认罚的证据予以补强。对于被调查人、涉案人员认罪认罚,但没有其他证据的案件,或者其他证据不充分达不到法定证明标准的,不得启动从宽处罚建议程序,而应坚持疑罪从无,依法不移送审查起诉。

第五节 监察取证规则的体系阐释

根据前文所述,在调查取证活动中,监察取证主体的"组织化"认识结构、"廉洁监察"价值观塑造着监察取证规则的内容。同时,基于"廉洁监察"的价值要求,监察取证主体在证据收集与证据审查这两个法定阶段均应依法保障当事人的合法权益,且保障权利具有独立于取证的非工具化价值。为此,监察取证规则的理想体系应包括取证主体规则、权利保障规则、证据收集规则、证据审查规则等四类规则。这四类规则仅仅是对监察取证规则内容体系的理论区分,各规则之间的界限并非绝对的,具体的规则制定可以对四类规则作一定的融合、贯通。这四类规则的建构既需要体现监察取证主体的"组织化"认识结构与"廉洁监察"价值,又应有助于实现求真、求善这两种目标的有机统一。

一、监察取证主体规则

监察调查权的行使主体是人。人的主体性,包括认识模式、思维结构、能力素质均对证明责任的履行、调查取证工作产生重要影响。监察取证规则可建构、培育监察取证主体的主体性。一方面,监察取证规则相关内容应允许监察取证主体有一定的主观能动性或自由裁量权,否则就违背了主体的主体性,将陷入机械式执法与法条逻辑主义,或出现卸责的现象。另一方面,为减少或避免狂热式执法、主观武断的裁判、法律推理的不确定性,监察取证规则又可通过对其行为进行规制,使主体的主观性处于一个合理的限度范围内,防止出现权力异化。不同于证据收集、证据审查规则,取证主体规则是从取证主体的层面,通过确立取证主体的资格、工作原则、义务、职责、违法行使职权的法律责任,塑造、培育监察取证主体的思维、行为习惯、价值观,规制主观随意性,达到间接规制监察取证权的目的。在这些规则中,“廉洁监察”价值主要体现在对监察取证主体工作原则、义务的塑造。

第一,监察取证主体的工作原则除了应确立法律保留原则、比例原则、合法取证原则这些同样适用于侦查人员的原则外,还应确立“客观公正原则”,这既是“廉洁监察”的价值要求,也有助于弱化有罪(错)推定的职业思维、避免错案发生。

第二,监察取证主体除了遵守保密义务、勤勉尽责义务、遵守法律等一般义务,还应基于自身职责特点履行权利保障义务、出庭作证义务等特别义务。从规范层面来看,监察调查人员出庭作证,是庭审实质化的内在要求,有助于减少冤错案件发生,同时也是贯彻《宪法》确定的监察机关、审判机关互相配合、互相制约的制度保障。在监察机关与被调查人权力配置不平等的状况下,将保障人权作为监察取证主体的义务,有助于避免产生冤错案件,同时也是监察取证主体遵循“廉洁监察”价值观,在发现真相中追求公正的要求。

二、监察取证中的权利保障规则

保障当事人的基本权利是监察取证主体“廉洁监察”价值观的内在要求,从认识论角度也有助于避免冤错案件的发生,促进真相的发现。不仅如此,作为与国家权力相伴生的基本权利,宪法确定公民基本权利的目的,不仅是要求国家具有保护基本权利的义务,还在于保留公民与国家权力对抗的最后“武器”。身为公职人员或党员的被调查人在接受监察机关调查时权利会受到一定的克减,但这种克减存在边界,即涉及基本权利的重要事项不得克减。基本权利主要包括具有防御权功能的“消极权利”以及具有抵抗权功能的“积极权利”,可分为自由权利(主要包括财产权、人身自由权、通信自由权、住宅权)、程序性权利(主要包括知情权、申辩权)、救济权利(主要包括申诉权、申请获得国家赔偿权)。它们与监察调查权的互动构成了监察取证规则中的权利保障体系。

第一,在自由权利中,最需要优先保障的是被调查人的人身自由权。在15项监察调查措施中,涉及对人身自由权限制的措施主要包括留置、限制出境、通缉、搜查(人身搜查)。被调查人人身自由权对监察机关的“消极规范”表现为,监察机关不应对仅涉嫌职务违法的被调查人采取或决定采取留置、限制出境、通缉措施,且对留置、限制出境的期限不宜过长;采取谈话、询问、讯问措施,应有合理的时长和时间要求,不得在凌晨时段进行、不得持续太长时间、不得连续多次进行,以避免构成对当事人人身自由的变相限制。

第二,在程序权利中,应注重对被调查人辩护权的保障。辩护权的行使可以通过辩护人代为辩护,也可以自我辩护。监察机关具有保护被调查人基本权利的义务,包括为被调查人自我辩护提供条件以实现辩护权。

第三,在救济权利中,应着力保障被调查人及其近亲属的申诉权、申请获得国家赔偿权。为此,申诉受理程序的设置应做到客观中立,并做好与《中华人民共和国国家赔偿法》(以下简称《国家赔偿法》)等法律的衔接,确保救济权的有效行使。

三、监察证据收集规则

证据收集与证据审查这两个阶段或程序依次展开,顺序不能颠倒,缺一不可,共同构成监察调查取证的全过程。事实认定的程序法定不仅要求事实认定须经上述两个阶段,还要求各阶段均应遵循相应的程序规范。鉴于证据的收集是通过调查措施的实施实现的,对取证行为的规范,关键是对取证措施的规范,故监察证据的收集规则实质上是取证措施的使用规则。因此,证据收集规则体系主要是对各项监察调查措施的使用予以规范。为实现对调查措施使用的全过程规范,同时确保监察调查权行使的效率,监察证据收集规则应着重明确各项调查措施使用的条件、限制情形、审批程序、实施与解除程序。

(一)调查措施使用的条件及限制

调查措施使用的条件包括适用案件类型、适用的调查阶段、适用对象、启动的条件以及限制适用情形,是从源头上对监察调查权进行规制。调查措施使用的条件设定应重点对措施适用的案件类型及限制适用情形予以明确。具言之,第一,措施适用的案件类型。基于比例原则,对于讯问、扣押、查封、冻结、留置、搜查、技术调查、通缉、限制出境等9种强制程度高、对被调查人的基本权利干预较大的措施,应仅限于职务犯罪调查;谈话、询问、查询、调取、勘验检查、鉴定等6种强制程度相对低的措施可同时适用职务违法、职务犯罪调查。第二,措施使用的限制情形。调查措施适用的限制情形是监察机关在追求真相中对维护家庭、社会关系和谐等其他价值的兼顾,是实现"廉洁监察"的内在要求。[①] 调查措施的限制使用主要表现为对特定行业或人员采取某项调查措施应受到限制,或应满足更严的条件才能适用。例如,不宜对怀孕、正在哺乳的妇女采取留置措施;不得强制要求被调查人的配偶、父母、子女,以及辩护律师、医生等特定专业人员交出对被调查人不利的物品进行扣押,除非有证据证明上述人员涉嫌犯罪,或者扣押物是犯罪所得或是犯罪工具。

(二)调查措施审批程序的"梯度化"

对调查措施的使用实行审批制度是对调查权运行的组织监督,有利于实现党对反腐败工作的集中统一领导,也是"组织化"认识结构运行的内在要求。同时,对调查措施的审批程序过多会降低调查的效率,并可能因无法及时取得证据而影响真相的发现。不仅如此,它还会将权力行使的责任与风险过多向上级转移,出现层层卸责现象,使作为个体的监察调查人员的主观能动性难以发挥。为提升"组织化"认识结构在发现真相中的作用,同时发挥监察取证个体的主观能动性,宜根据调查措施的强制程度高低,采用"梯度化"审批程序,即调查措施的强制程度越高,审批程序越严,反之,审批程序越松。

四、监察证据审查规则

监察阶段的证据审查是指监察机关人员对收集的证据材料的证据能力和证明力进行审查和评价,并据此认定案件事实的活动。证据审查规则实质上表现为证据能力审查规则、证明力审查规则。

(一)证据能力审查规则

对证据的证明力进行评价的前提是该证据具有证据能力。证据能力审查可分解为对证据的相关性和合法性进行审查。证据相关性审查要求监察机关在审查证据时,应全面审查证明被调查人有罪(违法)或无罪(合法)、违法犯罪情节轻或重以及相关程序性事实(立案、措施使用)有或无的各种证据。对

① 参见阳平:《论监察取证规则的建构逻辑》,载《行政法学研究》2022年第5期,第107页。

于不相关的证据，应予以排除。为确保证据通过相关性审查，应将证据裁判原则、相关性规则引入监察取证规则。

监察机关对证据合法性的审查，是对证据是否符合法定要求的审查，审查范围包括证据种类、证据收集方式、取证主体适格性等。对证据合法性的审查，必然需要确立监察非法证据规则。发挥监察非法证据排除规则的作用，有助于吓阻、震慑违法取证行为，并通过阻止不具有证据能力的证据进入刑事诉讼程序或被用于对公职人员施以政务处分，减少冤错案件的发生，因而具有规范权力、保障人权、发现真相的多重价值。具言之，按适用的案件类型，监察非法证据排除规则应包括职务违法案件非法证据排除规则、职务犯罪案件非法证据排除规则。根据《监察法实施条例》的相关规定，对于监察机关非法取得的实物证据，采取的是"裁量排除模式"，即综合考虑收集物证、书证违反程序以及所造成后果的严重程度等情况，决定是否排除非法取得的实物证据，这主要是考虑到此类证据的不可替代性，一律排除可能影响真相发现，不利于惩治犯罪，需要在求善与求真这两种目标之间求取平衡；对于非法取得的言词证据，采取的是"绝对排除模式"，主要是考虑到此类证据的非法取得涉及对被调查人人身权的直接侵犯，并可能影响证据的真实性。

（二）证明力审查规则

证明力审查既包括对单个证据证明力的审查，也涉及对全案证据案件事实证明的充分性审查。其中，监察阶段对全案证据的充分性审查判断，功能上等同于这一阶段的证明。因而，证明力的审查规则一般应包括单个证据的证明力审查规则、证据审查程序以及证明标准。第一，关于证明力审查规则。鉴于监察机关办理的案件口供证据多的特点，有必要设置证据补强规则。第二，关于证据审查程序。证据审查程序的设置应突出案件审理人员的中立性，更充分发挥被调查人在事实认定中的作用，以避免证据审查的书面化、职权化，弱化监察阶段事实认定的"行政化色彩"。第三，关于证明标准。一方面，职务违法案件、职务犯罪案件这两类案件调查终结的证明标准应体现"层次性"[①]，主要理由是：证明标准的设立是为了减少错判，准确地说，是为了减

---

① 根据《监察法实施条例》第62条、第63条的规定，监察机关调查职务违法案件、职务犯罪案件终结的证明标准分别是"清晰且令人信服""排除合理怀疑"。

少错判有罪,因而,它是在事实认定错误无法消除的情况下的一种错误分配制度。为实现公正的价值,错判成本越高,错判有罪率应更低,证明标准应更高。职务违法行为最严重的后果是开除公职,并不涉及对人身自由的剥夺,而职务犯罪的后果则可能面临人身自由甚至生命被剥夺。由于职务违法案件的错判成本低于职务犯罪案件的错判成本,职务犯罪案件的证明标准相应应高于职务违法案件的证明标准,以减少职务犯罪案件的错判有罪率。另一方面,考虑到对实体性事实的证明采取严格证明程序,对程序性事实采取自由证明程序,[①]应规定证明程序性事实和量刑事实的证明标准低于证明实体性事实的证明标准。

本章小结

监察取证规则是规范监察取证主体收集、审查证据的规则体系。在内涵方面,构成监察取证规则的职务违法取证规则与职务犯罪取证规则“同中有异”。在外延方面,监察取证规则与证据法相关并受证据法原理所塑造,存在部分与证据法交叉的内容,并与侦查取证规则也属“同中有异”关系,兼具监察法、刑事程序法、证据法的特征。监察取证规则的独立化旨在适应纪检监察工作规范化、法治化、正规化发展的改革需要,解决现有规范适用依据不充分的问题,并具有规范监察调查权、保障人权、促进真相发现的价值。

监察取证规则的认识论基础在于,监察取证主体的“组织化”认识结构塑造监察取证规则的内容,监察取证规则应体现这一特征,同时可通过设置相应的规则优化这一认识模式的求真功能。监察取证规则的价值论基础在于,它应体现监察调查人员的“廉洁监察”价值观,并据此确立“准确、公正、文明、效率”四个价值支柱。监察取证规则的建构应以监察取证主体的“组织化”认识结构与“廉洁监察”价值追求为理论逻辑,包括取证主体规则、权利保障规则、证据收集规则、证据审查规则等四类规则,体现求真与求善有机统一的价值。监察取证规则的性质、理论基础、体系构成是制定与实施该规则的基本遵循。

---

① 参见林钰雄:《刑事诉讼法》(上册),台北,元照出版有限公司 2013 年版,第 478 页。

第三章　监察取证的主体

国家机关可以视为权力的载体,人们通过国家机关来掌握和行使权力。但是,如果离开人的行为,权力就会落空,只有机关而没有人的权力,即使存在也不能起作用。因此,权力主体是指掌握和行使权力的人。[①] 从认识论角度来看,案件发生后,监察机关启动调查权,形成一种监察调查权主体与客体的关系,这一主体不是抽象的、没有主观能动性的国家机关,而是监察调查人员通过收集证据并进行证据推理,获得对过去发生的事情的知识,从而达到认识客体的目的。因此,承认监察调查人员的主体地位是对哲学中"主体"概念的回归。另外,从价值论的角度来看,确立监察调查人员的主体地位,是对其作为人的主体性的尊重和倡导。监察调查人员的主体性表现为其主体的规定性、认识结构、思维方式等,以及监察调查人员作为取证主体与客体的相互作用。监察取证规则应体现监察取证主体的主体性,并通过界定主体行使权力的原则、义务与法律责任,规制监察调查人员的行为,防止出现权力异化。

本章分为三节:第一节论述监察取证主体的范围及主体性特征,阐述监察取证主体的范围、规定性、取证主体之间的关系及其对监察调查主体认识产生的影响,旨在为制定监察取证规则提供规范性框架;第二节论述监察取证主体与客体的相互作用,阐述客体对监察取证主体的制约、发动作用,以及监察取证主体对客体的主观能动作用,阐述溯因推理在监察取证中的利与弊,并提出解决方法;第三节阐述监察取证主体行使权力的原则、应恪守的义务以及违法行使权力的法律责任。

---

① 参见陆德山:《认识权力》,中国经济出版社2000年版,第93页。

第一节 监察取证主体的范围及主体性特征

一、监察取证主体的范围

根据权力法定原则，监察调查权作为一种公权力，权力主体必须法定，非法定主体不得行使监察调查权，否则即构成违法，取得的证据材料没有证据能力。并且，根据《监察法》第33条第1款的规定，监察证据可以作为刑事诉讼证据使用的条件之一是取证主体的适格性，即证明必须是以“监委”名义收集的，否则不具有作为刑事诉讼证据的资格。

监察调查权的主体，指的是依法或经授权行使监察调查权的人员。监察调查权的主体必须以监察调查权的存在为前提。换言之，除了监察机关及具有监察权限的派驻（派出）监察机构（以下统称监察机关）中的监察调查人员有监察调查权资格，其他任何机关、组织或个人均不具有监察调查权。尽管监察机关被赋予监察调查权，但并非监察机关的所有人员均自然成为行使监察调查权的主体。主体是相对客体而存在的，两者是共生关系。监察调查权的主体是相对于调查权的客体，即案件而存在的。从事监察调查的人员必须在案件发生后才可获得监察调查人员的主体资格。从这个角度来看，监察调查权的主体是动态的。

从世界范围来看，侦查权的主体主要是警察或检察官。① 如此类比，监察调查权的主体应是监察官。《监察官法》将各级监察委员会机关及其派驻（派出）监察机构或其他依法行使监察权的监察机构中的监察人员均纳入监察官。②

① 在域外很多法域，检察官是侦查权的主体，并主导侦查，警察辅助检察官侦查。参见傅美惠：《侦查法学》，中国检察出版社2016年版，第73-83页。在我国，检察官同样拥有一定的侦查权，属于侦查权的主体。

② 《监察官法》第3条规定：“监察官包括下列人员：（一）各级监察委员会的主任、副主任、委员；（二）各级监察委员会机关中的监察人员；（三）各级监察委员会派驻或者派出到中国共产党机关、国家机关、法律法规授权或者委托管理公共事务的组织和单位以及所管辖的行政区域等的监察机构中的监察人员、监察专员；（四）其他依法行使监察权的监察机构中的监察人员。对各级监察委员会派驻到国有企业的监察机构工作人员、监察专员，以及国有企业中其他依法行使监察权的监察机构工作人员的监督管理，参照执行本法有关规定。”

然而,监察机关的所有内设机构并不均具有监察调查职能,各内设机构的人员也并不全具有监察调查的素质和能力,或有资格行使监察调查权。正如,只有刑事警察才能行使侦查权,有的警察只能行使行政执法权。若以“监察官”等同于监察调查权的主体,相当于扩大了从事监察调查工作的人员范围,不一定能体现监察调查权主体的专业性。另外,监察调查权的主体也不宜等同于“监察机关工作人员”。《监察法》第 18 条第 2 款规定:“监察机关及其工作人员对监督、调查过程中知悉的国家秘密、商业秘密、个人隐私,应当保密。”根据文义解释,由于监察机关是国家机关,因而,监察机关“工作人员”即可理解为国家机关工作人员。根据我国《公务员法》第 2 条的规定,国家机关工作人员指的是国家机关中除工勤人员以外的工作人员,属于公务员,是“依法履行公职、纳入国家行政编制、由国家财政负担工资福利的工作人员”。国家机关工作人员不包括法律、法规授权的具有公共事务管理职能的事业单位中除工勤人员以外的人员。故监察机关工作人员不包括监察机关事业编制人员。然而,实践中,从事监察调查工作的人员很可能是监察机关事业编制人员,有的甚至不是监察系统的人员。以监察机关工作人员作为监察调查权的主体无疑是限制了从事监察调查工作的人员范围。

由于参与调查取证工作不一定是以具有监察调查职能的部门为单位开展,①也可以是以审查调查组的形式开展,②还包括案件审理部门参与证据审查的审理人员。故从事监察调查工作的人员不一定是来自上述部门的人

① 《监督执纪工作规则》规定了纪检监察机关承担监督检查、审查调查、案件监督管理、案件审理等工作的相关内设机构的分工。根据《监督执纪工作规则》的有关规定,市地级以上的纪委监委实行监督检查部门、审查调查部门分设,其中,监督检查部门主要负责联系地区和部门、单位的日常监督检查和对涉嫌一般违纪问题线索处置。审查调查部门主要负责对涉嫌严重违纪或者职务违法、职务犯罪问题线索进行初步核实和立案审查调查。干部监督部门对纪检监察干部涉嫌违纪违法犯罪问题进行初步核实、立案审查调查。以上 3 个部门在监督检查或审查调查中,可行使监察法赋予的调查措施。可见,监督检查部门、审查调查部门、干部监督部门均具有监察调查权,可采取全部或部分监察调查措施。

② 根据《监督执纪工作规则》,纪检监察机关一般是以“审查调查组”的形式开展审查调查工作。例如,该规则第 39 条第 2 款、第 4 款规定:“纪检监察机关相关负责人批准成立审查调查组,确定审查调查谈话方案、外查方案,审批重要信息查询、涉案财物查扣等事项。”“审查调查组组长应当严格执行审查调查方案,不得擅自更改;以书面形式报告审查调查进展情况,遇有重要事项及时请示。”第 40 条第 1 款规定:“审查调查组可以依照党章党规和监察法,经审批进行谈话、讯问、询问、留置、查询、冻结、搜查、调取、查封、扣押(暂扣、封存)、勘验检查、鉴定,提请有关机关采取技术调查、通缉、限制出境等措施。”

员,也可能来自监察机关的其他部门的人员甚至是非监察官,因而,监察调查人员的界定不宜采用"身份说",而宜采用"功能说",即凡是依法行使或经授权行使监察调查权的人员,均属于监察调查权的主体。从取证行为的角度来看,监察证据收集、审查均是调查取证活动,因而均属于监察调查权的范畴,从事这些工作的人员均是"监察调查人员"。无论"监察调查人员"的真实身份是什么,只要其从事监察调查工作,均以"监察调查人员"论,均应遵循《监察法》及其他有关法律规定。

二、监察取证主体的主体性

一般认为:"人的主体性是人作为活动主体的质的规定性,是在与客体相互作用中得到发展的人的自觉、自主、能动和创造的特性。"[①]李德顺教授将人的主体性的基本内容概括为四点:主体自身结构规定性的作用、主体在与客体关系中的"为我"倾向、主体的自为性、主体自律和他律的统一。[②] 这表现为监察取证主体的主体自身结构规定性、主观性、价值、社会性。

(一)监察取证主体的自身结构规定性

主体自身结构规定性,一般来说,是指"人的身心结构的统一,人的自然属性和社会属性的统一,人的社会意识和社会存在的统一"[③]。对于监察取证主体而言,其自身结构规定性表现为身为监察取证主体所应具备的条件或资格,具体包括以下两个方面:

第一,应具备相应的能力素质。要使纸上的法律变为现实,非有合适的官员不可。[④] 监察调查人员的知识结构、专业化水平、思维品质、工作实践均会对法律推理,甚至调查取证结果产生重要影响。如第二章所论述的,监察调查阶段取证主体是"组织化"认识结构,这一认识结构若要发挥监督制约权力、保障案件质量、实现公平正义的预期功能,前提是上级能干、廉洁公正,下级认真负责、素质高。反之,若上级自身能力不足、自身腐败,则"科层式"权力结

① 郭湛:《主体性哲学》,中国人民大学出版社 2011 年版,第 23 页。

② 参见李德顺:《价值论——一种主体性的研究》,中国人民大学出版社 1987 年版,第 70-74 页。

③ 李德顺:《价值论》,中国人民大学出版社 1987 年版,第 70 页。

④ 张乃根:《西方法哲学史纲》,中国政法大学出版社 1993 年版,第 25 页。

构下的事实认定容易被“长官意志”影响，以至于真相可以被定义。这凸显了能力素质对监察取证主体的重要性。监察取证主体的能力素质应包括以下两个方面：(1)法律推理能力。监察取证工作可以视为一个监察取证主体运用逻辑思维指引取证，并通过对取得的证据进行推理、适用法律以认识客体的过程。监察取证主体在监察取证工作中需要综合运用多种法律推理方法，包括溯因推理、归纳推理、演绎推理，不能仅知道或只愿意运用某一种推理方法，以免形成思维定式。(2)具备应有的知识素养。法律推理不只是一种思维能力，还需要依赖推理主体的知识结构，主要包括法律知识以及较为健全的社会科学知识。监察取证主体从事的是与法律相关的工作，至少应经过法律专门训练。“法律是一种特殊的理性而不是常识、道德哲学的运用和政策分析，只有受过法律训练、有法律经历的人即懂得法律的法律家才能运用这种理性。”①

第二，应具备职业道德。监察调查人员的价值观是廉洁监察。为实现廉洁监察，监察调查人员的职业道德应是“客观公正、依法尽责”②。首先，客观公正是监察调查人员的首要品格，理由是监察机关是监察公权力的反腐败机构，监察调查人员自身不能腐败，否则与其职责使命不符。《监察法》第40条关于要求监察机关“收集被调查人有无违法犯罪以及情节轻重的证据”的规定可理解为是“客观公正”这一职业道德的法律化。其次，“依法尽责”要求监察调查人员依法履行职权，不得侵害当事人的权益，并尽责取证，以确保取得的证据符合法定要求。

(二)监察取证主体的主观性

“作为社会存在物的认识主体，是一个知、情、意相统一的有机整体。”③在人的认识活动中，还有“以情感和意志为主，并包括信念、理想、习惯和本能在

---

① [美]波斯纳：《法理学问题》，苏力译，中国政法大学出版社1994年版，第13页。

② 《监察官法》第5条规定：“监察官应当维护宪法和法律的尊严和权威，以事实为根据，以法律为准绳，客观公正地履行职责，保障当事人的合法权益。”

③ 李秀林、王于、李淮春主编：《辩证唯物主义和历史唯物主义原理》(第5版)，中国人民大学出版社2004年版，第245页。

内的各种非理性的心理因素”①。监察取证主体既有正常的理性思维能力，也有非理性的思维品性、价值取向。不同人或同一个人在不同价值观、不同情感的支配下，可能给法律推理带来某些不确定性。② 不过，我们不能用监察取证主体具有主观性这一一般特征，而得出监察阶段事实认定具有不确定性这一结论。毕竟任何主体作为人的存在，都不可避免具有主观性，不能因为主体具有一般的主观性，而得出监察取证主体的法律推理活动具有特殊性。但是，这些非理性的心理因素或思维品行对人的认识能力的发挥和运用，往往起着导向、选择、激发和调节等作用。人的认识活动是理性与非理性的有机统一。③若监察调查取证结果受主体的主观性所影响，没有确定性，甚至真相可以被定义，则准确、公正将不复存在，监察制度的正当性也将丧失。因此，应针对监察取证主体设立相应的行为规范，以规制取证主体的主观随意性。

（三）监察取证主体的价值

如第二章所述，人的主体性必须以人性为基础，不得将人性排除在主体的属性之外。作为主体的监察调查人员，廉洁符合其作为人善的一面。另外，主体的自律性和客体的律他性要求监察调查人员廉洁。监察调查人员在与被调查人形成的主客体关系中，主体性特征要求其自律，在实现自身需要的过程中调整、规范自己的行为；同时尊重和体现调查权客体的律他性，约束自己的权力，并保障被调查人的基本权利，防止自己的行为走向主观化和随意性。自律和他律的统一要求监察调查人员在权力行使中廉洁自律。而且，监察调查人员作为公权力廉洁性的监督者、维护者，相比于其他公职人员，在履职方面更应将“廉洁”作为价值追求。如果监察调查人员自身不廉洁，则其监督公职人员、开展反腐败调查的正当性就丧失了，还将丧失作为监察取证主体的主体资格，甚至沦为被裁判的客体。

（四）监察取证主体的社会性：主体之间的科层式关系

“同实践主体一样，认识主体既不是脱离社会的抽象的个人，也不是脱离

---

① 李秀林、王于、李淮春主编：《辩证唯物主义和历史唯物主义原理》（第5版），中国人民大学出版社2004年版，第245页。

② 参见张保生：《法律推理的理论与方法》，中国政法大学出版社2000年版，第172页。

③ 参见李秀林、王于、李淮春主编：《辩证唯物主义和历史唯物主义原理》（第5版），中国人民大学出版社2004年版，第245页。

个人的抽象的社会,而是个人与社会的有机统一。”[①]认识主体有自己的社会构成,或具有社会性。相比于一般认识主体的社会性,监察取证主体的社会性主要体现在监察取证主体在取证工作中与其他认识主体之间的关系。其中,对监察取证主体的认识活动产生重要影响的是监察取证主体之间的关系。监察取证主体之间的关系由监察取证的运行程序或权力组织决定。

国家监察体制改革后,纵向层面,从上至下形成了由国家、省、市、县四级监察机关组成[②]、上级监察机关领导下级监察机关的监察体制。[③] 横向层面,形成了监察机关与纪委合署办公,地方各级监察机关接受上级监察机关和同级党委双重领导的工作机制。中央纪委国家监委在党中央领导下进行工作。[④] 这种监察体制的设置旨在构建党领导下的“集中统一、权威高效的中国特色国家监察体制”[⑤]。为此,监察机关需要建立一套相应的权力运行机制。目前,监察机关内部,纵向层面形成了包括“一般工作人员、中层领导、部门负责人以及位属领导班子层的纪委常委、监委委员、副书记(监委副主任)、纪委书记(监委主任)”的权力结构;横向层面形成了分工明确,相互协调、相互制约的内设机构。

在这种权力组织中,上下级监察机关之间以及监察机关内部严格执行请

---

① 李秀林、王于、李淮春主编:《辩证唯物主义和历史唯物主义原理》(第5版),中国人民大学出版社2004年版,第245页。

② 《监察法》第7条第2款规定:“省、自治区、直辖市、自治州、县、自治县、市、市辖区设立监察委员会。”

③ 《监察法》第10条规定:“国家监察委员会领导地方各级监察委员会的工作,上级监察委员会领导下级监察委员会的工作。”

④ 例如,《监督执纪工作规则》第3条第2项规定:“坚持纪律检查工作双重领导体制,监督执纪工作以上级纪委领导为主,线索处置、立案审查等在向同级党委报告的同时应当向上级纪委报告。”第5条第2款规定:“党委应当定期听取、审议同级纪律检查委员会和监察委员会的工作报告,加强对纪委监委工作的领导、管理和监督。”第10条第1款、第2款规定:“纪检监察机关应当严格执行请示报告制度。中央纪委定期向党中央报告工作,研究涉及全局的重大事项、遇有重要问题以及作出立案审查调查决定、给予党纪政务处分等事项应当及时向党中央请示报告,既要报告结果也要报告过程。执行党中央重要决定的情况应当专题报告。地方各级纪检监察机关对作出立案审查调查决定、给予党纪政务处分等重要事项,应当向同级党委请示汇报并向上级纪委监委报告,形成明确意见后再正式行文请示。遇有重要事项应当及时报告。”

⑤ 参见《监察法》第2条。

示报告制度,并通过“民主集中制”进行决策。[①] 首先,监察调查程序的启动需要履行审批程序。审批的事项范围包括处置问题线索的方式、是否启动对线索的初步核实、初步核实后是否进行立案审查或作其他处置。其次,对被调查人批准立案调查后,调查措施的实施、调查方案的确立均须经审批,且应当“严格执行审查调查方案,不得擅自更改,并以书面形式报告审查调查进展情况,遇有重要事项及时请示”[②]。再次,监察调查人员之间分工明确,各守一方,又相互配合、协调,开展案件调查。在临时组成的审查调查组里,各监察调查人员也有明确的分工。[③] 监察调查人员对于调查、审理的重要事项均应集体讨论,形成统一意见后,层报监察机关的分管领导、主要负责人,[④]甚至有的事项[⑤]还需要报上级监察机关、同级党委主要负责人批准或备案。最后,监察机关领导决策层通过对下级发出指示(口头或书面),对监察调查人员的权力行使实施影响,并对监察调查人员上报的案件事实版本进行民主集中讨论,形成最终的事实认定结论。监察取证主体之间的关系如图 3-1 所示:

---

① 《监督执纪工作规则》第 10 条第 3 款规定:“纪检监察机关应当坚持民主集中制,对于线索处置、谈话函询、初步核实、立案审查调查、案件审理、处置执行中的重要问题,经集体研究后,报纪检监察机关相关负责人、主要负责人审批。”

② 参见《监督执纪工作规则》第 39 条。

③ 根据笔者的调研,审查调查组通常分为谈话组、外查组、综合组。其中,谈话组成员负责在办案场所与被调查人及相关人员谈话(讯问、询问),外查组成员负责收集物证、书证等实物证据及向相关证人询问,综合组成员主要负责对谈话组、外查组收集的证据进行审核把关、对下一步证据收集提供指引。

④ 《监督执纪工作规则》第 10 条第 3 款规定:“纪检监察机关应当坚持民主集中制,对于线索处置、谈话函询、初步核实、立案审查调查、案件审理、处置执行中的重要问题,经集体研究后,报纪检监察机关相关负责人、主要负责人审批。”第 51 条第 2 款规定:“审查调查工作结束,审查调查组应当集体讨论,形成审查调查报告,列明被审查调查人基本情况、问题线索来源及审查调查依据、审查调查过程,主要违纪或者职务违法、职务犯罪事实,被审查调查人的态度和认识,处理建议及党纪法律依据,并由审查调查组组长以及有关人员签名。”

⑤ 例如,开展初步核实、进行立案,采取或决定采取留置、技术调查、限制出境,提出认罪认罚从宽处罚建议、作出党纪政务处分等事项。

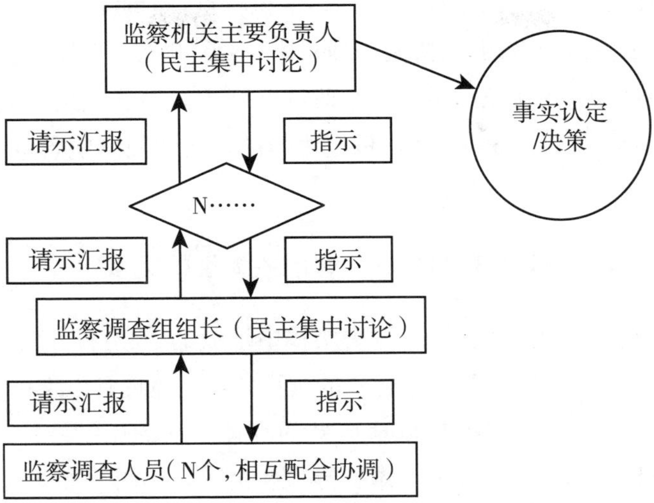

图 3-1　监察取证主体之间的关系

从监察调查权的运行特征来看，监察取证主体之间的关系属于典型的"科层式"结构，[①]即监察调查人员之间的关系并非单一的权力层级，而是处于严格的上下级关系网络中，决策需要接受上级的审查。并且，相比于侦查工作，监察调查工作中需要履行审批程序的事项更多，审批层级更多，监察调查人员的自由裁量权更小，监察调查工作的"科层式"特征更明显。

监察取证主体之间的"科层式"关系，是根据国家监察体制改革要强化党对反腐败工作的集中统一领导、建立权威高效的监察体系这一改革目的而构建的。强调上级监督下级的"科层式"关系以及相配套的权力组织，同时也是针对国家监察体制改革前纪检监察机关内部审批不严，队伍腐败问题多发问题的一个重要应对之策，旨在加强对监察调查人员的自我监督，解决"灯下黑"问题。同时，如第二章所介绍的，监察取证主体之间的"科层式"关系，使

① 参见[美]米尔伊安·R. 达玛什卡：《司法和国家权力的多种面孔——比较视野中的法律程序》，郑戈译，中国政法大学出版社 2017 年版，第 22 页。根据达玛什卡的观点，科层式权力结构基本上对应古典的职业化政府管理体制（官僚制）概念。其特征是一个被组织到一种等级结构中的职业化官员群体，他们按照某种技术标准来作出决策。与之对应的是协作式理想型，主要特征是一个非专业化的决策者群体，他们被组织到一个单一的权力层次中，并且根据未分层的共同体标准来作出决策。尽管达玛什卡提出的科层式结构是被用于形容司法组织的权力结构，但其特征同样适合于形容、概括监察机关的权力结构。

监察取证主体的认识结构呈现“组织化”认识特点，即事实认定的结果或观念客体是各认识主体相互沟通、协调、妥协、博弈的结果，最终代表整个权力组织意志。这一组织化的认识结果与单个监察取证主体的认识结果或存在偏差。在这个“组织化”认识过程中，监察取证主体的能力素质影响着该认识模式发现真相的能力。

三、监察取证规则与监察取证主体的主体性的关系

监察取证主体的主体性是从过去实践中形成的，具有先定性，例如，思维结构、推理方法，但同时也是一个建构的过程。当主体现有思维结构无法适应新的问题，就要进行主观调整，以适应新的客体。新的思维结构一旦内化于心，将成为相对固定的内容，对主体的行为产生指导作用。如此，监察取证规则与监察取证主体的主体性关系表现为两个方面：

一方面，监察取证主体的主体性影响监察取证规则的实施效果。如在第二章所论述的，监察取证主体的“组织化”认识结构能否发挥预期作用取决于取证主体的能力素质。人的素质能力这一变量，使“组织化”认识结构究竟产生利好影响还是潜在风险，存在不确定性。监察取证主体的主观性也将影响监察取证规则的实施效果。此外，监察取证主体既有的认识结构、价值观又塑造着监察取证规则的内容，为监察取证规则所体现。

另一方面，监察取证规则又可反过来建构、培育监察取证主体的主体性。例如，监察取证规则体现的准确、公正、文明、效率的价值，以及明确监察取证主体的价值观、职业道德，又可反过来指导、影响监察取证主体的行为、理念，逐渐内化为监察取证主体的价值取向、思维模式。此外，考虑到认识活动是理性与非理性的有机统一，监察取证规则的设置应允许监察取证主体有一定的主观能动性或自由裁量权，否则就违背了主体的主体性，将陷入机械式执法或出现推卸责任的现象。同时，监察取证规则又可通过对监察取证主体的行为进行规制，使其主观性处于一个合理的限度范围内，以减少或避免执法的任意性、主观武断的裁判或法律推理的不确定性。

第二节　监察取证主体与客体的相互作用

一、监察取证的客体

监察调查人员实施监察调查权进行取证的过程是一种法律推理活动。从这个角度来看,监察调查权的客体表现为监察调查人员法律推理的客体。法律推理的客体包括现实客体和观念客体,现实客体包括事实性材料和规范性材料两类,观念客体即法律推理的结论。[①] 事实性材料主要是证据。监察调查人员法律推理的规范性材料表现为法律法规、政策等可以作为大前提的规范性材料。

(一)证据

监察调查人员开展调查工作,要了解过去发生了什么。从主客体关系的时态来看,在案件调查中,作为认识主体的监察调查人员与案件事实不是现在时态的主客体关系,而是适用于过去时态的主客体关系。[②] 调查人员对过去发生的事实并未亲身经历,需要收集证据,并基于证据进行法律推理,得出一个观念客体,即所认定的案件事实。证据是"折射"事实的一面"镜子"。没有"证据之镜",当然不可能认定案件事实;即使有了"证据之镜",也未必能准确认定事实。[③]

(二)规范性材料

法律推理的规范性材料包括规则、原则、标准等一切可以作为大前提的规范性材料。[④] 监察调查人员在调查取证中,除了用到溯因推理、归纳推理外,还需要用到演绎推理。演绎推理的大前提就是规范性材料,包括各类法律法规、政策等。

---

① 参见张保生:《法律推理的理论与方法》,中国政法大学出版社 2000 年版,第 220 页。

② 主体认识客体有三种模式:第一种模式是现在时态的模式Ⅰ,即直接作用于事实客体,通过反复观察或实践,能动地认识事实;第二种模式是现在时态的模式Ⅱ,即作为证人,根据亲眼所见描述过去发生了什么;第三种模式是适用于过去时态的模式Ⅲ,即以一个非亲身知识者身份,去认识过去发生了什么。参见张保生:《事实、证据与事实认定》,载《中国社会科学》2017 年第 8 期,第 116 页。

③ 参见张保生、阳平:《证据客观性批判》,载《清华法学》2019 年第 6 期,第 48 页。

④ 参见张保生:《法律推理的理论与方法》,中国政法大学出版社 2000 年版,第 227 页。

二、客体对监察取证主体的制约、发动作用

（一）客体对监察取证主体的制约作用

认识主体在与客体的互动过程中，既有能动性，也有受动性，要受到客体的限制和约束，"客体以自己的多种属性、结构、层次和关系制约着主体对它的认识"①。

首先，客体决定了监察取证主体的认识内容和认识的准确性。监察调查人员根据案件发生的信息，通过推理，收集可能与案件有关的证据。然后，将收集的证据作为法律推理的对象，继续推理，补充完善证据，直到收集的证据对案件事实的证明能达到法定证明标准。所收集的证据的量和质与案件是否相关，制约着监察调查人员的认识观念客体的难度。尤其是在多数情形下，职务违法犯罪案件没有犯罪现场和目击证人，物证、书证少，增加了监察调查人员对案件的认识难度和准确度。加之，作为法律推理对象的证据的非客观性②又决定了监察调查人员认定的事实具有盖然性。

其次，客体决定了主体认识它的"程序"和"规则"。③ 这一点尤其体现在法律程序中的认识活动中。监察调查人员开展取证，对案件事实的探寻并不是纯粹的认识活动，还须服务于特定价值，这决定了其对真相的探寻是在遵循规则的条件下进行的。制定监察取证规则，正是考虑到客体对监察调查人员取证的程序性要求。

最后，规范性材料对监察调查人员的法律推理活动形成约束作用。一方面，证据的相关性是由实体法决定的，因而，实体法决定了监察调查人员应收集哪些证据。另一方面，监察调查人员在法律推理中必须以合法有效的规范性材料作为依据。

---

① 李秀林、王于、李淮春主编：《辩证唯物主义和历史唯物主义原理》（第5版），中国人民大学出版社2004年版，第246页。

② 张保生、阳平在《证据客观性批判》一文中，从客观存在、经验事实与相关证据三者之间的本体论与认识论关系，系统阐述"证据客观说"的谬误，论证证据不具有客观性。参见张保生、阳平：《证据客观性批判》，载《清华法学》2019年第6期，第26-60页。

③ 参见李秀林、王于、李淮春主编：《辩证唯物主义和历史唯物主义原理》（第5版），中国人民大学出版社2004年版，第246页。

(二)客体对监察取证主体的发动作用

监察调查权由于具有一定的强制性,甚至涉及对当事人基本权利的干预,通常是在有证据证明被调查人涉嫌实施了职务违法或职务犯罪事实的情况下启动,鲜有在无根据的情况下发起对一个人的调查,更不得制造案件去调查。这既可视为客体对监察调查权的发动作用,同时也可视为一种限制作用。另外,监察取证中的法律推理活动,不是思维主体主动发动的,而是存在一个需要证明的客体,取证、法律推理是为了完成法定的证明责任。

三、监察取证主体对客体的主观能动作用

主体通过认识中介对客体施加作用和影响,发挥对客体的主观能动性。认识中介包括实物中介和观念(知识)性中介。其中,思维方式就属于观念(知识)性中介,"主体对客体的思维操作是认识形成的决定性条件"。[①] 对于监察调查人员来说,对客体释放的信息进行的思维加工表现为证据推理,其在认识活动中发挥方法论作用。这些推理方法包括归纳、溯因、演绎等。监察调查人员在与客体的互动中需要用到多种推理方法。

使用哪一种推理方法,不仅与主体的思维习惯有关,更重要的是从实践中确定。与侦查取证一样,监察取证同样是一个回溯性活动,在收集证据的过程中,经常需要运用从结果倒推原因,形成假设,并通过收集证据来证成或证否假设的思维。这一思维或推理方式在逻辑学中称为溯因推理。[②] 当然,监察调查人员对收集到的证据进行审查,认定事实,也涉及归纳推理等其他推理方式,但这些推理都是对已收集到的证据进行的推理,推理结果准确的前提是收集的证据是相关的和可靠的。因此,在证据收集阶段,监察取证主体对客体的主观能动性主要表现为溯因推理,这一推理模式对求真产生重要影响。为此,本书着重阐述溯因推理,以此分析监察取证主体对客体的主观能动性及其对认识客体产生的可能影响。

---

① 李秀林、王于、李淮春主编:《辩证唯物主义和历史唯物主义原理》(第5版),中国人民大学出版社2004年版,第248页。

② 溯因推理是从英文单词 abductive reasoning 翻译而来,国内有学者将其翻译为设证推理(参见[加]道格拉斯·沃尔顿:《品性证据:一种设证法理论》,张中译,中国人民大学出版社2012年版)。为便于理解,本书采用常见的一种译法——"溯因推理"。

(一)监察调查人员的溯因推理思维

1. 溯因推理的内涵

"溯因是从证据到解释思考的过程,是一种以多种条件的不完整信息为特征的推理类型。"[①]溯因都是非单调性类型的推理,是由结果反推出原因的过程,推理运行的方向与演绎方向相反。美国实用主义的创始人皮尔士首创了溯因的逻辑形式,给出了以下经常被引用的逻辑结构:

(1)观测到惊奇的事实C;

(2)但是如果A是真的,C就是行动的事实;

(3)因此,我们有理由猜测A是真的。[②]

溯因推理的逻辑论证结构,用公式表示如下:

(1)C(待解释的案件事实);

(2)如果A,那么C(依据经验判断,A可能是C发生的原因);

(3)所以,可能A(A是C的一种溯因解释,可能为真)。

在上述公式中,C作为大前提,是待解释的案件事实。C作为肯定后件假言,A是肯定前件假言,得出的结论A可能是真,也可能不是,具有或然性。可以看出,溯因推理就是充分条件假言三段论或然式的一种特殊形式。[③] 它不同于充分条件假言三段论式的肯定后件式,后者可以表示为:

(1)如果A,那么C;

(2)C真实;

(3)所以A真实。

通过比较,溯因推理中,结论A是一种或然判断,即"A可能为真"。而充分条件假言三段论肯定后件式的结论是一个确然性判断,即"A是真实的"。充分条件假言三段论肯定后件式是无效的,即前提都真时,也不能保证确然性结论真,即"A不一定真实"。而溯因三段论的推理是有效的,即其前提都真时,或然性结论必然真。溯因既可以是一种已经完成的结论——溯因性解

---

① [墨]阿托卡·阿丽色达:《溯因推理:从逻辑探究发现与解释》,魏屹东、宋禄华译,科学出版社2016年版,第22页。

② 参见[墨]阿托卡·阿丽色达:《溯因推理:从逻辑探究发现与解释》,魏屹东、宋禄华译,科学出版社2016年版,第27-28页。

③ 参见马前进:《侦查思维中的推理方法》,中国法制出版社2016年版,第225页。

释,也可以是一种行为——能产生溯因性解释的溯因过程。对一个发生的事实可能会有多个溯因性解释,究竟选择哪个或哪几个溯因性解释,可通过逻辑进行排除或通过证据进行排除。

2. 溯因推理在职务犯罪案件调查中的运用

在调查思维中,调查人员以现有案情事实 C 为起点,以陈述案情事实诸要素之间的因果关系的充分条件假言判断为背景知识,根据充分条件假言判断的性质,由断言其后件真,进而推断其前件可能真。然后,以一个或多个溯因结论为指引,进行调查取证,证成或证否溯因结论,从而查明案件事实。下面以一个假设的案例来说明溯因推理在职务犯罪调查中的运用。

案例:2016 年,有人举报,某 IT 公司经理陈某向 A 市国土部门王某行贿 6 万元。在这个案件中,举报线索缺乏细节描述,且内容是否属实需要查证核实。举报线索如属实,陈某行贿王某的细节是怎样的?这些均是需要调查核实的。经过初步核实,举报线索的可信度比较高,但王某犯罪情形仍有待查清,否则难以定案。为此,调查人员基于"陈某向王某行贿"这一有待解释的案件事实(C),进行溯因推理,得出"王某可能利用职务便利为陈某谋取利益"这一结论(A)。由 C 推出 A,是基于这一背景知识,即"王某利用职务便利为陈某谋取利益(A),那么,陈某向王某行贿(C)"。

这一步溯因推理模式可表示如下:

(1)大前提:C(陈某向王某行贿);

(2)小前提:如果 A,那么 C(王某利用职务便利为陈某谋取利益,那么,陈某向王某行贿);

(3)结论:所以,可能 A(王某可能利用职务便利为陈某谋取利益)。

然而,得出王某可能利用职务便利为陈某谋取利益,仍没有查明案件事实,需要进一步调查。调查人员以 A 为大前提,根据王某的职务与陈某所在某 IT 公司这一背景知识,进行第二次溯因推理,得出"王某所在 A 市国土部门与陈某任职的 IT 公司可能存在业务往来"(A1)。根据这一假设,调查人员调取了王某所在国土部门的账户与陈某公司的账户的交易数据,发现"A 市国土部门向某 IT 公司支付工程款 6000 多万元",从而验证了 A1 的可信度。接下来,调查人员进行第三次溯因推理,根据溯因推理结果开展调查取证,证明陈某向王某行贿的事实成立。

在上述案例中，为对C(陈某向王某行贿)进行解释，查明案件事实，调查人员先通过溯因推理，提出假设，以此作为取证的方向。在一个案件中，可能需要进行多次溯因推理，依次验证前一个溯因推理中的结论，最后完成从结果到原因或细节的推理，达到查明案件真相的目的。当然，在这个过程中，对溯因结论的验证需要用到归纳推理，进行经验推论。

3. 溯因推理的优点

第一，溯因推理符合调查活动的回溯性特征。日常思维的习惯是以由因到果的方式看待事物、处理事情，但是侦查思维包括调查思维却与此相反，一般是在案件发生后，从案件形成的“已有结果”开始，倒回去寻求产生案件“已有结果”的原因、各要素和过程。[①] 从认识论的角度看，调查工作是对过去发生的案件进行的一种认识活动，是从结果推断原因的过程。在这个过程中，从最后的“结果”到开始的“因素”都是倒推式的，体现了犯罪信息研判的回溯性。

第二，溯因推理受逻辑规则的制约较小因而灵活性较大。“回溯推理是刑事个案侦查思维这种创造性活动的主要形式之一，从现有已知案情事实到其充分条件的探索确实没有唯一的逻辑通道，也不可能遵循逻辑的固定程序来推理，而是需要侦查活动的主体——侦查人员发挥其创造性思维能力，透过现象挖掘其内在本质，揭示其深层机理。”[②]根据已经发生的案件事实，进行溯因推理，得出一种或多种溯因性解释，明确了取证方向，通过取证，对所推出的溯因解释进行验证，以达到查明案件事实的目的。

第三，溯因推理兼具解释和预测功能。溯因推理不仅可以用于解释已知的案件事实，而且可以预测未来可能发生的案件事实。解释已知的案件事实不仅可以发现更多的案件事实，而且有利于对刑事个案进行定性和确定责任划分；对未来可能发生的事进行预测，有助于帮助调查人员及时采取措施予以应对，防患于未然。对于监察调查人员而言，溯因推理的预测功能还有助于其及时开展监督和预防。

① 参见马前进：《侦查思维中的推理方法》，中国法制出版社2016年版，第231页。

② 马前进：《刑事个案侦查思维中的回溯推理》，载《政法学刊》2016年第3期，第80页。

4. 溯因推理的风险

与此同时,也应认识到溯因推理存在的局限性。首先,溯因推理的起点——大前提不一定是确定的案件事实。例如,被调查人伪造了犯罪现场或提供了虚假的证据,让调查人员以为这就是事实。其次,溯因推理的小前提——“如果A,那么C”并不能刻画因果关系的复杂性。刑事个案各个要素之间的因果联系通常是复杂的,除了“一因一果”的极端简单情形之外,还存在多因一果、互为因果、循环因果等情形。另外,小前提的提出受制于调查人员的背景知识。选择作为溯因推理的小前提的充分条件假言判断的真实度如何,其前件和后件之间的实质联系如何,都与调查人员的背景知识有关。这一小前提一般是调查人员根据“逻辑和一般经验”[①]援引的。这个背景知识相当于概括(generalization)。然而,概括是“必要却危险……”[②]最后,溯因推理得出的结论是一种或然性判断。从逻辑上说,当“C”和“如果A,那么C”为真时,只是给调查人员思维中断定“A”可能真提供某种支持,只为调查人员在某种程度上相信“A”可能真提供证据。因为“C”真只表明了“A”真的一种可能性,而不是在事实上肯定“A”真。总之,溯因推理的结论既不是实然的,也不是必然的,而是或然的或者可能的。

对于监察调查人员而言,由于调查的案件在大多数情形下是“由人到案”的调查模式,会强化调查人员将被调查人视为真正的违法犯罪者这一思维定式。在这种“有罪推定”思维下,调查人员对一果(比如被调查人家里有巨额存款)进行溯因时,会倾向于选择那个不利于被调查人的因(比如认为存款是受贿所得),并据此收集证据印证这一推测,而忽视去收集证据验证那个可能证明被调查人无罪(错)的因(比如巨额存款是家人合法经商所得)的可能性,从而容易出现冤错案件。可见,对于职务违法、职务犯罪案件的调查,溯因推理对于取证有重要作用,也符合调查活动的回溯性特征,但这无法为其存在的风险提供正当性证成,仍需要采取措施以规避溯因推理的潜在风险。

---

① [美]罗纳德·J. 艾伦等:《证据法:文本、问题和案例》(第3版),张保生、王进喜、赵滢译,高等教育出版社2006年版,第151-152页。

② Terence Anderson, David Schum & William Twining, *Analysis of Evidence*, 2nd edition, Cambridge University Press, 2005, p. 262-288.

(二)溯因推理风险的应对:归纳推理的运用

虽然溯因推理的结论是或然判断,但调查人员不能因此而裹足不前,而是应积极去验证溯因推理结论的可信性,避免冤假错案的发生。有许多方法有助于提升溯因推理结论的可信度。在得到证实或证否前,这一结论不能作为证据使用,而只能作为案情推断的线索。[①] 验证的方式有多种,一种比较高效的方式是通过选言推理排除法或者高概率优选法来排除那些可能小的因素,确定那个具有最大可能性的因素作为结论。[②] 然而,需要小心的是,这种排除法会将不合常理的溯因解释排除掉,而保留一些一般看起来合乎情理的解释,但不排除在少数情况下,被排除的不合常理的溯因解释恰恰是真实的。为此,一种比较稳妥的方式是通过收集证据,排除不可能的解释,筛选出最佳的溯因解释,并通过进一步收集证据,运用归纳推理,验证该最佳溯因解释的成立。

归纳推理是"由特殊观察事例导出一般原理的推理方法"[③]。它具有发现逻辑的明显特征。在事实认定中所使用的归纳推理是一个"从证据到推断性事实、要件事实再到实体法要件的推论链条,是从证据中的具体到思维中的具体,在观念中把握事实客体的过程"[④]。其中,"从证据到最终待证事实的推论链条,其中每一环节、每一层级的推进,都要由'概括'(generalization)为其提供正当理由"[⑤]。溯因推理是从结果反推原因的逆向思维,而归纳推理是一个"从证据到事实"的正向推理。在归纳推理下,证据不相关或证据没有证明力,均无法通过推论得出要件事实或实体法要件的成立或不成立。因而,归纳推理体现的是"无罪推定"思维,有助于避免冤错案件的发生。

在证据的审查阶段,证据审查主体看到的只有证据,需要基于证据对过去发生了什么提供答案。为避免证据收集阶段溯因推理可能存在的错误风险,证据审查人员应坚持无罪(错)推定思维,运用归纳推理,基于已有证据进行推理。若在推理中,发现证据不足,导致推理链条的中断,应告知调查人员补充完善证据,直至案件证据能使推理链条完整,达到认定案件事实的证明标

---

① 参见马前进:《侦查思维中的推理方法》,中国法制出版社 2016 年版,第 236 页。

② 参见马前进:《侦查思维中的推理方法》,中国法制出版社 2016 年版,第 236 页。

③ 崔清田主编:《今日逻辑科学》,天津教育出版社 1990 年版,第 220 页。

④ 张保生、阳平:《证据客观性批判》,载《清华法学》2019 年第 6 期,第 33 页。

⑤ 张保生:《广义证据科学导论》,载《证据科学》2019 年第 2 期,第 143 页。

准。反之,若退回后经调查人员补充调查,证据仍不足,则应撤销案件。无罪(错)推定思维和归纳推理方法符合证据审查人员的职责定位。若证据审查人员也坚持有罪(错)推定思维,则难以发挥证据审核把关的预期功能。

监察取证主体在与客体互动的过程中,除了使用溯因推理、归纳推理这两种推理方法外,在法律适用阶段还会用到演绎推理。演绎推理所使用的大前提是"规范性材料",根据认定的案件事实这一小前提,进而推理得出一个观念客体即案件结果。最终,监察调查人员与客体的互动关系如图 3-2 所示:

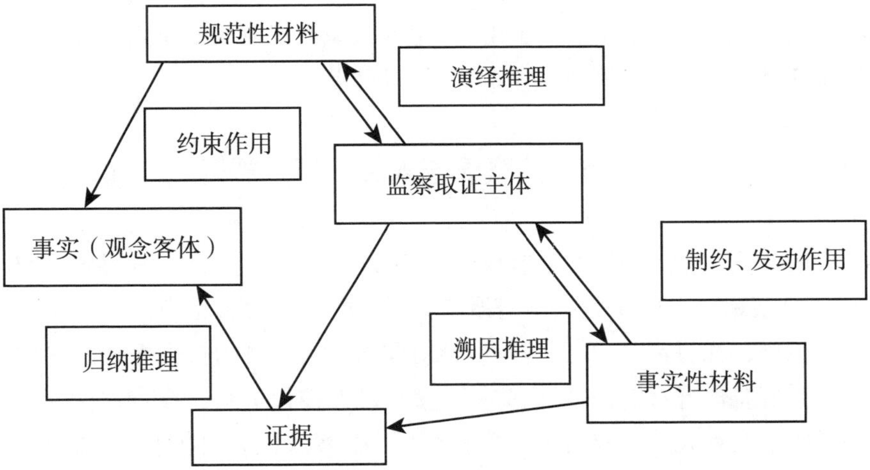

图 3-2　监察取证主体与客体的互动关系

四、监察取证规则对监察取证主体推理方法的影响

法律推理主体的思维结构是在先行的认识和实践活动中建立起来的,这一思维结构同时也是一个建构过程,"当遇到新问题不能用现有思维结构加以解释或加工的时候,就要进行主观的调整,改变原来的结构,适应和包容新的客体,以便对客体进行新一轮的同化和内化"①。监察取证主体在取证中,常用的溯因推理符合取证的回溯性特征。同时,推理主体在溯因推理中,是采用"有罪推定思维"还是"无罪推定思维",往往决定推理的结果:若是

① 张保生:《法律推理的理论与方法》,中国政法大学出版社 2000 年版,第 180 页。

"有罪推定思维",对果的溯因则可能是被调查人有罪,据此通过取证去证成,则可能发生冤枉无辜的现象;若是基于"无罪推定思维",则有助于避免伤及无辜,保护无辜者不受错误追究。廉洁是监察调查人员的价值观,既惩治有罪者,又保护无辜者不受错误追究,是监察取证主体的廉洁价值观的内在要求。作为一种制度设置,监察取证规则应有助于实现保护无辜者的价值,这是公正价值的内在要求。为此,监察取证规则应确立无罪(错)推定原则、证据裁判原则,并将客观公正作为监察取证主体行使权力的原则之一,通过培训、实践,将这些价值、原则内化为监察取证主体的思维模式,"法律推理主体的思维结构一旦形成,就作为一种相对固定的认识框架或认知模式,对以后的法律推理活动起着世界观和方法论的指导作用"①。

第三节　监察调查人员的行为规范

一般认为,"法治社会的形成与文化传统中人性'恶'的假定密切相关"②。监察调查人员作为人本身既有人性"善"的一面,也有人性"恶"的一面,故其对权力的行使应受到规制。针对监察调查人员的权力规制,存在党内监督、司法监督、群众监督、舆论监督等多种动态控权机制,与动态控权相配合的是对监察调查人员的权力进行静态控制。监察取证规则在于界定监察调查权的边界,确立取证程序、证据审查规则,因而其可视为是对监察调查人员权力的静态控制。除此之外,这种静态控制还包括对监察调查人员的行为进行规范,具体可确立监察调查人员行使权力的原则、应遵守的义务以及违法行使权力的法律责任。此外,监察取证主体行使权力的原则和义务最终将内化于主体的思维结构,进而对其取证行为、法律推理行为发挥方法论指导作用。因而,这些行为规范同时也在塑造、培育监察调查人员的主体性。

一、监察调查人员行使权力的原则

(一)法定原则

侦查法定原则是刑事诉讼中一项重要原则,这一原则背后的法理是侦查

---

① 张保生:《法律推理的理论与方法》,中国政法大学出版社2000年版,第179页。

② 刘涛:《刑事诉讼主体论》,中国政法大学2004年博士学位论文,第31页。

权之行使,“常常带有侵害人民(犯罪嫌疑人、被告、受刑人)之危险,如果没有法律规范或不依法定程序为之,将完全背离法治国家保障人权之基本精神”[①]。“任何侵犯人民基本权之干预性侦查手段,均须有法律之授权依据,始得为之,亦即应遵守法律保留原则。”[②]监察调查措施由于涉及对人民基本权利之干预,同样应遵循法定原则。具体而言,首先,法定原则要求监察调查取证主体必须法定,没有取证资格的主体须获得监察机关的明确授权方可从事监察调查工作,否则取得的证据自始无效。其次,监察人员实施的调查行为,须有法律明确授权,并经法定程序。最后,调查措施的授权应明确措施的适用对象、期限。例如,搜查证应载明搜查的对象、时间、场所、期限;留置的决定书应明确留置场所、期限、被调查人被留置的理由。

(二)比例原则

比例原则是宪法理念下相当重要的原理原则,国家机关于实施强制处分时自应受此原则拘束。[③] 比例原则包括适当性、必要性及狭义比例原则。[④] 国家侦查机关若侵害、限制人民基本权利,必须符合这三个原则,否则将构成违法。侦查比例原则之目的在于,要求侦查机关在实施侦查时,原则上应选择侵害公民权益最小方式为之,亦即应选择侵害人民限度最小之侦查手段加以进行。[⑤] 监察机关尽管不是侦查机关,但其被赋予的调查措施中,有的涉及对人的人身自由权及财产权的强制处分,有的涉及对个人住宅权、隐私权、秘密通讯权的侵犯或限制,为避免公民权利遭受不必要或不恰当的侵害,监察调查权的行使应受比例原则的严格拘束。监察调查人员实施调查,必须基于“合理利益权衡”,即在打击腐败的国家利益大于个人利益时,以“最小侵害原则”,选择对被调查人侵害最小的方式。监察调查人员遵循比例原则,实际上是对“打击腐败的公共利益”与“保障人权”之均衡维护。同时,比例原则应体

---

① 傅美惠:《侦查法学》,中国检察出版社 2016 年版,第 60 页。

② 黄朝义:《论紧急搜索在台湾地区“刑事诉讼法”上之适用》,载《月旦法学》2005 年第 124 期,第 163 页。

③ 参见黄朝义:《刑事诉讼法》(第 5 版),台北,新学林出版股份有限公司 2017 年版,第 143 页。

④ 参见黄朝义:《刑事诉讼法》(第 5 版),台北,新学林出版股份有限公司 2017 年版,第 143 页。

⑤ 参见林山田:《刑事程序法》,台北,五南图书出版股份有限公司 2004 年版,第 258 页。转引自傅美惠:《侦查法学》,中国检察出版社 2016 年版,第 58 页。

现在具体的监察取证规则中。对于讯问、留置、搜查、技术调查、通缉、限制出境等6种强制程度高、对被调查人的基本权利干预较大的措施，应仅限于用于职务犯罪调查。[①] 并且，对于技术调查、留置、查封、冻结、扣押等干预当事人基本权利的措施的适用及延期，均应在审批程序中增加“比例原则”要求。

（三）客观公正原则

首先，坚持客观公正原则有助于发现真相，减少冤错案件的发生。监察调查的目的在于通过证据收集，查明案件真相。要实现这一目的，基础在于收集的证据全面客观，即与待证事实相关的证据均得以收集，且经查证属实。并且，证据收集越全面，调查工作就越客观。其次，贯彻客观公正原则，使调查人员仅收集相关的证据，避免收集不相关的证据，从而有助于提升调查效率。最后，监察调查人员在取证中遵循客观公正原则，在惩治腐败方面发挥“漏斗”作用，让无辜者不受错误追究，让有罪或违纪违法之人受到应有惩罚，本身就是监察机关作为政治机关的道德要求。《监察法》第40条[②]为监察调查人员客观公正收集、审查证据提供了法律依据。

客观公正原则要求监察调查人员收集、审查证据做到以下四个方面：(1)收集且仅收集一切与案件待证事实有关的证据，包括对于被调查人有利及不利之证据均应收集；既收集涉嫌职务违法的证据，也收集涉嫌职务犯罪的证据；既收集违法定罪的证据，也收集有关量罚、量刑情节的证据。(2)不得捏造、伪造证据，并对收集的相关证据进行查证属实，确保证据的真实性、可信性。(3)重证据，不得偏重于自白之取得。自白不得作为认定被调查人违法或犯罪的唯一证据。即使被调查人供述有罪（错），也必须注意收集其他证据佐证，以察其供述是否与事实相符。[③] (4)保障被调查人申辩的权利，且其陈述的有利于自身的事实与证据，应在讯问笔录内载明。

（四）合法取证原则

首先，监察调查人员的职责使命决定其应合法取证。监察调查人员是履

---

① 参见阳平：《论监察取证规则的建构逻辑》，载《行政法学研究》2022年第5期，第107页。

② 《监察法》第40条规定，监察机关应当“收集被调查人有无违法犯罪以及情节轻重的证据，查明违法犯罪事实，形成相互印证、完整稳定的证据链”。

③ 参见傅美惠：《侦查法学》，中国检察出版社2016年版，第48页。

行国家监察职责的人员,职责使命在于实现公正、廉洁,而合法取证就是公正、廉洁的内在要求。反之,若监察调查人员自身违法取证,则与自身的职责使命相悖,也就丧失了履职的正当性。其次,违法取证面临的不利后果,倒逼监察调查人员应合法取证。根据《监察法》第 33 条第 3 款的规定,监察机关非法收集的证据,不得作为案件处置的依据。即便这类案件被移送至司法机关,也会因与刑事审判关于证据的要求和标准不一致,无法在刑事诉讼中作为证据使用,而面临证据被排除,甚至被退回补充调查、不起诉甚至作出无罪判决的法律后果,这些均不符合监察机关及监察调查人员的自身利益。此外,监察调查人员若存在违法取证行为,其本人和负有领导责任的人员还将因构成职务违法而受到依法处理;构成犯罪的,甚至会被追究刑事责任。①

合法取证原则要求监察调查人员合法行使权力,依照法律规定的方式、方法收集证据,依法保障被调查人、涉案人员、证人的合法权益。并且,在发生违法取证的情形后,应对非法收集的证据予以排除,对瑕疵证据进行补正或解释。

二、监察调查人员的义务

《监察法》第 5 条对国家监察工作的要求之一是"权责对等,严格监督"。监察官制度的关键所在便是权责对等。② 监察调查人员在被赋予广泛权力时,应承担对等的责任或基本义务。

(一)保密义务

在刑事诉讼中,侦查人员保守工作秘密是一项工作原则,或曰"侦查不公开原则",即"侦查活动之内容不得对外公开,除当事人或诉讼关系人外,任何人均不得介入或参与侦查活动,以避免侦查中应秘密之事项泄露"③。侦查实行不公开原则主要有三个目的:一是维持侦查效率,确保侦查工作顺利开展,防止因侦查内容外泄而发生涉案人员串供、提供伪证、毁灭证据或打击保护,相关涉案人外逃、自杀自残,给侦查工作增加困难;二是保障人权,保护当

---

① 参见《监察法》第 65 条、第 66 条。

② 参见中共中央纪律检查委员会中华人民共和国国家监察委员会法规室编写:《〈中华人民共和国监察法〉释义》,中国方正出版社 2018 年版,第 104 页。

③ 傅美惠:《侦查法学》,中国检察出版社 2016 年版,第 63 页。

事人及诉讼关系人之名誉、隐私、人身安全等基本权利；三是基于无罪推定原则，禁止公开侦查内容，避免未审先判，确保被告公平受审的权利。[①]

从有些国家和地区的经验看，一些反腐败机构人员被要求遵守的保密义务主要指的是对收集到的保密性信息具有保密的义务，不得用于非法定目的。例如，我国香港地区廉署人员实施特别调查权时，从税务人员处获得的受保密责任限制的资料，除为进行检控或有关法律程序须向律政司司长披露外，不得对外披露。[②] 英国反欺诈办公室有要求被调查人提供保密信息的权力，但获得的保密信息，不得用于其他非法定目的。[③]

监察调查人员在调查案件时同样可能因调查内容被泄露，从而导致调查工作难以顺利开展，当事人名誉权、隐私权等基本权利被侵犯，证人受到打击报复或被调查人公平受审权利得不到保障等不利后果。而且，监察机关调查的职务犯罪案件有时会涉及党政秘密、国家秘密，若泄露调查内容，还可能导致党政、国家秘密被泄露。因此，监察调查人员具有保守工作秘密的义务，不得将该信息用于与案件调查无关的用途。对此，《监察法》要求“监察机关及其工作人员对监督、调查过程中知悉的国家秘密、商业秘密、个人隐私，应当保密”[④]，并规定“涉密人员离岗离职后，应当遵守脱密期管理规定，严格履行保密义务，不得泄露相关秘密”[⑤]。《监察官法》第 10 条将“保守国家秘密和监察工作秘密”明确为监察官应当履行的一项义务。《监察法实施条例》对监察机关及人员在实施具体调查措施时遵守保密义务提出具体要求。[⑥] 结合《监察法》等相关法律法规，借鉴其他国家与地区的经验及我国《刑事诉讼法》中有关规定，监察调查人员保密义务应包括如下内容：(1)不得私自留存、隐匿、查阅、摘抄、复制、携带问题线索和涉案资料，不得泄露调查情况。(2)对检举控告人的姓名(单位名称)、工作单位、住址、电话和邮箱等有关情况以及检举控告内容严格保密，不得向被调查人、证人等案件当事人泄露案件进展、案件处

---

① 参见傅美惠：《侦查法学》，中国检察出版社 2016 年版，第 63-66 页。

② 参见香港《防止贿赂条例》第 13B 条。

③ UK Criminal Justice Act 1987，第 10 条。

④ 参见《监察法》第 18 条第 2 款。

⑤ 参见《监察法》第 59 条。

⑥ 参见《监察法实施条例》第 90 条、第 117 条、第 139 条、第 157 条、第 160 条。

置等工作信息。(3)不得未经批准向外以任何方式发布案情信息。(4)因履行职责获得的涉及国家秘密、商业秘密、个人隐私的信息,应当保密,对于与案件无关的材料,必须及时销毁。(5)向税务、银行、证券、律所等负有保密义务的部门或人员调取、收集保密信息时,应履行严格审批手续,且应对获得的保密信息予以保密,不得用于非法定目的。(6)离岗离职后,遵守脱密期管理规定,不得泄露相关秘密。监察调查人员违反上述保密义务,应当追究法律责任,构成犯罪的,依法追究刑事责任。①

(二)告知义务

监察调查人员在遵守保密义务的同时,还应履行相应的告知义务。告知义务是监察调查人员保密义务的例外情形。监察调查人员的告知义务是指监察调查人员在履行职责过程中,应对被调查人或相关当事人就相关事项尽到告知义务,保障被调查人的知情权、辩护权、申诉权。若被调查人不知道自己享有哪些权利,就难以做好辩护,也无法行使申诉权。因此,监察调查人员告知义务是控辩平等原则在监察工作中的体现。

《监察法》中的一些规定明确了监察调查人员的告知义务及具体告知事项。② 监察调查人员履行的上述告知义务,告知的均是程序性事项或结果事项,保障的是被调查人或相关当事人(单位)的程序性知情权。为更好保障被调查人的权利,监察调查人员告知事项应扩大到对部分实体事项的告知,并明确监察机关及人员未依法履行告知义务应承担的法律责任,具体如下:(1)监察调查人员决定立案,或实施搜查、扣押、冻结、查封、留置等强制程度高、侵犯被调查人基本权利的措施时,应告知调查人或相关利害人采取上述措施

① 对此,《监察法》第 65 条第 3 项规定,"违法窃取、泄露调查工作信息,或者泄露举报事项、举报受理情况以及举报人信息的",对负有责任的领导人员和直接责任人员依法给予处理。另外,根据《监察法》第 66 条的规定,第 65 条第 3 项规定的行为构成犯罪的,还可追究刑事责任,具体可根据犯罪情节,适用《刑法》第 308 条之一中的泄露不应公开的案件信息罪,故意泄露国家秘密罪、过失泄露国家秘密罪或者披露、报道不应公开的案件信息罪。

② 包括:(1)采取讯问、询问、留置、搜查、调取、查封、扣押、勘验检查等调查措施,均应当依照规定出示证件,出具书面通知(《监察法》第 41 条第 1 款)。(2)立案调查决定应当向被调查人宣布,涉嫌严重职务违法或者职务犯罪的,应当通知被调查人家属(《监察法》第 39 条第 3 款)。(3)除存在有碍调查情形,对被调查人采取留置措施后,应当在二十四小时以内,通知被留置人员所在单位和家属(《监察法》第 44 条第 1 款)。(4)撤销案件决定应通知被调查人所在单位(《监察法》第 45 条第 2 款)。

的因由，若被调查人涉嫌违法犯罪的，应告知其涉嫌的具体违法或犯罪罪名。(2)对被调查人立案调查或调查终结后的处置情况，应及时向社会公布；不得以保密为由，对依法移送的案件材料不移送或不提供录音录像等证明取证合法性的材料。(3)对于监察调查人员未尽到告知义务的，应有追究监察调查人员责任、排除相关证据等制裁措施，并允许被调查人及其近亲属可因此进行申诉。

(三)出庭作证义务

监察调查人员由于亲身经历证据收集过程，属于程序证人，本身具有作证的义务。不仅如此，监察调查人员出庭作证，是贯彻《监察法》第 33 条第 2 款关于监察机关收集、固定、审查、运用证据应当“与刑事审判关于证据的要求和标准相一致”[①]的内在要求。由于《刑事诉讼法》中“侦查人员或其他人员出庭说明情况”的内容规定在“证据”这一章，且侦查人员或其他人员一般是经法院通知才出庭说明情况，因而，侦查人员出庭说明情况是刑事审判审查判断证据的一种方式。鉴于监察机关的职务犯罪调查权与侦查权在性质上具有相通性，所以监察调查人员应当承担侦查人员在审判阶段出庭的职责和义务。[②] 若监察调查人员对于收集的证据的合法性不履行举证责任，则根据刑事审判对证据的审查要求，其取得的证据可以不作为证据使用。故从体系解释的角度，监察调查人员出庭作证于法有据。

监察调查人员出庭作证不仅具有法律依据，还具有重要规范功能。其一，它是贯彻《宪法》确定的监察机关、审判机关互相配合、互相制约的制度保障。经法院通知，监察调查人员出庭，就取证的合法性或影响定罪量刑的事实或理由作证；若举证不能，则面临证据被排除的不利后果，使审判成为对监察机关调查处置结果的一种“检测”而非“确认”程序，从而对监察机关的权力形成一种制约。对监察机关而言，允许且支持监察调查人员出庭作证而不仅是出庭说明情况，本身就展示了其主动接受审判机关的监督制约，有利于消解外界对其权力不受监督、不愿被监督的疑虑。其二，它是庭审实质化的内在要

① 参见《监察法》第 33 条第 2 款。

② 杨宇冠、高童非：《职务犯罪调查人员出庭问题探讨》，载《社会科学论坛》2018 年第 6 期，第 29 页。

求,有助于减少冤错案件发生。职务犯罪案件通常物证、书证相对较少,“笔录证据”较多,而“笔录证据”是一种被文字所修饰的证据,其合法性、真实性需要经法庭的质证、认证。在录音录像、情况说明等控方提供的现有证据材料无法进行充分证明的情况下,监察调查人员就笔录证据的合法性、真实性出庭作证,是证明笔录证据真实性、合法性的重要方式,使庭审走向实质化,有助于降低因依赖单方的笔录证据定案的错案风险。

鉴于监察调查人员出庭作证具有法律依据和重要意义,监察取证规则应将出庭作证作为监察调查人员的一项义务,可作如下规定:(1)法院在审理过程中就证据的合法性和真实性要求监察调查人员出庭作证时,监察调查人员应当出庭,监察机关应当予以配合。① (2)对于作证事项可能涉及国家秘密或其他属于监察调查人员保密事项的,监察调查人员可向法官申请不出庭作证,由法官在庭外核实情况;确需出庭作证的,应对出庭的人员采取隐藏身份信息、面貌或采取变声等技术手段进行处理。

由于监察调查人员在出庭作证时,同样也会作出“不作证”或在存在非法取证嫌疑时“不如实作证”的选择。为鼓励监察人员出庭作证,且如实作证,一方面,可规定监察调查人员出庭作证,所提供的不利于己的证言不得作为追究其纪法责任的依据;另一方面,对监察调查人员出庭作证,应适用证人作证有关规定,对作伪证的,按伪证罪处理,对不出庭作证的,允许法庭作出对案件证据不利的评价。

(四)保障当事人权利的义务

法国存在主义哲学家萨特说:“我和他人的关系首先并从根本上来讲是存在与存在的关系,而不是认识与认识的关系。”②作为主体的人,本身应当是目的,而不是单纯的手段。“我们中的每个人都被看作一个‘你’,而不仅仅是一个‘它’,因为我们每个人都是主体,而不仅仅是客体。”③监察调查人员在调查中面对的客体应是证据和规范性材料。监察调查人员如果将被调查人、证

---

① 《监察法实施条例》第229条第2款规定:“人民法院在审判过程中就证据收集合法性问题要求有关调查人员出庭说明情况时,监察机关应当依法予以配合。”

② [法]萨特:《存在与虚无》,陈宣良等译,生活·读书·新知三联书店1987年版,第302、308、325页。

③ [美]大卫·雷·格里芬编:《后现代精神》,王成兵译,中央编译出版社1998年版,第218页。

人、被害人视为客体，势必会造成双方的冲突，容易发生侵犯人权的现象，造成主体的异化。此外，监察机关作为反腐败工作机构的定位、贯彻法律面前人人平等原则、与“以审判为中心”的诉讼制度改革相衔接、监督制约监察调查权等因素，要求监察调查人员应当保障当事人的权利。对此，《监察法》在“总则”部分第5条规定“保障当事人的合法权益”，并在“分则”部分规定了对被调查人、涉案人员、证人具体权利的保障。

从制度完善的角度看，现有法律关于保障被调查人权利的条款总体存在供给不足、权利保障条款刚性不强的问题，监察取证规则有必要将“保障当事人权利”作为监察调查人员的一项义务，这有助于强化监察调查人员的权利保障意识，更能发挥好保障人权的效果。具言之，监察调查人员在行使职责中，应保障被调查人等案件当事人的合法权利，未尽到权利保障义务的，应依法追究监察调查人员的责任，并赋予当事人据此向监察调查人员所在监察机关申诉的权利。

三、监察调查人员的法律责任

如果说规定监察调查人员行使职权的原则和应遵守的义务，是对监察调查人员行为的正向鼓励和倡导，那么，明确监察调查人员违法行使职权的法律责任，则是对其行为的反向规制，有助于对潜在的违法取证行为形成震慑。二者共同发挥对监察调查人员的行为规范作用，进而影响监察调查人员的思维和行为模式，最终内化于监察取证主体的主体性特征。《监察法》《监督执纪工作规则》等规定界定了属于违法行使职权或违法取证的行为。可概括为以下几种：(1)未经批准接触被调查人、涉案人员及其特定关系人，或者存在交往情形；(2)未经批准、授权处置问题线索，发现重大案情隐瞒不报，或者私自留存、处理涉案材料的；(3)利用职权或者职务上的影响干预调查工作、以案谋私，或者私自留存、处理涉案材料的；(4)违法窃取、泄露调查工作信息，或者泄露举报事项、举报受理情况以及举报人信息的；(5)对被调查人或者涉案人员逼供、诱供，或者侮辱、打骂、虐待、体罚或者变相体罚的；(6)违反规定采取调查措施，或者违反规定处置涉案财物的；(7)违反规定导致发生办案安全事故，或者发生安全事故后隐瞒不报、报告失实、处置不当的；(8)其他滥用职权、玩忽职守、贪污受贿、徇私舞弊的行为。

对监察调查人员违法行使职权的法律责任可分情况确定为以下两种：(1)对违法行使职权的监察调查人员本人及负有责任的领导人员，按照情节轻重、主观恶性，给予停职、降级、免职、调离岗位或政务处分等处罚，构成犯罪的依法追究刑事责任；(2)因违法行使职权侵犯当事人的合法权益造成损害的，受害人有权申请国家赔偿。

本章小结

鉴于监察取证主体对监察调查取证工作的重要作用，本章从主体的角度阐述了监察调查人员的主体性内容。监察调查人员的主体性，一方面表现为监察调查人员作为取证主体存在主体资格的规定性、主观性、社会性、价值等，这些均对监察取证工作产生重要影响。监察取证的主体性塑造监察取证规则的内容，影响监察取证规则的实施效果。同时监察取证规则体现的准确、公正、文明、效率的价值，以及对监察取证主体的价值观、职业道德的规定，又可反过来指导、影响监察取证主体的行为、理念，逐渐内化为监察取证主体的价值取向、思维模式。

监察取证主体的主体性的另一个表现在于其与客体的相互作用。客体对监察取证主体表现出制约、发动作用。监察取证主体对客体具有主观能动作用。监察调查人员对客体释放的信息的思维加工是这种主观能动作用的表现之一。溯因推理符合监察调查活动的回溯性特征，有利于明确取证方向，但存在推理结果或然性大、容易走向有罪(错)推定的风险。为规避这一风险，本书主张溯因推理与归纳推理结合使用，尤其是在证据审查阶段应使用归纳推理，并通过在监察取证规则中确立无罪(错)推定原则、证据裁判原则，以此对监察取证主体的推理思维再建构，使之内化于行，为监察取证主体取证、法律推理提供理念和方法论指导。为对监察取证主体的行为进行规范，防止权力滥用，监察取证规则一方面应从正向倡导的角度，明确监察调查人员在行使权力中应遵循法定原则、比例原则、客观公正原则、合法取证原则，履行保密义务、告知义务、出庭作证义务、保障当事人权利的义务；另一方面应从反向规范的角度,规定监察调查人员违法行使权力的法律责任,以从正反两个角度发挥规范监察取证主体行为的功能。这些规则一旦内化成监察取证主体的思维和行为模式,将发挥培育、塑造监察取证主体的主体性的作用。

第四章　监察取证中的基本权利保障

当事人的基本权利对监察取证形成“消极规范”，塑造监察取证规则的内容。监察机关在调查取证中保障人权是廉洁监察的内在要求。保障当事人尤其是被调查人的基本权利是监察取证规则的内容之一。本章第一节论述当事人基本权利对监察调查权的抵抗权功能，阐述保障被调查人权利的法理依据以及被调查人的权利克减情形。在此基础上，第二节论述当事人的自由权对监察取证行为的消极规范及其对监察取证规则的塑造功能。第三节、第四节对《监察法》中有关人权保障的条款提出完善建议，主张建立配套的权利保障制度。

第一节　当事人在监察调查中的基本权利

一、基本权利概述

（一）基本权利的概念及分类

在讨论基本权利的概念前，有必要界定人权与基本权利的关系。陈光中教授认为，“人权通说是指一个人在应然和实然两个层面上所享有的权利”[①]。张翔教授认为，“人权天然地具有开放性，作为人之为人所应该享有的权利，具有道德权利的性质”[②]。从上述关于人权的界定看，人权既包括实定法上明确的公民权利，也包括没有为实定法所确立、属于自然法的应然权利。与之对照的是，“基本权利是指由宪法作为必要权利予以保障的公民权利，其中

---

① 陈光中：《应当如何完善人权刑事司法保障》，载《法制与社会发展》2014 年第 1 期，第 46 页。

② 张翔：《基本权利的规范建构》，法律出版社 2017 年版，第 107 页。

主要是宪法明确规定的公民权利”[①]。基本权利是为宪法所确立的那部分人权，是人权的宪法化。由于基本权利是在国家成立后被宪法所确定的权利，那么，“基本权利和国家权力则是一种相伴生的构成性关系”[②]。人权一旦入宪，成为基本权利，就对国家权力产生制约，国家权力相应地就产生保护基本权利的义务。本书讨论的是当事人在监察调查中所享有的权利，虽然也属于人权的范畴，但由于该权利是与监察权相伴生的权力，符合“基本权利”概念，因而，本书使用“基本权利”。

由于基本权利是一国宪法所确定的权利，所以，它是具体的、历史的。不同国家的宪法所规定的基本权利，甚至同一个国家在不同历史时期对基本权利的规定均可能不一样。在我国，“人权条款”于 2004 年入宪后，“尊重和保障人权”成为国家的一项义务。基本权利可分为“列于基本权利章内的基本权利”和“视同基本权利的权利”这两个部分，后者包括宪法未列举的生命权、健康权、迁徙自由等应该可以被作为基本权利而得到宪法层面保护的权利，以及位于基本权利章以外的《宪法》第 13 条确定的财产权、《宪法》第 16 条和第 17 条确定的经济活动的自由权。[③]

根据不同的划分标准，基本权利的分类可以有多种，有的将基本权利分为自由权和平等权两类。[④] 我国学者对于基本权利的分类方法存在多种，包括“十分法”[⑤]、“八分法”[⑥]、“五分法”[⑦]、“四分法”[⑧]。这些分类方法主要是根据宪法规定的基本权利的类别对基本权利进行划分，难以对基本权利作体系性

---

① [德]哈特穆特·毛雷尔：《行政法学总论》，高家伟译，法律出版社 2000 年版，第 107 页。

② 张龑：《论人权与基本权利的关系——以德国法和一般法学理论为背景》，载《法学家》2010 年第 6 期，第 18 页。

③ 参见张翔：《基本权利的体系思维》，载《清华法学》2012 年第 4 期，第 33-34 页。

④ 自由权包括：(1)个人自由；(2)个人领地保护；(3)通信自由权；(4)文化自由权；(5)经济自由权；(6)国家公民权；(7)诉讼基本权利。平等权包括：(1)禁止歧视；(2)确保男女平等；(3)担任公职的机会均等；(4)选举权平等。参见[德]哈特穆特·毛雷尔：《行政法学总论》，高家伟译，法律出版社 2000 年版，第 107 页。

⑤ 吴家麟主编：《宪法学》，群众出版社 1983 年版，第 364-386 页。

⑥ 董和平、韩大元、李书忠：《宪法学》，法律出版社 2000 年版，第 341-422 页。

⑦ 肖蔚云、魏定仁、宝音胡日雅克琪：《宪法学概论》，北京大学出版社 2002 年版，第 191-214 页。

⑧ 魏定仁主编：《宪法学》，北京大学出版社 1994 年版，第 172-196 页。

分析。“基本权利性质上属于公民针对国家的主观权利，即公民可以要求国家为或者不为一定行为的权利。”[①]回归基本权利的性质，基本权利可采用“消极权利”与“积极权利”的二分法。[②] 这种分类方法能为基本权利规范分析提供最清晰的框架。当然，每一种基本权利实际上既是消极权利，也是积极权利，“在许多典型环境下，许多权利主要是具有积极的相关义务，或主要具有消极的相关义务”[③]。

（二）基本权利的功能界定：抵抗权功能

关于基本权利的功能分类方法同样存在多种。德国学者毛雷尔将基本权利的功能分为：（1）防御权；（2）基本权利保护义务，即在公民受到第三人侵害时，国家应当提供必要的保护；（3）通过组织和程序的基本权利保护；（4）给付请求权。[④] 也有学者将基本权利的功能分为“防御权功能、受益权功能、客观价值秩序功能”三个层次。[⑤] 目前学界将防御权功能视为基本权利的首要功能，强调的是国家对公民权利的保护义务（包括不侵犯权利的消极义务、提供保护的积极义务）以及公民请求国家权力不得或停止侵害的防御行为，无法反映公民在基本权利受到国家权力侵犯后的救济、对抗行为。并且，被调查人在接受监察机关调查期间，个人权利与国家权力的张力关系相比国家机关与普通公民之间的张力关系更为紧张，权利被侵犯的风险高。

本书认为，对于基本权利的功能，可以从国家的来源、权利主体与国家之间的关系这一角度，进行另一种界定。根据前文所述（第一章），国家权力来自人类的共同需求。按照社会契约论观点，人们把自己的一部分自然权利让渡出来，互相订立契约，成立国家，是为了安全和保障自然权利。[⑥] 换言之，若国家没有履行既定义务，公民则有抵抗权利，且这部分权利是不能让渡的权

---

① ［德］哈特穆特·毛雷尔：《行政法学总论》，高家伟译，法律出版社2000年版，第108页。

② “消极权利”是指要求国家不作为的权利，对应国家的消极义务，如自由权；而“积极权利”则要求国家作出相应作为，对应国家的积极义务，如社会权和参政权。参见张翔：《基本权利的规范建构》，法律出版社2017年版，第61页。

③ ［美］杰克·唐纳利：《普遍人权的理论与实践》，王浦劬等译，中国社会科学出版社2001年版，第113页。转引自张翔：《基本权利的规范建构》，法律出版社2017年版，第66页。

④ 参见［德］哈特穆特·毛雷尔：《行政法学总论》，高家伟译，法律出版社2000年版，第107页。

⑤ 参见张翔：《基本权利的规范建构》，法律出版社2017年版，第69-70页。

⑥ 参见［英］洛克：《政府论》（下篇），商务印书馆1964年版，第79-80页。

利。抵抗权“通常是指人民所拥有的、在必要时对其国家法律所产生之义务采取不服从及抵抗行为的权利。”[①]德国学者施密特认为:“个人的抵抗权是最极端的预防手段,是一种不可让渡但也不可组织的权利,本质上位于基本权利之列。”[②]目前,抵抗权是个自然法概念,大多数国家的宪法尚未将其确定为基本权利。[③] 德国《基本法》尽管规定了抵抗权,但确定了极为严格的条件。[④] 抵抗权未被宪法化,没有具体的法律制度予以保障,这背后的考量主要在于维护法的安定性和国家的稳定性。尽管如此,这并不能否认基本权利的抵抗权功能。理由是,作为与国家权力相伴生的基本权利,宪法确定公民的基本权利的目的,不仅是要求国家具有保护基本权利的义务,还在于保留公民与国家权力对抗的最后“武器”。当然,在现代法治社会,基本权利的抵抗权功能并不是指公民面对国家权力的干预时,应当暴力抵抗或不配合、合作,而是指应进行理性的抵抗,即在基本权利受到国家权力的侵害后,有权通过法律规定的救济途径,要求国家权力停止侵犯或赔偿损害。救济权功能是公民维护权利的最后手段,在行使救济权之前,可以行使防御权。作为一种理性的抵抗权,基本权利的抵抗权功能还应包括权利主体在面对执法主体未履行法定程序而要求权利主体履行法定义务时,享有一定的程序抵抗权,[⑤]且不应因此而承受不利后果。综上,本书将基本权利的功能界定为抵抗权功能,包括防御权功能、受益权功能、客观价值秩序功能、程序抵抗权功能以及救济权功能。

将基本权利的本质功能界定为抵抗权功能,是对权利主体的尊重,强调公民权利与国家权力的对等性,符合国家权力是由公民权利让渡形成这一权力

---

① [日]宫泽俊义:《宪法,法律学全集4》,第104页。转引自王锡锌:《行政行为无效理论与相对人抵抗权问题探讨》,载《法学》2001年第10期,第16页。

② [德]卡尔·施米特:《宪法学说》,刘锋译,上海人民出版社2005年版,第175页。转引自朱孔武:《论“抵抗权”的三个维度》,载《环球法律评论》2007年第1期,第23页。

③ 有学者考证,抵抗权在最早的宪法文件中得到体现,如1776年美国《独立宣言》,1789年法国《人权宣言》,但在19世纪的宪法或法律文本中销声匿迹。参见朱孔武:《论“抵抗权”的三个维度》,载《环球法律评论》2007年第1期,第21-22页。

④ 参见王锡锌:《行政行为无效理论与相对人抵抗权问题探讨》,载《法学》2001年第10期,第16页。

⑤ 有学者主张,为了有效维护当事人的程序权利,法律应当赋予当事人一定的程序抵抗权,即相对人对程序的主持者和决定制定者违反法定程序要求当事人履行某项程序义务的行为进行抵制。参见王锡锌:《行政过程中相对人程序性权利研究》,载《中国法学》2001年第4期,第89页。

来源本质,更有利于制约国家权力、保障人权。对于被追诉人而言,明确基本权利的抵抗权功能更有必要,“因为国家机关以国家权力为后盾,在追究和惩罚犯罪的过程中,往往自觉或不自觉地超越权限,甚至滥用权力,进而侵犯被追诉者的权利。如果不加强被追诉人的保障,就无法有效对抗国家公权力对其权利的侵犯”①。

(三)当事人在监察调查中的基本权利

监察机关在调查中采取的某些调查措施,如技术调查、留置、搜查、扣押等,涉及对当事人的基本权利的干预,监察机关与当事人构成“干预—抵抗”的法律关系。当事人在监察调查中的基本权利主要是具有抵抗权功能的“积极权利”,或要求国家不得侵犯的“消极权利”,具体包括:财产权(《宪法》第13条),人格尊严权(《宪法》第38条),人身自由权(《宪法》第37条),通信自由权(《宪法》第40条),住宅权(《宪法》第39条),提出申诉、控告或者检举权(《宪法》第41条),辩护权(《宪法》第130条)。当事人的上述消极权利又可分为自由权(财产权、人身自由权、通信自由权、住宅不受侵犯权)、救济权(申诉权、取得赔偿权),以及由基本权利派生的程序权利(包括知情权、要求获得休息和医疗服务的权利、辩护权等)。

二、当事人在监察调查中享有基本权利的理论依据

(一)当事人基本权利对监察调查权的抵抗权功能

当事人(主要是被调查人)在接受监察机关调查时,其与监察机关的关系主要表现为被追诉者和追诉者之间的关系。当事人对监察调查权的抵抗权功能体现为防御权功能、程序抵抗权功能、救济权功能。基本权利的首要功能是防御权功能。② 防御权是要求国家“不得侵害的请求权”或“停止侵害的请求权”,对应的是国家对基本权利负有不得侵犯的“消极义务”。基本权利的防御权功能要求国家不得侵犯基本权利,若要限制基本权利,须满足限制的正当性。对一个限制基本权利的国家公权力行为,一般应审查以下事项:第一,基本权利的保护范围;第二,基本权利的限制;第三,基本权利限制的合宪性论

① 陈光中:《应当如何完善人权刑事司法保障》,载《法制与社会发展》2014年第1期,第46页。

② [德]哈特穆特·毛雷尔:《行政法学总论》,高家伟译,法律出版社2000年版,第108页。

证。在“基本权利的保护范围”中,要分析基本权利的主体、保护事项。在“基本权利的限制”中,要分析以下两项:(1)公权力行为要具备何种要件;(2)达到何种“强度”才构成对基本权利的限制。在“基本权利限制的合宪性论证”中要分析以下三项:(1)限制是否合乎法律保留原则;(2)限制是否合乎比例原则;(3)限制是否侵害基本权利的本质内容。① 这些审查均对国家公权力的行使构成消极规范,从反向要求公权力对基本权利的限制符合宪法要求。当事人在监察调查中享有的“消极权利”对监察调查权具有防御权功能。立法机关赋予监察机关的技术调查、搜查、扣押等权限,受到宪法法律保留原则的明确限制,同时应遵守比例原则,以避免违宪。此外,当事人的程序抵抗权、救济权则更强调通过积极作为的方式维护自身的权利,构成对监察调查权的直接制约。在监察调查中,由于存在监察机关违法行使职权的风险,且当事人的基本权利是对抗国家权力的武器,所以应通过发挥基本权利的消极规范作用制约监察机关的权力。

(二)监察机关具有保护当事人基本权利的宪法义务

按照社会契约论观点,国家创设的目的是保障公民权利,国家具有保障公民权利的义务。现代国家理论和法治理念更强调国家对公民权利保障的义务,“国家义务与公民权利的关系现已经成为主导国家与公民关系的主轴”②。狄骥认为:“那些统治者们只有出于实施他们的义务的目的,并且只有在实施其义务的范围之内,才能够拥有权力。”③无论是社会契约论还是现代国家理论,均主张公民权利产生国家义务,国家具有保护公民权利的义务,为履行该义务,国家需要一定的权力。对此,我国有学者将权利、国家义务、国家权力三者关系归纳为,“权利的需要决定国家义务并进一步决定国家权力;国家权力服务于公民的权利”④。此外,基本权利的防御权功能和国家秩序功能,也可

① 参见张翔:《基本权利的规范建构》,法律出版社2017年版,第92页;张翔:《基本权利的体系思维》,载《清华法学》2012年第4期,第24页。

② 龚向和:《国家义务是公民权利的根本保障——国家与公民关系新视角》,载《法律科学(西北政法大学学报)》2010年第4期,第5页。

③ [法]莱昂·狄骥:《公法的变迁——法律与国家》,郑戈、冷静译,辽海出版社、春风文艺出版社1999年版,第444页。转引自龚向和:《国家义务是公民权利的根本保障——国家与公民关系新视角》,载《法律科学(西北政法大学学报)》2010年第4期,第5页。

④ 陈醇:《论国家的义务》,载《法学》2002年第8期,第15-19页。

推导出国家通过作为或不作为的方式保护基本权利的“宪法义务”①。如果说保护公民权利的“政治义务”是对国家的道德和伦理约束，那么“宪法义务”②则是对国家保护公民权利的宪法控制，一旦违反则构成违宪。我国2004年《宪法修正案》引入“国家尊重和保障人权”这一“人权条款”后，国家成为保护公民基本权利的义务主体。

保护公民权利的不是抽象的“国家”，而是代表国家行使权力的机关及个人。作为国家机关，监察机关在行使权力中，保护公民权利是其“政治义务”，关乎国家监察体制改革的正当性。同时，《宪法》基本权利条款使监察机关保障基本权利的义务由“政治义务”向“宪法义务”生成。监察机关保护当事人基本权利的义务，包括消极保护义务和积极保护义务。其中，消极保护义务是监察机关不侵害当事人的基本权利，或对基本权利的限制须符合法律保留原则。积极保护义务包括：通过立法规定当事人的权利范围、形式，设定监察机关的义务规范及违反义务规范的法律后果；在行使职权的实践中，遵循正当程序原则和比例原则，并在当事人权利受到侵犯后予以救济。

（三）接受公平审判权的要求

接受公平审判的权利是公民的基本权利。在我国，诉讼程序中的犯罪嫌疑人享有的基本权利，只有对质权、辩护权、上诉权等少部分权利是在审判阶段才能享有的。鉴于监察机关调查的案件中只有很少比例最后移送审判机关，③若被调查人在监察调查阶段享有的基本权利很少，则意味着宪法只能为少数进入审查起诉阶段后的犯罪嫌疑人提供权利保障，有违法律平等原则。为确保审判的公平，在审判中为保护被告而确立的权利保障机制，应向前挪至监察调查阶段，这样能在更早时间为被调查人提供权利保障。相反，若在监察调查阶段对被调查人的基本权利保障不足，则相当于间接剥夺了被调查人受

① 张翔：《基本权利的规范建构》，法律出版社2017年版，第70页。

② 关于“政治义务”“宪法义务”的表述及关系，参见张翔：《基本权利的规范建构》，法律出版社2017年版，第39页。

③ 例如，党的十八大以后至党的十九大召开前夕期间，全国纪检监察机关共接受信访举报1218.6万件（次），处置问题线索267.4万件，立案154.5万件，处分153.7万人，其中厅局级干部8900余人，县处级干部6.3万人，涉嫌犯罪被移送司法机关处理5.8万人。参见《十八届中央纪律检查委员会向中国共产党第十九次全国代表大会的工作报告》。

公平审判的权利。

(四)与以审判为中心的诉讼制度改革相衔接的需要

《监察法》第33条第2款关于“监察机关在收集、固定、审查、运用证据时,应当与刑事审判关于证据的要求和标准相一致”的规定,体现了监察调查取证“以审判为中心”的要求。刑事审判关于证据的要求和标准之一便包括对当事人(犯罪嫌疑人、被告人、证人、被害人)权利的保障。为体现《监察法》第33条第2款的要求,监察机关应保障当事人相应的权利。监察调查因为其秘密、不公开性,对当事人的权利保障是否执行到位,缺乏第三人的监督。故而,应将这些权利内容写入监察取证规则中,便于更好地执行、保障。

(五)减少冤错案件发生的价值考量

证据的可信性直接影响案件的质量。美国联邦最高法院认为,拘捕后的警讯环境充满强势的压迫力,蕴藏逼迫被告陈述的强制力,该强制力会减损被告对抗的意志,强迫他说些在自由意志时不会说的内容。[①] 被告在警讯中的自白几乎必然造成有罪的判决结果,若拘捕后未予被告适当之保护,“事后的审判几乎为对警讯不服的‘上诉’程序,定罪实质上是对警察讯问的确认”[②]。与拘捕后的警讯环境相比,被调查人在被留置后接受讯问时的环境的强制性更强,理由是留置的期限最低为3个月,符合延长条件的,还可延长6个月,且被调查人在被留置期间无权委托律师辩护。这种环境给被调查人所造成的强制性可能影响其供述的自愿性。作为一种法定证据种类,被调查人供述的证明力往往受到事实认定者的格外重视,成为指控被调查人违法犯罪的关键证据。并且,相比于侦查机关,监察机关由于与党的纪律检查机关合署办公,权威性更强,监察讯问结果对审判结果的决定性更强。由于监察讯问的强制性及其对认定被调查人违法、犯罪的重要性,必须保障被调查人的供述是自愿的,否则容易使无辜者受到错误追究。此外,证人证言、被害人供述的自愿性也

① “[I]nherently compelling pressures which work to undermine the individual's will to resist and to compel him to speak where he would not otherwise do so freely.” *Miranda v. Arizona*, 384 U. S. 436, 458 (1966).

② Absent a lawyer's assistance, Escobedo's Subsequent Trial Might be “no more than an appeal from the interrogation”, With Conviction in Essence Assured by His Confession at Police Station. Escobedo v. Illinois, 378 U. S. 478, 487-488(1964).

均会影响案件真相的查明。在监察调查阶段,保障当事人的权利,是提升被调查人供述、证人证言的自愿性、可信性的重要方式,有助于避免冤错案件的发生。

三、被调查人基本权利的克减及边界

在我国,95%以上的领导干部、80%的公务员是共产党员,[①]故监察机关调查的对象(除证人、涉案人员外)大多数情形下身兼公职人员、党员双重身份。相比于普通公民,公职人员、党员在接受调查时享有的权利是否应受到克减?如果克减,其边界在哪?目前,关于公职人员、党员权利克减的理论依据主要是“特别权力关系理论”“权利放弃理论”。本书通过考察这两个理论的内涵,论述公职人员在接受监察机关调查期间的权利克减是否具有正当性。

(一)特别权力关系理论

1. 传统“特别权力关系理论”的渊源及内涵

19 世纪的德国宪政国家法和行政法理论提出的“特别权力关系”,是指“国家和公民之间的一种紧密关系,其中主要是教育关系、监狱管理关系和其他设施关系,以及公务员关系和兵役关系”[②]。根据该理论,处于特别权力关系中的公民不适用基本权利和法律保留,因为“它们只调整国家与公民之间的一般关系;行政机关要求通过行政规则(设施组织条例)自行调整这种关系(设施)中的内部事务”[③]。

特别权力关系理论是一种特别的法律关系,基于法律规定或当事人同意,对处于特殊权力关系范围的主体,课以比一般公民更多的义务,权力主体享有更多的支配权限。特别权力关系要求特殊范围内的公民负有特别义务、权力主体享有更多支配权,目的在于实现行政上或公法上的特定目的。奥托·梅耶(Otto Mayer)认为,特别权力关系是国家与个人之间成立的另一种权力关系,相对应的是国家对人民的一般普通性的综合关系——一种大的权力关系;在狭义层面,国家与个人之间尚可成立另一种权力关系,即特别权力关系,该关系包括公法上的勤务关系、公法上的营造物利用关系、公法上的特

---

① 参见肖培:《强化对权力运行的制约和监督》,载《人民日报》2019 年 12 月 16 日,第 9 版。

② [德]哈特穆特·毛雷尔:《行政法学总论》,高家伟译,法律出版社 2000 年版,第 114 页。

③ [德]哈特穆特·毛雷尔:《行政法学总论》,高家伟译,法律出版社 2000 年版,第 114 页。

别监督关系。[①] 特别权力关系理论传入日本后,该理论的适用范围扩展到"公法上之社团关系"(公共团体与会员之关系)。[②] 特别权力关系有以下几个特点:(1)排除依法行政、法律保留的原则,行政主体发动这种特殊的公权力时,不必有个别法规之依据;(2)对特别权力关系内部的权力行为,不得成为行政争讼的对象。[③] 一般论者指出,特别权力关系成立的原因包括基于法律的规定、当事人的同意、因事实的发生。[④]

传统特别权力关系理论因对权力关系内部的权力行为,不适用法律保留原则、排除司法审查,具有轻视人权、违反法治国家原则的缺陷性,而遭到很多批评。

2. 修正的特别权力关系理论之内涵

第二次世界大战后德国基本法更加重视人权,各联邦行政诉讼法大都已改采概括条款,不再排除公务员关系的诉讼,这引起了对特别权力关系理论的反思、检讨,争论的焦点不是废除或保留该理论,而在于如何限制该理论的适用范围,亦即什么情形下处于特别权力关系的行政行为可排除法律保留原则以及行政主体的处分应接受司法审查。在这些改良的特别权力关系的学说中,德国乌勒(C. H. Ule)教授于1956年提出的"基础关系和管理关系(经营关系)理论"最具影响力。他将特别权力关系细分为"基础关系"和"管理关系",主张在基础关系内遵守法律保留原则,在管理关系内不必严格地适用法律保留原则。[⑤] 上述关于特别权力关系的二分模式,为德国大多数学者和实

---

① 参见吴庚:《行政法之理论与实用》,台北,三民书局1996年版,第196-197页。转引自杨临宏:《特别权力关系理论研究》,载《法学论坛》2001年第4期,第61页。

② 参见[日]和田英夫:《现代行政法》,倪健民、潘世圣译,中国广播电视出版社1993年版,第60页。转引自吴万得:《德日两国特别权力关系理论之探讨》,载《政法论坛》2001年第5期,第134页。

③ 参见吴庚:《行政法之理论与实用》,台北,三民书局1996年版,第194-197页。转引自杨临宏:《特别权力关系理论研究》,载《法学论坛》2001年第4期,第61页。

④ 参见吴万得:《德日两国特别权力关系理论之探讨》,载《政法论坛》2001年第5期,第133页。

⑤ 行为足以发生、变更或消减特别权力关系之成立及效果者(例如:公务员之任命、命令退休,学生之入学许可、退学、开除、学位之授予等),以及设计财产上关系者(例如,俸给、退休金、抚恤金等),属基础关系事项。为达成行政之目的所采取的管理与经营之行为或措施,则属于经营关系事项,不是行政处分,不得提起行政争讼,例如:长官对所属公务员职务上指示、记过、申诫等。参见林锡尧:《行政法要义》,1998年自版发行,第104-106、137-138页。转引自吴万得:《德日两国特别权力关系理论之探讨》,载《政法论坛》2001年第5期,第134-135页。

务所采纳。之后，德国联邦宪法法院所作的一个判决实现了对传统特别关系理论的决定性突破。[①] 该判决涉及的案情是，一个被关押人员给监狱外的人员的通信受到扣押，依据的是具有（内部行政）行政规则性质的公务和执行条例。德国高级法院认为："对被扣押人的基本权利可以像以前那样在设施目的需要的范围内予以限制；法律依据是没有必要的。"而德国联邦宪法法院则认定："基本权利可以适用于刑罚执行，只能通过或者根据正式法律加以限制。"[②]此后，德国联邦宪法法院针对哪些事项需要适用法律保留原则确立了"重要性理论"，即"对实现基本权利是重要的"意味着"重要性"。[③] 第二次世界大战之后的日本，同样对传统的特别权力关系进行了修正，通说认为特别权力关系的行为区分为内部行为与外部行为两种。[④] 对内部行为不得提起行政诉讼；法院可以对外部行为进行司法审查。可见，无论是战后的德国还是日本，学界和实务界都对传统的特别权力关系理论作了修正。修正的特别权力关系理论虽然承认对特定领域适用特别权力关系，但对适用范围作了限缩，即仅对内部行为或管理关系排除法律保留，而涉及对相对人基本权利的限制则须有法律授权，并主张对特别权力关系事项的重要内容可提起行政诉讼。其结果是修正的或现代的特别权力关系理论强调限制权力主体的权力、加强对义务主体的权利保障。因而修正的或现代的特别权力关系理论更适应现代民主社会的要求。此外，修正的特别权力关系理论也与宪法保障基本权利的意旨是相符的。处于特别权力关系的人因自愿或法律规定加入一个特别权力关系后，其权利会受到限制，从而与其享有的基本权利形成冲突。规范特别权力关系的内部规则在何种程度上克减相对人的权利，应遵循解决基本权利冲突的规则。现代的基本权利冲突解决理论，一般是在具体情形下结合不同权利

---

① 参见［德］哈特穆特·毛雷尔：《行政法学总论》，高家伟译，法律出版社2000年版，第114页。

② ［德］哈特穆特·毛雷尔：《行政法学总论》，高家伟译，法律出版社2000年版，第114页。

③ BVerfGE，第47卷，第46、79页。

④ 所谓内部行政行为乃为达成特别权力关系设立目的所采取之必要管理及支配。其不涉及相对人之权利与义务，纯为内部行为，包括职务命令、指示以及内部纪律违反之惩处。所谓外部行为是涉及相对人身份之权利义务，可作为诉讼对象，法院得加以审查。参见吴万得：《德日两国特别权力关系理论之探讨》，载《政法论坛》2001年第5期，第134-135页。

的性质和各自受到威胁的程度进行比例性的衡量。[①] 衡量的结果通常是,在维护自治权的利益与保护相对人的基本权利之间,应保障基本权利。

3. 特别权力关系理论在监察调查中的适用及限度

"特别权力关系理论"传入中国后,学术界对于是否引入这一理论存在重大分歧,长期以来存在"否定说""肯定说"两种观点。前者是多数派,而后者是少数派。[②] 近年来,出现了一些文献主张对传统的特别权力关系进行改良后引入,[③]并有一些文献用修正的或新型特别权力关系理论解释党组织与党员的关系。[④] 虽然"特别权力关系"概念尚未在中国的理论界形成共识,但在实务界,适用于国家机关与公务员、学校与学生、军队与军人等特殊法律关系的法律规范,大多规定了内部行为不受司法审查,这事实上在很大程度上反映出特别权力关系理论的影响。[⑤] 这表明,无论学界对该理论持什么态度,中国的立法和司法实践已展现了该理论在我国的生命力。这种实然现状并不是因为理论的先行而使特别权力关系理论强行植入,而是生长于中国的实践,只是这种实践所折射的理论刚好在域外存在对应物。对此,否认实践中存在的特殊法律关系,而主张一律适用"一般权力关系"是"掩耳盗铃"的思维,在立法上则是以一般法律代替特别法律的立法模式。况且,"'一般权力关系'也不是一个全面的法律关系,而只是以各种法律关系为客体的集合概念"[⑥],对实践中存在的特殊法律关系难以做到合理的调整。不可否认的是,"这种关系(特殊权力关系)客观上具有其内在的特殊性,需要符合其特性的法律规则。这种规则——如同其他规则那样——必须全面遵循法治国家原则,特别是应

① 参见张翔、赖伟能:《基本权利作为国家权力配置的消极规范——以监察制度改革试点中的留置措施为例》,载《法律科学(西北政法大学学报)》2017年第6期,第36页。

② 参见徐小庆:《论"特别权力关系理论"视角下执政党组织与党员关系》,载《政治学研究》2015年第6期,第29-30页。

③ 参见黄学贤:《特别权力关系理论研究与实践发展——兼谈特别权力关系理论在我国的未来方位》,载《苏州大学学报(哲学社会科学版)》2019年第5期,第61-67页;杨临宏:《特别权力关系理论研究》,载《法学论坛》2001年第4期,第57-66页。

④ 代表性文献参见徐小庆:《论"特别权力关系理论"视角下执政党组织与党员关系》,载《政治学研究》2015年第6期,第28-35页;江国华:《正当性、权限与边界——特别权力关系理论与党内法规之证成》,载《法律科学(西北政法大学学报)》2019年第1期,第70-81页。

⑤ 参见杨临宏:《特别权力关系理论研究》,载《法学论坛》2001年第4期,第61页。

⑥ [德]哈特穆特·毛雷尔:《行政法学总论》,高家伟译,法律出版社2000年版,第170页。

当通过或者根据法律制定,必须完全符合公民的基本权利"①。对于实践中确切存在的种种特殊权力关系,理论界应该提供更能解释实践并符合现代法治国家原则的理论。主张中国不引入或忽视特别权力关系理论的观点,很大程度上是对这一理论的认识停留在传统的特别权力关系,以及对公权力恣意侵犯相对人权利的隐忧。而战后德国、日本对传统的特别权力关系理论的修正,通过区分"基础关系"与"管理关系"以及是否存在"重要性"事项,而决定是否适用法律保留原则和司法审查,事实上在公共利益(集体利益)与个人权利之间求取了最大的平衡。修正的特别权力关系理论,一方面因其强调集体或公共利益的优先性、主张处于特殊权力关系的个人肩负更多的义务,而"在理论和实践上存在解释中国特色政治体制和法治国家建设的巨大空间"②;另一方面能体现法律保留原则、人权保障原则。

作为公职人员的被调查人与作为国家机关的监察机关构成特别的权力关系。《监察法》便是一部调整国家机关与公职人员这一特别权力关系的法律。根据修正的特别权力关系理论,监察机关对被调查人的内部行政行为应有自由裁量权且不受司法审查,而对导致特别权力关系变更、灭失的外部行为(开除、免职、移送司法机关等)以及对于基本权利的限制仍须遵循法律保留原则。监察机关对涉嫌职务违法的被调查人进行调查,属于维护纪律以及对违反公职人员义务的惩戒行为,属于"管理关系"行为或内部行为。根据特别权力关系理论,对于被调查人在接受职务违法调查时的权利保障,可以予以适当的限制。不过,监察机关职务违法调查同样涉及对被调查人基本权利的限制,以及产生变更、消灭特别权力关系的处分,但这些行为均应有法律授权。监察机关对涉嫌职务犯罪的被调查人进行调查,由于涉嫌职务犯罪的被调查人与国家之间的特别权力关系的消失,已不是"内部行为"或"管理关系",而是"外部行为"或"基础关系",故不受特别法律法规所规范,而应遵循法律保留原则,且处分结果应接受司法审查。换言之,监察机关仅对涉嫌职务违法的被调查人适用特别权力关系理论,被调查人的权利应受到一定克减,但涉及对

---

① [德]哈特穆特·毛雷尔:《行政法学总论》,高家伟译,法律出版社2000年版,第170页。

② 徐小庆:《论"特别权力关系理论"视角下执政党组织与党员关系》,载《政治学研究》2015年第6期,第30页。

基本权利的限制，同样需要有法律授权。如此，监察机关对于当事人的权利保障宜采用“二分模式”，即对于违法调查中的权利保障水平应低于职务犯罪调查中的权利保障。对于在职务违法调查中侵犯当事人权利的，一般情况下，权利救济限于申诉，不适用司法救济。

实然情况是，《监察法》是全国人大制定的法律，不是内部行政法规，其对被调查人的通信自由权、财产权、住宅权等基本权利的限制，均由《宪法》等法律授权，遵循了法律保留原则，这些特征实质上是一般权力关系的特征。不过，《监察法》对职务违法调查、职务犯罪调查适用一体化程序，对当事人的权利保障采取的是“一元权利保障”模式，而被调查人在调查阶段没有获得律师帮助权、沉默权等犯罪嫌疑人在侦查阶段可享有的诉讼权利，使得“一元权利保障”模式实质上等同于职务违法调查程序中的权利保障标准，相当于拉低了职务犯罪权利保障标准，这不符合职务犯罪调查程序不适用特别权力关系的要求。对此，监察取证规则应规定被调查人在接受职务犯罪调查时应享有《宪法》规定的基本权利，并受《宪法》基本权利条款的约束；而对于职务违法调查，权利保障标准可适当调低，以提升调查效率。实践中，由于职务违法和职务犯罪行为在多数情况下处于层次关系，调查人有时并不知道所调查的违法事项是否会演变为犯罪行为，在这种情形下，宜采取“就高不就低”原则，即在实施同时适用于职务违法调查、职务犯罪调查的措施时，不应对被调查人的权利保障有任何克减，而应统一适用职务犯罪调查程序中的权利保障标准。

（二）权利放弃理论

个人在入党或自愿担任公职时，由于被告知应履行相应义务，是否意味着放弃部分权利？放弃基本权利，是个人对其基本权利的一种处分，也就是个人允许国家干预其基本权利的保护范围①。在基本权利限制的“保护范围—限制—限制的合宪性”的审查步骤中，基本权利放弃被放在“限制”的阶层讨论；如果存在基本权利放弃的情形，则不构成“限制”；还有一种进路认为，在这种情形下，国家的行为仍然构成限制，但在“限制的合宪性”论证阶层，该限制的

① 张翔、赖伟能：《基本权利作为国家权力配置的消极规范——以监察制度改革试点中的留置措施为例》，载《法律科学（西北政法大学学报）》2017年第6期，第37页。

违宪性因基本权利放弃而被阻却。① 权利放弃的后果在于,国家的干预基于个人的同意,权利主体不得在权利放弃后因国家侵犯自身权利而提起救济,这意味着权利救济权的丧失。作为一种对自身权利的处分权,放弃基本权利当然必须基于自愿和对后果有明确认识。② 如果权利的放弃是由于权利人不知情,或是受到威胁、引诱等,导致权利放弃不是权利主体的真实意思表示,则权利放弃无效。

1. 权利放弃的界限

权利放弃理论的争议,存在"否定说"、"肯定说"和"折中说"。目前通说认为,权利放弃属于"个人自决",应予以认可,但如果允许个人彻底地放弃自由,无异于走向自由的自我否定,并动摇自由民主社会的政治基础。③ 由此应主张对基本权利放弃设定界限。这种界限有以下两个方面:第一,权利放弃的范围应限于某些权利,有些权利不得放弃。④ 纯属个人利益相关的权利,放弃就是个人自决的范围,但仍有些权利不得放弃。不得放弃的权利包括以下三类:一是与形成国家意志相关的基本权利,如选举权、担任公职的权利及监督权便不得放弃,否则国家的基本制度就难以运行。二是超过比例原则的放弃,例如,生命权不得放弃,某人对生命权的放弃并不能使他人对其生命权的剥夺获得正当性。三是不得放弃涉及他人权益的权利。第二,对于可以放弃的权利,权利放弃须满足以下两个原则:(1)自愿性原则;(2)明确意思表示原则。换言之,如果权利放弃不是个人自愿行为,或者没有以明白的方式表示放弃,就不构成基本权利放弃,也不产生国家干预行为被认定合宪的法律后果。权利放弃的明确意思表示原则要求不可概括性地放弃基本权利,并要求在个别情形下允许个人撤回其同意被干预的许可。

---

① 张翔、赖伟能:《基本权利作为国家权力配置的消极规范——以监察制度改革试点中的留置措施为例》,载《法律科学(西北政法大学学报)》2017年第6期,第37页。

② 参见张翔、赖伟能:《基本权利作为国家权力配置的消极规范——以监察制度改革试点中的留置措施为例》,载《法律科学(西北政法大学学报)》2017年第6期,第37页。

③ 参见张翔、赖伟能:《基本权利作为国家权力配置的消极规范——以监察制度改革试点中的留置措施为例》,载《法律科学(西北政法大学学报)》2017年第6期,第38页。

④ 参见杨宇冠、董超:《论权利放弃——以无罪推定权利为视角》,载《杭州师范大学学报(社会科学版)》2008年第5期,第53页。

2. 权利放弃理论对被调查人权利克减的适用及限度

公职人员入职时对权利的放弃是一种概括性的放弃。并且，由于持续时间长，他们对可能要面对的权利放弃后果并不明知。此外，公职人员入职时概括性表达要保持清廉、履行义务，对让渡的权利也是有界限的，并没有放弃人身自由的明确意思表示。一般公务员的入职中，更没有此种意思表示。公职人员的权利放弃，应限制权利内容，对于涉及基本权利的放弃，如辩护权、搜查、扣押等，应征询其自愿性，并需要有明确的授权。对于非公职人员，这种权利放弃必须是一次一授权。

根据权利放弃理论，监察机关对涉嫌违法的公职人员进行调查时，由于公职人员在入职时对部分权利的让渡，对之权利保障相比普通公民可以降低。由于公职人员对权利的让渡不应包括对基本权利的让渡，因而，监察机关对被调查人的权利限制是有限的，不得涉及对被调查人基本权利的限制。在调查中，若需要对被调查人的基本权利进行干预，应征得其同意。若立法允许监察机关基于被调查人的同意而对其基本权利予以干预，则实践中这种权利放弃容易泛化，可能导致监察机关内部审批机制被架空，而这将使被调查人的基本权利被监察机关以“权利放弃”之名侵犯，进而可能动摇国家的法治基础。综上，权利放弃理论主要体现在监察立法对被调查人的权利保障可以低于侦查机关对犯罪嫌疑人的权利保障，但不影响基本权利的保障。并且，立法应限制“权利放弃”的适用情形，建议仅将之限于紧急情形下。例如，在紧急情形下，基于被调查人的同意，可以无证搜查、扣押，但事后还应补办审批手续。

综上，当事人基本权利的防御权功能要求监察机关不得侵害基本权利，且当需要对基本权利进行限制时，应满足宪法保留原则和比例原则。同时，当事人基本权利的“客观价值秩序功能”使得监察机关具有保护基本权利的义务。从这个角度看，当事人的基本权利一定程度塑造了监察调查权的运行规则。此外，根据特别权力关系理论、权利放弃理论，作为公职人员或党员的被调查人在接受监察机关调查时，其权利会受到一定的克减，但这种克减存在边界，这种边界使得监察机关在职务违法调查和职务犯罪调查这两种调查程序中对被调查人的权利保障呈现“二元模式”，即职务违法调查程序中的权利保障标准低于职务犯罪调查程序中的权利保障标准。当事人权利对监察调查权的规范作用以及被调查人的权利克减，均会影响监察取证规则的内容。

第二节　当事人的自由权对监察调查权的消极规范

自由权主要表现为“消极权利”特性，是要求国家不作为的权利，对应的是国家的消极义务。当事人在监察调查中享有的基本权利中属于自由权的主要包括：财产权、人身自由权、通信自由权、住宅权。这些权利构成对监察调查权的防御，立法机关赋予监察机关限制当事人基本权利的权限，须符合法律保留原则。监察机关对当事人基本权利的限制，一般应经三重审查：第一，基本权利的保护范围；第二，基本权利的限制；第三，基本权利限制的合宪性论证。由此观之，当事人的每项自由权的防御功能，均对具体的监察调查取证措施形成“消极规范”，对应的是监察机关保护当事人自由权的“消极义务”，二者决定和塑造着监察取证规则的内容。

一、财产权的消极规范

“公民的合法的私有财产不受侵犯。国家依照法律规定保护公民的私有财产权和继承权。”[①]作为一种基本权利，财产权具有要求国家不得侵犯或停止侵犯的防御权功能。同时，国家具有依照法律规定保护公民财产权的义务。监察机关在行使调查权过程中，对当事人财产的搜查、扣押、冻结、查封，涉及对当事人财产权的限制。监察机关对财产权的限制，需要符合法律保留原则，满足限制的适用条件，并遵循比例原则。第五章将要论述的搜查、扣押、冻结、查封的适用条件、限制情形即是公民财产权对上述权力消极规范的结果。

二、人身自由权的消极规范

人身自由权是公民的一项重要基本权利，公民的人身自由不受侵犯。[②]为保障公民的人身自由权，《宪法》对逮捕作了宪法保留规定，即“任何公民，非经人民检察院批准或者决定或者人民法院决定，并由公安机关执行，不

---

① 参见《宪法》第 13 条第 1 款和第 2 款。

② 参见《宪法》第 37 条第 1 款。

受逮捕”[①],并对剥夺或限制人身自由的行为、搜查公民身体的行为明确了法律保留原则,即“禁止非法拘禁和以其他方法非法剥夺或者限制公民的人身自由,禁止非法搜查公民的身体”[②]。监察机关有权采取的非取证类调查措施中,涉及限制人身自由的措施是留置。监察机关采取留置措施,不仅要符合法律保留原则(《监察法》明确授权),还应符合《宪法》第 37 条第 2 款确立的宪法保留规定。[③] 监察机关的取证类调查措施中涉及人身自由限制的是搜查(人身搜查)以及谈话、询问、讯问等措施。为了避免违宪,监察机关采取可能限制人身自由的取证措施,不仅需要遵循法律保留原则,即由《监察法》明确授权,而且,根据“基本权利限制的合宪性论证”要求,这些措施对人身自由的限制须符合比例原则,不得侵害基本权利的本质内容。监察机关对人的身体的搜查有明确法律授权,[④]且搜查女性身体应当由女性工作人员进行,即同时符合比例原则要求。与之对照的是,《监察法》虽然授予监察机关采取谈话、讯问、询问措施的权限,但未规定谈话、讯问、询问的时长和时间。如果时间过长,或通过连续谈话、讯问或询问,达到限制当事人人身自由的强度,则会因不符合比例原则而构成违宪。因此,有必要确定谈话、讯问、询问的合理时长和时间。

根据相关规定,在没有采取留置措施的情况下,监察机关对被谈话人的谈话时长最长为 10 小时。这相当于允许监察机关可以对被谈话人采取长达 10 小时的限制人身自由的措施,这在强度上相当于传唤、拘传措施,从而使得谈话措施不仅是一种调查谈话措施,同时也是一种限制人身自由的措施。根据比例原则,监察取证规则可规定:“一次谈话的时间不得超过 6 小时,且期间应保障被谈话人正常的休息、饮食;不得以连续多次谈话的方式变相限制被谈

---

① 参见《宪法》第 37 条第 2 款。

② 参见《宪法》第 37 条第 3 款。

③ 有学者认为,由于留置措施对人身自由限制强度与逮捕类似,立法机关在宪法已经规定的逮捕权之外,再创设一个与逮捕权对人身自由限制强度相当甚至更严厉的措施,是宪法所不能允许的,因而留置措施与《宪法》第 37 条抵触。参见张翔、赖伟能:《基本权利作为国家权力配置的消极规范——以监察制度改革试点中的留置措施为例》,载《法律科学(西北政法大学学报)》2017 年第 6 期,第 34 页。

④ 参见《监察法》第 24 条。

话人的人身自由。”讯问、询问可参照谈话的时长规定。此外，“谈话（讯问、询问）的时间一般应在白天进行，若特殊情况经批准，可以晚上进行，但不得超过22时，且不得在0时至6时之间进行谈话”。

三、通信自由权的消极规范

公民的通信自由权包括通信自由权和通信秘密权。为保障公民的通信自由、通信秘密权，2018年《宪法》第40条对检查公民通信的事由、机关和程序作了宪法保留规定，即“……除因国家安全或者追查刑事犯罪的需要，由公安机关或者检察机关依照法律规定的程序对通信进行检查外，任何组织或者个人不得以任何理由侵犯公民的通信自由和通信秘密”。2018年《宪法》通过时，国家监察体制改革已试点运行一段时间，其第40条的内容与之前相同，这表明宪法有意不将监察机关增设为检查通信的机关，以严格保护公民的通信自由、通信秘密之基本权利。“属于《宪法》保留之事项者，纵令立法机关，亦不得制定法律加以限制。”[①]《宪法》第124条第3款尽管授权法律规定监察委员会的职权，但基于立法者不得违背宪法意旨原则，《监察法》规定的监察委员会职权不得超越《宪法》第40条关于通信检查所作的保留规定。若《监察法》规定监察委员会有权直接采取技术调查措施，便会与《宪法》第40条相冲突。现有《监察法》规定监察机关对技术调查措施仅有决定权，而无执行权。技术调查措施由有关机关执行，可避免监察机关直接检查公民通信所产生的违宪问题。有学者建议，为提升职务犯罪技术调查的程序效能，应建立独立于警察系统的监察技术调查队伍，赋予其技术调查的职能。[②] 这一建议仅考虑了监察效率，而尚未认识到若监察机关直接执行技术调查权则构成违宪这一问题。

立法者将技术调查权决定权、执行权分属监察机关与“有关机关”行使，乃是在遵循《宪法》第40条之保留规定与有效打击腐败犯罪这两种价值之间求取平衡，是通信自由权对技术调查措施的消极规范。当然，也应看到，由于监察机关是技术调查措施的发动者和技术调查所得证据的使用者，相

---

① 傅美惠：《侦查法学》，中国检察出版社2016年版，第177页。

② 参见倪铁：《监察技术调查权运作困境及其破局》，载《东方法学》2019年第6期，第48页。

当于间接地在检查和获得公民的通信信息,故合宪性依据仍不充分。在《监察法》未修改前,只能对该措施之行使加以严格控制,以符合宪法保障公民基本权利之意旨。

四、住宅权的消极规范

为保障公民住宅权这项宪法权利,《宪法》第 39 条规定“禁止非法搜查或者非法侵入公民的住宅”。根据该宪法条款的文义,《宪法》对住宅权确立的是法律保留原则,即对住宅权的侵犯必须合法。换言之,只要搜查或侵入公民的住宅有合法授权,就不构成对上述公民宪法权的侵犯。《宪法》第 124 条关于“监察委员会的组织和职权由法律规定”的规定,已授权《监察法》规定监察委员会的职权,只要该职权没有违反《宪法》的禁止性规定就应是合宪的。因此,监察机关依据《监察法》的授权实施搜查,具有宪法依据。根据“基本权利合宪性论证”要求,监察机关采取搜查措施,除了须满足法律保留原则,还应恪守比例原则,且不得侵害当事人基本权利的“本质内容”,否则,就违背了宪法保障公民不受非法搜查、非法侵入住宅之意旨。

第三节　当事人的程序权利

程序权利有的本身就是基本权利,有的则是基本权利派生的权利。程序权利一般包括程序知情权、沉默权、获得律师帮助权等。[①] 程序权利是一种积极权利,对应的是国家的积极义务。程序权利本身应包括程序抵抗权功能。根据程序抵抗权功能的内涵,当事人在接受监察机关调查期间的程序抵抗权可概括为,“当事人在监察机关违法行使权力要求当事人作为或不作为时,有权不配合或合作,监察机关不得因此而作出对当事人不利的决定”。相比于申诉权、申请国家赔偿权这种事后救济,程序权利属于事中救济,且程序权利受到侵犯是启动救济权的条件之一。目前,《监察法》赋予当事人的程序权利包括知情权、陈述权、申辩权,未赋予当事人沉默权、获得律师帮助权。本节对

---

① 关于“程序权利”的概念,参见倪铁等:《程序法治视野中的刑事侦查权制衡研究》,法律出版社 2016 年版,第 228-229 页。

现有程序权利条款进行阐释、提出完善建议，并对是否应在监察调查阶段引入沉默权、获得律师帮助权进行分析。

一、知情权

对于犯罪嫌疑人而言，立法赋予其在面对公权力机关的侦查时，享有相应的知情权，这使得犯罪嫌疑人能更好地进行辩护，以对抗侦查机关的国家权力，并在该权利受到侵犯后予以救济，从而对侦查权的行使构成制约。监察机关的调查范围包括对职务犯罪案件的调查，监察机关有权采取限制被调查人基本权利的调查措施（包括搜查、扣押、冻结等），并且可依法对被调查人给予包括开除公职在内的政务处分，上述内容关乎被调查人的重要利益，且因被调查人享有相应的知情权，故监察机关在调查中有义务告知被调查人有关事项。目前，《监察法》赋予被调查人一些知情权，监察机关相应地应履行告知义务。

监察机关的告知义务具体有以下几项：第一，监察机关的"立案审查调查决定应当向被审查调查人宣布"。[①] 第二，调查人员采取相关调查措施时应出示证件或书面通知。[②] 例如，搜查时，应当出示搜查证，[③]否则，相关单位或个人有权不予配合。[④] 第三，调查人员形成的书面材料、报告一般应有被调查人的签名。《监察法》第41条规定，调查人员形成的笔录、报告等书面材料，由相关人员签名、盖章。这里的"相关人员"包括被调查人。例如，搜查笔录应在搜查现场由调查人员和被搜查人或其家属、见证人签名。被搜查人或者其家属不在场，或者拒绝签名的，调查人员应当在笔录中注明。[⑤] 此外，讯问、谈话、询问笔录也须由当事人阅看后签名。第四，监察机关采取某些限制财产权的措施，被搜查人享有在场权。例如，监察机关搜查时，应当有被搜查人或者其亲属等见证人在场。[⑥] 第五，要求通知家属的权利。监察机关对被调查人

---

① 参见《监督执纪工作规则》第38条第2款。

② 《监察法》第41条规定，"调查人员采取讯问、询问、留置、搜查、调取、查封、扣押、勘验检查等调查措施，均应当依照规定出示证件，出具书面通知"。

③ 参见《监察法》第24条。

④ 参见中共中央纪律检查委员会中华人民共和国国家监察委员会法规室编写：《〈中华人民共和国监察法〉释义》，中国方正出版社2018年版，第193页。

⑤ 参见《监察法实施条例》第116条。

⑥ 参见《监察法》第24条。

采取留置措施后,除有碍调查情形之外,应在24小时内,通知被留置人员所在单位和家属,且有碍调查的情形消失后,应当立即通知被留置人员所在单位和家属。①

相比于《行政监察法》(已失效)、《中国共产党纪律检查机关案件检查工作条例》,《监察法》借鉴了《刑事诉讼法》的有关规定,为被调查人提供了更多的权利保障,是反腐败法治的进步。当然,《监察法》关于被调查人知情权的保障条款还存在需要完善的地方。

首先,立法应赋予被调查人知情权受到侵犯后的权利救济途径。根据"有权利,必有救济"原则,被调查人享有的知情权受到监察机关侵犯后,应有相应的权利救济途径,然而,立法没有规定被调查人知情权受到侵犯后的权利救济途径。监察机关未依法向被调查人履行告知义务的,所取得的证据是否应被禁止作为证据使用,或是否成为被调查人申诉的情形,目前《监察法》对此也无规定。笔者建议立法将监察机关侵犯被调查人知情权的行为规定为被调查人的申诉情形之一;对于重要的调查措施,监察机关在实施时未履行告知义务,如搜查时没有出示搜查证、讯问时没有被讯问人签名,且无法解释的,取得的证据应被排除。

其次,应进一步扩大被调查人知情权的范围。世界上很多国家立法规定,犯罪嫌疑人在接受调查或被采取强制措施时,享有被告知自己所涉嫌的具体罪名的权利,以便于更好地行使辩护权。例如,美国《联邦宪法修正案》第6条规定:"在所有刑事追诉中,被告人享有被告知其被追诉之罪的性质及原因的权利。"②目前,监察机关告知被调查人的事项范围有限,且更多是程序性事项的告知,而没有涉及实体事项。为切实保障被调查人的知情权,防止监察调查行为的肆意,一方面,立法应规定监察机关及其人员在对被调查人采取立案、留置或讯问时,应告知被调查人涉嫌具体的职务违法行为或职务犯罪罪名。另一方面,立法应保障被调查人对技术调查措施使用情况的知情权。与

---

① 参见《监察法》第44条。

② 美国《联邦宪法修正案》第6条原文如下:"In all criminal prosecutions, the accused shall enjoy the right…to be informed of the nature and cause of the accusation."转引自王兆鹏:《美国刑事诉讼法》(第2版),北京大学出版社2014年版,第485页。

搜查、扣押不同,技术调查措施是在当事人"不知情"的情况下对其基本权利的干预,没有事先提示或告知。为求慎重,并基于保障被监控者权利的正当法律程序原则,应在技术调查结束后保障被调查人及相关当事人的知情权利。被调查人享有的要求监察机关事后告知技术调查使用情况的权利是当事人对抗、监督国家权力以及行使辩护权的前提,有助于保障案件质量和技术调查权的规范行使。为此,监察取证规则可规定"除非有妨碍调查之虞,监察机关应当在技术调查结束后立即告知被监控者,或者在不通知原因消失后补充通知。告知事项包括:对被调查人实施技术调查措施的因由、种类、期限、所得证据资料"。

二、陈述权、申辩权

陈述,是指"有条有理地说出"①。申辩,是指"(对受人指责的事)申述理由,加以辩解"②。从两个词的语义看,两者存在一定的关联,陈述中可能存在辩解,而申辩包括陈述和辩解,但更侧重于辩解。当然,也有学者将"陈述申辩"作为一种单独的权利看待。③ 陈述权、申辩权可以视为两种权利,但由于二者具有一定的关联性,本书将两者放在一起讨论。

陈述权、申辩权是公民辩护权的组成部分,属于基本权利。国家机关有保护公民基本权利的义务,且公职人员的基本权利也不会因处于特别权力关系,而受到内部规范的限制。我国法律法规赋予了公职人员陈述权、申辩权。例如,《行政监察法》(已失效)就规定行政监察机关"应当听取被监察的部门和人员的陈述和申辩",④任免机关对涉嫌违纪违法的公务员的调查、处理程

---

① 中国社会科学院语言研究所词典编辑室编:《现代汉语词典》(第7版),商务印书馆2016年版,第164页。

② 中国社会科学院语言研究所词典编辑室编:《现代汉语词典》(第7版),商务印书馆2016年版,第1157页。

③ 参见姜明安:《国家监察法立法应处理的主要法律关系》,载《环球法律评论》2017年第2期,第118-119页。

④ 《行政监察法》(已失效)第34条规定:"监察机关在检查、调查中应当听取被监察的部门和人员的陈述和申辩。"

序也包括听取被调查人的“陈述和申辩”。[①] 另外,党员也有陈述权和申辩权。[②]

在国家监察体制改革前,公职人员或党员的陈述权、申辩权未受到克减。《监察法》作为法治反腐背景下制定的国家反腐败立法,在保障人权方面应比之前的法律法规更进一步,理应保障被调查人的上述权利,这同时也是对过去有关法律法规中的权利保障条款的承继。不仅如此,对于监察机关而言,保障被调查人的上述权利具有重要规范意义:作为辩护权的一部分,公职人员通过陈述、申辩,为调查人员提供不同的事实版本,有助于监察调查人员全面收集证据,避免对案件事实形成专断,减少冤错案件的发生。同时,赋予被调查人陈述权、申辩权是正当法律程序的要求,[③]可防止纪检监察机关滥用权力。

目前,相关法律法规赋予了被调查人及相关人员在监察调查中的陈述权、申辩权。例如,关于陈述权,《监察法》第 20 条规定,在调查过程中,监察机关可以要求涉嫌职务违法的被调查人就涉嫌违法行为作出陈述,必要时向被调查人出具书面通知;《监督执纪工作规则》第 43 条第 2 款规定,“审查调查应当充分听取被审查调查人陈述”。关于申辩权,《监督执纪工作规则》第 55 条第 1 款第 4 项规定,“案件审理部门根据案件审理情况,应当与被审查调查人谈话,核对违纪或者职务违法、职务犯罪事实,听取辩解意见,了解有关情况”。此处的“听取辩解意见”实际上等同于“听取申辩”。在此基础上,《监察法实施条例》第 7 条规定监察机关应当充分保障监察对象以及相关人员的申辩权等合法权益,[④]且第 187 条第 1 款规定:“调查组应当将调查认定的涉嫌违法犯罪事实形成书面材料,交给被调查人核对,听取其意见……对被调查

---

① 《行政机关公务员处分条例》第 39 条第 1 款第 4 项规定,“任免机关有关部门将调查认定的事实及拟给予处分的依据告知被调查的公务员本人,听取其陈述和申辩,并对其所提出的事实、理由和证据进行复核,记录在案。被调查的公务员提出的事实、理由和证据成立的,应予采信”。

② 《中国共产党章程》第 4 条第 1 款第 6 项规定:“在党组织讨论决定对党员的党纪处分或作出鉴定时,本人有权参加和进行申辩,其他党员可以为他作证和辩护。”同时,《中国共产党章程》第 43 条规定,党组织对党员作出处分决定必须同本人见面,听取本人说明情况和申辩。

③ 参见姜明安:《国家监察法立法应处理的主要法律关系》,载《环球法律评论》2017 年第 2 期,第 119 页。

④ 《监察法实施条例》第 7 条规定:“监察机关应当在适用法律上一律平等,充分保障监察对象以及相关人员的人身权、知情权、财产权、申辩权、申诉权以及申请复审复核权等合法权益。”

人提出申辩的事实、理由和证据应当进行核实,成立的予以采纳。”并且,《监察法》第 33 条第 1 款规定监察机关依法收集的包括“被调查人的供述和辩解”在内的证据材料“在刑事诉讼中可以作为证据使用”①,这一规定相当于承认了“被调查人辩解”的证据能力。

考虑到申辩权是被调查人行使自我辩护权的重要方式,为增强其自我辩护能力,在现有法规基础上,可考虑赋予被调查人向监察机关申请调取有利于自己的证据、请其他党员或公职人员在监察阶段为其作证或辩护的权利。②同时,鉴于被调查人有权对限制其基本权利的措施的合法性提出异议,监察取证规则还可规定:“被调查人有权就搜查、扣押、查封、冻结、技术调查措施等强制性调查措施的实施是否合法、所得证据材料的内容真实性提出异议。对于被调查人的申辩或异议,监察调查人员应记录在案,并予以认真核实,依法作出处置。”

三、赋予被调查人获得律师帮助权的难点分析与替代路径选择

《监察法》没有提及被调查人在审查调查阶段是否有获得律师帮助的权利,也未赋予监察机关告知被调查人委托辩护人的权力。根据公权力机关“法无授权不可为”原则,被调查人在被留置后或被监察机关第一次讯问后无权获得律师的帮助。实践中,各地监察机关在调查职务犯罪案件过程中,也尚未有律师介入的情形。这意味着在监察机关调查期间,律师不得介入。关于留置期间或被调查人第一次接受讯问时律师是否应当介入问题,学界主要存在“肯定说”“否定说”两类观点。

(一)关于监察调查阶段律师是否应当介入的观点之争

1. 肯定说

以陈光中教授为代表的大多数学者主张,律师应在监察调查阶段介入,以

① 参见《监察法》第 33 条第 1 款。

② 参见阳平:《论监察取证规则的建构逻辑》,载《行政法学研究》2022 年第 5 期,第 109 页。

保障被调查人辩护权。[1] 归纳起来,主张律师在监察调查期间应当介入的理由有以下几个方面:一是通过论证监察调查权的性质相当于《刑事诉讼法》中的侦查权,认为国家监察立法应保障被调查人的辩护权。二是通过比较罪名轻重,认为比贪污贿赂犯罪和渎职犯罪更严重、更特殊的涉嫌国家安全犯罪和恐怖活动犯罪的犯罪嫌疑人在侦查阶段都有权聘请律师,那么,在职务犯罪案件中,律师也应介入。[2] 三是论证留置的性质相当于逮捕,因而,"应依照宪法规定纳入司法权控制的范畴,允许律师为被调查人提供法律帮助"[3]。四是从检察院职务侦查权能转隶角度,认为检察院之前在行使职务犯罪侦查权时,律师可介入,故这一职能转隶到监察委员会后,在监察委员会调查期间,辩护律师也理应介入。[4] 五是指出律师不介入的不利后果,论证律师介入的正当性,律师不介入的不利后果包括:与近些年来我国刑事辩护制度取得的进步很不相称,很容易产生非法取证的情况,调查过程的正当性难以取得公信力,最终会影响到法庭裁判的社会接受度。[5] 可知,上述观点主要是从职务犯罪案件、留置的性质以及律师不介入的可能不利后果论证律师应当在监察调查阶段介入。同时,需要指出的是,上述理由中,基于监察调查权的性质等同于侦查权推出监察机关应当保障被调查人委托辩护律师的权利,这一理由并不成立,原因是监察调查权包括职务违法调查权、职务犯罪调查权,并不等同于侦查权。

2. 否定说

以吴建雄教授为代表的少数学者认为,律师无权介入或律师不介入存在

---

① 陈光中教授指出,"监察委员会对涉嫌职务犯罪者的调查相当于刑诉法规定的侦查,制定《国家监察法》应重点探讨如何保障被调查人的权利,包括刑诉法规定的严禁刑讯逼供,保障辩护权等"。参见陈光中:《制定〈国家监察法〉保障被调查人权利》,载财新网,http://china.caixin.com/2017-03-29/101072187.html。主张监察调查期间律师介入的文献,还包括:张建伟:《法律正当程序视野下的新监察制度》,载《环球法律评论》2017年第2期,第61-82页;秦前红、叶海波等:《国家监察制度改革研究》,法律出版社2018年版,第213页。

② 参见陈光中:《关于我国监察体制改革的几点看法》,载《环球法律评论》2017年第2期,第116页。

③ 张建伟:《法律正当程序视野下的新监察制度》,载《环球法律评论》2017年第2期,第79-80页。

④ 参见秦前红、叶海波等:《国家监察制度改革研究》,法律出版社2018年版,第213页。

⑤ 参见张建伟:《法律正当程序视野下的新监察制度》,载《环球法律评论》2017年第2期,第79-80页。

正当理由，主要包括以下几个方面：第一，从立法价值取向角度，认为《监察法》立法的核心价值取向是“惩治和预防腐败，建设廉洁政治”，在留置期间，律师的介入虽然有利于保障被调查人的人权，但不利于获得证据，这导致腐败分子逍遥法外。另外，可以通过其他方式对保障被留置人的人权加强监督。[①] 第二，从监察调查期间被调查人的身份角度，认为被调查人不是犯罪嫌疑人，因而在此期间律师以刑事辩护人的身份介入为时过早，只有当监察案件移送检察机关审查起诉后，律师以刑事辩护人的身份介入才具有合理性、合法性和正当性。[②] 第三，从比较角度，认为律师不介入并不代表被调查人在监察调查期间就没有辩护权和申诉权。此外，浙江省监察委员会原主任刘建超2018年3月14日在接受媒体采访时谈到了留置期间不允许律师介入的三点理由，即“留置是监察措施，不适用《刑事诉讼法》；职务违法、职务犯罪调查工作存在获取物证难、以言词证据为主的特殊性，为排除可能出现的干扰，并防止泄密，不宜律师介入；有关案件在监察委移送给检察机关，进入司法程序之后，律师完全可以介入”。[③] 可知，上述反对律师在监察调查阶段介入的观点主要是以目的的正当性或存在替代方法来论证排除律师介入的正当性。

（二）一种替代路径：当前阶段重点加强对被调查人自我辩护权的保障

获得律师帮助权是被调查人辩护权的一部分，属于基本权利的范畴。监察机关具有保护被调查人基本权利的义务，这些义务包括不侵犯被调查人辩护权，为被调查人提供条件以实现辩护权。根据修正的特别权力关系理论，调整公职人员与国家机关这类特别权力关系的法律也不得限制基本权利。根据权利保障“二元模式”，由于监察机关调查职务违法案件属于内部行政行为，在此期间可以不赋予被调查人获得律师帮助权。并且，律师以辩护人身份代理的只能是刑事犯罪案件，而职务违法案件既不是调解、仲裁等非诉讼案

---

① 参见吴建雄：《对国家监察立法的认识与思考》，载《武汉科技大学学报（社会科学版）》2018年第2期，第125页。

② 参见吴建雄：《对国家监察立法的认识与思考》，载《武汉科技大学学报（社会科学版）》2018年第2期，第125-126页。

③ 《刘建超详谈留置细节》，载凤凰资讯2018年3月15日，https://ishare.ifeng.com/c/s/v002EoRNHMDBjNrRRZ9WEDKyj80yQLJpkEG--G48GLMli3gw_。

件,也不是民事或行政案件,[①]不属于律师的业务范围,故律师无法担任职务违法案件的当事人的辩护人或代理人。

如前文所述,赋予和保障涉嫌职务犯罪的被调查人在监察调查阶段获得律师帮助权具有价值层面的正当性。不过,在现行监察调查程序下,律师在监察委员会的调查阶段介入,尚存在操作上的障碍,理由在于:监察机关对职务违法调查、职务犯罪调查并非分开进行,而是由同一个主体同步推进,适用同一套文书,且实践中,被调查人很少仅涉嫌职务犯罪或仅涉嫌职务违法,通常是既涉嫌职务违法又涉嫌职务犯罪,是党员身份的,还可能涉嫌违纪。并且,适用留置的贪污贿赂、失职渎职等严重职务违法行为与贪污贿赂、失职渎职这两类职务犯罪行为仅表现为程度的轻重差异。换言之,符合律师代理范围的职务犯罪行为很可能也落入了职务违法行为的范畴。并且,实践中,监察机关很难区分一个案件何时已进入纯粹的职务犯罪调查阶段。面对上述操作难题,主张职务违法调查程序、职务犯罪调查程序分离虽然可以解决这一问题,但由于该方案不符合调查实践需要,不利于调查取证工作的开展,且可能造成大量重复取证、浪费监察资源,故宜采取其他替代方案。此外,立法者未赋予被调查人在接受监察机关调查期间获得律师帮助的权利,不仅是因为上述技术或程序层面的障碍,更主要的是基于现阶段的重点在于有效打击腐败的目的正当性考量。

辩护权的行使可以是自我辩护也可以通过辩护人代为辩护。针对律师辩护权保障在监察阶段的缺位,监察机关应尽可能为被调查人进行自我辩护、增强自我辩护能力创造条件。[②] 如前文所述,当前阶段可重点加强对被调查人陈述权、申辩权的保障,并考虑赋予其申请调取证据权、申请他人作证权、与不利于自己的证人对质权等。赋予和保障被调查人自我辩护权,符合特别权力关系理论,且这是在现行法律下,在打击腐败犯罪与保障人权之间求取的最大平衡。随着反腐败的持续开展,腐败存量显著减少,腐败增量受到有效遏制,打击腐败的压力减少,民众的人权保障意识不断增强,加之监察取证主体

① 参见《律师法》第28条。

② 参见阳平:《论监察取证规则的建构逻辑》,载《行政法学研究》2022年第5期,第106页。

的专业化水平不断提升，被调查人在监察调查阶段享有获得律师帮助权的价值正当性，相比于当前不主张律师在监察阶段介入的价值正当性，或将具有更大的优先性。

四、赋予被调查人沉默权的必要性分析与特别沉默权制度构建

“在调查过程中，对涉嫌职务违法的被调查人，监察机关可以要求其就涉嫌违法行为作出陈述，必要时向被调查人出具书面通知。对涉嫌贪污贿赂、失职渎职等职务犯罪的被调查人，监察机关可以进行讯问，要求其如实供述涉嫌犯罪的情况。”[①]可见，《监察法》没有明确沉默权。那么，在监察调查阶段，是否应赋予被调查人沉默权？本节围绕赋予被调查人沉默权的必要性进行分析，并结合监察实践规律构建具有中国特色的特别沉默权制度。

（一）沉默权的内涵

1. 沉默权的渊源

关于沉默权的历史起源的研究，学界多有讨论，一种传统解释是，“沉默权”制度或“反对强迫自证其罪特权”起始于英国。“英国人对于强迫自证其罪的敌对情绪被早期的殖民者输入到了美国……到了独立战争的时候，该项特权已经被联邦宪法的缔造者视为‘一项不言自明的真理’。”[②]美国宪法第五修正案[③]通常被概括为“反对强迫自证其罪特权”。

发端于英国的沉默权制度此后为世界许多法治国家或国际组织所认可、采用，被认为是“法律上最根本之原理原则”[④]。例如，《公民权利和政治权利国际公约》规定：“不得强迫被告自供或认罪。”（not to be compelled to testify against himself or to confess guilt.）加拿大《权利和自由宪章》第11条规定：“被告人在针对自己的刑事指控中有权不被强迫作证。”《德国刑事诉讼法典》第136条规定：“初次询问时……应当向被指控人指明，依法其有就被指控作

---

① 《监察法》第20条。

② ［美］约书亚·德雷斯勒、艾伦·C. 迈克尔斯：《美国刑事诉讼法精解（第一卷·刑事侦查）》（第4版），吴宏耀译，北京大学出版社2009年版，第452页。

③ 《美国联邦宪法增修条文》第5条规定：“任何人在刑事案件中，不得被迫作为反对自己的证人。”（No person shall . . . compelled in any criminal case to be a witness against himself.）

④ 王兆鹏：《美国刑事诉讼法》（第2版），北京大学出版社2014年版，第289页。

出陈述或对案件保持沉默的自由，并可随时地，甚至在询问前，咨询其选任的辩护人。”①

2. 沉默权保护的客体

在美国，不得自证其罪所保护的，是某证据的性质具“供述或沟通”(testimony or communications)之本质。美国联邦法院一系列判决指出，不得自证其罪是禁止借物理之强制力或道德上之强迫取得被告的陈述，强迫嫌疑人或被告成为物体或物理证据，不违反不自证己罪的规定。② 据此，美国联邦最高法院判决指认、声音、笔迹、指纹③、齿模或检查牙齿④、尿液⑤，以及照相、测量身高、出席法庭等，⑥皆非不自证己罪保护的内容。当然，对于非言语陈述，但可传达人之思想、心理、认知之证据，亦为不自证己罪保护之客体。例如，强迫嫌疑人接受测谎为不自证己罪所禁止。⑦ 由于不得自证己罪所保护的客体主要是犯罪嫌疑人或被告人的供述，但不限于供述，犯罪嫌疑人可援引不得自证己罪权而行使沉默权。为避免混淆，本书将不得自证己罪权、沉默权一并使用，不作区分。

3. 保障沉默权的规范意义

不得自证其罪原始的意义在于禁止国家机关强迫被告成为对自己不利的“证人”。强迫被告成为证人，将使被告陷入作伪证、藐视法庭、自我控诉的“三难”之境。⑧ 有观点认为，强迫人民作出对自己不利之陈述，在理论上可能造成冤案、妨碍发现事实、破坏人民政府与人民的权力均衡、侵夺人民隐私及

---

① 宗玉琨译注：《德国刑事诉讼法典》，知识产权出版社 2013 年版，第 123-124 页。

② “The distinction which has emerged, often expressed in different ways, is that privilege is a bar against compelling ‘communicatons’ or ‘testimony’, but that compulsion which makes a suspect or accused the source of ‘real or physical evidence’ does not violate it.” Schmerber v. California, 384 U. S. 757,763-764(1966).

③ In re Doe, 860 F. 2d 40,46(2d Cir. 1988).

④ United States v. Maceo,873F. 2d 1(1st Cir.),493 U. S. 840(1989).

⑤ McKenna v. State,671 S. W. 2d 138(Tex. App. 1984).

⑥ Schmerber v. California,384 U. S. 757(1966).

⑦ Schmerber v. California,384 U. S. 757,764(1966). 转引自王兆鹏：《美国刑事诉讼法》(第 2 版)，北京大学出版社 2014 年版，第 253 页。

⑧ 参见 Murphy v. Waterfront Comm’n,378 U. S. 52,55(1964)。转引自王兆鹏：《美国刑事诉讼法》(第 2 版)，北京大学出版社 2014 年版，第 289 页。

自治之权。[①] 要求执法机关采取上述积极之相对措施，旨在达到以下目的：第一，维持政府与人民在诉讼程序上的对等；第二，维护平等保护原则——被告与被告间的平等；第三，确保被告接受公平审判的权利；第四，维持法律对被告保护的一致性；第五，对被告人格的尊重；第六，防止强暴胁迫的发生。[②] 不得自证已罪的规范意义除了价值论层面的意义，还有求真的意义，即自我归罪陈述的不可信性更有利于保护无辜[③]。与此同时，也有学者认为，反对自证其罪特权的确立主要是基于保障人权的价值考虑，其在发现真相、保护无辜方面并无正当理由，甚至“成为发现真相的严重障碍”[④]。并且，不得强迫自证其罪特权所要实现的目标，可以通过非法证据排除规则、赋予证人豁免权等替代方式来实现。

4. 沉默权在世界范围内的适用情况

近年来，不得自证其罪权受到了限制，出现了不适用沉默权的例外。从实证的角度看，在美国宪法第五修正案特权在适用于联邦法院系统的将近 70 年时间里[从布拉姆案(Bram v. US)到马洛伊案(Malloy v. Hogan)]，美国联邦最高法院判决的、有关联邦司法系统的强制供述案件加起来不超过 12 起。但是，美国联邦最高法院根据正当程序条款审判州司法系统的供述案件，在不到 30 年的时间[从布朗案(Brown v. Mississippi)到马洛伊案(Malloy v. Hogan)]，却已经不少于 35 起。[⑤] 换言之，在美国，保护犯罪嫌疑人、被告人免

---

① 王兆鹏：《美国刑事诉讼法》(第 2 版)，北京大学出版社 2014 年版，第 289 页。

② 参见王兆鹏：《美国刑事诉讼法》(第 2 版)，北京大学出版社 2014 年版，第 297-298 页。

③ Murphy v. Waterfront, 378 U. S. 52(1964). “不自证其罪特权代表了‘我们的自由发展史的重大进步——人类争取文明化的奋斗中，取得的一个重大的里程碑’。”它反映了诸多核心价值观和高尚的抱负：我们不愿意让那些涉嫌犯罪的人，陷入残酷的自我指控、作伪证或藐视法庭的三重困境；我们对对抗制而不是纠问制刑事司法制度的偏爱；我们对自我归罪的陈述，将产生对不人道的待遇和权力滥用的担忧；我们的公平竞技理念要求“一个国家与个人之间的公正的平衡，要求政府不得干预个人，除非有干预他的良好理由，并且要求政府在与个人的角逐中，承担全部的负担”；我们对人格尊严不得侵犯的尊重，以及我们对每一个人“享有过上私密生活的隐私”权利的尊重；我们对自己控诉自己的陈述的不信任；我们认识到，这个特权有时候会成为“罪犯的避难所”(a shelter to the guilty)，但经常是“无辜者的保护伞”(a protection to the innocent)。

④ [美]拉里·劳丹：《错案的哲学——刑事诉讼认识论》，李昌盛译，北京大学出版社 2015 年版，第 168 页。

⑤ See Charles Whitebread & Chrisopher Slobogin, *Criminal Procedure: An Analysis of Cases and Concepts*, Foundation Press, 4th ed. 2000, p. 401.

受违反自愿性作出供述的条款是正当程序条款而非沉默权制度。此外,自20世纪70年代以来,法官在排除警方违反"米兰达规则"获得的证据时态度趋向宽松。美国法院通过判决还确立了适用"米兰达规则"的一些例外情形,其中最重要的是"公共安全"和"紧急情况"的例外。[①]

不仅如此,20世纪后期,其他西方国家以不同方式对沉默权制度加以限制。加拿大尽管在宪法中明确了不得强迫自证其罪特权,但1993年修订的《证据法》第5条第1款规定:"证人不得以回答可能致罪……为由拒绝回答提问。"该证据法的"判例注释"也明确指出:"本条规定废除了普通法上的拒绝自证其罪的权利……"[②]1988年,英国政府针对北爱尔兰地区的恐怖主义犯罪活动日益猖獗的态势,以沉默权制度阻碍犯罪侦查为理由,"通过了仅适用于北爱尔兰地区的《刑事证据法令》(the Criminal Evidence Order),对沉默权制度做了重要限制"[③]。

可见,沉默权制度尽管在大多数国家得以确立,但它的适用逐渐受到限制,反映出该制度在阻碍真相发现方面存在弊端。面对这种客观存在的变化,有人可能会说这是对沉默权制度的修正,也有人将其视为历史的回潮,但无论怎样,它"显然适应了司法实践的需要,是对司法实践经验的总结"[④]。我们在讨论中国是否有以及是否引入沉默权制度时,不仅应认识到沉默权制度在规范层面的正当性,还应看到沉默权制度在发现真相方面的局限性,以及沉默权制度在司法实践中被限制适用的事实。

(二)我国《刑事诉讼法》关于沉默权的规定

我国《刑事诉讼法》2012年修改时在1996年《刑事诉讼法》中关于"严禁

---

① 参见何家弘:《建立具有中国特色的沉默权制度》,载《上海市政法管理干部学院学报》2000年第6期,第42页。

② 何家弘、张卫平:《外国证据法选译》(下卷),人民法院出版社2000年版,第1233-1234页。

③ 龙宗智:《英国对沉默权制度的改革以及给我们的启示》,载《法学》2000年第2期,第27页。此外,英国《1987年刑事司法法案》(Criminal Justice Act 1987)对严重的欺诈罪,限制了嫌疑人的沉默权。该法第2条规定,在反严重欺诈罪调查局的官员调查欺诈案件过程中,接受讯问的犯罪嫌疑人如果在没有合理理由的情况下拒绝回答提出的问题或者说谎,本身就构成犯罪,并可能被判处短期监禁的刑罚。

④ 何家弘:《建立具有中国特色的沉默权制度》,载《上海市政法管理干部学院学报》2000年第6期,第44页。

刑讯逼供和以威胁、引诱、欺骗以及其他非法的方法收集证据”规则之后增加了“不得强迫任何人证实自己有罪”条款，同时保留了 1979 年、1996 年《刑事诉讼法》规定的“犯罪嫌疑人对侦查人员的提问，应当如实回答”条款。

“不得强迫任何人自证其罪”特权中的“任何人”包括被告人、犯罪嫌疑人、证人。首先，我们需要回答证人有没有如实作证的权利。历次修改的《刑事诉讼法》均有“询问证人，应当告知他应当如实地提供证据、证言和有意作伪证或者隐匿罪证要负的法律责任”“证人作证，审判人员应当告知他要如实地提供证言和有意作伪证或者隐匿罪证要负的法律责任”的内容。并且，《刑事诉讼法》第 188 条规定，除被告人的配偶、父母、子女外，证人没有正当理由不出庭作证的，人民法院可以强制其到庭。证人没有正当理由拒绝出庭或者出庭后拒绝作证的，予以训诫，情节严重的，经院长批准，处以 10 日以下的拘留。可见，证人无论是在审判中还是审判前，均有“如实提供证言”的法定义务，没有保持沉默的权利，否则承担不利后果。

其次，需要回答在审判阶段被告人是否有保持沉默的权利。有观点认为，我国法律已经基本上确认了默示的沉默权制度，理由是“尽管我国法律没有明确规定刑事被告人有权保持沉默，但是从理论上讲，我国已经在刑事诉讼中确立了无罪推定、公诉方承担证明责任和禁止刑讯逼供等原则，这就等于承认被告人在审判中可以保持沉默”①。对此，笔者有不同意见。无罪推定、公诉方承担证明责任和禁止刑讯逼供有助于让被告保持沉默，但并不等于被告可以保持沉默。在规定上述原则的同时，我国《刑事诉讼法》也规定了在审判阶段“审判人员、公诉人员可以讯问被告人”的程序，并且，对于不开庭审理的案件或死刑复核案件，二审法院或最高人民法院“应当讯问被告人”。由于审判程序中设置了讯问被告人的程序，且没有规定不讯问被告人的例外情形，这意味着被告人在法庭上不能保持沉默。有人可能说，被告人对于法院的讯问不一定如实回答，或可能作出不利于自己的陈述。然而，只要法律规定，在审判中被告人不能保持沉默，那么他的回答，无论是有罪供述还是无罪供述，都将成为公诉人讯问的对象，也都可能成为定案的依据。因此，对于在审判阶段

---

① 何家弘：《建立具有中国特色的沉默权制度》，载《上海市政法管理干部学院学报》2000 年第 6 期，第 45 页。

的被告人而言,同样没有实质上的沉默权。

最后,需要回答在审前讯问阶段犯罪嫌疑人是否有沉默权。有观点认为,无论立法者是否自觉,把“不得强迫任何人证实自己有罪”写进《刑事诉讼法》就标志着接受了在当今世界具有普适价值的“反对强迫性自证其罪”的刑事诉讼规则,也就是确认了犯罪嫌疑人和被告人的沉默权。[①] 也有学者认为,我国在禁止刑讯逼供方面的诸多立法与我国于 1998 年 10 月 5 日签署加入的《公民权利和政治权利国际公约》规定的“不强迫自证其罪”原则尚存在一定差距,特别是《刑事诉讼法》中关于“应当如实回答”的规定,给强迫自证其罪留下了余地。[②] 笔者赞同后一种观点。论证我国在审前讯问阶段犯罪嫌疑人是否有“沉默权”,需要了解“如实回答”的内涵及其与“不得强迫任何人证实自己有罪”的关系。

从 1979 年《刑事诉讼法》到 2018 年《刑事诉讼法》,均有一条“应当如实回答”的内容。[③] 如何理解“犯罪嫌疑人对侦查人员的提问应当如实回答”的规定,存在不同意见。有学者将该条内容解释为“犯罪嫌疑人对侦查人员的提问,可以选择回答,也可以选择沉默,但如果选择回答,那就要如实陈述。换言之,犯罪嫌疑人有沉默权,但是没有说谎权”[④]。还有学者认为,“应当如实回答”并不意味着犯罪嫌疑人有“如实陈述的义务”,只有在犯罪嫌疑人“陈述有罪的情节或者无罪的辩解”的基础上,立法才要求犯罪嫌疑人如实回答。[⑤] 对此,笔者有不同看法。对法条的解释应当在忠实于法条文义以及立法目的的基础上进行解释,而不能随意作扩大解释或限缩解释。根据“如实回答”这一法条的文义,讯问的程序是先让犯罪嫌疑人陈述,再提问。在陈述阶段,犯罪嫌疑人无论是承认还是否认自己涉嫌犯罪,都不能保持沉默。并且,从文义

---

① 参见何家弘:《中国式沉默权制度之我见——以“美国式”为参照》,载《政法论坛》2013 年第 1 期,第 112 页。

② 参见杨宇冠:《论不强迫自证其罪原则》,载《中国法学》2003 年第 1 期,第 136 页。

③ 参见 1979 年《刑事诉讼法》第 64 条、2018 年《刑事诉讼法》第 120 条。

④ 何家弘:《中国式沉默权制度之我见——以“美国式”为参照》,载《政法论坛》2013 年第 1 期,第 112 页。

⑤ 参见樊崇义主编:《刑事诉讼法实施问题与对策研究》,中国人民公安大学出版社 2001 年版,第 343 页;樊崇义:《从“应当如实回答”到“不得强迫自证其罪”》,载《法学研究》2008 年第 2 期,第 112 页。

来看,并不是说如果犯罪嫌疑人不陈述,则不能向他提问。犯罪嫌疑人即便没有向讯问人员陈述,也应当如实回答讯问人员的提问。另外,根据该条"但是对与本案无关的问题,有拒绝回答的权利"的规定可解释出,对与案件有关的问题,犯罪嫌疑人没有拒绝回答的权利,且须"如实回答"。这里的"如实回答"包括两种含义:一是要回答,二是回答内容必须如实。也就是说,犯罪嫌疑人对侦查人员的讯问具有"如实陈述的义务"①。当然,犯罪嫌疑人回答的内容是否如实,则是一个需要核实的问题,且即便是如实回答,也并不意味着回答的内容就是指控自己有罪,而取决于犯罪嫌疑人是否真正有罪,以及是否诚实。

2012 年《刑事诉讼法》在 1996 年《刑事诉讼法》"严禁刑讯逼供和以威胁、引诱、欺骗以及其他非法的方法收集证据"的基础上,增加了"不得强迫任何人证实自己有罪"条款,这一规定应被理解为,在犯罪嫌疑人没有按要求如实回答、承认自己有罪的情况下,侦查人员不得采取刑讯逼供等非法方法,强迫其自证有罪;犯罪嫌疑人的"如实回答",无论是有罪陈述还是无罪辩解,均须是自愿的。因此,《刑事诉讼法》中"不得强迫任何人证实自己有罪"的规定仅是禁止刑讯逼供规则的组成部分,不同于沉默权,其与"应当如实回答"的规定的关系属于非法证据排除规则与如实陈述的关系,不属于如实陈述的例外情形。

综上所述,尽管我国《刑事诉讼法》中增加了"不得强迫任何人证实自己有罪"的内容,但无论是在审判阶段还是审前讯问阶段,都尚未真正地确立沉默权或"不得强迫自证其罪"特权。

(三)赋予被调查人沉默权的正当性及限度

根据前述分析可知,由于《监察法》中关于讯问的顺序和要求与《刑事诉讼法》中讯问类似,即被调查人对监察机关的讯问具有"如实回答"的义务,被调查人在监察机关讯问阶段没有沉默权。并且,与《刑事诉讼法》有关规定不同的是,在监察调查中,被调查人如对于监察人员的提问不如实回答,则可能面临法律规定的不利后果。根据《监察法》第 63 条的规定,不管被调查人实

① 陈瑞华:《刑事审判原理论》,北京大学出版社 2003 年版,第 244 页。

质上是有罪还是无罪,若其不供述或不如实供述,则其可被解释为存在“拒不配合监察机关调查”“提供虚假情况,掩盖事实真相”之违法情形,面临被“责令改正”“依法给予处理”的违法后果。[①] 有人可能说,《监察法》第40条关于“严禁以威胁、引诱、欺骗及其他非法方式收集证据,严禁侮辱、打骂、虐待、体罚或者变相体罚被调查人和涉案人员”的规定[②],以及第33条第3款关于“以非法方法收集的证据应当依法予以排除,不得作为案件处置的依据”的规定[③],是不是可以消除对被调查人供述的“强迫”?需要指出的是,《刑事诉讼法》中同样规定了非法证据排除规则,它是消除法律之强迫的积极应对之策,然而并不能完全遏制刑讯逼供等非法取证现象的发生。在监察调查实践中,是否存在执法人员通过非法方式强迫被调查人供述,进行事实上之强迫的现象,同样是一个需要观察的问题。由于涉嫌职务犯罪的被调查人被监察机关留置的时间最长可达6个月,且在此期间不得与家属通信、不能获得律师帮助,被调查人在长时间的隔离羁押状态下所作的供述,按照王兆鹏教授的观点,应“被推定为事实之强迫,违反不得强迫自证其罪”[④]。

综上,涉嫌职务犯罪的被调查人在接受监察机关讯问时,无论是法律上还是事实上,都不存在沉默权。尽管我国《刑事诉讼法》尚未确立真正的沉默权制度,但由于增加了“不得强迫任何人证实自己有罪”的内容,故犯罪嫌疑人在被侦查阶段可以获得法律帮助。另外,《刑事诉讼法》并未直接规定犯罪嫌疑人不如实回答的不利后果,因而《刑事诉讼法》在保障犯罪嫌疑人供述的自愿性方面比《监察法》更为先进。

那么,是否需要赋予被调查人在接受监察机关讯问时享有沉默权呢?基于沉默权的规范意义,引入沉默权具有规范层面的正当性。当然,也要考虑被调查人沉默权制度给案件调查带来的潜在不利影响。因此,讨论的焦点不是

---

① 《监察法》第63条规定:“有关人员违反本法规定,有下列行为之一的,由其所在单位、主管部门、上级机关或者监察机关责令改正,依法给予处理:(一)不按要求提供有关材料,拒绝、阻碍调查措施实施等拒不配合监察机关调查的;(二)提供虚假情况,掩盖事实真相的;(三)串供或者伪造、隐匿、毁灭证据的;(四)阻止他人揭发检举、提供证据的;(五)其他违反本法规定的行为,情节严重的。”

② 参见《监察法》第40条第2款。

③ 参见《监察法》第33条第3款。

④ 王兆鹏:《美国刑事诉讼法》(第2版),北京大学出版社2014年版,第295页。

是否引入沉默权,而是如何构建沉默权制度,以使这一制度能兼顾保障打击职务违法犯罪的公共利益与保障人权的个人利益。对此,笔者建议设立这样一种具有中国特色的沉默权制度:被调查人在发现监察调查人员未按法定程序讯问,存在刑讯逼供、非法取证等侵犯被调查人合法权益的行为后,而监察调查人员仍要求其如实供述时,被调查人有权保持沉默。一方面,这种沉默权制度要求被调查人在监察调查人员依法讯问的情形下应如实供述,这有助于实现打击腐败犯罪的价值;另一方面,这种沉默权制度赋予被调查人在面对监察调查人员实施非法讯问等违法行为时有权保持沉默这一程序抵抗权,这有助于保障被调查人免予受到不公正对待,遏制监察机关滥用权力。同时,确保被调查人的如实供述是在合法讯问的情形下发生的,有助于减少或消除被调查人供述的非任意性。并且,规定沉默权制度仅适用于被调查人接受讯问阶段,这意在表明被调查人一旦接受讯问即说明其已涉嫌职务犯罪,此时其与国家机关不再处于特别权力关系,无法要求其克减权利。在这个阶段,被调查人的权利与普通公民无异,行使沉默权没有理论障碍。反之,被调查人因涉嫌职务违法接受谈话时,可以不享有沉默权,理由是监察机关对被调查人涉嫌职务违法的行为进行调查、处置属于"内部行为",根据特别权力关系理论,被调查人的权利可以受到一定限制。

第四节 当事人的救济权利

根据"有权利,必有救济"原则,救济权利是当事人基本权利的必不可少部分。并且,救济权利是当事人发挥基本权利抵抗权功能的最后手段。根据《监察法》的有关规定,当事人享有的救济权利包括申诉权、申请国家赔偿权这两类。

一、申诉权

申诉权是公民的一项宪法权利。《宪法》第 41 条规定,"对于任何国家机关和国家工作人员的违法失职行为,有向有关国家机关提出申诉、控告或者检举的权利"。因此,《监察法》第 60 条赋予的被调查人及其近亲属的申诉权，是维护宪法尊严、贯彻宪法精神的具体体现。

（一）申诉情形

《监察法》采取“列举加兜底”的模式，规定了被调查人及其近亲属有权向监察机关提出申诉的情形。[①] 根据兜底条款，申诉人可以申诉须满足两个条件：监察机关及其工作人员违反法律法规，且侵害被调查人合法权益。对此，有两个问题值得讨论。第一，此处的“违反法律法规”究竟指哪些法律？是仅指《监察法》还是包括监察机关调查行为所应遵循的其他法律？笔者认为，对被调查人的合法权益的侵害是监察机关行使调查权引起的，凡是监察机关违法行使监察调查权，都将构成对被调查人合法权益的侵犯。因此，此处的“违反法律法规”不仅包括《监察法》，还包括与《监察法》配套的法律法规，以及对监察机关调查措施的实施有规制作用的刑事司法法规。第二，立法列举的申诉情形只有四种，没有尽可能地将监察机关有权实施的其他容易侵害当事人合法权益的情形纳入在内。例如，监察机关违法采取技术调查措施，包括超过法定有效期限，不及时解除技术调查措施、不经审批程序使用技术调查措施等，以及非法搜查、违法采取留置措施等侵害被调查人基本权利的行为。这些情形均未被列举，使申诉人申诉的情形较少，不利于保障其申诉权的行使。对此，笔者建议对可能出现的监察机关侵犯被调查人合法权益的情形应尽可能多地列举，以拓宽申诉人启动申诉的途径。

（二）申诉受理机关和申诉程序

受理被调查人及其近亲属在被调查人合法权益被侵犯后，可以向侵犯权益的监察机关申诉。根据《监察法》第 60 条第 2 款的规定，申诉受理采取的是“先申诉，后复查”的程序，即受理申诉的监察机关应当在受理申诉之日起一个月内作出处理决定。申诉人对处理决定不服的，可以在收到处理决定之日起一个月内向上一级监察机关申请复查，上一级监察机关应当在收到复查申请之日起二个月内作出处理决定，情况属实的，及时予以纠正。对于申诉权

---

① 《监察法》第 60 条规定，申诉情形是指监察机关及其工作人员有下列行为之一的：（1）存在留置法定期限届满，不予以解除；（2）查封、扣押、冻结与案件无关的财物；（3）应当解除查封、扣押、冻结措施而不解除；（4）贪污、挪用、私分、调换以及违反规定使用查封、扣押、冻结的财物；（5）其他违反法律法规、侵害被调查人合法权益的行为。

的保障,关键是确保申诉受理机关和程序的客观公正,以保证救济权的有效行使。为此,可规定,申诉人对于上一级监察机关复查决定不服的,还可以向选举产生并有权监督监察机关的同级人大或其常委会申诉。

二、申请获得国家赔偿权

公民在权利受到国家机关及其工作人员侵犯而受到损失时,有权申请赔偿,这是宪法规定的权利,[①]故当事人在合法权益受到监察机关及其工作人员侵犯后,应有权申请国家赔偿。作为国家机关,监察机关对侵犯被调查人合法权益的行为负有给予国家赔偿的宪法义务。《监察法》第 67 条规定,监察机关因履行职责构成侵权,应承担国家赔偿责任。监察机关承担国家赔偿责任,须满足以下三个条件:第一,当事人的合法权益受到直接损害;第二,这种损害与监察机关及其工作人员违法行使职权之间存在因果关系;第三,受损害人依法提出国家赔偿请求,并符合法定条件。[②] 根据该解释,受损害人对于监察机关及其工作人员造成自身合法权益损害的,有申请国家赔偿的权利。为此,《监察法实施条例》第 280 条第 1 款明确了受害人针对监察机关及其工作人员违法行使职权,可以申请国家赔偿的具体情形。[③]

值得指出的是,监察机关在保障当事人申请国家赔偿的权利方面,仍存在法律依据不足,需要修改相应法律。根据《国家赔偿法》的规定,国家赔偿分为行政赔偿和刑事赔偿两类。[④] 由于监察机关既不是行政机关,也不是行使

---

① 参见《宪法》第 41 条第 3 款。

② 中共中央纪律检查委员会中华人民共和国国家监察委员会法规室编写:《〈中华人民共和国监察法〉释义》,中国方正出版社 2018 年版,第 283-284 页。

③ 《监察法实施条例》第 280 条第 1 款规定:"监察机关及其工作人员在行使职权时,有下列情形之一的,受害人可以申请国家赔偿:(一)采取留置措施后,决定撤销案件的;(二)违法没收、追缴或者违法查封、扣押、冻结财物造成损害的;(三)违法行使职权,造成被调查人、涉案人员或者证人身体伤害或者死亡的;(四)非法剥夺他人人身自由的;(五)其他侵犯公民、法人和其他组织合法权益造成损害的。"

④ 行政赔偿的赔偿义务机关是行政机关,刑事赔偿的赔偿义务机关是行使侦查、检察、审判、监狱管理职权的机关。

侦查、检察、审判、监狱管理职权的机关,[①]因而不在上述两类赔偿所规定的赔偿义务机关范围之内。为与《监察法》第67条相衔接,有必要修改《国家赔偿法》或出台相关法律解释,将监察机关纳入具有赔偿义务的国家机关之一,在“行政赔偿”“刑事赔偿”外,设立“监察赔偿”;否则,赔偿请求人无法根据《国家赔偿法》向监察机关提出国家赔偿请求。

三、赋予被调查人申请行政复议或提起行政诉讼权的障碍解析

由于行政复议和行政诉讼的对象都是行政机关的行政行为,复议对象或被告主体都涉及行政机关,因而,本书将这两个救济权利放在一起讨论。有学者提出,监察机关作为一个执法监督机关,被调查人对其作出的决定不服的,“还应享有申请行政复议、向法院提起行政诉讼的权利”[②]。由于监察机关不是行政机关,且《监察法》规定的当事人向上一级监察机关申请复查的程序,在功能上类似于行政复议,没有必要再赋予被调查人申请行政复议权。那么,被调查人对监察机关处理决定不服的,是否有提起行政诉讼的权利?根据特别权力关系理论,行政主体对行政相对人作出的限制基本权利的事项或作出的决定涉及“基础关系”中的事项,属于行政诉讼的对象。有学者认为,监察机关虽然不是行政机关,但其实施的限制人身自由的强制措施,对财产的部分强制措施以及个别严厉的行政处分决定,具有广义行政行为的性质,因而相对人对监察机关作出的上述决定不服的,应享有向法院提起行政诉讼的权利。[③]

尽管赋予被调查人对监察机关处理决定不服提起行政诉讼的权利具有重要规范意义,在行政法上有相应的理论依据,但涉及监察机关的性质并更,并

---

① 监察机关对职务犯罪案件的调查权尽管有侦查权属性,但只是在性质上具有这一属性,且仅适用于对职务犯罪案件的调查。并且,监察机关在法律属性上是行使“调查权”或“监察权”的机关,而非行使侦查权的机关。

② 持此观点的文献,参见杨红:《被监察者的权利及其保障研究》,载《行政法学研究》2017年第6期;姜明安:《国家监察法立法应处理的主要法律关系》,载《环球法律评论》2017年第2期;陈越峰:《监察措施的合法性研究》,载《环球法律评论》2017年第2期。

③ 姜明安:《国家监察法立法应处理的主要法律关系》,载《环球法律评论》2017年第2期,第119页。

牵涉大量修法工作,不具有可行性。首先,监察机关与被调查人,不完全等同于行政主体与行政相对人的关系,[①]因而,不属于《行政复议法》《行政诉讼法》的受案范围。其次,监察机关在法律上不是行政机关,其有权采取的留置及搜查、扣押、冻结等限制财产权的措施也非行政强制措施。针对这些障碍,有学者提出,监察诉讼可以准用《行政诉讼法》,由人民法院行政审判庭受理;为此,在法律技术上,可通过《监察法》作出特别规定,然后由《行政诉讼法》第12条第2款"除前款规定外,人民法院受理法律、法规规定可以提起诉讼的其他行政案件"加以容纳。[②] 这一解决措施看似合理,但实际上仍没有解决问题,理由是该兜底条款尽管授权法院可受理法律法规规定的可以提起诉讼的案件,但受理案件的性质仍须受"行政案件"这一案件范围的规制,而监察机关不是行政机关,以监察机关作为被告的案件不应是行政案件。要解决上述问题,表面看有两种修法方案:一种是修改《行政诉讼法》,将被告的主体扩展至监察机关;另一种是修改《监察法》,规定对于监察机关及其工作人员违法行使职权的行为,被调查人有权向法院提起诉讼,同时将《行政诉讼法》第12条第2款修改为"除前款规定外,人民法院受理法律、法规规定可以提起诉讼的其他行政案件",去掉"行政案件"的范围限制。然而,上述修法设想并不具有可行性。理由是上述修法方案,无论哪一种,最终都将行政复议的对象或行政被告的主体扩展至监察机关,相当于将监察机关纳入行政机关的范围,这违背了监察机关并非行政机关的宪法设定,构成违宪。同时,这种立法设想不符合立法惯例。如果可以这样,同样可修法将检察机关违法行使职权的行为纳入行政诉讼的范畴,然而事实并非如此。对于检察机关违法行使职权的行为,受害人只能进行申诉、控告,或申请国家赔偿,这说明,一直以来立法者并无将检察机关违法行使职权侵犯受害人合法权益的情形,给予司法救济的意愿。从必要性角度来看,立法在赋予被调查人申诉权、申请国家赔偿权的同时,倘若如笔者所建议的,给予被调查人在申请国家赔偿权的过程中享有申诉、复议并有权请人民法院裁决决定的权利,便没有必要再赋予其申请行政复议权或向法院提起诉讼的权利。

---

① 陈越峰:《监察措施的合法性研究》,载《环球法律评论》2017年第2期,第102页。

② 陈越峰:《监察措施的合法性研究》,载《环球法律评论》2017年第2期,第102页。

本章小结

本章论证了当事人在监察调查中的基本权利的抵抗权功能，阐述了当事人在监察调查中享有基本权利的理论依据，包括当事人基本权利对监察调查权的抵抗权功能、监察机关保护当事人权利的国家义务、与以审判为中心的诉讼制度改革相衔接、公平审判权的内在要求、减少冤错案件的发生。同时，身为公职人员或党员的被调查人在接受监察机关调查时权利会受到一定的克减，但这种克减存在边界，即涉及基本权利的重要事项不得克减。被调查人的权利克减及其边界，使职务违法调查程序、职务犯罪调查程序中的权利保障标准应为“二元模式”。另外，当事人基本权利对监察调查权构成消极规范，监察机关对当事人基本权利具有保护义务。上述因素决定和塑造着监察取证规则。

基于当事人在监察调查中的基本权利理论，本书对《监察法》有关权利条款进行解释、评价，并从自由权、程序权利、救济权利三方面构建了当事人在监察调查期间的权利体系。当事人的自由权主要是对监察调查权构成消极规范，使监察机关采取搜查、扣押、冻结、查封、技术调查措施、谈话、讯问、询问等限制当事人自由权的措施时，除了符合法律保留原则，还应遵循比例原则，以避免对当事人基本权利的限制违宪。在当事人程序权利方面，笔者对被调查人的知情权、陈述权和申辩权的内涵进行了阐述，并提出了完善建议，最后分别就赋予被调查人获得律师帮助权的可行性、沉默权的必要性进行了讨论，论证的结果是对这两项权利进行中国化改造，以在打击腐败犯罪与保障人权之间求取平衡。在当事人救济权利方面，笔者就当事人享有的申诉权在适用范围方面的不足提出了完善建议，论证了赋予被调查人申请国家赔偿权的必要性及相关修法要求，同时论证了赋予被调查人申请行政复议、提起行政诉讼权在理论和实践操作上面临的困境。

在刑事诉讼的发展历史上，犯罪嫌疑人、被告人的权利有一个长期的发展过程,扩大化和可实现性是权利发展的总体趋势。[1] 对于监察调查活动而言,被调查人的权利保障同样需要经历一个发展、扩大化的过程。本书对当事人权利体系的构建难免存在历史局限性。从历史的视角看,随着反腐败法治化的理念和人权保障理念进一步深入人心,被调查人、证人在监察调查阶段所享有的权利应会呈现扩大化和可实现性的总体发展趋势。

① 徐美君:《侦查权的运行与控制》,法律出版社 2009 年版,第 217 页。

第五章　监察证据的收集

监察调查取证程序包括监察调查程序的启动、监察调查措施的实施、监察调查程序的终结。鉴于监察取证规则是对监察证据的收集、审查进行规范,对属于监察调查程序但不是取证工作的事项不作规范,故本章聚焦于监察调查程序中的证据收集程序。证据的收集是通过调查措施的实施实现的,对取证行为的规范,关键是对取证措施的规范,故监察证据的收集规则实质上是取证措施的使用规则。本书研究的是取证规则,本章不将非取证类调查措施(留置、限制出境、通缉)纳入研究范围,同时考虑到勘验检查、鉴定这两类调查措施不涉及对公民权利的侵扰,且《监察法》对这些措施的规定没有特别之处,对其使用规则不作专门阐述。综上,本章仅对谈话、讯问、询问、搜查、扣押、冻结、查封、查询、调取、技术调查措施等10种调查措施的使用规则进行研究。这10种措施可分为三类:言词证据取证措施、实物证据取证措施、技术调查取证措施。虽然技术调查取证措施与实物证据取证措施所作用的客体存在部分重合,但鉴于技术调查措施的强制性程度比较高,有必要对之单独研究。按照上述分类,本章分三节:第一节言词证据收集规则,论述谈话、讯问、询问措施的使用规则;第二节实物证据收集规则,分别阐述查询、调取、搜查、扣押、查封、冻结措施的使用规则;第三节技术调查取证规则,论述技术调查措施的使用规则。由于第六章将专门论述监察证据的审查,故本章对违法使用调查措施取得证据的法律后果不予以论述。

第一节　言词证据收集规则

监察机关被赋予的 15 种调查措施中，收集言词证据的措施占了 3 种，[①]包括谈话、讯问、询问。由于这三种措施将被调查人或证人作为证据的提供者，是国家权力与公民权利对抗较为激烈的地方，为保障当事人的合法权益，防止产生虚假供述或证言，防止公权力机关滥用权力，有必要制定规则对其使用予以规范。

一、谈话、讯问、询问三者的关系

国家监察体制改革前，过去纪检监察机关无论是获得证人证言还是被调查人供述和辩解，采取的措施都是谈话，[②]并无询问或讯问措施。然而，由于被调查人与证人在调查程序中的地位不同，在权利享有上也有所差别，过去纪检监察机关对被调查人、证人等人员不加区分，均适用谈话措施，不利于调查取证，也不利于保障被调查人或证人的权利。国家监察体制改革后，参照《刑事诉讼法》中的讯问、询问规定，《监察法》赋予了监察机关谈话、讯问、询问措施。三者在性质上具有相似性，在适用条件、适用对象等方面存在差异。

（一）谈话措施概述

谈话不仅是人们在日常生活中的一种交流方式，也是监察机关的一项取证措施。《监察法》第 19 条规定："对可能发生职务违法的监察对象，监察机关按照管理权限，可以直接或者委托有关机关、人员进行谈话或者要求说明情况。"此处的"谈话"措施，不是一般的交谈、对话、谈心，[③]而是通过谈话形式了

---

① 《监察法》规定的"要求说明情况""要求被调查人陈述"属于监察机关在使用谈话、讯问、询问措施时对被调查人或证人如实陈述的要求，并不是调查措施。

② 1994 年《中国共产党纪律检查机关案件检查工作条例》第 25 条规定："调查开始时，在一般情况下，调查组应会同被调查人所在单位党组织与被调查人谈话，宣布立案决定和应遵守的纪律……"第 29 条规定："调查取证要做到：……（二）……与证人谈话，调查人员不得少于二人……"2017 年颁布实施的《中国共产党纪律检查机关监督执纪工作规则（试行）》（已失效）同样将谈话赋予纪检监察机关收集言词证据的措施。

③ 本书编写组编写：《监察机关 15 项调查措施学习指南》，中国方正出版社 2018 年版，第 5-6 页。

解情况，属于一种取证措施。不过，监察机关可以采取的谈话措施中，有的是取证措施，有的则是非取证措施。纪检监察机关有权采取的谈话措施分为：谈话函询、谈话提醒、诫勉谈话、核查组与相关人员谈话了解情况、审查调查谈话、审理部门与被审查调查人谈话等六类。[①] 按照这些措施的使用目的这一标准来划分，可分为监督谈话、调查谈话两类。其中，监督谈话包括谈话提醒[②]、诫勉谈话[③]这两种，它是对问题轻微的监察对象的一种处置方式，具有监督干部、预防腐败的目的。调查谈话包括谈话函询、核查组与相关人员谈话了解情况、审查调查谈话、审理人员与被调查人谈话。[④] 调查谈话与监督谈话性质不同，但两者又有联系。谈话函询中的谈话既有了解情况的目的，又有通过提醒和警示，起到监督谈话的目的。调查谈话结束后，若纪委监察机关发现被谈话人存在苗头性、倾向性问题，或违纪问题轻微，可以对其进行监督谈话，作为对问题线索或案件的一种处置方式。限于本书研究的对象为监察取证规则，本书所讨论的“谈话”措施是指调查谈话措施。监督类谈话程序可参照调查谈话程序进行。

根据《监察法》第19条的规定，监察机关采取谈话的对象是监察对象，适用的案件类型是职务违法案件，适用阶段不以立案为限，即立案前后均可以采取谈话措施。由于谈话并不是监察机关调查职务犯罪案件所用的措施，谈话笔录不能作为刑事诉讼证据使用，谈话笔录中若涉及被调查人涉嫌职务犯罪的问题，需要作为证据使用的，应进行相应的证据转换程序（第六章将另论述）。另外，纪委也有权采取谈话措施，且谈话措施是纪委收集言词证据的唯

---

① 参见《监督执纪工作规则》有关规定。

② “谈话提醒”对应于《监察法》第45条规定的“谈话提醒”，是监察机关对情节较轻的职务违法行为的一种处置方式，并非调查取证方式。

③ “诫勉谈话”是党内对存在轻微违纪问题的领导干部的一种处置方式，源于《中国共产党党内监督条例》第21条，即“发现轻微违纪问题的，上级党组织负责人应当对其诫勉谈话，并由本人作出说明或者检讨，经所在党组织主要负责人签字后报上级纪委和组织部门”。

④ “谈话函询”中的“谈话”既是一种线索处置的方式，也是监察机关在启动初步核实程序前的取证措施，根据取证情况，决定对线索及被反映人的处置方式。核查组与“相关人员谈话了解情况”是初步核实阶段的谈话措施，谈话对象既可能是被调查人，也可能是证人，是收集证据材料的方式之一。审查调查谈话是立案后的谈话措施，显然也属于一种收集证据的措施。审理人员在审理程序中“与被调查人谈话”，旨在“核对违纪或者职务违法、职务犯罪事实，听取辩解意见，了解有关情况”，因而，它既是一项保障被调查人权利的程序性措施，也是收集、核实证据的措施。

一措施。监察机关尽管与纪委合署办公,但在调查职务违法案件中,需要对监察对象采取谈话的,应以“监委”名义进行。

(二)讯问措施概述

关于“讯问”,《监察法》第20条规定,“对涉嫌贪污贿赂、失职渎职等职务犯罪的被调查人,监察机关可以进行讯问,要求其如实供述涉嫌犯罪的情况”。根据该条规定,讯问的机构主体是监察机关,且由于纪委不能采取“讯问”措施,监察机关尽管与纪委合署办公,采取讯问措施须以“监察机关”的名义进行;讯问的适用对象是被调查人、涉案人员;适用的案件是职务犯罪案件。由于讯问是调查职务犯罪案件的措施,讯问笔录可以在刑事诉讼中作为证据使用。与谈话、询问不同,讯问只能在被调查人涉嫌职务犯罪时才能适用;否则,不得对被调查人采取讯问措施。为限制讯问措施的适用,讯问应在立案后进行,理由是,在立案前,被调查人是否涉嫌职务犯罪并不完全清楚,不一定能达到采取讯问的条件。

(三)询问措施概述

《监察法》第21条规定:“在调查过程中,监察机关可以询问证人等人员。”由于监察机关在调查职务违法和职务犯罪这两类案件中都需要收集证人证言,在立法尚未界定适用条件的情况下,询问措施既可被用于调查职务违法案件,也可被用于调查职务犯罪案件。询问笔录涉及职务犯罪的内容,可以作为证据移送检察机关审查起诉。并且,由于监察机关的调查程序包括立案前的初步核实、谈话函询,以及立案后的审查调查,每一个阶段都可能涉及向证人等人员了解情况、收集证据,从而需要采取询问措施。因此,询问的实施并不以立案为限,在立案前后均可适用。

根据《监察法》第21条的规定,询问的对象是“证人等人员”。对此,首先,需要界定“证人”的范围。由于证人的作证资格是刑事审判对证人证言的要求,故《监察法》中的“证人”资格应与《刑事诉讼法》第62条的规定一致。结合《刑事诉讼法》第62条,监察机关办理的案件中的“证人”是指除被调查人、被害人以外的知道案件情况的人。在共同职务违法或职务犯罪案件中,同案的被调查人不能互为证人,其供述涉及同案其他被调查人的,性质上属于被调查人的供述。[1] 对这类人员应使用讯问或谈话措施。其次，需要界定“等人员”的范围。根据《监察法》第21条的文义，显然“等人员”不包括证人。由于《监察法》针对被调查人供述和辩解的收集，分别规定了讯问和谈话措施，两者的适用的对象都是“被调查人”，因而“等人员”也不包括被调查人。鉴于侦查机关收集证人证言、被害人陈述，采用的都是询问措施，“等人员”可理解为“被害人”。综上，监察机关询问措施的适用对象可界定为证人、被害人。

(四)谈话、讯问、询问措施的区别与联系

根据分析，监察机关可以采取的谈话、讯问、询问都属于收集言词证据的措施，性质上存在一定的相似性。同时，这三个措施在以下方面存在一定的差异：(1)在适用案件方面，谈话仅适用于职务违法案件，讯问仅适用于职务犯罪案件，询问适用于职务违法、职务犯罪这两类案件。(2)在适用对象方面，谈话仅适用于监察对象，讯问适用于被调查人、涉案人员，询问适用于证人、被害人。(3)在适用阶段方面，谈话、询问的实施不以立案为限，讯问须在立案后才能进行。(4)在笔录的证据能力方面，谈话笔录仅在职务违法案件中可以作为证据使用，谈话笔录涉及被谈话人涉嫌职务犯罪的内容若需要在刑事诉讼中作为证据使用，需要经一定的证据转换程序；讯问笔录可以在刑事诉讼中作为证据使用；询问笔录涉及职务犯罪的内容，可以在刑事诉讼中作为证据使用。

(五)谈话规则、讯问规则、询问规则之间的关系

在实施程序方面，《监察法》关于这三个措施的程序规定基本一致，但内容不够具体。有必要对这三个措施的使用规则予以细化。根据监察机关职务违法取证规则、职务犯罪取证规则的“同中有异”关系，这三个措施的实施程序规定应大体相同，仅有部分差异。这种差异表现为两个方面：一方面，讯问规则应比谈话规则更严，这是因为讯问是调查职务犯罪案件的措施，使用规则除了符合《监察法》有关规定，还应符合刑事审判关于犯罪嫌疑人供述和辩解

---

① 参见本书编写组编写：《监察机关15项调查措施学习指南》，中国方正出版社2018年版，第14页。

的要求和标准。[①] 另一方面，讯问、谈话规则与询问规则应存在的一定差异，这是因为讯问、谈话与询问的适用对象不同，相应的权利保障存在一定的差异。此外，鉴于监察机关职务犯罪取证规则与侦查取证规则属于“同中有异”关系，监察讯问规则与侦查讯问规则也应是“同中有异”关系。《监察法》有关“讯问”的规范“借鉴了纪律检查机关监督执纪工作中的成功做法和《刑事诉讼法》的有关规定”[②]，但同时存在一定的差异。[③] 不过，这种差异须受到宪法的规范，同时符合监察机关的“廉洁”价值理念。基于上述理念，本书对谈话（讯问、询问）规则进行构建。

二、谈话（讯问、询问）的主体

取证主体的适格性是取证合法性的要求之一。同时，取证主体一定程度决定所取证据的质量。故言词证据取证规则有必要对谈话（讯问、询问）的主体作出规定。

根据《监察法》第 19 条的规定，谈话的主体既可以是监察人员，也可以由监察机关“委托有关机关、人员”进行，即“委托被谈话人所在机关、组织、企业等单位（党组）主要负责人”[④]。笔者认为，委托被谈话人所在单位（党组）主

---

① 《监察法》第 33 条第 2 款和第 3 款规定：“监察机关在收集、固定、审查、运用证据时，应当与刑事审判关于证据的要求和标准相一致。以非法方法收集的证据应当依法予以排除，不得作为案件处置的依据。”

② 中共中央纪律检查委员会中华人民共和国国家监察委员会法规室编写：《〈中华人民共和国监察法〉释义》，中国方正出版社 2018 年版，第 128 页。

③ 通过对比，一方面，目前《监察法》对于讯问的某些规定比《刑事诉讼法》更宽松。《刑事诉讼法》规定了犯罪嫌疑人自被侦查机关第一次讯问或者采取强制措施之日起，有权委托辩护人。与之形成鲜明对照的是，《监察法》对被调查人在被第一次讯问时能否有权委托辩护律师未作规定，排除了在监察调查期间律师介入问题。此外，《刑事诉讼法》明确了第一次讯问的时间为被讯问人拘留后第二十四个小时，而《监察法》对此未作规定，意味着监察机关可以在对被调查人采取留置措施后不立即讯问。另一方面，《监察法》对讯问的某些规定又严于《刑事诉讼法》。例如，《监察法》规定了讯问时间和时长，这是防止疲劳讯问、保障被讯问人权益的重要举措，对此《刑事诉讼法》却未作规定。又如，《监察法》要求讯问被调查人必须录音录像，而《刑事诉讼法》对此未作硬性要求，仅要求“对于可能判处无期徒刑、死刑的案件或者其他重大犯罪案件”，应当对讯问过程录音或录像，且并不要求同时录音、录像。

④ 参见中共中央纪律检查委员会中华人民共和国国家监察委员会法规室编写：《〈中华人民共和国监察法〉释义》，中国方正出版社 2018 年版，第 127 页。

要负责人谈话,应尽量限于监督类谈话,理由是由党委(党组)负责人对被谈话人进行监督类谈话,是党委(党组)承担全面从严治党主体责任的体现,并且这类谈话并非取证措施,对谈话主体的谈话能力并无要求。对于调查取证类谈话,应由监察机关人员(相关负责人或者承办部门负责人)进行,原因是这类谈话关乎被谈话人的重要利益,应由受过专业训练的谈话主体进行谈话,以保障被谈话人不被错误追究责任。

与谈话措施不同,《监察法》没有规定可委托有关机关、人员进行讯问,讯问的主体是调查人员,这主要是考虑到讯问的对象是"涉嫌贪污贿赂、失职渎职等职务犯罪的被调查人"①,讯问笔录是监察机关作出处置、审查起诉和刑事审判的重要证据。② 同样,询问的主体应是监察机关人员,因为询问是监察机关的调查措施,非监察机关的人员因没有法律授权不具有适格性。

为便于互相配合、互相制约,谈话(讯问、询问)应坚持"二人原则",即人数不得少于二人。

三、谈话(讯问、询问)的审批程序

(一)谈话的审批程序

《监督执纪工作规则》第 40 条第 1 款规定:"审查调查组可以依照党章党规和监察法,经审批进行谈话……等措施。"无论是立案前的谈话,还是立案后的谈话,都需要经过审批。实践中,中央纪委国家监委实施谈话,根据被谈话人的职级,采取了"差别化审批"模式:(1)与正省级以上干部谈话,按照有关规定报批;(2)与副省部级干部谈话,报中央纪委书记、主持日常工作的副书记(国家监委主任)审批;(3)与非中管厅局级干部谈话,报中央纪委国家监委分管领导审批;(4)与其他人员谈话,报承办部门主要负责人审批。地方纪检监察机关可参照上述模式,确定审查调查谈话的审批程序。

(二)讯问的审批程序

讯问应在立案后进行。由于监察机关采取立案,已履行了相应审批手

① 参见《监察法》第 20 条第 2 款。

② 参见本书编写组编写:《监察机关 15 项调查措施学习指南》,中国方正出版社 2018 年版,第 9 页。

续,讯问并不涉及对被调查人基本权利的额外干预,无须再采取审批手续。不过,对于移送检察机关审查起诉的案件,需要退回补充调查的,监察机关在调查中有时也需要对被羁押的犯罪嫌疑人、被告人讯问,此时不须经立案程序,但同样需要履行审批程序。由于退回补充调查中的讯问是补充调查的附随行为,滥用讯问的风险较低,其审批程序应低于立案的审批程序。对此,监察机关讯问被羁押的犯罪嫌疑人、被告人,可规定只需经承办部门主要负责人审批,调查人员持介绍信商有关案件主管机关协助办理。

(三)询问的审批程序

与谈话措施一样,监察机关采取询问措施不以立案为限,立案前的询问须经审批。由于询问的对象是证人等人员,适用条件比较宽,涉及的证人比较多,如审批程序过严,不利于开展谈话。而谈话的对象是监察对象,关乎被谈话人的重要利益。因此,询问的审批层级应简于谈话的审批程序。具体如下:(1)询问同级党委管理的正职领导干部,报监委主要负责人审批;(2)询问同级党委管理的副职领导干部,报监委分管领导审批;(3)询问其他人员,报承办部门主要负责人审批。

四、谈话(讯问、询问)的实施程序

(一)讯问、谈话的实施及笔录制作

讯问是监察机关调查职务犯罪案件的措施。监察机关采取讯问措施应采取"双重遵循模式",既遵循《监察法》第41条的规定,又应当符合刑事审判对被调查人供述和辩解的要求和标准。监察讯问的实施程序可规定如下:(1)调查人员采取讯问,应当依照规定出示证件,出具书面通知。(2)讯问应当个别进行。(3)首次讯问时,应当向被讯问人出示《被调查人权利义务告知书》,让其在权利义务告知书上签名、捺指印。被讯问人拒绝签名、捺指印的,调查人员应当在文书上记明。被讯问人未被限制人身自由的,还应当在首次讯问时向其出具《讯问通知书》。(4)讯问时,应当告知被讯问人认罪认罚从宽的法律规定。

讯问笔录是对被调查人庭前供述和辩解的固定和保全,本身不是证据,而是记载庭前供述和辩解的载体,或传闻证据的载体。《刑事诉讼法解释》第96

条第2款规定："被告人庭审中翻供，但不能合理说明翻供原因或者其辩解与全案证据矛盾，而庭前供述与其他证据相互印证的，可以采信其庭前供述。"该规定事实上承认符合要求的讯问笔录具有可以作为证据使用的资格。同时，为保障庭前供述的自愿性和真实性，刑事审判对讯问笔录的制作提出了相应要求和标准。监察机关在制作讯问笔录时，应参照这些要求和标准。① 另外，监察机关可要求被调查人书写自书材料，被调查人也可要求书写自书材料。根据《人民法院办理刑事案件第一审普通程序法庭调查规程（试行）》第50条的规定，被告人的自书材料若与相关证据印证，且被告人对当庭供述不能作出合理解释的，可被采信。因此，被调查人书写的自书材料可以作为证据使用，但同样需要遵守一定规范：（1）被调查人对自书材料逐页签名、捺手印，并注明日期。调查人员收到被调查人自书材料后应当注明收到时间并签名。（2）讯问笔录均应入卷，对于讯问笔录应当入卷而没有入卷的，应出具相关说明。移送审查起诉的讯问笔录应仅涉及被调查人涉嫌犯罪的信息，不应涉及有关被调查人涉嫌职务违法或违纪的供述和辩解。

鉴于谈话与讯问性质类似，谈话程序与讯问程序应大体一致，某些要求可比讯问程序低。由于监察讯问程序并未赋予被讯问人过多的权利保障，按照"就高不就低"标准，谈话程序可参照讯问程序进行，在某些方面可保留一些差异。谈话笔录制作可参照讯问笔录的制作要求。

（二）询问的实施及笔录制作

与讯问一样，监察机关采取询问措施，同样需要遵循《监察法》第41条的规定，同时符合刑事审判关于证人证言的要求和标准。鉴于《监察法》第41条关于讯问、询问的程序规定是一样的，监察机关采取询问措施应参照讯问程序中第1项至第3项进行。此外，根据《刑事诉讼法解释》，监察机关询问特

---

① 根据《刑事诉讼法解释》第93条、第94条的规定，刑事审判对讯问具体有以下几个要求：（1）首次讯问笔录应记录告知被讯问人相关权利和法律规定。（2）注明讯问的具体起止时间和地点。（3）讯问笔录应有二名以上的讯问人签名，不得代签。（4）讯问结束后，询问笔录应经被讯问人核对确认并签名、捺指印；没有阅读能力的，应当向他宣读。有法定代理人在场的，还应有法定代理人签名。（5）讯问的是聋、哑人或不通晓当地通用语言、文字的被告人，应有通晓聋、哑人手势的人员或翻译人员签名，注明单位和职业。

殊证人应有专门的保障。[①] 为避免询问笔录因存在瑕疵而面临被要求对询问笔录瑕疵内容进行补正或作出合理解释,甚至证人证言被排除的不利后果,监察机关的询问笔录应符合《刑事诉讼法解释》第 87 条、第 90 条关于询问笔录的要求和标准,[②]具体有以下几个要求:(1)询问笔录上应载明相关内容,证明首次询问时,监察机关已告知证人有关作证的权利义务和法律责任。(2)注明询问的起止时间和地点。(3)询问笔录应由参与询问的询问人、记录人签名,不得请人代签。(4)询问结束后,询问笔录应经被询问人(证人)核对确认并签名,没有阅读能力的,应当向他宣读。被询问人有权对询问笔录提出修改或补充,并在笔录修改或补充处捺指印。(5)证人有权自行书写证词,调查人员应当准许。证人应在亲笔证词的末页签名。调查人员收到证人材料后应当注明收到时间并签名。

(三)其他程序性保障

为保障被调查人、证人的合法权益,确保被调查人供述、证人证言的任意性、真实性,监察机关采取谈话(讯问、询问)的,应当录音录像,不得违反有关谈话(讯问、询问)时间和时长的规定,并保障被调查人饮食、休息,提供医疗服务,确保安全,并在必要时对证人提供保护。

---

① 根据《刑事诉讼法解释》第 89 条第 3 项和第 4 项,"询问聋、哑人,应当提供通晓聋、哑手势的人员而未提供的","询问不通晓当地通用语言、文字的证人,应当提供翻译人员而未提供的",证人证言不得作为定案的根据。另外,根据《刑事诉讼法解释》第 87 条,法官对证人证言应当着重审查的内容之一是"询问未成年证人时,是否通知其法定代理人或者刑事诉讼法第二百八十一条第一款规定的合适成年人到场,有关人员是否到场"。

② 《刑事诉讼法解释》第 87 条规定:"对证人证言应当着重审查以下内容:……(五)询问笔录的制作、修改是否符合法律、有关规定,是否注明询问的起止时间和地点,首次询问时是否告知证人有关权利义务和法律责任,证人对询问笔录是否核对确认;……"

《刑事诉讼法解释》第 90 条规定:"证人证言的收集程序、方式有下列瑕疵,经补正或者作出合理解释的,可以采用;不能补正或者作出合理解释的,不得作为定案的根据:(一)询问笔录没有填写询问人、记录人、法定代理人姓名以及询问的起止时间、地点的;(二)询问地点不符合规定的;(三)询问笔录没有记录告知证人有关权利义务和法律责任的;(四)询问笔录反映出在同一时段,同一询问人员询问不同证人的;(五)询问未成年人,其法定代理人或者合适成年人不在场的。"

五、谈话(讯问、询问)的场所

(一)谈话场所

谈话分为立案前的谈话和立案后的谈话。立案前的谈话,场所应在监察机关的谈话场所。立案后的谈话,要区分被谈话人是否被留置。若已被留置,则谈话场所在留置场所;若被谈话人未被留置,谈话场所应在留置场所之外的谈话场所,以体现留置措施适用的比例原则。

(二)讯问场所

在刑事诉讼中,讯问场所法定是规范讯问的内容之一,没有在规定的讯问场所讯问,可能面临证据被排除的法律后果。[①] 我国《刑事诉讼法》第 118 条、第 119 条规定了不同情形下的讯问场所,即对被逮捕、拘留的犯罪嫌疑人讯问,应在看守所进行;对不需要逮捕、拘留的犯罪嫌疑人讯问,讯问场所可以在被讯问人所在市、县指定地点、被讯问人所在住处或犯罪现场。《监察法》对讯问场所没有作明确规定。不过,由于监察讯问是在立案后进行,适用对象是涉嫌贪污贿赂等职务犯罪的被调查人,而留置的条件之一是被调查人涉嫌严重职务违法或职务犯罪,因而,对符合留置条件且被留置的被调查人进行讯问,讯问应在留置场所进行,且不得在留置场所以外的地方讯问。然而,涉嫌职务犯罪的被调查人不一定符合留置条件,或不一定需要被留置,对于不需要采取留置措施的涉嫌犯罪的被调查人进行讯问,显然不能在留置场所讯问,但应在哪儿讯问,立法没有明确。笔者通过调研了解到,对于这种情况,实践中的做法不一。有的地方将讯问一律放在留置场所进行,然而在留置场所对没有采取留置措施的被调查人进行讯问,显然不符合法治要求。还有的地方对不需要被留置的被调查人讯问,放在谈话场所进行。然而,这种做法同样不可取,理由是谈话场所适用于谈话措施,且谈话措施是适用于调查职务违法案件。若参照《刑事诉讼法》第 119 条关于侦查讯问场所的规定,将没有被留置的被调查人的讯问场所设在被调查人所在市县指定地点或其住处,则不利于规范讯问行为,也容易引发安全隐患。理由是在"指定地点"讯问容易发生变

---

① 根据《人民法院办理刑事案件排除非法证据规程(试行)》第 26 条,侦查机关除紧急情况外没有在规定的办案场所讯问,现有证据不能排除以非法方法收集证据的,相关证据应当予以排除。

相拘禁,而在被调查人住所讯问也不利于保密,且由于缺乏录音录像设备,不利于规制讯问行为。笔者认为,对未被留置的被调查人讯问,讯问地点应在留置场所之外的专门讯问场所。如果通过讯问,发现被调查人需要留置的,应按照规定办理留置手续,在留置场所讯问被调查人。此外,对于案件移送审查起诉后,需要退回补充调查的,监察调查人员需要讯问犯罪嫌疑人的,讯问场所应在看守所。

(三)询问场所

我国《刑事诉讼法》第 124 条对询问场所及相应的法律程序作了规定。[①] 并且,根据《刑事诉讼法解释》第 90 条,"询问地点不符合规定"是证人证言的瑕疵之一,不能补正或者作出合理解释的,不得作为定案的根据。监察机关应遵循刑事审判关于询问场所的要求和标准,以免因询问证人的场所不符合要求而被视为存在瑕疵。为此,一种最好的方式便是参照《刑事诉讼法》第 124 条的规定,同时结合监察工作的自身特点,明确监察调查人员询问证人的场所要求,即"询问证人可以在调查现场进行,也可以到证人所在单位、住处或者证人提出的地点进行。在必要的时候,可以通知证人到监察机关提供证言。在现场询问证人,应当出示工作证件。到证人所在单位、住处或者证人提出的地点询问证人,应当出示监察机关的证明文件。到证人提出的地点进行询问的,应当在笔录中载明"。

第二节 实物证据收集规则

查询、调取、搜查、扣押、查封、冻结等 6 项调查措施的一个共同点在于,它们均是收集、固定物证、书证、视听资料、电子数据等实物证据的措施。当然,收集实物证据的措施还包括技术调查措施,但由于其仅是对电子数据的收集,并涉及对公民隐私权的干预,有必要单独予以研究。查询、调取通信信

① 《刑事诉讼法》第 124 条第 1 款规定:"侦查人员询问证人,可以在现场进行,也可以到证人所在单位、住处或者证人提出的地点进行,在必要的时候,可以通知证人到人民检察院或者公安机关提供证言。在现场询问证人,应当出示工作证件,到证人所在单位、住处或者证人提出的地点询问证人,应当出示人民检察院或者公安机关的证明文件。"

息，扣押邮件、电报，属于对宪法所保障的公民通信自由权、隐私权的干预，在性质上相当于技术调查措施，应按技术调查程序实施，受技术调查取证规则所规范，故放在本章第三节予以讨论。

一、查询规则

（一）查询的客体

“监察机关调查涉嫌贪污贿赂、失职渎职等严重职务违法或者职务犯罪，根据工作需要，可以依照规定查询、冻结涉案单位和个人的存款、汇款、债券、股票、基金份额等财产……”①监察机关的“查询”措施，不同于日常用语理解的是对任何信息或资料的查询，而是限于对涉案财产的查询，适用对象是有关单位和个人（被调查人、涉案人员及涉案单位）。对非涉案财产的其他证据材料，如文件、资料、财务账目、电子数据等信息的收集，监察机关应使用调取等其他措施。对通信信息的查询，由于其性质属于技术调查措施范围，应依法采取技术调查措施。本书研究的查询特指对财产的查询。

查询与冻结的客体相同，均是涉案财产。查询是证据发现、收集手段。不过，查询不涉及对财产权的限制。若需要对财产权予以限制，则应采取冻结手段。冻结一定是在查询基础上根据需要对查询物的后续处分，是为防止涉案单位和个人伪造、隐匿、毁灭证据，或者提取、转移财产。由于查询、冻结之间的紧密关系，《监察法》以及之前规范纪检监察机关职权的法规均将二者放在一起予以规定。不过，由于冻结与查询分别属于证据保全措施、证据发现措施，而冻结与查封、扣押一样都属于证据保全措施，适用的原理也一样。为便于研究、避免重复论述，本书将查封、扣押、冻结 3 项措施作为一节研究。

（二）查询的适用条件

查询的客体是涉案单位和个人在银行或其他金融机构的财产，除法定情形外，银行或其他金融机构对客户，具有保守秘密的义务。为对抗这种义务，非客户以外的单位和个人查询客户的财产应满足较高的要求，一般是为犯罪调查需要。对此，检察机关、公安机关只有在侦查犯罪时才能查询犯罪嫌疑

① 参见《监察法》第 23 条第 1 款。

人的存款、汇款等财产。[1]《监察法》规定监察机关采取查询的条件与冻结一样,需满足被调查人"涉嫌贪污贿赂、失职渎职等严重职务违法或者职务犯罪"这一涉案要件,而严重职务违法几乎相当于职务犯罪的程度。可见,查询的适用条件比采取调取、查封、扣押的门槛还高。

此外,监察机关使用查询措施须出具监察机关文书,不得以纪委名义或纪委监委名义实施。原因在于,查询是《监察法》赋予监察机关的调查措施,且仅适用于职务违法或职务犯罪案件,而纪委尽管与监察机关合署办公,但没有使用查询措施的法律授权。

(三)查询的审批

目前,监察机关查询财产,按照以下程序审批:(1)查询同级党委管理的正职领导干部财产,报监委主要负责人审批。(2)查询同级党委管理的副职领导干部财产,报监委分管领导审批。(3)查询前两项规定以外的人员、单位财产,报承办的监督检查部门、审查调查部门主要负责人审批。笔者认为,查询仅是获得涉案单位或个人财产信息的手段,不涉及对查询对象的财产所有权或占有权的处分,审批程序应从简。对于查询到的财产,需要进行冻结的,由于涉及对权利人财产权的限制,应从严审批。为此,监察机关实施查询宜一律由监委分管领导审批。审批主体应就查询的必要性及查询对象、范围与案件待证事实的关联性进行审查。

(四)查询的实施程序及要求

查询、冻结的涉案财产存放在银行或其他机构,因而,监察机关查询财产需要银行或其他机关协助配合、执行。并且,相关单位和个人有配合的义务。[2] 在实施程序方面,监察机关查询涉案财产,相应地应当出具《协助查询财产通知书》,交有关单位执行。

为防止查询措施滥用,查询的对象须明确。为此,《协助查询财产通知书》应写明查询对象的具体信息。具言之,在《协助查询财产通知书》中应当填写查询账号、查询内容等信息。没有具体账号的,应当填写足以确定账户或

---

① 参见《刑事诉讼法》第286条。

② 参见《监察法》第23条。

者权利人的自然人姓名、身份证号码或者企业法人名称、统一社会信用代码等信息。①

调查人员可以根据需要对查询结果进行打印、抄录、复制、拍照，要求相关单位在有关材料上加盖证明印章。对查询结果有疑问的，可以要求相关单位进行书面解释并加盖印章。② 同时，调查人员不得查询与案件调查工作无关的信息。③

二、调取规则

（一）调取的性质

调取措施是人民法院、人民检察院和公安机关的一种取证措施。④ 调取措施也是监察机关有权实施的15项调查措施之一。《监察法》第18条中关于“监察机关在行使监督、调查职权，有权依法向有关单位和个人了解情况，收集、调取证据”的规定为监察机关采取调取措施提供了法律依据，并在“监察程序”一章中规定了调取措施的实施程序。不过，监察机关的调取措施并非源自《刑事诉讼法》，也不是《监察法》新创设的措施。在《监察法》颁布实施前，过去的纪委或行政监察机关在调查违纪违法案件中，尽管被赋予采取的调查措施中没有叫作“调取”的措施，但实质上有权行使在性质上与“调取”一样的措施。⑤《监察法》规定的“调取”措施是对过去纪检监察机关的相关实践经验的立法确认，赋予了调取措施更强的合法性和权威性。

调取是对有关单位和个人持有的与案件有关的证据材料的收集和固

---

① 参见《监察法实施条例》第105条第2款。

② 参见《监察法实施条例》第106条。

③ 参见《监察法实施条例》第107条第2款。

④ 参见《刑事诉讼法》第54条。

⑤ 例如，根据《中国共产党纪律检查机关案件检查工作条例》（中纪发〔1994〕4号）第28条，纪委有权采取的取证措施，包括：（1）“要求有关组织提供与案件有关的文件、资料等书面材料以及其他必要的情况”；（2）“有关组织和个人必须如实提供证据，不得拒绝和阻挠”。此外，过去的行政监察机关也有权要求被监察的部门和人员提供与监察事项有关的文件、资料、财务账目及其他有关的材料，进行查阅或者予以复制［《行政监察法》（已失效）第19条］。2017年颁布实施的《中国共产党纪律检查机关监督执纪工作规则（试行）》（已失效）首次规定纪检监察机关可采取“调取”措施，其第23条规定：“核查组经批准可采取必要措施收集证据……调取个人有关事项报告，查阅复制文件、账目、档案等资料……”

定,涉及查阅、复制、抄录等附随行为,既是一种证据收集措施,也是证据保全措施。监察机关"向有关单位和个人了解情况,收集、调取证据。有关单位和个人应当如实提供……不得伪造、隐匿或者毁灭证据"[①],否则,面临"由其所在单位、主管部门、上级机关或者监察机关责令改正,依法给予处理"[②]的法律后果。因而,调取措施是一种强制获得信息资料的调查措施,具有"压制个人意思"的意味、"间接强制"的特点[③]。不过,调取不产生对人身和财产的强制力,不涉及对权利人对调取物所有权或占有权的剥夺或限制,强制程度低于搜查、扣押、查封、冻结措施。根据比例原则,"在发现有关单位和个人持有与案件有关的证据时,应优先使用'调取证据'"[④],而不首先使用搜查,只有在前者达不到效果时,才运用其他强制性取证措施。作为证据保全措施,如果涉及对取证对象权利侵害,应当通过扣押、查封、冻结等强制性取证措施。[⑤]

有学者认为,调取等同于命令其交出的扣押,是扣押措施的一种特殊形态。在一些国家和地区,对特定实物证据的调取和保全应通过扣押措施来实现,未创设调取措施。[⑥] 与之不同的是,在我国,无论是根据《刑事诉讼法》,还是根据《监察法》,调取均是独立于扣押的取证措施。从性质看,我国法律中的调取措施相当于境外法中的特别调查权(Special Powers of Investigation)[⑦]。

---

① 参见《监察法》第18条。

② 参见《监察法》第63条。

③ 参见艾明:《调取证据应该成为一项独立的侦查取证措施吗?——调取证据措施正当性批判》,载《证据科学》2016年第2期,第159页。

④ 闫刚:《论侦查实务中的调取证据》,载《四川文理学院学报》2014年第1期,第45页。

⑤ 参见闫刚:《论侦查实务中的调取证据》,载《四川文理学院学报》2014年第1期,第46页。

⑥ 参见艾明:《调取证据应该成为一项独立的侦查取证措施吗?——调取证据措施正当性批判》,载《证据科学》2016年第2期,第164页。

⑦ 例如,香港特别行政区廉政公署人员获得授权后,可调查、查阅相关账目、簿册、文件或其他物品,要求任何人交出可能为该调查所需的任何账目、簿册、文件或其他物品,并抄录、拍摄该等账目、簿册、文件或其他任何物品(参见香港《防止贿赂条例》第13条第1项)。英国反欺诈办公室主任有权书面通知被调查人或任何其他人在指定的时间和地点提供任何与案件调查有关的文件;反欺诈办公室主任可以复制、调取上述文件(包括以任何形式记载的信息),或要求文件提供者对文件内容作出解释(参见英国《1987年刑事司法法案》第2条第3-4款)。新加坡反贪污调查局人员根据检察官的授权,可调查银行账户、股票账户、消费账户、支出账户或任何其他账户,或存放于任何银行里的保险箱,并应有充分的法律效力使任何人须披露或提供指定的任何账户、文件或物品[参见新加坡《预防腐败法》(Prevention of Corruption Act)第18条]。

监察机关向持有证明被调查人有无犯罪或罪轻罪重的证据的单位或第三人调取证据，且有关单位和个人须如实提供，是建立在这样一种假设上的，即协助办案机关查明真相，维护公共利益是单位和第三人的义务。因而，调取措施创设是为了提升取证效率和权威性，服务于求真的目的。然而，这一措施由于具有一定的强制性，涉及对相关单位的工作秘密、个人隐私的干预，并与不得强迫自证其罪权存在冲突，因而需要对其适用条件、程序等进行规范，以在求真与求善之间求得平衡。

（二）调取的适用条件

英国、新加坡、我国香港特别行政区反腐败机构被授权采取特别调查权的条件一般是存在合理理由相信某人涉嫌犯罪。[①] 我国侦查机关、检察机关是在侦查犯罪案件中采取调取措施。与此形成鲜明对比的是，监察机关采取调取措施的条件则过于宽泛，在调查职务违法案件时也可采取调取措施。[②] 并且，监察机关在立案前的初核阶段就可采取调取措施。由于调取涉及对被调查人甚至第三人个人信息的强制取得，涉及对个人隐私的侵犯，为避免对个人隐私权的恣意侵犯，是否有必要规定该措施仅适用于职务犯罪案件调查？对此，笔者认为，若一律规定仅调查犯罪案件时才能采取调取措施，并不有利于打击腐败。建议根据调取的信息种类不同实行“差别化”的适用条件。其中，监察机关直接对通信信息进行调取，由于涉及对公民通信自由、通信秘密的干预，应按技术调查措施的程序审批，经批准后，交由公安机关执行。对于被调查人基本资料的调取，如户籍、银行账户、车辆、房产等，可放宽适用条件，在调查职务违法或职务犯罪案件时均可以适用，理由是这些信息具有确认身份之功能，这些信息在申请时，都应该填实，不具有隐秘性，不具有客观上或主观上之合理隐私期待，属于“任意调查”的范畴。[③] 无论调取什么信息，都应有一定的证明标准，可采用“合理理由”和“必要性”的双重标准。

（三）调取的限制

一些国家和地区的反腐败立法在授予反腐败机构特别调查权或其他获得

---

① 参见香港《防止贿赂条例》第13条“特别调查权”、新加坡《预防腐败法》第18条。

② 《监察法》第25条第1款规定：“监察机关在调查过程中，可以调取、查封、扣押用以证明被调查人涉嫌违法犯罪的财物、文件和电子数据等信息……”

③ 参见黄朝义：《刑事诉讼法》（第5版），台北，新学林出版股份有限公司2017年版，第343页。

资料权的同时,通常会限制特别调查权的取证范围或证据使用目的。例如,在英国,律师面对反欺诈办公室提出的调取委托人信息的要求,可以基于在诉讼程序中享有的法律职业特权,除提供委托人的名字和地址外,有权拒绝披露或提供任何信息或文件。[①] 此外,英国反欺诈办公室对于获得的受《1970 年税务管理法》规定的保密义务所约束的信息,除因起诉目的外不能对外披露(英国《1987 年刑事司法法案》第 3 条)。香港特别行政区廉政公署实施特别调查权时,任何人均须向获得授权的调查人员披露任何资料或交出任何账目、簿册、文件或其他物品,但受香港《税务条例》(第 112 章)第 4 条规定的情况除外。[②] 此外,廉政公署人员可根据《防止贿赂条例》第 13A 条"提交物料及提供协助令"的规定,经法官授权,要求税务人员在指定的期间内提供物料。此种情形下税务人员不须受《税务条例》(第 112 章)第 13A 条第 5 款的约束,但廉政公署人员从税务人员获得受《税务条例》(第 112 章)保密义务约束的资料,只能因检控目的向律政司长披露,否则不得予以披露(第 13B 条)。可见,英国、我国香港特别行政区反腐败立法在赋予反腐败机构特别调查权的同时,限制了该权力的适用范围,注重保护律师、税务人员的保密特权。

与之对照的是,《监察法》未对监察机关向特殊从业人员调取证据的情形作出限制。同样,我国《刑事诉讼法》对公安机关、检察机关调取措施的适用范围也未作限制。这表明我国立法者对调取措施的价值考量主要是强调"求真",对"求善"这一同样重要价值的关照不够。欲通过立法禁止监察机关向律师或律师事务所调取被调查人有关资料,固然是符合"求善"这一价值,但鉴于当前反腐败任务仍然艰巨、反腐败执法取证水平还不够高、反腐败执法理念仍重在强调打击腐败等因素,这一方案短期来看不具有现实性。尽管如此,我们仍可学习借鉴英国、我国香港特别行政区反腐败立法在"求善"方面的先进理念。对于监察机关向律师、税务人员调取证据材料的,可适当抬高适用门槛,建议只有调查的案件涉嫌犯罪时,才能向律师、税务人员调取相关证据材料,并满足"合理理由"且"必要"的条件。同时,监察机关调取获得的这类信息,除用于案件调查和起诉、审判目的外,不得用于任何其他目的,并须在

---

① 参见英国《1987 年刑事司法法案》第 2 条第 9 款。

② 参见香港《防止贿赂条例》第 13 条第 3 款。

使用完后及时销毁。另外,为保护被调查人“不得自证其罪原则”,对不如实提供信息的被调查人,不宜对其予以制裁,更不应以伪证罪处罚之。为维护家庭关系的稳定,向被调查人的近亲属调取相关信息,以征得对方同意为原则,不得强制取得,更不宜对不提供或不如实提供者予以制裁。

（四）调取的审批程序

鉴于监察机关调取措施的客体范围广,对一般信息的调取属于“任意调查”,对个人通信信息的调取则属于“强制调查”,可根据调取信息的不同种类,探索“差别化审批模式”。对于调取单位的资料,或个人隐私性不强、没有合理隐私期待的资料,如机构的会议纪要、文件,个人房产、住房、车辆等在登记机关有登记信息的,审批层级可以为同级监察委员会副主任(分管领导);对于调取隐私性强、有合理隐私期待的个人资料,如个人有关事项报告材料,应当报同级监委主要负责人审批;调取通信信息等不用在登记机关登记的信息,应按照技术调查措施的程序进行审批。另外,调取对象的级别越高,审批主体层级也相应越高。调取的审批手续具体可规定如下:(1)调取同级党委管理的正职领导干部的个人有关事项报告材料,报同级监委主要负责人审批;(2)调取同级党委管理的正职领导干部以外的人员的个人有关事项报告材料,应当报同级监委分管领导审批;(3)调取同级党委管理的干部的人事档案、人口户籍信息、婚姻登记信息、房产车辆信息等个人信息资料,应当报监委分管领导审批。

监察人员应严格按照审批列明的调取范围调取证据,不得随意扩大调取范围,对其他任何与案件无关的财物、文件、电子数据都不得调取,否则就是对公民合法权益的侵犯。

（五）调取的实施程序及要求

为确保调取获得的证据与刑事审判关于证据的要求和标准相一致,调取应参照刑事审判对证据的要求。由于调取的证据主要是物证、书证、视听资料和电子数据,为确保调取的证据能在刑事诉讼中作为证据使用,监察机关采取调取措施,应遵循《监察法》第25条的规定,并按照刑事审判对物证、书证等实物证据的要求和标准,确立实施调取的程序。具言之,第一,调取证据材料时,调查人员不得少于二人。调查人员应当依法出具《调取证据通知书》,必要时附《调取证据清单》。有关单位和个人配合监察机关调取证据,应当严格保密。[①] 第二,应当制作调取笔录。笔录写明制作人、持有人的身份,制作的时间、地点、条件和方法。第三,对书证、视听资料、电子数据,应当调取原件。取得原件确有困难或者因保密需要不能调取原件的,可以调取副本或者复印件,但应书面记明不能调取原件、原物的原因,制作过程和原件、原物存放地点,并由制作人员和原书证、视听资料、物证持有人签名或者签章。持有人无法签名、盖章或者拒绝签名、盖章的,应当在笔录中记明,由见证人签名。第四,调取外文材料作为证据使用的,应当交由具有资质的机构和人员出具中文译本。中文译本应当加盖翻译机构公章。[②] 第五,调取的财物、文件,监察机关应当设立专用账户、专门场所,确定专门人员妥善保管,严格履行交接、调取手续,定期对账核实,不得毁损或者用于其他目的。对价值不明物品应当及时鉴定,专门封存保管。并且,"调取的物证、书证、视听资料等原件,经查明与案件无关的,经审批,应当在查明后三日以内退还,并办理交接手续"。[③]

三、搜查规则

(一)搜查措施概述

《布莱克法律词典》将搜查(search)分为刑事搜查(criminal search)、行政搜查(administrative search)和边境搜查(border search),将"刑事诉讼中的搜查"定义为:"为发现犯罪的证据,执法者对一个人的身体、财产或该人有合理隐私期待的其他领域进行检查[④]。"我国台湾地区将"搜查"表述为"搜索"。有学者将搜查(搜索)定义为,系以发现被告(犯罪嫌疑人)或犯罪证据或应扣押之物或其他可得没收之物为目的,对于被告或第三人之身体、对象、电磁记录、住宅或其他住所,施以搜查检索之强制处分,[⑤]也指"以发现物或人为目

---

① 参见《监察法实施条例》第120条。

② 参见《监察法实施条例》第122条。

③ 参见《监察法实施条例》第124条。

④ Black's Law Dictionary, 8th ed., Thomson west, 2004, p. 4204.

⑤ 参见林山田:《刑事程序法》,台北,五南图书出版股份有限公司2004年版,第333页;林钰雄:《刑事诉讼法(上册　总论编)》,台北,元照出版有限公司2010年版,第405页。

的，对于身体、物件或一定场所等施以搜查之强制处分”①。我国《刑事诉讼法》第136条将搜查定义为：“为了收集犯罪证据、查获犯罪人，侦查人员可以对犯罪嫌疑人以及可能隐藏罪犯或者犯罪证据的人的身体、物品、住处和其他有关的地方进行搜查。”可见，刑事搜查（搜索）是一种取证措施和强制处分措施，适用对象一般包括人、物品、住所和其他有关地方。《监察法》第24条将搜查定义为：“监察机关可以对涉嫌职务犯罪的被调查人以及可能隐藏被调查人或者犯罪证据的人的身体、物品、住处和其他有关地方进行搜查……”监察搜查与刑事搜查性质一样，目的是发现犯罪的证据，涉及对被搜查人的人身自由权、住宅权等宪法权利的干预。

相比《刑事诉讼法》、相关司法解释，《监察法》对搜查措施的规定较少，有必要构建更完善的搜查规则。

（二）搜查的适用条件

根据《监察法》第24条，搜查适用的案件是职务犯罪案件。此外，由于《监督执纪工作规则》规定监察机关在初步核实阶段可以实施的措施中不包括“搜查”措施，且仅在“审查调查”这一章规定监察机关审查调查组可以使用搜查措施，因此，监察机关只有在立案后才能采取搜查措施，在立案前的初步核实阶段，不得采取搜查措施。然而，监察立案仅表明有证据证明被调查人涉嫌职务违法犯罪，需要追究法律责任，②意味着监察机关对被调查人调查的正式启动，但这并不必然需要对具体人或物进行搜查。由于搜查的启动缺乏一定的证据门槛，没有体现搜查措施适用的比例原则，尽管有严格的审批程序，但仍容易出现恣意启动，从而侵害公民的基本权利。

与此对照的是，很多法域对搜查的启动均规定了一个比较具体的审查标准。例如，在日本，搜查的要件为“对侦查犯罪有必要”③。在德国，搜查要达到“嫌疑”程度，它不是纯粹的猜想，但比“初始怀疑”程度小；对于其他人员的

---

① 林山田：《刑事程序法》，台北，五南图书出版股份有限公司2004年版，第333页。转引自黄朝义：《刑事诉讼法》（第5版），台北，新学林出版股份有限公司2017年版，第257页。

② 参见《监察法》第39条。

③ ［日］松尾浩也：《日本刑事诉讼法》（上卷），丁相顺译，中国人民大学出版社2005年版，第75页。

搜查必须有事实依据存在，而不能是预计猜测，“仅当为抓获被指控人、寻找犯罪行为痕迹或扣押特定标的，并且存在事实可以推测所寻找的人、痕迹或物就在将要搜查的处所时，才准许在其他人员处搜查”[①]。法国对搜查启动的实质要件规定相对宽泛，为“有利于查明事实真相之物件的地点，均可进行搜查”[②]。在美国，搜查分为刑事搜查和行政检查，行政检查只需达到“合理理由”即可，但刑事搜查的发动原则上必须要有“相当理由”，即政府对于个别、特定之人或物，有客观事实及证据，形成相当的理由相信某人犯罪或某处藏有应扣押之物存在。[③] 在我国台湾地区，搜查犯罪嫌疑人、第三人适用不同的启动条件，分别为“必要时”“相当理由”。[④] 总之，不同法域对于搜查启动的实质要件虽然并不完全相同，但大多需要满足“必要”或“相当理由”的标准，且一般对第三人的搜查的启动条件相对更严。

在我国，由于监察搜查是立案后才能实施。一旦立案，监察机关实施搜查所需要的“犯罪行为已实施”这一实质要件已存在。然而，有证据证明被调查人实施了犯罪行为，并不意味着所要搜查的人或地点藏有证明被调查人犯罪的证据。实践中，由于职务犯罪案件大多没有犯罪现场，除非获得被调查人的供述，否则很难有相当理由相信拟搜查的地方藏有证明被搜查人犯罪的证据。被调查人尽管享有许多程序权利，但仍负有忍受强制处分之义务，为求取打击腐败与保障被调查人权利之间的平衡，对被调查人的搜查的启动条件不宜采纳“相当理由”的标准，可参考日本、法国、我国台湾地区的做法，以“有助于调查犯罪为必要”为宜。不过，对于第三人及其处所的搜查的启动条件则应更严格，理由是第三人不同于被调查人，无忍受公权力机关施加强制处分的义务，因而应以存在“相当理由”相信第三人的身体或其处所或其所使用、占有的其他任何地方藏有证明被调查人有罪的证据时，才能实施搜查。

（三）搜查的限制

对搜查对象、范围进行限制，旨在约束公权力机关的搜查权限，更好保护

---

① 宗玉琨译注：《德国刑事诉讼法典》，知识产权出版社2013年版，第79-80页。

② ［法］贝尔纳·布洛克：《法国刑事诉讼法》，罗结珍译，中国政法大学出版社2009年版，第381页。

③ 参见王兆鹏：《美国刑事诉讼法》（第2版），北京大学出版社2014年版，第234页。

④ 参见我国台湾地区“刑事诉讼法”第122条。

公民的权利或是特定行业的职业秘密。《监察法》对搜查女性身体作了限制性规定，要求搜查女性身体，应由女性工作人员搜查。[①] 这一规定借鉴了《刑事诉讼法》中的有关规定，是文明执法理念的体现，也是“对女性的特殊保护，防止在搜查时出现人身侮辱等违法行为，确保被搜查女性的人格尊严和人身安全不受侵犯”[②]。同时，我国立法还可参照其他法域对搜查的限制，对搜查时间、搜查行业或场所作出一定的限制。

第一，搜查时间的限制。一些法域对搜查时间有限制，一般不允许夜间搜查，[③]实施夜间搜查需要符合法定情形或具有合理理由。禁止或限制夜间搜查的原因大致可归纳为三点：其一，隐私侵犯较为严重；其二，人们对夜间比较有恐惧感；其三，警察滥权的可能性比较高。通常日间看热闹的人会比夜间多，在夜间搜查时，在场的证人会比较少。[④] 反观我国，《刑事诉讼法》《监察法》对搜查并未有禁止夜间搜查的规定。实践中，监察机关实施搜查，有时候是在晚上进行，主要是为了保密，减少给被搜查人的邻居或同事造成的干扰，但这样做的弊端是对被搜查人的权利造成的侵害较大，且由于夜间搜查，见证人看不清监察人员的搜查情形，容易造成搜查权的滥用。对于监察机关而言，可考虑借鉴其他法域的做法，以日间搜查为原则，夜间搜查为例外，对于第三人的搜查一般应在日间进行，如有合理理由可夜间搜查，但须在搜查笔录中记明合理理由。

第二，搜查场所的限制。一些法域对搜查场所有一定限制，以保护职业秘

---

① 《监察法》第 24 条。

② 中共中央纪律检查委员会中华人民共和国国家监察委员会法规室编写：《〈中华人民共和国监察法〉释义》，中国方正出版社 2018 年版，第 141 页。

③ 美国《联邦刑事诉讼规则》第 41 条规定：“搜查应于日间为之，惟有合理的理由时，签发令状者得在令状上授权于其他时间为之。”法国《刑事诉讼法》第 59 条规定，在夜间不得搜查与检查住所，不过，其他条款规定可以进行夜间搜查的例外情形，包括：从房屋内发出呼救，在公共场所搜查，在白天已经开始的搜查；在有人聚众吸毒的场所或者在制造、加工或存放毒品的场所；有组织犯罪的情况下（[法]贝尔纳·布洛克：《法国刑事诉讼法》，罗结珍译，中国政法大学出版社 2009 年版，第 229 页）。我国台湾地区“刑事诉讼法”禁止夜间对有人居住或看守之住宅或其他处所搜查或扣押，在以下情形之一者才能实施夜间搜查，且应在笔录中记明事由，具体包括：居住人或其可代表之人的同意、急迫情形、日间已开始搜查的持续至夜间以及特定场所（假释人住居或使用者、夜间公众可以出入之处所、赌博娱乐场所）[黄朝义：《刑事诉讼法》（第 5 版），台北，新学林出版股份有限公司 2017 年版，第 261-262 页]。

④ 参见王兆鹏：《美国刑事诉讼法》（第 2 版），北京大学出版社 2014 年版，第 106 页。

密。例如,法国《刑事诉讼法典》第56-1条规定,“只有司法官才能搜查律师事务所、医生诊所、公证人事务所,或者对上诉法院诉讼代理辩士以及对执达员的事务所,并且行业公会或职业组织的代表应当到场并列席搜查行动;对新闻企业或视听传播企业的场所进行搜查,应当注意保证搜查行动不妨碍新闻职业自由,并且不得无正当理由延迟新闻信息的发布”①。这些手续均属于“如不遵守,以无效认处”的手续。② 德国《刑事诉讼法》第105条规定,侦查人员不得对联邦国防军的公务楼房、非对外开放的设施或场地搜查,应请求联邦国防军的上级职务机关进行搜查。我国台湾地区“刑事诉讼法”第127条规定,军事上应秘密之处所,非得该长官之允许,不得搜查。

与之对照的是,我国《刑事诉讼法》《监察法》对搜查的场所均未作限制。对搜查的处所进行限制,有利于保护特定职业的秘密,维护特定的社会关系。监察机关有必要在发现真相的过程中,适当兼顾求善的价值,对于特定场所的搜查进行一定的限制。具体而言,对于军事机关或军人居住的处所进行搜查,可提请军事机关监察机构进行;对特定行业人员及其处所的搜查,如律师、医生、牧师、公证人员、记者,应由行业协会或主管部门的代表到场,作为见证人,并对搜查中发现的职业秘密予以严格保密,除用于案件调查和其他法律程序外,不得另作他用。此外,作为对公民隐私权的强制处分措施,搜查的实施应遵循比例原则,即除非搜查为最后必要之手段,否则不得轻易启动搜查。针对抗拒搜查者,可以用强制力搜查,但不得逾越必要程度。

(四)搜查的审批

根据《监察法》第24条的规定,监察机关进行搜查时,应当出示搜查证。这一规定比较笼统,对于搜查证的审批程序、授予主体、搜查证的内容等未予以明确,有必要对上述事项予以明确。

1.搜查证的审查模式

在很多国家,搜查措施启动的形式要件以“令状搜查”为原则,“无令状搜

① [法]贝尔纳·布洛克:《法国刑事诉讼法》,罗结珍译,中国政法大学出版社2009年版,第230页。

② 参见[法]贝尔纳·布洛克:《法国刑事诉讼法》,罗结珍译,中国政法大学出版社2009年版,第230页。

查”为例外，搜查令状一般由法官签发。在我国，侦查机关实施调查所需出示的搜查证由县级以上公安机关负责人而非法院批准，检察机关实施搜查的搜查证由检察长签发。监察机关的搜查证由谁签发，尽管《监察法》未予以明确，但根据《监督执纪工作规则》第39条关于“纪检监察机关主要负责人应当主持召开由纪检监察机关相关负责人参加的专题会议，研究批准审查调查方案”的规定，包括采取搜查措施在内的审查调查方案的签发主体是监察机关主要负责人，这与公安机关、检察机关一样，其性质都属于内部“行政审批”，而非司法审查。

多年来不少学者一直呼吁在我国建立“司法令状”制度，由法官对搜查的必要性进行事先审查。搜查证由法院进行批准固然符合国际惯例，但一项制度的构建还须考虑一国的具体国情、司法体制、司法实践现状等因素。在我国，批准或决定逮捕权尚且不由法院来作出，由法院批准搜查的设想至少在短期内难以实现。公安机关、检察机关的搜查措施多年来未实行“司法令状”制度，对于刚成立的监察机关，在“强化党对反腐败工作的集中统一领导”的改革背景和目标下，对搜查的审批引入“司法令状”更不具有现实可能性。事实上，令状搜查仅是启动搜查的一个形式要件，只是规范搜查权的一个举措，我们可以在不改变现有搜查证审批模式的情况下，通过对搜查的审批程序、实施条件等设置严格细密的搜查规则，规范搜查权的行使。

2. 搜查证的审批主体

目前，国家监委采取搜查措施实行的是“分级审批”模式，即搜查对象为副国级以上干部，按照有关规定报批；搜查对象为省部级干部，报中央纪委书记、主持日常工作的副书记（国家监察委主任）审批；搜查其他人员的，报中央纪委国家监委分管领导审批。根据干部管理权限，国家监委的监察对象是中管干部，但在案件调查中可能涉及非中管干部，实施搜查措施前，根据被搜查人的级别实行“分级审批”比较合理，这样可兼顾监督权力运行与保证案件效率的双重目的。不过，鉴于搜查措施是一项对人身权、财产权侵犯程度较高的措施，对于省级以下监察机关而言，无论搜查对象是谁，搜查证均应由同级监委主任签发。具体审批程序为监委主任须主持召开由纪检监察机关相关负责人参加的专题会议，研究批准搜查。

3. 搜查证的内容

针对被调查人的搜查，应以“必要性”作为批准标准；针对第三人的搜查，应以“相当理由”作为批准标准。为使搜查的审批走向实质化，监察调查人员在呈报采取搜查的请示时，应附上相应证据或线索，证明拟搜查的人或处所可能存在与证明犯罪行为相关联的证据，由审批主体审查是否达到法定的标准。此外，搜查证应尽可能载明相关事项，旨在避免搜查扣押遭到滥用，确保搜查对基本权利的侵犯有一定程度的限制并使措施可估测、可控制。[①] 搜查之对象不特定或不明确，将有沦为一般俗称“钓鱼式搜查”或“一般性搜查（地毯式搜查）”之疑虑，“对于住居所之隐私权保障，势将丧失殆尽”。[②] 而且，搜查对象不特定或不明确，不利于确保经搜查所收集的证据与待证事实相关。我国《监察法》第 24 条尽管规定监察机关进行搜查时，应当出示搜查证，但对搜查证是否应载明相关事项，并未明确。事实上，我国《刑事诉讼法》及相关司法解释也未对搜查证的内容作规定。很多国家及地区一般要求搜查证应载明相关事项。我国台湾地区司法实务采取“概括搜查票禁止原则”，即搜查的对象与范围须加以合理的具体特定与明示，明文列举搜查票法定必要之应记载的四项事项：“案由；应搜查之被告、犯罪嫌疑人或应扣押职务，但被告或犯罪嫌疑人不明时，得不予记载；应加搜查之处所、身体、对象或电磁记录；有效期间。”[③]若搜查票记载事项空泛，违反合理明确性要求，是否导致搜查所得之证据不具证据能力的效果，则“视个案情节而为权衡审酌以资判断之”[④]。在日本，扣押、搜查的令状要记载“犯罪嫌疑人的姓名、罪名、扣押物品、搜查的场所、人身或物品、有效期间（原则上为 7 日）等；不清楚犯罪嫌疑人姓名的，可以代之以人体特征等的记录，甚至可以仅仅载明被嫌疑人不详”[⑤]。当然，日本判例也承认，搜查阶段通常不能明确确定物品的个别性特征，但即使在这种情形下，也应努力将搜查对象与范围特定化，实务中在列举

---

① 参见宗玉琨译注：《德国刑事诉讼法典》，知识产权出版社 2013 年版，第 80 页。
② 傅美惠：《侦查法学》，中国检察出版社 2016 年版，第 222 页。
③ 傅美惠：《侦查法学》，中国检察出版社 2016 年版，第 222 页。
④ 傅美惠：《侦查法学》，中国检察出版社 2016 年版，第 223 页。
⑤ ［日］松尾浩也：《日本刑事诉讼法》（上卷），丁相顺译，中国人民大学出版社 2005 年版，第 76 页。

特定物品之后,以“其他与本案件相关的物品”的形式附上其他相关物品的做法是有效的。[①] 在德国,搜查令须具体写明犯罪嫌疑和事实依据、搜查所寻找的证据材料、日期和措施涉及的场所,搜查的有效期限一般为6个月。如果搜查令未载明上述事项,法官将审查这些形式错误,如果严重且是有意、肆意的行为,则会导致搜查所得证据不能使用。[②]

参照比较法经验,监察机关的搜查证上应至少载明以下事项:案由、被搜查人信息、搜查具体场所、搜查人员、有效期限等内容。关于搜查证的有效期限,原则上为7个工作日,超过期限如需再搜查,须重新申请搜查证。当然,考虑到在搜查阶段,由于掌握的证据不多,要将所搜查的对象和范围在搜查证中全部予以载明,有时并不现实,但仍应努力将相关事项予以特定化。在此,可参照日本的做法,采取“列举”加“一般概括”相结合的做法,即列举要搜查的对象之后,再载明“其他与本案件相关的物品”,并在搜查笔录中载明搜查的实际情况,及时向监察机关负责人报告搜查情况。若搜查证的内容不明确,监察机关负责人可不予签发搜查证。另外,根据《监督执纪工作规则》第39条关于不得擅自更改审查调查方案的总体要求,调查人员应严格按照搜查证列明的事项,不得擅自更改搜查对象和范围;若需要改变搜查对象和范围的,须先请示调查组组长征得同意后再搜查,搜查结束后再补办手续。若搜查证的内容不明确或超越搜查证的内容进行搜查,监察机关可根据这种形式错误是否严重或是否系有意、肆意行为,以及对被搜查人的基本权利造成的侵犯程度,决定是否对搜查获得的证据材料予以排除。

(五)搜查的实施程序

《监察法》第24条、第41条以及《监察法实施条例》相关条款规定了搜查的实施程序,具体包括以下几个方面内容:

(1)搜查人员。首先,执行搜查时人员不得少于2人。[③] 这一规定与《刑事诉讼法》有关规定一致,由2人以上执行搜查,有利于相互监督,也有助于

---

① 参见[日]松尾浩也:《日本刑事诉讼法》(上卷),丁相顺译,中国人民大学出版社2005年版,第76页。

② 参见Werner Beulke:《刑事诉讼法教科书》(第10版),C. F. 米勒出版社,第258页;宗玉琨译注:《德国刑事诉讼法》,知识产权出版社2013年版,第80页。

③ 参见《监察法》第41条。

搜查工作正常开展。其次,搜查应当在调查人员的主持下进行,根据工作需要可以提请公安机关配合搜查。[①] 搜查女性的身体,由女性工作人员进行。[②]

(2)搜查时,应出示搜查证。除依法不用搜查证外,监察人员在搜查前应当向被搜查人或者其家属、见证人出示《搜查证》,并要求其签名。被搜查人或者其家属不在场,或者拒绝签名的,调查人员应当在文书中载明。

(3)搜查时,应当有被搜查人或者其亲属等见证人在场。根据《刑事诉讼法解释》第82条,搜查时需要见证人在场和签名是刑事审判对搜查获得的物证、书证的要求之一。根据《监察法实施条例》第113条第2款,搜查时,应当有被搜查人或者其家属、其所在单位工作人员或者其他见证人在场。其中,监察人员不得作为见证人。同时,搜查时,应当避免未成年人或者其他不适宜在搜查现场的人在场。[③]

(4)搜查应当全过程录音录像,留存备查。[④] 与此对照的是,《刑事诉讼法》对于"搜查"并无"应当录音录像"的规定。《监察法》规定监察机关搜查时应当录音录像,这一定程度表明监察机关在行使搜查权方面受到的规制比侦查机关更严。搜查时应录音录像"既是对重要取证工作的规范,也是对调查人员的保护"[⑤]。当然,由于搜查中录音录像可能涉及被搜查人的隐私或党政秘密、国家秘密、商业秘密,应限制搜查录音录像的使用,仅限于将其用于证明取证的合法性、真实性;所有接触录音录像的人,都应当对录音录像的内容严格保密。[⑥]

(5)搜查时应制作搜查笔录。搜查笔录的制作是对搜查情况的现场记录和描述,确保搜查获得的证据的真实性、搜查程序的合法性。同时,制作搜查笔录也是刑事审判对搜查的要求。例如,根据《刑事诉讼法解释》第86条规定,搜查提取的物证、书证须有附笔录或者清单,不能证明物证、书证来源

---

① 参见《监察法》第24条第3款。

② 参见《监察法实施条例》第113条第1款。

③ 参见《监察法实施条例》第117条第1款。

④ 《监察法》第41条。

⑤ 中共中央纪律检查委员会中华人民共和国国家监察委员会法规室编写:《〈中华人民共和国监察法〉释义》,中国方正出版社2018年版,第193页。

⑥ 中共中央纪律检查委员会中华人民共和国国家监察委员会法规室编写:《〈中华人民共和国监察法〉释义》,中国方正出版社2018年版,第194页。

的,不得作为定案根据。[①] 并且,该条同时从反向的角度列举了哪些情形属于物证、书证收集方式、程序的瑕疵。[②] 为此,《监察法实施条例》第 116 条第 3 款规定,对于查获的重要物证、书证、视听资料、电子数据及其放置、存储位置应当拍照,并在《搜查笔录》中作出文字说明。

(6)搜查的保障。由于搜查是对被搜查人的隐私权和财产权的干预,具有一定强制性,为确保搜查的顺利进行,搜查的实施需要有一定的人员和法律保障。一方面,监察机关搜查时有权提请公安机关依法协助采取搜查措施。[③] 另一方面,搜查时在场人员须予以配合,不得进行阻碍。对阻碍搜查构成违法犯罪的,依法追究法律责任。[④]

四、扣押(查封、冻结)规则

(一)扣押(查封、冻结)措施概述

《布莱克法律词典》将"扣押"(seizure)定义为:"通过合法权利或程序占有(take possession of)一个人或财产的行为或事件,尤其是在宪法中,可能侵犯一个人对隐私合理期待的没收或逮捕。"[⑤]此处的"扣押"包括对物的扣押和对人的扣押。在美国,对"人的扣押"包括逮捕,以及尚不构成逮捕的某些情

---

① 参见《刑事诉讼法解释》第 86 条。

② 《刑事诉讼法解释》第 86 条第 2 款规定:"物证、书证的收集程序、方式有下列瑕疵,经补正或者作出合理解释的,可以采用:(一)勘验、检查、搜查、提取笔录或者扣押清单上没有调查人员或者侦查人员、物品持有人、见证人签名,或者对物品的名称、特征、数量、质量等注明不详的;(二)物证的照片、录像、复制品,书证的副本、复制件未注明与原件核对无异,无复制时间,或者无被收集、调取人签名的;(三)物证的照片、录像、复制品,书证的副本、复制件没有制作人关于制作过程和原物、原件存放地点的说明,或者说明中无签名的;(四)有其他瑕疵的。"第 86 条第 3 款规定:"物证、书证的来源、收集程序有疑问,不能作出合理解释的,不得作为定案的根据。"

③ 《监察法实施条例》第 115 条明确了监察机关提请公安机关协助采取搜查措施的程序:"县级以上监察机关需要提请公安机关依法协助采取搜查措施的,应当按规定报批,请同级公安机关予以协助。提请协助时,应当出具《提请协助采取搜查措施函》,列明提请协助的具体事项和建议,搜查时间、地点、目的等内容,附《搜查证》复印件。需要提请异地公安机关协助采取搜查措施的,应当按规定报批,向协作地同级监察机关出具协作函件和相关文书,由协作地监察机关提请当地公安机关予以协助。"

④ 参见《监察法实施条例》第 114 条。

⑤ "the act or an instance of taking possession of a person or property by legal right or process; esp. , in constitutional law, a confiscation of an arrest that may interfere with a person's reasonable expectation of privacy. "See Black's Law Dictionary, 8th ed. , Thomson west, 2004, p. 4238.

形也可能会构成一种侵犯程度较低的扣押活动，即“当执法官员借助武力或通过表明自己的身份，在某种程度上限制了一个公民的自由”时，扣押就发生了。[①] 与广义的扣押相比，狭义层面的扣押是专指对物的扣押。日本、德国、我国台湾地区的“扣押”均采用狭义的扣押，即扣押是“指为保全证据或得没收之物，而对其暂时占有之强制处分”[②]。扣押的对象是“证据物”以及“没收物”。我国《刑事诉讼法》《监察法》中的扣押也是对物的扣押，对人身自由的限制有独立于扣押的措施。[③]

根据扣押物是否以搜查为手段，扣押可分为强制扣押和非强制扣押。强制扣押是附随于搜查后的一种对物的占有权的处分，是搜查的目的。非强制扣押，是对物的占有不以搜查为手段，实践中存在命令当事人提出或交付扣押之物，基于同意而为之扣押，遗留物之取得等三种情形。[④] 本书研究的扣押包括上述两种类型的扣押。

值得注意的是，在一些国家或地区，对证据或没收之物保全的方法都统一称为“扣押”。例如，德国《刑事诉讼法》第94条规定，“对侦查具有意义的、可作为证据材料的标的，应当保管或以其他方式保全。标的由某人保管，但不愿自愿交出时，须扣押”[⑤]。此处的“标的”（Gegenstand）是“物”（Sache）的上位概念，包括动产、地产、权利、财产权等。[⑥] 在美国，执法官员对被告人的财产造成了损坏[⑦]或者将该财产转移到了被告人无法对其进行实际占有或推定占有的其他地方，[⑧]控制了相应的房屋（不允许他人进入房屋并从房屋里拿走或

---

① Terry v. Ohio, 392 U. S. 1, 88 S. Ct. 1868, 20 L. Ed. 2d 889（1968）.

② 林钰雄：《刑事诉讼法》（上册），台北，元照出版有限公司2013年版，第431页。在日本刑事诉讼中，扣押的定义也仅限于对物的扣押，即“扣押就是强制性地取得对物品的占有，其对象是‘证据物’，以及应没收的物品”。[日]松尾浩也：《日本刑事诉讼法》（上卷），丁相顺译，中国人民大学出版社2005年版，第78页。

③ 刑事诉讼活动中对人身的扣押使用的是刑事强制措施，在监察调查活动中，则是留置措施。

④ 参见黄朝义：《刑事诉讼法》（第5版），台北，新学林出版股份有限公司2017年版，第280页。

⑤ 宗玉琨译注：《德国刑事诉讼法典》，知识产权出版社2013年版，第50页。

⑥ 参见宗玉琨译注：《德国刑事诉讼法典》，知识产权出版社2013年版，第50页。

⑦ United States v. Jacobsen, 466 U. S. 124-125（1984）.

⑧ E. g. , United States v. Place, 462 U. S. 696（1983）.（在该案中，为了将Placed的行李从纽约拉瓜尼亚机场运到肯尼迪机场让那里的缉毒犬进行嗅寻，警察对Placed的行李扣押了90分钟。）

毁坏私人的财产),[①]均属于对财产的“扣押”。在我国,《刑事诉讼法》《监察法》根据保全之对象不同,区分为扣押、查封、冻结。其中,扣押的客体一般是动产、物品,[②]查封的客体一般是不动产,冻结的客体是资金或账户。然而,三者的本质均是通过合法程序对物的强制占有,性质并无本质差别,这也是为什么立法将三者放在一起规定,在实施条件与程序方面存在许多一致之处的原因。鉴于这三种调查措施在性质上的一致性,本书将扣押、查封、冻结放在一节一并研究。由于扣押是查封、冻结的上位概念,为表述方便,本书以“扣押(查封、冻结)”指代这三种措施。对于各调查措施在使用上的特殊之处,则用“查封”、“扣押”或“冻结”专门表述。

目前,《监察法》对扣押(查封、冻结)的使用作了相关规定,但内容同样过于原则、抽象,不利于规范扣押(查封、冻结)措施的行使、证据的保全,有必要在监察取证规则中予以完善。

(二)扣押(查封、冻结)的适用条件

在刑事诉讼中,扣押(查封、冻结)适用的案件范围是犯罪,且不得在立案前实施。[③] 根据《监察法》第 23 条、第 25 条的规定,监察机关实施扣押(查封、冻结)的案件范围不仅限于职务犯罪案件,还包括职务违法案件。另外,《监督执纪工作规则》仅在第 7 章“审查调查”规定纪检监察机关可以使用“扣押、查封、冻结”措施,故监察机关使用“扣押、查封、冻结”措施也必须在立案后才能进行。然而,立案的条件并不必然等于监察机关采取特定调查措施的条件。作为对《宪法》第 33 条所保障的公民合法私有财产的强制处分,扣押(查封、冻结)的启动除了受案件类型限制、立案程序的限制,还应达到一定的证明标准,以防止其被滥用而给公民财产权带来危险。

---

① Illinois v. McArthur,581U. S. 326(2001).

② 扣押还包括对公民的邮件、电报的扣押,由于这种扣押涉及对《宪法》第 40 条所保障的通信自由和通信秘密权的侵犯,性质上等同于技术调查措施,属于技术调查措施的种类,受技术取证规则所规范。

③ 最高人民检察院《人民检察院刑事诉讼涉案财物管理规定》(2015 年 3 月 6 日施行)第 5 条第 1 款规定:“严禁在立案之前查封、扣押、冻结财物。立案之前发现涉嫌犯罪的财物,符合立案条件的,应当及时立案,并采取查封、扣押、冻结措施,以保全证据和防止涉案财物转移、损毁。”

在德国，原则上，只有当一件物品是与待证事实相关的证据时，方可被扣押。[①] 在日本，扣押的对象是“证据物”时，要求该“证据物”必须与嫌疑案件有关联性。[②] 并且，扣押还须满足“必要原则”，明确认定不具有扣押、搜查“必要”的时候，不允许进行扣押和搜查。[③] 在法国，扣押的条件是扣押物“有利于查明事实真相”[④]。可见，实施扣押的证据条件是扣押物与案件有关联性。根据《监察法》第 23 条、第 25 条的规定，监察机关查封、扣押、冻结财物与案件无关的，应当在查明后三日内解除，予以退还，相当于从反向角度要求监察机关采取扣押（查封、冻结）措施必须要有证据证明扣押（查封、冻结）物与案件具有相关性，以避免扣押（查封、冻结）无关的物品，给当事人的财产权造成不当的侵犯。同时，“相关性”要件是确保扣押（查封、冻结）的证据具有相关性。这种相关性包括在扣押（查封、冻结）前，要有证据证明扣押（查封、冻结）物与待证事实有关，以及在扣押（查封、冻结）现场仅对与案件有关的物品进行扣押（查封、冻结）。一般而言，监察机关在实施查封、冻结前，对查封、冻结物比较清楚，其是否与案件有关比较好确定。而扣押一般是在搜查后实施，调查人员在到现场前对哪些物需要扣押并不一定完全知情，因而这种相关性证明只需要满足“合理怀疑”的标准，达到自由证明的程度即可。

（三）扣押（查封、冻结）的限制

1. 比例原则之限制

与搜查比较，扣押（查封、冻结）乃为时更久的处分，更应注意比例原则。首先，根据被调查人涉嫌违法犯罪行为的严重程度、被扣押（查封、冻结）对象物的重要程度、被扣押（查封、冻结）的对象利益受损大小程度等因素，认定不

---

① 参见［德］托马斯·魏根特：《德国刑事诉讼程序》，岳礼玲、温小洁译，中国政法大学出版社 2004 年版，第 107 页。

② 参见日本《刑事诉讼法》第 100 条第 1 款、第 2 款。［日］松尾浩也：《日本刑事诉讼法》（上卷），丁相顺译，中国人民大学出版社 2005 年版，第 74-75 页。

③ 参见最决昭 44·3·18［判例 A2］。转引自［日］松尾浩也：《日本刑事诉讼法》（上卷），丁相顺译，中国人民大学出版社 2005 年版，第 75 页。

④ ［法］贝尔纳·布洛克：《法国刑事诉讼法》，罗结珍译，中国政法大学出版社 2009 年版，第 383 页。

具有扣押（查封、冻结）必要性的时候，可不进行扣押（查封、冻结）。[①] 对于冻结措施，除了满足"贪污贿赂、失职渎职等严重职务违法或职务犯罪"这一条件外，还应具备"必要性"条件，即"涉案单位和个人为达到伪造、隐匿、毁灭证据的目的，有可能提取、转移其存款、汇款、债券、股票、基金份额等财产，以及其他情形，不采取冻结措施不足以防止这些情形的发生"[②]。其次，若有查封、扣押的必要性，应先命查封、扣押物质的所有人、持有人或保管人交出，若无正常理由拒绝交出，方执行强制查封、扣押。[③] 在强制查封、扣押时，强制力之运用，也不得逾越必要程度。最后，查封、扣押被调查人的财物，应当为被调查人及其所扶养的亲属保留必需的生活费用和物品。[④] 并且，扣押、冻结单位的涉案款物，应当尽量不影响该单位正常的办公、生产、经营等活动[⑤]。

2. 扣押（查封、冻结）公共机构财物的限制

我国现有法规对查封、扣押公共机构的财物未作限制，仅明确特定种类的资金、账户不得被冻结。[⑥] 这些对冻结设定限制的法规均是在监察机关成立前制定的，对监察机关理论上不具有约束力，但基于法律适用平等原则，监察

---

① 参见［日］松尾浩也：《日本刑事诉讼法》（上卷），丁相顺译，中国人民大学出版社2005年版，第74-75页。类似观点参见刘梅湘：《我国搜查制度之重构》，载《河北法学》2006年第7期，第71页。

② 中共中央纪律检查委员会中华人民共和国国家监察委员会法规室编写：《〈中华人民共和国监察法〉释义》，中国方正出版社2018年版，第138页。

③ 《监察法实施条例》第126条第1款规定："持有人拒绝交出应当查封、扣押的财物和文件的，可以依法强制查封、扣押。"

④ 参见《监察法实施条例》第126条第3款。

⑤ 中共中央纪律检查委员会中华人民共和国国家监察委员会案件审理室编著：《公职人员职务犯罪调查取证工作百问百答：以〈中华人民共和国监察法〉为视角》，中国方正出版社2019年版，第273页。另外，《监察法实施条例》第271条第2款规定："查封企业厂房、机器设备等生产资料，企业继续使用对该财产价值无重大影响的，可以允许其使用。对于正在运营或者正在用于科技创新、产品研发的设备和技术资料等，一般不予查封、扣押，确需调取违法犯罪证据的，可以采取拍照、复制等方式。"

⑥ 下列财产和账户不得冻结：金融机构存款准备金和备付金；特定非金融机构备付金；封闭贷款专用账户（在封闭贷款未结清期间）；商业汇票保证金；证券投资者保障基金、保险保障基金、存款保险基金、信托业保障基金；党、团费账户和工会经费集中户；社会保险基金；国有企业下岗职工基本生活保障资金；住房公积金和职工集资建房账户资金；人民法院开立的执行账户；军队、武警部队一类保密单位开设的"特种预算存款"、"特种其他存款"和连队账户的存款；金融机构质押给中国人民银行的债券、股票、贷款等。参见最高人民法院、最高人民检察院、公安部、证监会《关于查询、冻结、扣划证券和证券交易结算资金有关问题的通知》（法发〔2008〕4号）第5条、第6条；中国人民银行、最高人民法院、最高人民检察院、公安部《关于查询、冻结、扣划企业事业单位、机关、团体银行存款的通知》（银发〔1993〕356号）第5条。

取证规则应追加确认监察机关采取冻结措施适用于这些禁止性规定。此外,鉴于监察机关调查的是与职务有关的违法犯罪行为,经常有查封、扣押公职人员、政府机构的财物、文件的情形,监察机关对这类财物、文件查封、扣押,如涉及公职人员的职务秘密或机构秘密,应征得其本人或该机构的主管机构同意,不得强制查封、扣押,以尊重公职人员职务保密义务以及政府机构的完整性。同时,根据《监察法》第18条关于监察机关"有权依法向有关单位和个人了解情况,收集、调取证据。有关单位和个人应当如实提供"的规定,只要不妨碍国家利益,公职人员、政府机构不得拒绝提供查封、扣押物。

3. 扣押被调查人近亲属及特定职业人员的物品之限制

在德国,国家扣押有关证据的权力受到嫌疑人反对自证其罪特权以及防止特定的亲属之间的以及职业上的信任关系免受国家干涉的保护之限制。[①]根据《德国刑事诉讼法典》第97条"对拒绝证言权人的扣押禁止"的规定,被指控人的亲属(现为或曾为被控人的生活伴侣、配偶、直系血亲或姻亲)或有权拒绝作证的专业人员(神职人员、辩护人、律师、医师等)所拥有的特定物品不受扣押,包括"被指控人与拒绝证言权人之间的书面通讯,有权拒绝作证的专业人员对被指控人向他们信赖告知的事项所作的记录,以及上述人员有权拒绝作证的包括医生的检查结果在内的其他物品"[②]。此外,记者也享有同样的权利,从外部来源获得的信息和记者自行收集的资料不受扣押。[③] 若拒绝证言权人参与犯罪行为,或者如果扣押标的是通过犯罪行为获得,或实施或准备实施犯罪行为时使用,则不适用扣押限制。[④] 法律赋予特定群体的人或被指控人的近亲属享有拒绝提供证言(包括提供不利于被指控人的非言词证据)权的理念基础在于,维护特定职业人员与委托人之间的信任关系或家庭关系的和谐比国家获取证据的利益更为重要。

根据《刑事诉讼法》第193条第1款的规定,犯罪嫌疑人的配偶、父母、子

---

① 参见[德]托马斯·魏根特:《德国刑事诉讼程序》,岳礼玲、温小洁译,中国政法大学出版社2004年版,第107页。

② [德]托马斯·魏根特:《德国刑事诉讼程序》,岳礼玲、温小洁译,中国政法大学出版社2004年版,第108页。

③ 《德国刑事诉讼法典》第97条第5款、第53条第1款第5项。

④ 《德国刑事诉讼法典》第97条第2款。

女不得被强制出庭作证,未赋予其拒绝作证的特权,同时也未赋予特定的专业人员拒绝作证的特权。尽管如此,为体现和谐的价值和比例原则,笔者主张监察机关不得强制要求被调查人的配偶、父母、子女,以及辩护律师、医生等特定专业人员交出对被调查人不利的物品。若有证据证明上述人员参与犯罪,或者扣押物是犯罪所得或是犯罪工具,则不适用扣押限制。

4. 扣押(查封、冻结)期限限制

扣押(查封、冻结)作为对物的强制处分,应有一定的期限,以避免对涉案个人或单位生活、生产造成长久的影响。目前,《监察法》尚未规定扣押(查封、冻结)的期限。留置的期限一次不得超过 3 个月,最长不得超过 6 个月。[①]对于采取留置措施的案件,案件调查期限除了在少数情况下可以在留置措施被解除后延长一定时间,[②]一般等同于留置的期限,最长不超过 6 个月。由于案件调查终结后,监察机关就无继续实施查封(扣押、冻结)措施的权限,同时基于比例原则考量,查封(扣押、冻结)的期限建议设为 3 个月,逾期可再延长 3 个月,但最长不得超过 6 个月。其中,监察机关冻结的期限参照《关于查询、冻结、扣划企业事业单位、机关、团体银行存款的通知》(银发〔1993〕356 号)[③]、《关于查询、冻结、扣划证券和证券交易结算资金有关问题的通知》(法发〔2008〕4 号)[④]的相关规定,最长 6 个月[⑤]。逾期不办理续冻手续的,冻结自动解除。[⑥] 涉案财产已被其他机关冻结的,监察机关不得重复冻结,但因不同

① 《监察法》第 43 条。

② 《监察法实施条例》第 185 条第 2 款规定:"调查职务违法或者职务犯罪案件,对被调查人没有采取留置措施的,应当在立案后一年以内作出处理决定;对被调查人解除留置措施的,应当在解除留置措施后一年以内作出处理决定。案情重大复杂的案件,经上一级监察机关批准,可以适当延长,但延长期限不得超过六个月。"

③ 中国人民银行、最高人民法院、最高人民检察院、公安部《关于查询、冻结、扣划企业事业单位、机关、团体银行存款的通知》(银发〔1993〕356 号)关于"冻结单位存款的问题"规定:冻结单位存款的期限不超过 6 个月。有特殊原因需要延长的,人民法院、人民检察院、公安机关应当在冻结期满前办理继续冻结手续。每次续冻期限最长不超过 6 个月。逾期不办理继续冻结手续的,视为自动撤销冻结。

④ 最高人民法院、最高人民检察院、公安部、证监会《关于查询、冻结、扣划证券和证券交易结算资金有关问题的通知》(法发〔2008〕4 号)第 12 条规定:"冻结证券的期限不得超过二年,冻结交易结算资金的期限不得超过六个月。需要延长冻结期限的,应当在冻结期限届满前办理续行冻结手续,每次续行冻结的期限不得超过前款规定的期限。"

⑤ 参见《监察法实施条例》第 108 条。

⑥ 参见《监察法实施条例》第 108 条。

案件可以进行轮候冻结。[①]

5. 夜间扣押之限制

除特殊情形外，搜查一般不宜在夜间实施。对于搜查之后的扣押处分，理应同样不宜在夜间实施，其例外情形与夜间搜查例外情形同，不再赘述。

（四）扣押（查封、冻结）的审批

在很多国家和地区，为防止执法官员滥用扣押对公民的财产权造成不当侵犯，除例外情形外，扣押的实施需要获得法官签发的令状，否则扣押获得的证据不得作为证据使用。[②] 与搜查一样，我国检察院、公安机关、监察机关实施扣押（查封、冻结）均采取的是“行政审批”方式。为强化对扣押（查封、冻结）措施使用的监督制约，关于这几类措施的审批程序应予以细化。

1. 明确扣押（查封、冻结）的审批主体

这三种措施并不以搜查的实施为限，故应有单独的审批程序，加之，其强制程度低于搜查，审批层级宜低于搜查。根据相关规定，监察机关采取扣押（查封、冻结）措施的审批程序与这一标准相符。其中，冻结同级党委管理的正职领导干部财产，报监委主要负责人审批；冻结同级党委管理的正职领导干部以外的人员、单位财产，报监委分管领导审批。对于查封、扣押，则统一报同级监委分管领导审批。笔者认为，扣押（查封、冻结）均属于同一类强制处分措施，强制程度无明显差别，在审批模式上不宜存在差别。另外，鉴于这三类措施涉及对公民财产权的侵犯，不宜轻易启动，在审批程序上应从严把握。同时，为兼顾效率，根据措施的适用对象的级别或差异，应采取“差别化审批”模

① 参见《监察法实施条例》第 109 条。

② 例如，美国宪法第四修正案保护公民免于不合理的搜查和逮捕。除一些例外情形外，搜查和扣押必须要有令状。例外情形包括：一目了然法则、当事人同意（对搜查领域有占有权的当事人自愿且自由地同意执法部门搜查）、搜查汽车（警察如果相信存在违禁物，可对汽车里的领域进行搜查，同时也可对汽车前排的杂物柜搜查，以寻找存在危险的武器或其他物品）、免于伤害（如果执法部门认为某人处于紧急危险中，可无证搜查）、免于破坏（如果执法部门认为在搜查令获得前，证据会被灭失或损害，被允许在没有搜查令的情况下扣押该证据）。在德国，扣押只能由法院命令，迟延就有危险时允许由检察院及其侦查人员命令，这种情形的扣押应当在三日内申请法院确认。并且，对编辑部、出版社、印刷厂或无线广播台之处所的扣押，只能由法院命令（参见德国《刑事诉讼法》第 98 条第 1 款、第 2 款）。在我国台湾地区，立法将搜查、扣押两种处分规定于同一章节，不采取独立扣押票之立法方式，规定搜索票应记载扣押之物（台湾“刑事诉讼法”第 128 条），而搜索票需要法官签发。

式。具言之,监察机关采取扣押(查封、冻结)的审批程序可规定如下:扣押(查封、冻结)同级党委管理的正职领导干部的财产、文件的,报监委主要负责人审批;扣押(查封、冻结)同级党委管理的正职领导干部以外的人员、单位的财产、文件的,报监委分管领导审批。

2. 明确扣押(查封、冻结)证记载的内容

扣押(查封、冻结)物特定是确保扣押(查封、冻结)物与案件相关性的要求,有助于避免扣押(查封、冻结)与案件无关的物品。虽然《监察法》明确调查人员实施搜查时须出示搜查证,但未要求实施扣押时须出示扣押证。不同于搜查之发现证据目的,扣押是保全证据与没收物之用,如有单独的扣押证,更便于后续证据和涉案财物的审查,同时具有防止调查人员滥用扣押权之功用。并且,扣押有时并不是附随于搜查的,例如,基于当事人同意的扣押,以及查封、冻结。调查人员实施扣押前报监察机关领导批准的文书,应记载拟扣押的具体物品,并在实施扣押时,向当事人出示该文书,使之发挥扣押证的功能。扣押、查封证的内容应明确具体,建议应载明下列事项:(1)案由;(2)被扣押对象(人或单位)及扣押标的;(3)执行的有效期限。监察机关向有关机关出具《协助冻结财产通知书》,应当填写账户名称、冻结账号、冻结数额、冻结期限起止时间等信息。冻结数额应当与涉案金额相当,不得明显超过涉案金额范围。冻结数额应当具体、明确,暂时无法确定具体数额的,应当在《协助冻结财产通知书》上明确写明“只收不付”。冻结证券和交易结算资金时,应当明确冻结的范围是否及于孳息。①

为避免扣押(查封、冻结)无关财物对权利人造成影响,建议在扣押(查封、冻结)后三日内,由调查组组长审查扣押物是否与案件有关。若认定有关,应按扣押(查封、冻结)报批程序重新报批。对不相关的扣押(查封、冻结)物,经审批,应当在查明后三日以内解除查封(扣押、冻结),予以退还;②对于扣押(查封、冻结)的违禁物应根据相关规定移交相关部门;对于另案扣押物,应移交有管辖权的机关。

① 参见《监察法实施条例》第105条第3款。

② 参见《监察法实施条例》第134条。

（五）扣押（查封、冻结）的程序及要求

扣押（查封、冻结）的程序既是对监察调查人员权力的程序性控制，也是确保扣押（查封、冻结）的证据的真实性、同一性。查封、扣押、冻结的程序与搜查的实施程序存在许多共同之处。[①] 对于相同之处，不再赘述，下文仅阐述与搜查不同的程序及要求。

1. 扣押（查封、冻结）的清单制作

扣押（查封、冻结）时制作笔录或清单，旨在确保所收集保全的证据的来源真实性。“扣押的物证、书证，未附笔录或者清单，不能证明物证、书证来源的，不得作为定案的根据。”[②]因此，监察机关实施扣押（查封、冻结）时，应遵循《监察法》和刑事审判的要求制作清单，并由调查人员、见证人和持有人签名或者盖章。[③]

2. 冻结的程序

由于冻结的对象涉及存款等财产，监察机关不能直接实施冻结，应由专业机关实施。故监察机关决定采取冻结后，由相关机关执行时，应当提供《协助冻结财产通知书》，并应当通知权利人或者其法定代理人、委托代理人，要求其在《冻结财产告知书》上签名。[④]

3. 基于当事人同意的扣押（查封、冻结）程序

实践中，存在被调查人主动投案时携带涉案财物的情形。由于这时还尚未立案，无法对这些财物采取查封、扣押手续。监察机关对被调查人及相关人员主动上交的财物，可以先予以暂扣（封存），[⑤]并向投案人开具接收凭证。立案后，对上交财物涉嫌职务违法或职务犯罪的部分，决定采取查封、扣押或冻结手续。

对于被调查人到案后，其亲友受被调查人委托或者主动代为向监察机关

---

① 相同之处包括出示证件，出具书面通知，由二人以上进行，形成笔录、报告等书面材料，并由相关人员签名、盖章，以及全过程进行录音录像。参见《监察法》第 41 条。

② 参见《刑事诉讼法解释》第 86 条第 1 款。

③ 《监察法实施条例》第 126 条第 2 款规定：“调查人员对于查封、扣押的财物和文件，应当会同在场见证人和被查封、扣押财物持有人进行清点核对，开列《查封/扣押财物、文件清单》，由调查人员、见证人和持有人签名或者盖章。持有人不在场或者拒绝签名、盖章的，调查人员应当在清单上记明。”

④ 参见《监察法实施条例》第 110 条第 1 款。

⑤ 参见《监督执纪工作规则》第 34 条。

退还或者赔偿涉案财物的情形,可参照《人民检察院刑事诉讼涉案财物管理规定》相关规定,[①]按照扣押(查封、冻结)的程序办理,即符合相关条件的,监察机关应当开具扣押(查封、冻结)决定书,并由调查人员、代为退还人或者赔偿的人员和有关规定要求的其他人员在清单上签名或者盖章。代为退还或者赔偿的人员应当在清单上注明系受被调查人委托或者主动代为被调查人退还或者赔偿。

第三节　技术调查取证规则

职务犯罪是高智能型犯罪、高隐秘性犯罪,侦查中取证难、固定证据难问题十分突出,对其使用技术侦查比对普通犯罪更具有必要性。[②] 国家监察体制改革后,新成立的监察委员会被赋予采取技术调查措施的权限,[③]以适应承担打击职务犯罪新任务的需要。同时,我们还应看到,与技术侦查措施一样,技术调查措施是一项干预公民通信自由权、隐私权等基本权利的强制处分措施、取证措施,若不受有效规范而滥用,则既会使公民的基本权利难以得到保障,也会阻碍真相发现,损及政治、社会秩序。目前,《监察法》关于技术调查的规范仅规定在第28条,虽然包括该措施的适用条件、执行机关、期限、种类和对象,但内容较为原则、抽象,有违法律明确性原则,[④]不利于规制监察技术调查权的行使和保障公民的基本权利。为此,《监察法实施条例》设专节

① 参见最高人民检察院《人民检察院刑事诉讼涉案财物管理规定》(2015年3月6日施行)第6条:"犯罪嫌疑人到案后,其亲友受犯罪嫌疑人委托或者主动代为向检察机关退还或者赔偿涉案财物的,参照《人民检察院刑事诉讼规则(试行)》关于查封、扣押、冻结的相关程序办理。符合相关条件的,人民检察院应当开具查封、扣押、冻结决定书,并由检察人员、代为退还或者赔偿的人员和有关规定要求的其他人员在清单上签名或者盖章。代为退还或者赔偿的人员应当在清单上注明系受犯罪嫌疑人委托或者主动代为犯罪嫌疑人退还或者赔偿。"

② 参见朱孝清:《试论技术侦查在职务犯罪侦查中的适用》,载《国家检察官学院学报》2004年第1期,第112页。

③ 参见《监察法》第28条。

④ 所谓法律明确性原则,系以"关于公权力措施会如何限制基本权利(构成要件)/限制到何种程度(法律效果)的立法,应明确到使受规范者得以清楚预见而可措及手足"为核心内涵。参见陈爱娥:《如何明确适用法律明确性原则》,载《月旦法学》2002年第9期。转引自艾明:《调取证据应该成为一项独立的侦查取证措施吗?——调取证据措施正当性批判》,载《证据科学》2016年第2期,第160页。

“技术调查”对技术调查措施的实施作了较为详细的规定，但相关内容仍不够系统、全面。目前，有一些文献就完善监察机关技术调查措施的使用规范提供了很多建设性建议。[①] 不过，有的建议，诸如将监察技术调查的类型适当扩展至便衣调查和控制下交付或主张组建监察委员会内部技术调查部门以打造监察技术调查一体化机制，[②]尽管逻辑上具有自洽性，但打击犯罪的考量有余，而限权、保障人权的考量不足，且存在违宪疑虑。

鉴于监察机关在我国权力架构中的权威地位及技术调查措施的特点，本节以“廉洁监察”为理念，在平衡“打击腐败犯罪”与“保障人权”两种价值的基础上，构建监察技术调查取证规则。

一、技术调查措施概述

（一）技术调查措施的由来

为厘清技术调查措施的内涵和外延，有必要先了解技术调查措施的由来。我国1993年制定的《中华人民共和国国家安全法》（以下简称《国家安全法》）、1995年制定的《中华人民共和国人民警察法》（以下简称《人民警察法》）中出现了“技术侦察措施”的概念，即国家安全机关因侦察危害国家安全行为的需要、侦查机关因侦查犯罪的需要，“根据国家有关规定，经过严格的批准手续，可以采取技术侦察措施”[③]。2012年修改的《刑事诉讼法》首次出现了“技术侦查措施”概念，该法赋予了公安机关、检察机关采取技术侦查措施的权限，同时规定了该措施的适用条件、程序、期限、保密要求等。有观点认为，2012年《刑事诉讼法》修正时之所以在立法用语上改称“技术侦查措施”一语，而未沿用“技术侦察措施”这一表述，主要是因为立法者受到学界观点的影响逐渐认识到“侦察”这一表述作为立法用语并不规范，从而作了修正。[④]

---

① 代表性文献参见倪铁：《监察技术调查权运作困境及其破局》，载《东方法学》2019年第6期，第41-50页；郭少杰：《监察法中的技术调查措施研究》，载《山东警察学院学报》2019年第2期，第78-83页。

② 参见倪铁：《监察技术调查权运作困境及其破局》，载《东方法学》2019年第6期，第47-48页。

③ 1993年《国家安全法》第10条规定：“国家安全机关因侦察危害国家安全行为的需要，根据国家有关规定，经过严格的批准手续，可以采取技术侦察措施。”1995年《人民警察法》第16条规定：“公安机关因侦查犯罪的需要，根据国家有关规定，经过严格的批准手续，可以采取技术侦察措施。”

④ 参见樊崇义主编：《刑事诉讼法学》（第3版），法律出版社2013年版，第347页。

"技术侦察措施"与"技术侦查措施"两个概念并没有实质差异,系同一法律概念。①

国家监察体制改革后,随着检察院原反贪污贿赂等三部门转隶至监察委员会,监察委被赋予了调查职务犯罪案件的权限。为履行好这一新的职责,有效打击腐败犯罪,监察机关理应被赋予与检察机关相同的侦查权限,其中就包括技术侦查权。《监察法》之所以使用"技术调查措施"概念,原因有二:一方面,监察机关行使的是调查权,不是侦查权,使用"技术调查措施"这一术语符合监察机关调查权的性质。另一方面,使用这一术语是对国家监察体制改革前纪检监察机关采取"技术调查措施"的经验总结和术语沿用,②同时也是对技术调查权行使的法治化。

综上,从"技术调查措施"的渊源看,它本质上就是"技术侦查措施",二者的执行机关均是公安机关等有关机关,因而两者性质是一样的,只是在不同法律中的不同表述。"技术调查措施"与"技术侦查措施"的"异体同源"关系为监察机关技术调查取证参照适用技术侦查措施的法律规定以及与刑事审判对"技术侦查措施"收集材料的要求和标准相一致,提供了法理依据。同时,由于"技术调查措施"被规定在《监察法》中,决定实施主体是监察机关,而监察机关采取调查措施适用的是监察程序,技术调查取证规则会因此而呈现一些与技术侦查取证规则不同的特点。

(二)技术调查措施的法律性质

厘清技术调查措施的性质是构建技术调查取证规则的基础。而厘清其性质需要首先从定义入手。《监察法》对技术调查措施未有明确的定义。《〈中华人民共和国监察法〉释义》将技术调查措施解释为,"监察机关为调查职务犯罪需要,根据国家有关规定,主要通过通讯技术手段对被调查人职务违法犯罪行为进行调查。通讯技术手段通常包括电话监听、电子监控、拍照或者录像等手段获取某些物证等。随着科学技术的发展,技术调查手段也会不断地发

① 参见樊崇义主编:《刑事诉讼法学》(第3版),法律出版社2013年版,第347页。

② 在《监察法》制定前,党内法规《监督执纪工作规则(试行)》(已失效)就已赋予纪检监察机关技术调查措施,其第23条第2款规定:"需要采取技术调查或者限制出境等措施的,纪检机关应当严格履行审批手续,交有关机关执行。"

展变化"[①]。该解释将技术调查措施界定为运用通讯技术手段调查职务犯罪的措施,但对其法律性质、定义仍未明确。由于技术调查措施与技术侦查措施一样,不妨从考察技术侦查措施的性质入手。我国《刑事诉讼法》未对技术侦查措施予以明确定义。权威观点将其定义为:"公安机关为侦查犯罪需要,根据国家有关规定,采取的一种特殊侦查措施。"[②]换言之,技术侦查措施是一种特殊侦查措施。至于技术侦查措施的特殊之处在哪,该定义并未明确,因而仍是一个模糊的定义。

在有些国家和地区的立法中,与我国《刑事诉讼法》中的"技术侦查措施"对等的概念是"通讯监察"或"监听"。监听在美国法中是一种"特殊类型的搜索与扣押"[③]。主流观点认为,监听属于强制处分之范围。[④] 我国台湾地区实务界认为,监听是法定侦查方法之一。[⑤] 有论者认为,监听是"新型态之强制处分"[⑥]。笔者更倾向于将技术侦查措施(监听)视为是"新型态之强制处分"。与搜查、扣押等传统型强制处分不同,技术侦查措施是在人民"不知不觉"情况下对其秘密通信自由权、隐私权的干预。不仅如此,德国联邦法院甚至认为,若某人与说话者进行交流并秘密录音,就等于侵害了说话者的人格尊严以及自主言说的权利。[⑦] 而且,技术侦查措施具有隐秘性、持续性(一定期间内实施),权利侵犯性更强。说技术侦查措施是强制处分或侦查方法均没问题,这同样适用于描述其他侦查措施,而以"新型态之强制处分"定性技术侦查措施则可体现其不同于一般侦查措施之特殊性。

此外,《刑事诉讼法》规定了技术侦查措施的两种用途:一种是为了侦查

---

① 中共中央纪律检查委员会中华人民共和国国家监察委员会法规室编写:《〈中华人民共和国监察法〉释义》,中国方正出版社 2018 年版,第 153 页。

② 郎胜主编:《〈中华人民共和国刑事诉讼法〉修改与适用》,新华出版社 2012 年版,第 277 页。

③ 美国联邦最高法院 1967 年在 Berg v. New Yory 案中,认定依美国联邦宪法增修条文第 4 条之文字内容,有线或无线电监听应视为搜索行为,截取通讯视为"有体物"。

④ 参见黄朝义:《刑事诉讼法》(第 5 版),台北,新学林出版股份有限公司 2017 年版,第 321 页;蔡墩铭:《监听与强制处分》,载《法令月刊》1991 年第 6 期,第 5 页。

⑤ 参见台湾地区 2009 年度台上字第 3644 号判决。

⑥ 林钰雄:《刑事诉讼法》(上册 总论编),台北,元照出版有限公司 2010 年版,第 443-444 页。

⑦ BGHSt14,358,359-60,364-65. 转引自[美]史蒂芬·沙曼:《比较刑事诉讼:案例教科书》,施鹏鹏译,中国政法大学出版社 2018 年版,第 71 页。

重大刑事案件，服务于取证目的；另一种是为了“追捕被通缉或者批准、决定逮捕的在逃的犯罪嫌疑人、被告人”①，服务于追捕目的。立法之所以规定侦查机关、检察机关追捕犯罪嫌疑人可以采取技术调查措施，是考虑这一措施对于追捕的必要性。与侦查机关一样，监察机关在调查中有时也涉及对被通缉在逃的被调查人进行追捕的问题。那么，监察机关能否因为追捕目的，对被通缉的被调查人采取技术调查措施呢？对此，《监察法》未作明确规定。不过，根据监察机关制定的相关内部规定，监察机关为追捕目的可决定采取技术调查措施。由于技术侦查措施可以被用于追捕，而技术侦查措施与技术调查措施性质一样，监察机关为追捕目的采用技术调查措施不存在法理问题。

综上，由于技术调查措施与技术侦查措施性质一样，故技术调查措施同样是一种“新型态之强制处分”，服务于取证目的和追捕目的。据此，笔者尝试将技术调查措施定义如下：“监察机关在调查职务犯罪案件中，为收集证据或追捕在逃被调查人，根据国家有关规定，对被调查人及相关涉案人员通信自由权、隐私权等基本权利的强制处分。”

（三）监察机关采取技术调查措施的原则

作为干预公民通信自由权的强制处分措施，无论是立法层面还是监察执法层面，技术调查措施均应受法律保留原则和比例原则的约束，这符合保护公民通信自由权、隐私权免受侵害的宪法意旨。技术调查措施遵循法律保留原则的要义在于，该措施的实施应基于具体的适用范围、对象、涉嫌罪名、期限等，依法获得授权，并依法定程序实施。技术调查措施的比例原则在于，应遵循重罪原则（技术调查措施的适用应限于重大严重犯罪）、必要性原则、相关性原则（技术调查措施的实施应基于一定的理由）、期限限制原则（技术调查措施的实施应受期间限制，并遵守最小侵害原则）、事后通知原则（技术调查结果应告知适用对象）。

上述原则体现在具体技术调查取证规则中，具体包括：技术调查措施的实体规制（适用范围和对象、适用条件、措施种类、期限），程序规制（审批程序、执行程序、所得资料的后续处理程序），以及违法技术调查的法律后果（证据

---

① 《刑事诉讼法》第150条第3款。

排除规则、法律责任)。技术调查取证的实体规制、程序规制着眼的是对该取证行为的事前、事中监督,均属于过程监督。对违法技术调查进行制裁,则属于结果监督(相关内容在第3章、第6章有详述,此章不再赘述)。没有结果监督,过程监督就会失去威慑力,使制度形成空文。同样,没有过程监督,仅有结果监督,则会因预防性监督的缺位,导致结果监督的压力过大甚至失灵。并且,若一项制度总是在"危害已产生,后果已形成"的情形下才开始介入,相当于加大了制度的运行成本收益比,无法实现制度利益的最大化。故违反技术调查的法律后果的设定应与技术调查取证的实体规制、程序规制相辅相成,共同实现规范技术调查取证行为的目的。

二、技术调查取证的实体规制

现有法律关于技术调查措施的种类、适用对象、适用条件、期限等方面的规定均较为原则,不符合法律明确性原则。对这些内容予以明确界定,是对技术调查措施的实体规制。

(一)技术调查措施的种类

根据强制处分法定原则,监察机关采取技术调查措施的种类必须法定,使用法定种类之外的技术调查措施,则构成违法。故明确技术调查措施的种类是对该措施的实体控制。《监察法》第28条虽然规定"批准决定应当明确采取技术调查措施的种类和适用对象",但对技术调查措施的种类未作规定。根据《〈中华人民共和国监察法〉释义》对技术调查措施的解释,技术调查措施的种类通常包括"电话监听、电子监控、拍照或者录像等手段获取某些物证等"[①]。该解释对技术调查措施的种类的界定不够明确、具体,存在诸如"等手段""获取物证等"的模糊表述,且将取证种类限定为物证,导致措施种类的范围过窄。对此,有必要考察比较法上的监听(通讯监察)及我国技术侦查措施的定义及种类。

在德国,等同于技术侦查措施的种类包括:监听和记录电信通讯、住宅监听、住宅外监听、提取电信通讯数据、住宅外的其他技术手段、移动无线通讯仪

---

① 中共中央纪律检查委员会中华人民共和国国家监察委员会法规室编写:《〈中华人民共和国监察法〉释义》,中国方正出版社2018年版,第153页。

情况下的侦查、提供基本数据之讯息。[①] 德国学者魏根特将这些措施分为邮件检查、电子通讯的监控与记录和其他电子监控和记录。[②] 在法国,技术侦查措施主要是电话监听。预审法官可因侦查需要,命令截留、录制与登录经电讯途径发出的通讯。[③] 在我国台湾地区,“通讯保障及监察法”将“监察”定义为:通讯[④]监察以截收、监听、录音、录像、摄影、开拆、检查、影印或其他类似之必要方法为之。但不得于私人住宅装置窃听器、录像设备或其他监察器材(第13条第1项)。[⑤] 在我国香港特别行政区,技术侦查措施由“截取”和“秘密监察”两部分组成。其中,截取是指对任何通讯行为的截取。秘密监察分为第Ⅰ类监察和第Ⅱ类监察:第Ⅱ类监察是指“由某人使用监听器材或视光监察器材,为监听、监测或记录任何其他人所说的话或所进行的活动的目的而进行的任何秘密监察”。第Ⅰ类监察是指不属于第Ⅱ类监察以外的其他秘密监察。[⑥] 可见,比较法上的技术调查(侦查)措施一般包括两部分:通讯监听或截取,以及通讯之外的监控(秘密监察)。

我国《刑事诉讼法》未明确技术侦查措施有哪些种类。实务界的观点认定技术侦查措施的种类,“通常包括电子监听、电话监听、电子监控、秘密拍照或者秘密录像、秘密获取某些物证、邮件检查等专门技术手段”[⑦]。《公安机关办理刑事案件程序规定》第264条规定“技术侦查措施”的种类包括“记录监控、行踪监控、通信监控、场所监控”这四类。上述两个关于技术侦查措施的种类界定方法并不一致,前者是按照监控的方式进行划分,后者则是按照监控的对象进行划分。按照监控的对象划分并不能反映监控的具体措施,不符合

---

① 德国《刑事诉讼法》第100条。

② 参见[德]托马斯·魏根特:《德国刑事诉讼法》,岳礼玲、温小洁译,中国政法大学出版社2004年版,第120-128页。

③ 参见[法]贝尔纳·布洛克:《法国刑事诉讼法》,罗结珍译,中国政法大学出版社2009年版,第387页。

④ “通讯”是指利用电信设备发送、储存、传输或接收符号、文字、影像、声音或其他信息之有线及无线电信;邮件及书信;言论及谈话。参见我国台湾地区“通讯保障及监察法”第3条。

⑤ 参见傅美惠:《侦查法学》,中国检察出版社2016年版,第299页;邓立军:《非法监听所获材料之证据能力的比较法考察》,载《中国人民公安大学学报(社会科学版)》2008年第4期。

⑥ 参见我国香港特别行政区《截取通讯及监察条例》第2条“释义”。

⑦ 郎胜主编:《〈中华人民共和国刑事诉讼法〉修改与适用》,新华出版社2012年版,第277页。

法律明确性原则,宜按照监控的方式来划分。结合上述两个关于技术侦查措施的定义,按照监控的方式划分,我国技术侦查措施的种类同样可分为两类:通信监控(包括电子监听、电话监听、电子监控等监控方式)、秘密监察(秘密拍照或者秘密录像、秘密获取某些物证、邮件检查等专门技术手段,涉及记录监控、行踪监控、场所监控)。此外,《公安机关办理刑事案件程序规定》在“技术侦查”这一节还规定公安机关可以“实施隐匿身份侦查和控制下交付收集的材料在刑事诉讼中可以作为证据使用”①,意味着这两种措施也属于“技术侦查措施”种类。

通过比较可看出,技术调查措施的种类范围显然窄于技术侦查措施,前者专指通讯监听,后者则除了使用通讯技术手段外,还包括秘密监察,以及实施隐匿身份侦查和控制下交付。那么,监察机关的技术调查措施种类是否应与公安机关实施的技术侦查措施的种类一致?由于技术调查措施和技术侦查措施的性质一致,执行机关都是公安机关等机关,二者若涵盖的措施种类一致,在法理上并不存在问题。为此,学界也有观点主张将监察技术调查的类型适当扩展至便衣调查和控制下交付。② 不过,基于监察机关办理案件的特点及“廉洁监察”的理念,技术调查措施的种类不宜包括隐匿身份侦查、控制下交付,理由有以下几点。

首先,隐匿身份实施侦查、控制下交付这两种措施主要适用于毒品案件。这种案件通常事先不知道犯罪嫌疑人是谁,取得证明犯罪嫌疑人犯罪的证据也较难,有必要通过采取隐匿身份侦查或控制下交付获得相关证据。然而,监察机关办理的案件通常是“由人到事”的调查、证明模式,找到谁是涉嫌犯罪的人并不是难事,隐匿身份侦查、控制下交付的必要性不大。其次,也是更为重要的一点理由是,上述两个措施尽管有助于查明犯罪事实,但同时也存在促使他人产生犯罪意图、诱使犯罪,致使政府自身陷入制造犯罪的风险。我国台湾学者林钰雄认为,卧底警探“犹如一面白脸,一面黑脸的双面人,横跨黑白两道,一方面极易遭受滥用,深入侵害人民的基本权,另一方面又极难予以控

① 参见《公安机关办理刑事案件程序规定》第273条。

② 参见倪铁:《监察技术调查权运作困境及其破局》,载《东方法学》2019年第6期,第47页。

制，导致到底是打击犯罪还是帮助犯罪的疑虑”[①]。不仅如此，卧底警探引发的问题还包括其自身的犯罪如何评价；因隐匿身份不能亲自出庭作证，而与直接审理原则相冲突的疑虑。[②] 即便立法规定隐匿身份调查、控制下交付不得促使他人产生犯罪意图、诱使犯罪，但证明被调查人事先具有犯罪意向，或调查人员行为不构成诱使或教唆本身就非常难，从而常陷入国家到底是追诉犯罪还是制造犯罪的界限与争论中。因而，对于这些游走于法治国家边缘的追诉手法，必须有所节制，不宜将这两类措施引入技术调查措施的种类范畴。

不过，《〈中华人民共和国监察法〉释义》关于技术调查措施种类的界定仅限于通讯监听类，范围过窄，不利于打击腐败犯罪。结合比较法经验，并基于《刑事诉讼法》中技术侦查措施的种类，有必要将秘密拍照、录像等属于“秘密监察”类措施纳入技术调查措施的范围。另外，鉴于查询、调取通讯信息，扣押邮件、电报，均涉及对当事人通信自由权、隐私权的强制干预，符合技术调查措施的性质，为更好保障公民的上述权利，应将之纳入技术调查的种类受技术调查取证规则所规范。此外，鉴于住宅监听涉及对被监听者私人核心领域的侵入，是近年以来各国争执不休的“杀戮战场”[③]，不宜将之纳入技术调查措施的种类范围，以符合宪法保障公民秘密通信自由、隐私权之意旨。综上，技术调查措施的种类可包括：电子监听、电话监听、电子监控等通讯监听手段，以及除住宅监控之外的秘密拍照、录像、邮件检查、通信查询等秘密监察手段。

（二）技术调查措施的适用对象

技术侦查措施的适用对象是犯罪嫌疑人、被告人以及与犯罪活动直接关联的人员。[④] 类似地，技术调查措施的适用对象应包括被调查人、共犯及与案件调查有直接关联的人员。在我国台湾地区，监听对象除了被告或犯罪嫌疑人外，还包括为其发送、传达、收受通讯之人以及提供通讯器材或处所之人。[⑤] 依法对被调查人、共犯采取技术调查措施自无疑义。能否对辩护律师与被调

① 林钰雄：《刑事诉讼法》（上册　总论编），台北，元照出版有限公司 2010 年版，第 452 页。
② 参见林钰雄：《刑事诉讼法》（上册　总论编），台北，元照出版有限公司 2010 年版，第 452 页。
③ 参见林钰雄：《刑事诉讼法》（上册　总论编），台北，元照出版有限公司 2010 年版，第 444 页。
④ 参见《公安机关办理刑事案件程序规定》第 264 条第 2 款。
⑤ 我国台湾地区“通讯保障及监察法”第 4 条。

查人之间的通讯进行监听？除非有证据证明辩护律师、被调查人存在串供、伪造、隐匿证据的行为，否则，不得对二者之间的往来材料采取扣押、调取措施。技术调查措施作为比这两个措施强制程度更高的措施，上述限制应同样适用于技术调查措施，即监察机关得知通讯是在被调查人与辩护律师之间发生，应立即中断监听，若继续监听双方的通讯内容，应属违法监听。此外，由于被调查人之外的第三人（非共犯）无忍受强制处分的义务，对其采取技术调查措施，应有更严格的限制，必须基于特定事实认为该通讯与案件有关，才能申请对其采取技术调查措施。

（三）技术调查措施的适用条件

1. 技术调查措施适用的案件范围

现代法治国家实施技术侦查措施一般是以“重罪原则”为主。“重罪原则”的原理在于，技术调查措施的适用条件不宜过于宽泛，应以重罪为适用条件，以避免因技术调查措施随意启动而演变为无所不包、无所不听之后果，进而出现大范围侵犯公民基本权利的局面。在确定重罪范围方面，其他法域存在以下几种主要模式：第一种是“刑期限制”模式。例如，法国法规定司法监听的条件是“刑罚2年及以上监禁刑”①；在我国台湾地区，这一条件是“最轻本刑三年以上有期徒刑之罪”，对于非3年以上有期徒刑之罪者，基于侦查之需要，亦可实施监听。② 第二种是“罪名列举+刑期限制”模式。例如，意大利允许监听的罪名是《意大利刑事诉讼法典》列举的罪名及部分判处5年以上有期徒刑的罪名。③ 第三种是“罪名列举”模式。这种模式以德国为代表。德国《刑事诉讼法典》规定监听和记录电信通讯的条件是“严重犯罪行为”，住宅

---

① ［法］贝尔纳·布洛克：《法国刑事诉讼法》，罗结珍译，中国政法大学出版社2009年版，第387页。

② 我国台湾地区“通讯保障及监察法”第5条。

③ 《意大利刑事诉讼法典》第266条规定：可以对下列犯罪中的谈话、电话通信和其他形式的通讯进行监听：（a）依法应判处无期徒刑或5年及以上有期徒刑的非过失犯罪……；（b）依法应判处5年以上有期徒刑的危害公共管理的犯罪……；（c）涉及麻醉药品或精神刺激药物的犯罪；（d）涉及武器和爆炸物的犯罪；（e）涉及走私的犯罪；（f）侮辱、威胁、放高利贷、金融欺诈、骚扰或电话骚扰的罪行。转引自［美］史蒂芬·沙曼：《比较刑事诉讼：案例教科书》，施鹏鹏译，中国政法大学出版社2018年版，第63页。

监听的条件是“特别严重犯罪行为”,并列举了各自涵盖的罪名。[①] 第四种是“模糊概括”模式。例如,西班牙最高法院规定,(可实施监听的)必须是重大犯罪或者对社会生活造成重大损害的犯罪(例如由公职人员实施的犯罪)。[②] 相比而言,“罪名列举+刑期限制”更为科学,既能体现技术侦查措施适用的“重罪原则”,又符合法律明确性原则以及立法的简约性。

根据《监察法》第 28 条,监察机关采取技术调查措施的案件范围是“涉嫌重大贪污贿赂等职务犯罪”。从文义看,此处的“等职务犯罪”应作“等外等”解释,意味着技术调查措施可适用于监察机关管辖的所有罪名,贪污贿赂罪名仅是该措施适用的主要对象。根据《〈中华人民共和国监察法〉释义》,“重大”,一般是指犯罪数额巨大,造成的损失严重,社会影响恶劣等。此外,对于其他重大职务犯罪案件,如确有必要,监察机关也可以采取技术调查措施。[③] 可见,《〈中华人民共和国监察法〉释义》关于技术调查措施的案件范围界定采用的是“模糊概括”模式,不够明确、范围宽泛,存在对轻罪案件适用技术调查措施的可能性,进而违背采取技术调查措施所遵循的“重罪原则”。对此,《监察法实施条例》第 153 条对“重大”作了更科学合理、具体的界定,具体包括以下三种情形之一:(1)“案情重大复杂,涉及国家利益或者重大公共利益”;(2)“被调查人可能被判处十年以上有期徒刑、无期徒刑或者死刑”;(3)“案件在全国或者本省、自治区、直辖市范围内有较大影响”。

相比用于取证的技术侦查措施,用于追捕的技术侦查措施则没有特定的案件范围,原因是前者属于“侵入式”监控措施,对公民人权的干预程度较高,而后者属于“非侵入式”监控措施,对公民人权干预程度不高,无须对其适用的案件范围进行限制。[④] 尽管如此,在这一情形下,技术侦查措施适用的条件仍须满足“犯罪嫌疑人达到应逮捕”的标准。由于通缉的条件是“依法应当留置的被调查人如果在逃”,而留置的涉案要件是“涉嫌贪污贿赂、失职渎职

---

① 德国《刑事诉讼法》第 100 条 a、第 100 条 c。

② 参见西班牙最高法院 1992 年 6 月 18 日的裁决。转引自[美]史蒂芬·沙曼:《比较刑事诉讼:案例教科书》,施鹏鹏译,中国政法大学出版社 2018 年版,第 65 页。

③ 中共中央纪律检查委员会中华人民共和国国家监察委员会法规室编写:《〈中华人民共和国监察法〉释义》,中国方正出版社 2018 年版,第 153 页。

④ 参见樊崇义主编:《刑事诉讼法学》(第 3 版),法律出版社 2013 年版,第 349 页。

等严重职务违法或者职务犯罪”，故被通缉的被调查人很可能只构成严重职务违法，而不构成重大职务犯罪，低于《监察法》要求技术调查措施须达到“涉嫌重大贪污贿赂等职务犯罪”的条件。为此，根据强制处分法定原则，在《监察法》未对技术调查措施的适用设例外情形下，监察机关基于追捕目的采取技术调查措施同样需要符合《监察法》第 28 条的规定，即被通缉的被调查人涉嫌重大贪污贿赂等职务犯罪。

2. 技术调查措施启动的证明标准

相关性原则要求，技术调查措施的发动应满足一定的理由，证明监控的对象或内容与调查的案件有关，而不能单纯凭主观感觉判断有无实施之必要，以避免随意发动技术调查措施，而使公民基本权利被大范围侵害。有些法域对于监听的启动条件，一般均须达到一定的证明标准，由低到高大致存在以下几种：一是法国法要求的“当侦查有需要”标准[①]；二是达到“可能理由”(probable cause)标准，以美国为代表；[②]三是德国法规定的“构成实施特定犯罪的嫌疑”标准；[③]四是意大利规定的“重要的犯罪证据”标准，或西班牙设定的“获得证明案件重要事实或情节的证据”标准[④]。实施监听的证明标准越高，意味着对其控制越严。

监察机关采取技术调查措施除了满足“重大贪污贿赂等职务犯罪”这一案件条件外，第二个条件就是“根据需要”[⑤]。《〈中华人民共和国监察法〉释义》将“根据需要”仅解释为“必要性原则”，即“技术调查措施一定是在使用常规的调查手段无法达到调查目的时才能采取的手段”[⑥]。然而，对技术调查措施的实施进行必要性考量之前，还应考虑该措施的实施是否满足重罪原则和相关性原则。故有必要规定监察机关采取技术调查应达到的证明标准，否则容易出现凭主观感受启动技术调查措施的情形。鉴于技术调查措施是对当

---

① 参见《法国刑事诉讼法典》第 100 条第 1 款。

② Wayne R. La Fave et al. ,Criminal Procedure 253,Thomson West,4th ed. 2004,p. 268-269.

③ 德国《刑事诉讼法》第 100 条 a、第 100 条 c。

④ 《西班牙刑事诉讼法典》第 579 条第 1 款。

⑤ 《监察法》第 28 条第 1 款规定：“监察机关调查涉嫌重大贪污贿赂等职务犯罪，根据需要，经过严格的批准手续，可以采取技术调查措施，按照规定交有关机关执行。”

⑥ 中共中央纪律检查委员会中华人民共和国国家监察委员会法规室编写：《〈中华人民共和国监察法〉释义》，中国方正出版社 2018 年版，第 154 页。

事人的基本权利侵犯性极强的措施，加之是行政授权，为避免滥用，适用的证明标准应高于搜查、扣押，宜与留置实施的证明标准同，即“掌握部分犯罪事实及证据”，这与意大利、西班牙启动监听的证明标准“重要的犯罪证据”或“获得证明案件重要事实或情节的证据”类似。

3. 技术调查措施适用的阶段

根据《监督执纪工作规则》第34条、第40条的规定，纪检监察机关在立案前的初核阶段和立案后，经严格履行审批手续，均可决定采取技术调查措施。过去检察机关侦查案件需要采用技术侦查措施，与公安机关侦查普通刑事犯罪案件一样，均应在立案后进行。[①] 然而，若立案后才能对职务犯罪案件适用技术调查措施，并不符合打击犯罪需要。职务犯罪案件区别于其他刑事犯罪案件，前者通常是一种“从人到事”的调查模式，而后者通常是“从事到人”的调查模式。监察机关在办理职务犯罪案件过程中，在大多数情况下最初接触到的是某人涉嫌违纪违法犯罪的举报线索或信息，并没有犯罪现场，掌握的物证、书证等实物证据不多，通常达不到立案所需要的证明标准。若在证据不充分的情况下立案，经严格审批程序立案后，发现立案错误，撤销案件的，成本太高。为此，监察机关在立案前，有一个初步核实阶段，这个阶段通常是秘密进行的，是“对反映监察对象涉嫌违法犯罪的问题线索，进行初步了解、核实的活动”[②]，以证明被调查人是否涉嫌违法犯罪，从而决定是否立案，减少立案的随意性和立案后撤销案件的成本。技术调查措施由于是秘密取证措施，在取证方面有独特优势，在立案前实施为是否立案提供证据支持。并且，立案后被调查人已到案，实施技术调查措施的必要性大大减少。因而，允许监察机关在初步核实阶段采取技术调查措施，主要是基于职务犯罪案件办理的特点，为了发现真相，减少立案的随意性和错误率。当然，由于技术调查措施对公民的基本权利干预程度较高，在立案前实施技术调查措施，与我国传统刑事诉讼理论中关于立案前以“任意侦查”措施进行侦查的原则相悖。不过，很多国家的刑事诉讼法不存在立案程序，故采取技术侦查措施或监听并

---

① 《刑事诉讼法》第150条。

② 中共中央纪律检查委员会中华人民共和国国家监察委员会法规室编写：《〈中华人民共和国监察法〉释义》，中国方正出版社2018年版，第183页。

无所谓以立案为限的条件。技术侦查措施的适用也存在不以立案为前提的情形。[①] 况且,监察机关采取初步核实,同样需要履行与立案基本同样严格的审批手续,且在这一阶段使用技术调查措施也需要经严格的审批程序,并满足相应的适用条件,这些程序和实体控制有助于消解这一措施因在立案前实施而存在被滥用的疑虑。尽管如此,为避免技术调查措施的随意使用,给公民的权利造成侵害,在初步核实阶段采用技术调查措施,仍需要满足前文论述的技术调查措施启动所应达到的标准或条件。

综上,监察机关采取技术调查措施的条件可表述为:"被调查人涉嫌重大贪污贿赂等职务犯罪,监察机关已掌握其部分犯罪事实和证据,在其他调查措施无法突破案件的情况下,根据需要,经履行规定的法律程序可以决定采取技术调查措施。"[②]

(四)技术调查措施的期限

基于打击腐败犯罪的目的,有实施技术调查措施之必要。然而,为防止技术调查权之滥用,而给公民通信自由权、隐私权等基本权利造成不当侵犯,其实施期间不得过长且须有必要的限制,即遵循"期间限制原则"[③]。"期间限制原则"要求,在有效期限内使用技术调查(侦查)措施为立法所允许,措施的适用对象负有忍受权利被干预的义务。在有效期内,不需要使用该措施的,应及时解除。超过法定的有效期限,办案机关需继续使用该措施的,应写明延长技术调查措施期限的理由,由批准主体审查决定是否延长。若不经授权,继续使用的,则构成违法,应受到违法性制裁,权利受到侵犯的公民应有权提起救济。

法律所规定的监听期限越短,对侦查措施的司法监督力量就越强,因为延期监听必须重新由附理由的令状予以批准。[④] 意大利延长监听不得超过15

---

① 例如,《刑事诉讼法》在第153条为公安机关增加了如下权限:为查明案情,在必要时候,公安机关可以采取隐匿身份侦查,在侦查毒品犯罪案件中根据需要可实施控制下交付。并且,《刑事诉讼法》对属于技术侦查措施的上述两个措施的使用均未明确规定需要以立案为前提。此外,根据1993年《国家安全法》第10条,国家安全机关采取"技术侦察措施"是以"因侦察危害国家安全行为的需要"为条件,并不以立案为前提。

② 该观点参考了《监察法》第28条有关内容。

③ 黄朝义:《刑事诉讼法》(第5版),台北,新学林出版股份有限公司2017年版,第319页。

④ See Lambert v. France, 30 E. H. R. R. 346(2000).

天,美国法规定的是 30 天,德国、西班牙规定的是 3 个月,[①]法国法规定的是 4 个月。[②] 目前,我国《刑事诉讼法》规定了技术侦查措施的有效期限为 3 个月,以及延长需要重新申请,每次延长不得超过 3 个月,不使用时应及时解除的要求。《监察法》对技术调查措施的期限作了与《刑事诉讼法》类似的规定,即技术调查措施的期限为 3 个月;对于复杂、疑难案件,期限届满仍有必要继续采取技术调查措施的,经过批准,有效期可以延长,每次不得超过 3 个月。[③] 根据上述规定,监察机关延长技术调查措施期限须符合"复杂、疑难案件"与"仍有必要"这两个要件。然而,这两个要件均过于抽象,不便于审查,容易使技术调查措施轻易被延长。对此,监察取证规则应规定延长技术调查期限应附"具体理由"。另外,《监察法》仅要求每次延长的期限不得超过 3 个月,但未规定技术调查措施最多可以延长的次数,理论上技术调查措施的期限可多次延长,从而容易使公民的隐私权、通信自由权长期处于被监控之中。

技术调查措施延期次数与该措施的目的有关。若技术调查措施实施的目的是"预防性调查",在于监控被调查人是否有其他犯罪或将来可能会实施的犯罪,则技术调查措施的期限可能随着案情的发展,需要持续一段较长时间。监察机关采取技术调查措施主要是为了调查被调查人已经涉嫌的犯罪,主要方式是通过监控被调查人的行踪、与涉案人的通信等内容,以收集被调查人实施犯罪后的串供、隐匿罪行等"再生证据",再借此信息去收集证明其犯罪的证据,故不需要如"预防性调查"那样需要过长的监控期限。并且,对被调查人的技术调查通常在立案前的初步核实阶段实施,待立案、被调查人到案后,对其本人实施技术调查措施已无必要。此外,因留置期限最长 6 个月,留置措施被解除后继续实施技术调查措施一般也没有必要。基于上述理由,技术调查措施每次延长的期限以 1 个月为宜,总的延长期限不应超过 3 个月。另外,基于最小侵害原则,监察机关在采取技术调查措施期间,不需要继续采取技术调查措施的,应当及时解除。

---

① 《西班牙刑事诉讼法典》第 579 条第 3 款(附录:261)和《德国刑事诉讼法典》第 100 条 b 第 2 款(附录:247)。

② 《法国刑事诉讼法典》第 100 条。

③ 《监察法》第 28 条第 2 款。

综上,对于技术调查措施的期限,监察取证规则可规定如下:“监察机关批准采取技术调查措施的决定自签发之日起3个月以内有效;对于有必要继续采取技术调查措施的,监察调查人员应附具体理由及延长期限,经过批准,可延长1个月,延长次数最多不得超过3次。在有效期间,不需要继续采取技术调查措施的,应当及时解除。”

三、技术调查取证的程序规制

监察机关采取技术调查措施,除了须符合前述所列实体要件,还应遵循法定的程序,包括审批程序、执行程序、权利保障等,这些构成对技术调查措施的程序规制。

(一)技术调查措施的审批

1. 技术调查措施的审批模式

因监听对人民基本权利的侵害性大,为求慎重,须有令状依据。为避免令状核发者与执行者系于一单位而产生球员兼裁判之疑虑,在现代法治国家,基于正当法律程序原则,一般由客观、中立的法官对侦查机关提出的监听申请进行司法审查,决定是否核准令状。[①] 仅在紧急情形下,基于必要性及紧急性,采行“相对法官保留原则”,先行政授权进行紧急监听,但事后需要尽快向法院申请获得授权。[②] 与之对照的是,我国技术侦查措施的审批存在两种情形:一种是公安机关采取技术侦查措施时的“决定权与执行权合一”模式,即由“设区的市一级以上公安机关负责人批准”[③],在实践中有时还须采行一定级别党委批准的程序[④],再由公安机关技术侦查部门执行;另一种是检察机关采取技术侦查措施时的“决定权与执行权分立”模式,即检察机关履行审批手续后,交公安机关等有关机关执行。实践中,检察机关根据侦查对象的职级适用相应的审批手续,诸如规定科级及以下级别由省级检察机关主管领导审

---

① 参见黄朝义:《刑事诉讼法》(第5版),台北,新学林出版股份有限公司2017年版,第336页。

② 例如,在我国台湾地区,为了因应情况急迫需要,“通讯保障及监察法”第6条创设检察官有“紧急”通讯监察之例外情形。

③ 参见《公安机关办理刑事案件程序规定》第256条。

④ 参见樊崇义主编:《刑事诉讼法学》(第3版),法律出版社2013年版,第349页。

批，处级及以上级别由省委或中央有关领导审批等。[①] 尽管这两种情形下技术侦查措施的审批程序、批准主体会因该措施的发动主体、适用对象而存在差异，但共同点都不是由法官审查，而是由部门行政首长授权，属于"行政授权"模式。

技术调查措施由监察机关决定采取，履行审批手续后，交公安机关等有关机关执行，但该措施的决定者同时也是启动者和受益者，这一点与检察机关采取技术侦查措施的审批模式一样，因而，技术调查措施的审批同样属于"行政授权"模式。当然，事前审批机制尽管是控制技术侦查措施的重要因素，但并非唯一因素，其他监督制约措施的强度、其他侦查手段的使用程度、司法传统和刑事政策也会给适用技术侦查措施造成影响。[②] 为削减技术调查措施"行政授权"模式在中立性、客观性方面的不足，除了通过设定该措施的适用条件、期限、对象等对其进行实体规制外，关键还需制定严格的审批程序和要求。

2. 技术调查措施的审批程序

《监察法》对于技术调查措施的批准仅使用了"经过严格的批准程序"，而未作明确规定。监察机关内部文件规定了采取技术调查措施的审批程序，具体有以下几点：(1) 对同级党委管理的正职领导干部采取技术调查措施，在履行纪委、监委和党委政法委批准手续基础上，报同级党委主要负责人审批。(2) 对同级党委管理的副职领导干部采取技术调查措施，由同级监委主要负责人批准（国家监委报中央纪委书记、国家监委主任批准）后，报同级党委政法委主要负责人审批。(3) 对前两点规定以外的人员采取技术调查措施，报同级监委分管领导审批；设区的市级监委应当报监委主要负责人批准。现有的技术调查审批程序是根据监察机关的层级、技术调查的适用对象职级实行"差别化的审批程序"，即采取技术调查措施的监察机关层级越低、适用对象的职级越高，审批程序越严。尤其是，监察机关对正职领导干部采取技术调查措施，除了履行监察机关内部审批外，还应当报同级党委政法委、同级党委主要负责人审批，这是党管干部原则的体现，有利于实现党对反腐败

---

① 参见王东：《技术侦查的法律规制》，载《中国法学》2014 年第 5 期，第 278 页。

② 参见王东：《技术侦查的法律规制》，载《中国法学》2014 年第 5 期，第 278 页。

工作的集中统一领导，同时也是对监察机关行使职权的“外部监督”。技术调查措施的“差别化审批模式”与检察机关采取技术调查措施的审批模式类似，符合中国实践，也有利于形成繁简相当的审批原则，实现限权与效率的统一。

在审批机关的层级方面，鉴于有权执行技术侦查措施是设区的市级以上公安机关，[①]为与执行技术调查措施的公安机关的层级相衔接，建议技术调查措施由市级以上的监察机关审批，县级监察机关若需要采取技术调查措施，应层报市级监察机关负责人批准，并交由市级公安机关执行。同样，为限制技术调查措施的适用，派驻或派出监察机关、监察专员办公室不应被授权决定采取技术调查措施，若需要采取，应由派出它的监察机关按规定程序审批决定，交由同级公安机关执行。

另外，基于法律保留原则的要求，同时为防止审批流于形式、技术调查措施被滥用，承办案件调查的部门申请采取技术调查措施应载明采取技术调查的对象、涉嫌罪名、理由、措施种类等内容，由审批主体决定是否采取技术调查措施。需要变更技术调查措施种类或者新增适用对象，应当按原程序重新报批。

（二）技术调查措施的执行

1. 技术调查措施的执行机关

根据《监察法》第 28 条第 1 款的规定，技术调查措施由监察机关审批决定，交由“有关机关”执行，监察机关自身不能执行。根据《刑事诉讼法》《国家安全法》的有关规定，有权执行技术调查措施的是公安机关、国家安全机关。因此，根据上述法律，此处的“有关机关”是指公安机关或国家安全机关。不过，鉴于《宪法》第 40 条授权检查公民通信的机关限定为“公安机关”“检察机关”，并不包括国家安全机关等其他机关，且检察机关对技术侦查措施仅有决定权，而无执行权。[②] 因而，仅公安机关执行技术调查措施符合宪法规定。监察机关采取技术调查措施，交“有关机关”执行，不仅不符合法律明确性原

① 《公安机关办理刑事案件程序规定》第 255 条第 1 款规定：“技术侦查措施是指由设区的市一级以上公安机关负责技术侦查的部门实施的记录监控、行踪监控、通信监控、场所监控等措施。”

② 《刑事诉讼法》第 150 条第 2 款。

则，而且交由安全机关执行还将不符合宪法规定，故应将执行机关限定为“公安机关”。此外，只有设区的市一级以上公安机关才有实施技术侦查措施的权限。

2. 技术调查措施的执行程序

根据《监察法实施条例》第 154 条的规定，依法采取技术调查措施的，监察机关应当出具《采取技术调查措施委托函》、《采取技术调查措施决定书》和《采取技术调查措施适用对象情况表》，送交有关机关执行。其中，设区的市级以下监察机关委托有关执行机关采取技术调查措施，还应当提供《立案决定书》。对党政领导干部和人大代表、政协委员采取技术调查措施的，应当将审批件的复印件交有关执行机关。同时，公安机关应将执行情况通知监察机关。此外，对于不需要继续采取技术调查措施的，监察机关应当按规定及时报批，将《解除技术调查措施决定书》送交有关机关执行；需要依法变更技术调查措施种类或者增加适用对象的，监察机关应当重新办理报批和委托手续，依法送交有关机关执行。①

3. 技术调查所得资料的处理

技术调查（侦查）措施本身就是对公民自由通信权、隐私权的干预，若将借此获得的信息对第三人予以披露，则相当于对被监控人的“二次侵害”。所以，现代法治国家禁止将监听或通信监察获得的信息用于非法律目的，并要求对与案件无关的信息及时予以销毁。在这方面，我国《刑事诉讼法》第 152 条对采取技术调查（侦查）措施获得的资料如何处置进行了具体规定，包括保密要求、及时销毁要求以及使用目的限制要求。② 尽管技术调查措施的执行机关是“公安机关等有关机关”，但技术调查措施获得的证据材料的使用者或受益者是监察机关，因而，监察取证规则应限制技术调查措施获得材料的使用目

---

① 参见《监察法实施条例》第 155 条。

② 《刑事诉讼法》第 152 条规定：“采取技术侦查措施，必须严格按照批准的措施种类、适用对象和期限执行。侦查人员对采取技术侦查措施过程中知悉的国家秘密、商业秘密和个人隐私，应当保密；对采取技术侦查措施获取的与案件无关的材料，必须及时销毁。采取技术侦查措施获取的材料，只能用于对犯罪的侦查、起诉和审判，不得用于其他用途。公安机关依法采取技术侦查措施，有关单位和个人应当配合，并对有关情况予以保密。”

的、明确相关保密要求等内容。[①]

(三)对技术调查措施执行的监督

监察机关、公安机关之间“互相配合、互相制约”的宪法关系也体现在技术调查措施的执行上。公安机关根据监察机关采取技术调查措施的决定,实施技术调查措施,是二者相互配合的表现,对不符合法定要求的技术调查措施决定不予执行、对超越法定期限的技术调查措施予以解除,均是公安机关对监察机关技术调查权的制约。同时,宪法设定的“互相制约”关系还包括监察机关对公安机关执行技术调查措施的制约。作为技术调查措施的启动者和技术调查所得证据的使用者,监察机关也有义务对公安机关执行技术调查措施的情况进行监督,以防止技术调查措施执行人员滥用权力,伪造或隐匿证据,从而阻碍真相发现、损及被调查人及涉案人员的合法权益。目前,《监察法》缺乏有关监察机关监督技术调查措施实施的程序。公安机关向监察机关提供的技术调查所得证据材料的准确性、完整性、合法性如何,也并未有程序担保。有学者通过实证研究发现,我国司法实践中应用的技术侦查证据形式与载体主要是原始语音、翻音材料与情况说明,且在绝大多数案件中,审判人员都是使用书面材料,原始语音的使用比例不足3%。[②] 翻音材料与情况说明是原始语音的衍生品,由技术调查人员根据监听到的语音资料进行整理、归纳形成的摘要,这种书面材料尽管能让证据使用者迅速了解其内容,但由于掺杂了技术调查人员节选、加工、编辑行为,因而可能影响证据的真实性、可靠性。根据林钰雄教授的考证,在我国台湾地区,实务界有关监听证据相关案例,一大部分是争执监听的译文(证据替代品)与监听录音带(原始证据)内容不符。[③] 此外,技术调查措施的范围和对象是否超越审批文书设定的范围,证据收集方式是否合法,也是需要对其监督的理由之一。

对于技术调查措施实施情况的监督,固然可以在法庭上由法官通过调查

---

① 《监察法实施条例》第157条规定:“调查人员对采取技术调查措施过程中知悉的国家秘密、商业秘密、个人隐私,应当严格保密。采取技术调查措施获取的证据、线索及其他有关材料,只能用于对违法犯罪的调查、起诉和审判,不得用于其他用途。对采取技术调查措施获取的与案件无关的材料,应当经审批及时销毁。对销毁情况应当制作记录,由调查人员签名。”

② 参见程雷:《技术侦查证据使用问题研究》,载《法学研究》2018年第5期,第166页。

③ 参见林钰雄:《刑事诉讼法》(上册 总论编),台北,元照出版有限公司2010年版,第451页。

核实录音内容、要求监察调查人员出庭说明情况的方式进行,但这难免影响庭审效率和消耗法官人力资源,最佳的方案是在监察调查阶段提前解决争端。在这方面,欧洲人权法院要求,节译文不再由侦查机关片面制作,而应于制作阶段引入程序性担保,容许辩方参与并以公正程序监督制作过程。[①] 结合监察实际,对技术调查措施实施情况的监督,可包括以下几方面内容:(1)监察机关在技术调查终结前,要求公安机关定期报告技术调查的程序性事项及证据收集情况,[②]并在必要时,派员至公安机关监督技术调查措施执行情况。(2)调查终结后,应要求公安机关提交包括原始语音、翻音资料和情况说明在内的技术调查资料。(3)应保障被调查人在技术调查措施事后审查程序中的知情权、申辩权等权利,实现权利对技术调查权的监督。

本章小结

证据收集是监察阶段事实认定的法定阶段之一,监察证据收集规则是监察取证规则的重要组成部分。监察证据收集规则实质上是监察取证措施的使用规则。本章将监察证据收集规则分为言词证据收集规则、实物证据收集规则、技术调查取证规则这 3 类,研究谈话、讯问、询问、搜查、扣押、冻结、查封、查询、调取、技术调查措施等 10 种属于取证类调查措施的实施。为实现准确、公正、文明、效率价值的"廉洁监察"目标,本书立足《监察法》及其配套法规有关上述调查措施的使用规范,对之进行体系化解释和概括、阐述背后的原理,结合监察实践,并在借鉴比较法经验的基础上,构建、完善各调查措施的使用规则,包括适用条件、适用对象、审批程序、实施程序及要求等内容,最终形成体系性、具有可操作性的监察证据收集规则。

---

① ECHR, Kruslin v. France, 1990, Series A no. 176-A. 转引自林钰雄:《刑事诉讼法》(上册 总论编),台北,元照出版有限公司 2010 年版,第 451 页。

② 参见倪铁:《监察技术调查权运作困境及其破局》,载《东方法学》2019 年第 6 期,第 49 页。

第六章 监察证据的审查

监察机关收集证据的过程中涉及对证据的审查,以确保所收集的证据具有证据能力、证明力。在证据审查的过程中,常常需要进一步地收集、补充证据。[①] 证据的收集与证据的审查二者既有区别,又有联系,贯穿监察取证全过程。鉴于监察调查权运行程序之特殊性,与监察证据的收集一样,监察证据的审查与刑事证据的审查既有相通之处,也有着自身特点。本章共分三节:第一节监察证据的审查理论与方法,界定监察证据审查的概念、意义、内容、基本原则及方法。第二节监察证据的证据能力审查,主要阐述监察证据的证据能力、证据能力审查规则及程序保障。第三节监察证据的证明力审查,主要阐述监察证据的证明力审查规则以及监察案件调查终结的证明标准。

第一节 监察证据的审查理论与方法

一、监察证据审查的概念

"审查判断证据"在我国是理论界和实务界常用的概念。一些司法解释也使用"审查判断"的表述。[②] 审查判断证据一般是指诉讼活动中的证据审查判断。陈光中教授在其主编的证据法学教材中,将"审查判断证据"定义为"司法工作人员以及当事人、诉讼代理人和辩护人在诉讼过程中对收集的证据材料进行分析研究,鉴别真伪,确定其有无证据能力和证明力以及证明力大

---

① 参见陈光中主编:《证据法学》(第3版),法律出版社2015年版,第396页。

② 例如,《关于办理死刑案件审查判断证据若干问题的规定》第32条第1款规定:"对证据的证明力,应当结合案件的具体情况,从各证据与待证事实的关联程度、各证据之间的联系等方面进行审查判断。"

小,并以此认定案件事实的一种诉讼活动”[①]。其他学者对“审查判断证据”的界定与之类似。[②] 从上述的定义看,“审查判断证据”或“证据的审查判断”是一个诉讼概念,本身是一种诉讼活动,使用主体是司法工作人员以及其他诉讼参与人。

笔者认为,证据的审查判断是证据收集的附随行为,在任何知识领域,对证据的使用均涉及证据的审查判断,只不过不同领域对证据的审查判断标准会存在一定的差异。监察机关既是职务违法案件、职务犯罪案件的调查机关,同时也有一定的处置权,[③]这决定了其不是纯粹的证据收集机关,还涉及对收集的证据进行审查判断,以确保案件处置所依据的证据符合法定要求。例如,《监察法》第 33 条第 2 款将“证据审查”确立为监察机关事实认定的一个法定阶段,要求“监察机关在收集、固定、审查、运用证据时,应当与刑事审判关于证据的要求和标准相一致”。并且,监察机关设有案件审理部门,其职责就是对“需要给予党纪政务处分的案件审核把关”,而“审核把关”的对象之一就是证据。由于对证据的“审查”本身包括对证据的“判断”,本书使用“证据的审查”这一术语指代“证据的审查判断”。监察机关审查判断证据的客体是监察证据。故监察机关审查证据的活动可简称为“监察证据的审查”。“监察证据的审查”可被定义为:“监察机关人员在案件调查、审理中对收集的证据材料的证据能力、证明力进行审查和评价,并据此认定案件事实的活动。”“监察证据的审查规则”可定义为:“监察机关及人员在案件调查、审理中,审查证据所应遵循的规则。”

二、监察证据审查的意义

监察机关对收集的职务违法证据进行审查,以判断所收集的证据是否构

---

① 陈光中主编:《证据法学》(第 3 版),法律出版社 2015 年版,第 395 页。

② 例如,樊崇义教授认为,证据审查判断指的是司法人员对于收集的证据进行分析、研究和鉴别,找出它们与案件事实之间的客观联系,找出证据材料的证据能力和证明力,从而对案件事实作出准确认定的一种活动。参见樊崇义主编:《刑事诉讼法学》(第 3 版),法律出版社 2013 年版,第 360 页。

③ 根据《监察法》第 45 条,监察机关对案件的处置权主要包括对职务违法行为给予政务处分、对轻微职务违法的进行批评教育、对涉嫌职务犯罪案件移送审查起诉、对没有证据证明被调查人存在违法犯罪行为的撤销案件。

成定案的根据,这是由其对职务违法行为的调查和处置职责决定的。另外,监察机关虽然只是职务犯罪案件的调查机关,同样具有审查证据的法律职责,这是由刑事审判关于证据的要求和标准对审前调查程序所形成的前置约束和“指挥棒”作用决定的,体现了在职务犯罪案件调查中“以审判为中心”的基本要求。监察机关审查证据既是认识论活动又涉及价值抉择,具有认识论和价值论目的。

(一)认识论目的

证据审查主体是基于收集的证据,对案件事实的再认识过程。它对案件的认识受取证主体的影响,但又可独立于取证主体而对案件事实形成新的认识,是“对案件事实认识由浅入深的过程,是一个对案件事实由感性认识上升到理性认识的过程”①。由于证据审查主体的介入,取证主体对案件的认识接受证据审查主体的纠正抑或确认。无论是哪一种结果,证据审查均有助于认识主体对案件事实拥有更多的认识,有助于减少错判的发生。因此,证据审查具有促进真相发现,保障案件质量,减少冤错案件发生的功能。

具体到监察证据的审查,监察证据审查主体通过对收集的证据进行审查,针对证据不足或证据有瑕疵的案件,有权要求调查人员重新调查或补充调查,最终确保全案证据达到“事实清楚、证据确实充分”的程度。同时,对没有充分证据证明违法犯罪行为成立的案件予以撤销;对有问题的证据予以排除,避免有问题的证据作为认定职务违法行为的依据,或进入刑事诉讼程序作为定罪的证据。这些活动均有助于促进真相发现,保障案件公正办理。反之,若没有证据审查这一道门槛,则监察阶段案件事实认定的准确性将下降。在办理职务犯罪案件中,尽管监察机关移送的“问题证据”可能会在后续环节中被排除而无法作为定案的根据,但因“追诉程序一旦启动难以叫停的程序惯性,使得错误难以在后续程序中被纠正”②,监察机关在案件移送审查起诉前若能对证据质量发挥程序“漏斗”作用,则可避免错案在后续环节难以被纠正的风险,从而有助于减少错案的发生。

---

① 陈光中主编:《证据法学》(第 3 版),法律出版社 2015 年版,第 396 页。

② 郑曦:《论非法证据排除规则对监察委办理案件的适用》,载《证据科学》2018 年第 4 期,第 425 页。

（二）价值论目的

证据审查活动从来不只是纯粹的认识活动，而且还充满着价值抉择。对于监察阶段的证据审查主体而言，审查证据具有以下价值：

第一，有助于提升事实认定的准确性。监察机关案件审理部门通过对证据的相关性、真实性进行审查，确保所有要件事实均有证据证明，且所收集的证据经查证属实，达到法定的证明标准，减少错判发生率；对事实不清、证据不足的案件退回调查部门调查或要求调查部门补充完善证据；[1]对没有达到证明标准的案件予以撤销，这些均是服务于提升事实认定准确性的价值。

第二，有助于提升案件办理效率。监察机关对自身收集的证据进行审核，短期看会因多一道审核程序，而影响案件办理效率，但从长远看，由于这道审核程序，使收集的证据有了更好的质量保障，能减少或避免因证据质量问题而导致案件被退回补充调查、不起诉、指控罪名不成立、被调查人申诉等不利后果。这些后果要么拖慢了案件办理的效率，要么减损了监察机关办理案件的效益，从而变相增加了案件办理的成本、延迟了案件办理效率。尤其一旦因证据审核不严而出现错案，不仅在后续程序中纠错的成本更高，而且错案本身还影响了监察机关的公信力，产生了道德成本。故监察机关对证据进行自身审核，从长远看，有助于节省案件办理成本，提升监察效率。

第三，有助于规范监察调查权运行、保障被调查人合法效益。监察机关通过对证据的合法性进行审查，对非法证据予以排除；要求承办的调查部门对瑕疵证据予以补正或作出合理解释，否则，将对其予以排除，不得作为案件处置的依据。证据审查通过剥夺调查部门违法取证的利益，从而倒逼监察调查人员规范调查取证行为，依法保障被调查人的合法权益。此外，通过证据审查，避免冤错案件的发生对被调查人及其家属造成的身心伤害，本身也是对被调查人合法权益的保障。

---

① 参见《监督执纪工作规则》第55条第1款第5项规定："对主要事实不清、证据不足的，经纪检监察机关主要负责人批准，退回监督检查、审查调查部门重新审查调查；需要补充完善证据的，经纪检监察机关相关负责人批准，退回监督检查、审查调查部门补充审查调查。"

三、监察证据审查的内容

在英美法系国家，为避免有问题的证据进入事实认定者视野中，职业法官会对当事方提交的证据进行相关性和可采性审查，只有同时具有相关性和可采性的证据才能被提交给事实认定者，由后者对证据的证明分量进行评价。概言之，在英美法系国家，证据审查的对象可分为相关性、可采性和证据分量。① 在大陆法系国家，法定证据制度在欧洲资产阶级革命时期受到了批判，并由与之相对立的“自由心证”制度所取代。② 自由心证评价原则是关于如何评价证据证明力的原则，它承认个案差异，而委任法官的主观确信，但并非完全自由地评价证据。法官对证据证明力进行评价的前提或者裁判的基础是证据资料具有证据能力，“若无证据能力之证据，法官根本不得采为裁判基础，更遑论评价其证据价值”③。对证据能力的审查是“有”或“无”的问题，通常由法律加以直接规定。证据能力相当于英美证据法中的证据“可采性”概念。④

比较发现，英美法系国家、大陆法系国家的证据审查体系中尽管存在相关术语的差异，但对证据的审查或评价均包括两个过程，即证据能力（可采性）的审查、证明力评价。其中，事实认定者对证据的证明力进行评价的前提是该证据具有证据能力，或者符合证据准入条件，否则谈不上证明力评价。

根据我国《刑事诉讼法解释》，法官对单个证据的审查包括证据的相关性、合法性、真实性（具体见表 6-1），对全案证据的审查，则涉及证据的证明力、证据的充分性。⑤ 因此，法官对证据的审查可概括为对证据能力（证据相关性、合法性）、证明力（证据真实性、充分性）的审查，这与英美法系、大陆法

① 有学者认为英美法系国家证据审查的对象被区分为实质性、相关性、可采性和证据分量。参见吴洪淇：《刑事证据审查的基本制度结构》，载《中国法学》2017 年第 6 期，第 171 页。笔者认为，实质性是证据相关性审查的一个方面，被证据相关性审查所包含。

② 参见[法]贝尔纳·布洛克：《法国刑事诉讼法》，罗结珍译，中国政法大学出版社 2009 年版，第 79 页。

③ 林钰雄：《严格证明与刑事证据》，台北，新学林出版股份有限公司 2002 年版，第 103 页。

④ 参见张保生主编：《证据法学》（第 2 版），中国政法大学出版社 2014 年版，第 23 页。

⑤ 《刑事诉讼法解释》第 139 条第 2 款规定：“对证据的证明力，应当根据具体情况，从证据与案件事实的关联程度、证据之间的联系等方面进行审查判断。”

系对证据的审查内容具有相通性。

表 6-1 我国法官审查证据的内容

审查的证据种类	审查的内容	“不得作为定案根据”的情形
1. 物证、书证	是否原物原件(真实性) 收集程序、方式是否符合法律、有关规定(合法性) 是否受损或者改变(真实性) 与案件事实有无关联(相关性) (第 82 条)	非原物原件,或不能证明来源(第 83 条、第 84 条、第 86 条)
2. 证人证言/被害人陈述	证言的内容是否为证人直接感知(真实性) 证人资格(真实性) 询问程序、方式是否合法(合法性) 证言与其他证据是否相互印证(真实性) (第 87 条)	询问程序不合法(第 89 条、第 90 条) 对证人权利保障不合法 证人不适格(第 88 条第 1 款) 猜测性、评论性、推断性证言(第 88 条第 2 款) 证人没有正当理由拒绝出庭或者出庭后拒绝作证,其庭前证言真实性无法确认的(第 91 条)
3. 被调查人供述	讯问程序、方式是否合法(合法性) 供述的内容有无反复(真实性) 辩解是否合理(真实性) 与其他证据是否相互印证(真实性) (第 93 条)	讯问程序、方式不合法(第 94 条、第 95 条) 被调查人翻供,且无证据相印证(第 96 条)
4. 鉴定意见	鉴定机构和鉴定人资质(真实性) 鉴定人是否存在回避情形(真实性) 检材是否充足、可靠(真实性) 鉴定意见的形式要件是否完备(合法性) 鉴定程序、方式是否合法(合法性) 与案件事实有无关联(相关性) 与勘验检查笔录、照片有无矛盾(真实性) (第 97 条)	不具备法定鉴定资质(第 98 条) 鉴定人不适格(第 98 条) 检材来源存在问题(第 98 条) 鉴定程序、方式不合法(第 98 条) 与案件事实无关联(第 98 条) 鉴定人或检验人不出庭作证(第 98 条、第 99 条)

续表

审查的证据种类	审查的内容	“不得作为定案根据”的情形
5. 勘验检查笔录	勘验检查程序是否合法、勘验检查笔录是否规范(真实性、合法性) (第102条)	勘验检查笔录不合法且无法解释(第103条)
6. 辨认笔录	辨认的过程、方法,以及辨认笔录的制作是否符合有关规定(真实性、合法性) (第104条)	违反有关规定、不能确定辨认笔录真实性(第104条)
7. 电子数据、视听资料	来源是否合法、完整(真实性) 是否原件(真实性) 制作方式、程序是否违法(合法性) 内容和制作过程是否真实(真实性) 与案件事实有无关联(相关性) (第108条、第110条)	无法确定真伪;制作、取得程序、方式存在问题,且不能作出合理解释(第109条)

由于刑事审判对审前取证行为的规范、约束作用,监察调查人员在调查职务犯罪案件中对证据审查的范围应对应于法官对证据审查的范围,以确保移送的证据能符合法官的审查判断标准。同时,作为职务违法案件的处置主体,监察调查人员审查证据的内容可参考法官审查证据的标准。故监察机关对证据的审查可包括证据能力审查、证明力审查两个方面。

四、监察证据审查的基本原则

证据的审查与证据的收集均属于监察调查权的内容。监察取证主体在证据收集中应遵循的原则,诸如法定原则、客观公正原则、比例原则、合法取证原则,大部分都能适用于对证据的审查。同时,由于证据审查的目的和任务不完全同于证据收集,证据的审查还应有一些特别的原则,具体如下:

(一)无罪(错)推定原则

无罪(错)推定原则是刑事诉讼中的基本原则,是司法文明的体现。无论是为了防止冤错案件发生的准确价值,还是基于保障人权的公正价值,监察机关在办理案件中均应坚持无罪和无错推定原则。《监察法》第40条第1款关于监察机关应当“收集被调查人有无违法犯罪以及情节轻重的证据”的规定，以及《监督执纪工作规则》第 46 条关于纪检监察机关收集证据应“做到全面、客观”的规定，体现的便是无罪（错）推定原则。无罪（错）推定原则尤其应在证据审查活动中予以贯彻、遵循。对于证据收集者而言，同样应遵循无罪（错）推定原则，然而，破案与取证的压力会使调查人员自觉或不自觉地背离这一原则，尤其在运用溯因推理时，容易基于“有罪推定”的思维定式对案件发生之因进行回溯，如此则容易引发冤错案件。作为证据审查者，案件审理人员须对收集的证据把好最后一道关，以防范冤错案件的发生。从思维结构看，与调查人员不同，证据审查人员对案件的认识是从“证据到案”的过程，对应的是归纳推理思维。归纳推理的内在要求便是无罪（错）推定，即证据审查主体须根据证据进行推理，进而认定事实，没有证据或证据不足则会引起推理的中断。证据审查主体通过归纳推理，认为无法认定被调查人构成违法或犯罪的，应要求调查人员补充完善证据；若经退回补充调查，证据仍不足者，应撤销案件。另外，证据审查主体对证据审核把关的职责，要求其不能一开始就推定被调查人有罪（错），若如此，则难以对收集的证据提出不同意见，而应推定被调查人无罪（错）。证据审查主体应全面审查与案件有关的证据，包括不利于和有利于被调查人的证据，是否均已被收集；综合全案证据，审查证明被调查人构成违法或犯罪的证据是否达到法定的证明标准。

（二）证据裁判原则

《关于办理死刑案件审查判断证据若干问题的规定》第 2 条规定，“认定案件事实，必须以证据为根据”，第一次明文确立了证据裁判原则。[①] 证据裁判原则要求对事实的认定和案件处置必须以证据为基础，以事实为根据，不得伪造、篡改证据，作出对被调查人不利的决定应达到法定的证明标准；没有证据或达不到法定证明标准，不得作出对被调查人不利的决定。《监察法》第 5 条明确监察机关的工作原则之一是“以事实为根据，以法律为准绳”，这实际

---

① 我国《刑事诉讼法》证据裁判原则包括以下三项基本要求：（1）裁判的形成必须以证据为依据，没有证据不得认定犯罪事实；（2）作为认定犯罪事实的证据必须具有证据资格，即证据不被法律禁止，并经过法定的调查程序；（3）据以作出裁判的证据必须达到相应的标准和要求。参见吕广伦等：《〈关于办理死刑案件审查判断证据若干问题的规定〉理解与适用》，载《人民检察》2010 年第 16 期，第 53 页；吕广伦、罗国良、刘雅玲等：《办理死刑案件审查判断证据的若干问题》，载《人民司法》2010 年第 13 期，第 6 页。

上确立了证据裁判原则在监察调查工作中的地位。此外,《监察法》第 45 条第 1 款第 4 项关于涉嫌职务犯罪案件移送审查起诉达到“证据确实、充分”证明标准的规定,《监察法》第 45 条第 2 款关于“监察机关经调查,对没有证据证明被调查人存在违法犯罪行为的,应当撤销案件”[①]的规定,是证据裁判原则的具体化。证据的审查是一个评价证据能力、证明力,进行事实认定的活动,尤其应坚持证据裁判原则,具体有两方面内容:(1)事实认定必须以证据为依据,没有证据或证据对案件的证明达不到法定证明标准,不得认定被调查人构成职务违法或涉嫌职务犯罪、需要移送审查起诉;(2)作为定案依据的证据,必须具有证据能力,即证据的种类、收集方式等必须符合法定要求,并经过法定的审查程序查证属实。

(三)相互协调、相互制约原则

负责证据审查的案件审理部门与案件调查部门(包括具有调查职责的其他部门)均是监察机关的内设部门,这决定了监察机关的证据审查是一种内部或自我审查,主要目的是保障案件质量,提升案件胜诉率。证据审查部门与取证部门的共同利益决定了二者需要相互协调。然而,如果二者只有协调,没有相互制约,则证据审查主体对证据收集主体提出的意见就没有约束力,证据审查就流于形式,形同虚设,案件质量则难以得到保障。相互制约关系是二者得以相互协调的保障,是为了保障案件质量、规范监察调查权的行使。因此,证据审查主体与证据收集主体的关系在工作机制上是“相互协调、相互制约”的关系。[②] 据此,监察证据审查主体对证据的审查也应既体现相互协调原则,又体现相互制约原则。具言之,所谓“相互协调”原则体现在:对需要补充完善证据的,应退回证据收集主体补充调查;对于案件重大、复杂的,可提前介入审理。所谓“相互制约”原则体现在:监察证据审查主体与证据收集主体应坚持“审调分离”原则,除特殊情况外,仅在案件调查结束后才对证据收集主体移交的证据进行审查;对证据收集主体移送审理的案件,发现不符合移送条件的可以暂缓受理或者不予受理;对事实不清、证据不足的,应退回证据收集

① 《监察法》第 45 条第 2 款规定:“监察机关经调查,对没有证据证明被调查人存在违法犯罪行为的,应当撤销案件,并通知被调查人所在单位。”

② 参见《监督执纪工作规则》第 11 条。

主体重新调查,经退补后仍然事实不清、证据不足的,应提请撤销案件;对证据收集主体非法收集证据、严重影响廉洁监察的,应启动非法证据排除程序。

(四)统一化与差别化相结合原则

监察证据审查主体审查证据时,在证据审查内容、证据审查程序和规则上应坚持统一的原则。同时,针对不同的案件类型(职务违法或职务犯罪)、不同的违法行为或犯罪行为、不同的证明对象(实体事实、程序事实或量刑量罚事实),由于证据的标准和要求不一致,证据审查应实行差别化原则。如后文所要论证的,职务违法案件、职务犯罪案件这两类案件的证明标准不一样,决定了对这两类案件的证明力审查应有所区别。另外,根据《监察法》第 33 条第 2 款的规定,职务犯罪案件的证据审查要求和标准应“与刑事审判关于证据的要求和标准相一致”,而职务违法案件的证据审查要求和标准仅符合《监察法》有关规定即可,这决定了两类案件对证据的证据能力要求存在差异。另外,在证据法理论中,一般对实体性事实的证明采取严格证明程序,对程序性事实采取自由证明程序。[①] 相对应地,证据审查主体对证明实体性事实的证据的审查标准应严于对证明程序性事实和量刑或量罚事实的证据的审查标准。

五、监察证据审查的方法

所谓证据审查的方法,是指证据审查主体为实现证据审查目的所采用的方法。《刑事诉讼法解释》规定了法官审查证据的内容和方法。由于监察机关审查证据应“与刑事审判关于证据的要求和标准相一致”[②],监察调查人员对证据的审查应遵循法官审查证据的要求和标准。同时,法官审查证据的方法也对监察调查人员审查证据起到提示、指引作用。

(一)单个证据的审查方法

监察机关对单个证据的审查,审查的是证据的合法性、真实性以及相关性。由于证据是否合法是由法律规定的,对证据合法性的审查依据法律规定即可。对证据真实性、相关性的审查,则主要是依据逻辑和生活经验。证据的

① 参见林钰雄:《刑事诉讼法》(上册),台北,元照出版有限公司 2013 年版,第 478 页。

② 《监察法》第 33 条第 2 款。

相关性是由待证事实决定，后者是由实体法规定。因而，对相关性审查则是由实体法决定。对证据真实性的审查，一般审查证据的来源是否可靠，以及证据内容本身是否可信。对证据来源的可靠性审查，主要审查以下两方面的情况：(1)证据提供者的能力和知识；(2)证据提供者的身份与动机。[①] 对证据可信性审查，一般审查四个方面：证据所表达的内容是否符合常理；证据与证据之间是否存在矛盾；证据是否为其他证据所补强；证据的内容是否具体。

（二）全案证据的审查方法：印证的利与弊

对全案证据的审查是审查证据的充分性，即全案证据是否已经有足够的证据来证明案件的真实情况。[②] 对全案证据的审查，相当于证明。除例外情形外，立法一般不对证据证明力的判断设定强制性规则，主要是由证据审查主体凭借生活经验和逻辑推理作出判断。目前，对于全案证据的审查或证明，"印证"被视为是一个为司法解释所确认的证明方法或规则。"印证"也被引入了《监察法》，其第40条第1款中规定监察机关调查案件，应"形成相互印证、完整稳定的证据链"。有学者通过观察我国的司法实践，将我国刑事证明模式概括为"印证"模式。[③] 印证作为一种证据审查方法，是否具有正当性？有何利弊？

有学者考证，汉语中的"印证"是中国本土的一个概念，在西方并无对等的词。[④] 主流观点认为，证据学意义上的印证是一种证明方法，是指"利用不同证据内含信息的同一性来证明待证事实，同时亦指采用此种方法而形成的证明关系与证明状态"[⑤]。对此，有学者提出不同意见，认为证据相互印证规则的功能有三方面，分别是确定言词证据有无证明力、评价案件是否达到证明标准、判断供述是否被补强。[⑥] 还有学者认为，印证是"一种证据分析方法，也

---

① 参见何家弘：《证据的审查与认定原理论纲》，载《法学家》2008年第3期，第99页。

② 参见何家弘：《证据的审查与认定原理论纲》，载《法学家》2008年第3期，第99页。

③ 有关"印证"的最初理论阐述，参见龙宗智：《印证与自由心证——我国刑事诉讼证明模式》，载《法学研究》2004年第2期，第107-115页。

④ 参见刘畅：《证明与印证》，载《世界哲学》2011年第3期，第42页。

⑤ 龙宗智：《刑事印证证明新探》，载《法学研究》2017年第2期，第152页。

⑥ 参见陈瑞华：《论证据相互印证规则》，载《法商研究》2012年第1期，第112-123页。

可作为一种证据审查判断方法”[①]。笔者认为,了解印证在我国法律实践中的内涵,应优先通过对现有法律中有关印证的条款的文义进行解释,在此基础上概括印证的功能、实质。

以《刑事诉讼法解释》为例,它的7个条款中均有“印证”。“印证”在这7个条款中的功能见表6-2。

表6-2 《刑事诉讼法解释》中各“印证”条款的功能

“印证”的功能	《刑事诉讼法解释》条款
1. 特殊主体提供的言词证据作为定案根据的条件	第143条
2. 判断证言真实性的方法之一	第87条
3. 判断被告人供述和辩解真实性的方法之一	第93条
4. 证人当庭翻证时庭审证言是否采纳的条件之一	第91条
5. 被告人庭前供述和辩解是否采纳的判断方法	第96条
6. 仅依据间接证据认定被告人有罪的条件之一	第140条
7. 依据被告人的供述、指认的物证书证认定被告人有罪的条件之一	第141条

从表6-2可知,印证在《刑事诉讼法解释》中的第1-5项功能,实质上等同于审查单个言词证据(被告人供述、证人证言)真实性或评价其证明力的一个方法,或将之作为定案根据的一个条件;第6-7项功能是认定特定案件中被告人有罪的条件,属于证明的范畴。因此,我国法律中“印证”的功能可概括为两大类:单个证据的真实性、证明力审查判断功能;全案证据的证明功能。

“印证”证明模式之所以为我国实务部门所欢迎,是因为它符合我国遵从“绝对主义诉讼认识论”的哲学认知和“绝对真实”的司法实践逻辑。[②] 同时,它为司法人员认识案件提供了一个客观化、可审查的工具,使司法证明不再“只可意会,不可言说”,为事实的认定提供了证成基础。然而,印证的上述优点也是其缺点。证明是一个个别化的认识活动,证明的方法因个案、认识主

---

① 王星译:《“印证理论”的表象与实质——以事实认定为视角》,载《环球法律评论》2018年第5期,第103页。

② 参见左卫民:《“印证”证明模式反思与重塑:基于中国刑事错案的反思》,载《中国法学》2016年第1期,第163-164页。

体差异而不同。刚性的证明规则要么过于深奥而难以为众人所习得,要么就成为裁判者证成结论的一个遁词,或卸除责任的一个借口。故两大法系国家,除少数情况外,不对证明设置刚性规则,仅对证据能力或证据可采性设置规则,对证明力的评价交给事实认定者"自由心证"。在我国,"印证"被作为一个法定的证明方法,在实践中会倒逼认识主体对证明进行格式化、套路化思维,这反而不利于发现真相。甚至,在缺乏程序支撑的情况下,办案人员为了实现证据之间的"相互印证",而伪造证据或忽视与有罪证据无法相印证的无罪证据,以至于一些事后发现的冤错案件,被认为某种程度上就是"印证"证明模式造成的结果。①

在我国,"口供中心主义"仍然在深刻影响着中国的刑事司法实践。② 加之,控辩对抗性在实践中尚未真正形成、证人出庭率低,口供的自愿性、真实性保障机制不够健全,这些均使我们必须对口供保持警惕,慎重考虑其证明价值,并需要建立一个规则以保障口供的真实性。现有的印证规则不宜扩展为一种法定证明方法,否则,容易为冤错案件的形成提供证成,应限于对单个证据真实性的审查判断,回归其补强证据的功能。

(三)监察证据审查的程序保障

相比于法官对证据的中立性审查和直接审理模式,监察机关对证据的审查机制属于单向、书面审查模式,缺乏控辩对抗的程序性制度,容易使证据的审查流于形式,或出现因不当排除证据而造成事实认定困难或冤错案件的发生。为确保监察证据审查规范能有效执行,发挥其预期作用,有必要建立由调查人员与被调查人参与的证据审查程序。

为确保证据审查部门(案件审理部门)对证据收集部门形成有力的制约,监察机关已进行了相应的制度设置,包括:审理部门负责人的职务层级比审查调查部门负责人高配半级;审理坚持"审调分离"原则;审理人员根据案件情况与被调查人进行审理谈话,了解有关情况等。但这些制度均未根本改变"书面审""单向审"的局面。这种审理模式使审理人员难以全面了解监察

① 左卫民:《"印证"证明模式反思与重塑:基于中国刑事错案的反思》,载《中国法学》2016 年第 1 期,第 164-170 页。

② 参见李训虎:《变迁中的英美补强规则》,载《环球法律评论》2017 年第 5 期,第 140 页。

调查人员的取证方式,以及被调查人的权利保障情况;难以对移交的证据进行实质性审查,尤其是对非法证据的认定和排除难以作出客观公正的决定。为此,可基于现有的审理谈话机制,在案件审理阶段,建立由审查人员主持的,调查人员、被调查人双方参与的“内部庭审”式证据审查机制,①切实保障被调查人的陈述权、申辩权。具言之:第一,审理人员审查证据应当根据案件审理情况与被调查人谈话,对于具有法定情形的,一般应当与被调查人谈话。② 对有争议的证据,必要时可组织被调查人和承办的监察调查人员到场各自陈述主张,听取双方的意见,并在必要时依职权对取证合法性、证据的可靠性予以核实,综合判断是否采纳该证据,或将其作为定案的根据。第二,调查部门或专案组的证据审查人员仅有权审查证据,而无权排除证据,对需要排除的证据,应将拟排除证据的意见移交审理部门,由审理人员决定是否排除。第三,审理人员在排除有利于被调查人的证据前,应听取被调查人的意见。对于被调查人提出异议的,审理人员应将其意见保留,被调查人可据此进行申诉。若是职务犯罪案件,监察机关应将排除的有利于被调查人的证据清单、排除理由及被调查人的意见,随案移送审查起诉。

第二节 监察证据的证据能力审查

一、证据能力审查的内涵

证据能力(competent evidence),又称“可采性证据”(admissible evidence),是指“具有相关性并具有如此特征(例如,不是基于偏见、传闻或特权),法院

---

① 参见阳平:《论监察取证规则的建构逻辑》,载《行政法学研究》2022年第5期,第109页。

② 《监察法实施条例》第195条规定:“案件审理部门根据案件审理情况,经审批可以与被调查人谈话,告知其在审理阶段的权利义务,核对涉嫌违法犯罪事实,听取其辩解意见,了解有关情况。与被调查人谈话时,案件审理人员不得少于二人。具有下列情形之一的,一般应当与被调查人谈话:(一)对被调查人采取留置措施,拟移送起诉的;(二)可能存在以非法方法收集证据情形的;(三)被调查人对涉嫌违法犯罪事实材料签署不同意见或者拒不签署意见的;(四)被调查人要求向案件审理人员当面陈述的;(五)其他有必要与被调查人进行谈话的情形。”

应采纳的证据”[①]。对证据的证明力进行评价的前提是该证据具有证据能力。证据能力是证据被采纳的前提。被采纳的证据，才有资格作为裁判基础或定案的依据。[②] 证据资料要取得证据能力，须经两道关卡：第一道关卡是证据资料未经法律所禁止使用（消极之必要条件），即证据资料未因违法取得或其他重大原因而禁止使用；第二道关卡是未经禁止使用的证据资料，还应经过严格证明程序（积极之必要条件），及依照法定证据方法（被告、证人、鉴定人、文书、勘验）调查，并遵守法定证据程序（如直接审理原则）调查。[③] 根据证据能力的定义，证据能力审查可分解为对证据的相关性和合法性进行审查。

证据相关性是有助于证明或反驳某个要件事实的属性。[④] 证据相关性审查要求，监察机关在审查证据时，应全面审查证明被调查人有罪（违法）或无罪（合法）的证据、违法犯罪情节轻重以及相关程序性事实（立案、留置、措施使用）有或无的各种证据。对于不相关的证据，应予以排除。凡是相关的证据，除非依法需要排除外，均应移送给事实认定者，作为裁判的基础。

监察机关对证据合法性的审查，是对证据种类、证据收集方式、取证主体适格性等是否符合法定要求进行审查。对证据合法性的审查，必然需要确定哪些违法取得的证据需要排除，哪些可以使用，这就涉及监察案件非法证据排除规则的确立。

二、监察证据的证据能力

监察机关办理的职务违法案件、职务犯罪案件这两类案件证据的证据能力是否一样？目前，《监察法》未对这两类案件证据的证据能力作单独规定。职务犯罪取证规则与职务违法取证规则是“同中有异”关系，职务违法取证规

---

① Admissible evidence: Evidence that is relevant and is of such a character (e. g. not unfairly prejudicical, based on hearsay, or privileged) that the court should receive it. —Also termed competent evidence; proper evidence; legal evidence. See *Black's Law Dictionary*, 8th ed., Thomson West, 2004, p. 1677.

② 参见张保生主编：《证据法学》（第 2 版），中国政法大学出版社 2014 年版，第 26 页。

③ 参见林钰雄：《严格证明与刑事证据》，台北，新学林出版股份有限公司 2002 年版，第 23、107 页。

④ 参见张保生主编：《证据法学》（第 2 版），中国政法大学出版社 2014 年版，第 18 页。

则仅有部分规则比职务犯罪取证规则的标准低。这决定了职务违法证据的证据能力要求与职务犯罪证据的证据能力要求大体相同,仅存在部分差异。这种差异在于,对职务犯罪证据的证据能力审查,除了依照《监察法》,还应遵循刑事审判对证据的要求和标准,而对职务违法证据的证据能力审查,则只需遵循《监察法》。换言之,符合职务犯罪案件证据能力要求的证据必然符合职务违法案件的证据能力要求。因而,对于监察机关而言,对证据的审查重点在于,审查所收集的职务犯罪案件证据是否具有进入刑事诉讼程序的资格,即是否满足作为刑事诉讼证据的证据能力。鉴于此,本书通过研究职务犯罪案件证据的证据能力要求,来阐述监察证据的证据能力审查标准。

《监察法》第 33 条第 1 款规定:"监察机关依照本法规定收集的物证、书证、证人证言、被调查人供述和辩解、视听资料、电子数据等证据材料,在刑事诉讼中可以作为证据使用。"关于什么是"可以作为证据使用",《〈中华人民共和国监察法〉释义》解释为:"是指这些证据具有进入刑事诉讼的资格,不需要刑事侦查机关再次履行取证手续"[①]。除此之外,监察证据在刑事诉讼中"可以作为证据使用"的另一层意思在于,它仅具有进入刑事诉讼的资格,并不意味着其一定能作为定案的根据,能否作为刑事定案的根据,还需要接受检察机关、审判机关的审查,只有符合刑事审判关于证据的要求和标准,才能作为定案的根据。为此,《监察法》第 33 条第 2 款进一步规定:"监察机关在收集、固定、审查、运用证据时,应当与刑事审判关于证据的要求和标准相一致。"故《监察法》第 33 条第 1 款、第 2 款分别确立了监察证据在刑事诉讼中使用的证据能力。

《监察法》第 33 条第 1 款尽管确立了监察证据在刑事诉讼中使用的证据资格,但由于其是一个授权性条款,内容较为抽象,存在一些不够明确的表述,如"依照本法规定""等证据材料"等,使监察证据进入刑事诉讼程序仍存在一些不明确的条件。笔者综合运用文义解释、目的解释、体系解释等方法,对该款内容的内涵予以分析,以界定监察证据在刑事诉讼中使用的条件、范围。

---

① 参见中共中央纪律检查委员会中华人民共和国国家监察委员会法规室编写:《〈中华人民共和国监察法〉释义》,中国方正出版社 2018 年版,第 168 页。

(一)取证主体要求

根据《监察法》第 33 条第 1 款,监察证据在刑事诉讼中作为证据使用的前提之一是取证主体必须是监察机关。非监察机关或未取得监察机关授权的机关或个人收集的证据材料不得以监察证据名义移送审查起诉。根据《监察法》,无论是监察委员会还是派驻或派出监察机构、监察专员,都属于监察机关。其中,监察机关是“法定型”调查主体,享有《监察法》赋予的所有调查权限,其取得的证据材料显然属于监察证据。当然,并非监察机关所有内设机构或人员均具有监察调查权,[①]只有具有法定调查职责或获得授权的内设机构、组织或人员才具有取证主体资格,其依法获得的证据才能以监察证据名义移送审查起诉。派驻、派出监察机构作为“授权型”监察调查主体,享有哪些调查权限根据派出它的监察机关的授权确定,对于其未经授权采取的调查措施获得的证据材料,因不具有合法的取证主体资格,无法在刑事诉讼中作为证据使用。此外,纪委作为党内机构,尽管与监委合署办公,实行“两块牌子,一套人马”的权力运行模式,但在法律上纪委显然没有监察调查权的行使主体资格。以“纪委”名义或以“纪委监委”名义取得的证据材料均不是监察证据,无法在刑事诉讼中作为证据使用。

(二)案件类型的限定

监察机关收集的证据材料可能包括职务违法证据、职务犯罪证据两类,而《监察法》第 33 条第 1 款仅明确哪些证据种类具有刑事诉讼证据资格,而未明确哪类案件的证据可以在刑事诉讼中作为证据使用。那么,监察机关在调查职务违法案件中收集的证据材料是否可以在刑事诉讼中作为证据使用?[②]由于仅当监察案件中的被调查人涉嫌职务犯罪时,才产生将监察案件移送审查起诉的必要。监察机关对职务违法行为有处置权,对于收集的职务违法证据,监察机关没有向司法机关移送的必要,且司法机关也无权对职务违法证据

---

① 根据《监督执纪工作规则》的相关规定,监察机关内设的监督检查部门、审查调查部门、干部监督部门或经批准设立的审查调查组被赋予监察调查权,可实施全部或部分监察调查措施。其他内设机构则不具有调查权限。

② 有学者认为,监察委员会在整个调查中收集的所有证据都可以直接在刑事诉讼中使用,不应区分一般调查中收集的证据和职务犯罪调查中收集的证据。参见纵博:《监察体制改革中的证据制度问题探讨》,载《法学》2018 年第 2 期,第 125 页。

进行审查。故监察机关收集的证据材料需要移送检察机关审查起诉的只能是职务犯罪证据。

由于职务犯罪调查在证据收集程序、权利保障方面严于职务违法调查,故监察机关收集的职务犯罪案件证据,若要用于职务违法调查,不存在证据转换的问题。反之,若职务违法调查获得的证据要用于职务犯罪调查,即被调查人立案时涉嫌“尚不构成犯罪的职务违法行为”,但在调查中发现该行为构成职务犯罪,则存在证据转换的问题。

根据《监察法》的相关规定,监察机关调查职务违法和调查职务犯罪适用同一个监察调查程序,差别在于职务违法调查和职务犯罪调查使用的措施存在差异。例如,监察机关获取涉嫌职务违法的被调查人的供述和辩解采用的是谈话措施,获取涉嫌职务犯罪的被调查人的供述和辩解采用的是讯问措施。由于二者运行程序相同,职务违法证据向职务犯罪证据的转换,并不像行政执法证据向刑事诉讼证据转换那样复杂,①仅涉及对被调查人供述和辩解的收集措施的变更。具言之,监察调查人员与涉嫌职务违法的被调查人谈话,应形成谈话笔录。随着调查的推进,当新发现的证据证明该职务违法行为同时涉嫌职务犯罪时,对被调查人的谈话措施改用讯问措施,重新制作讯问笔录,将之前的谈话笔录中涉及的内容转化为职务犯罪证据。

(三)取证方式要求

根据《监察法》第 33 条第 1 款的规定,监察证据具备刑事诉讼证据资格的另一个条件是该证据由监察机关“依照本法规定”收集,即依照《监察法》规定收集。不仅如此,由于进入刑事诉讼程序的监察证据是为刑事审判准备的,因而还应符合刑事审判对证据的要求和标准,“必须与其相衔接、相一致”②。从另

---

① 由于行政执法调查程序与刑事犯罪调查程序在取证规范、调查措施、权利保障等方面并不一样,且通常调查主体也不一样,因而,行政执法证据向刑事诉讼证据的转换较为复杂。学界关于行政执法证据向刑事诉讼证据的转换有较多论述,代表性文献参见冯俊伟:《行政执法证据进入刑事诉讼的类型分析——基于比较法的视角》,载《比较法研究》2014 年第 2 期,第 109-119 页;冯俊伟:《行政执法证据进入刑事诉讼的规范分析》,载《法学论坛》2019 年第 2 期,第 120-126 页;陈瑞华:《行政不法事实与犯罪事实的层次性理论——兼论行政不法行为向犯罪转化的事实认定问题》,载《中外法学》2019 年第 1 期,第 76-93 页。

② 中共中央纪律检查委员会中华人民共和国国家监察委员会法规室编写:《〈中华人民共和国监察法〉释义》,中国方正出版社 2018 年版,第 169 页。

一个角度看，由于刑事审判是案件事实的最终裁判者，其对证据的要求和标准必然对监察取证活动产生约束作用。这种约束作用表现在，若监察机关收集的证据不符合刑事审判的要求，则移送的证据进入刑事诉讼程序后，将无法作为定案的根据。刑事审判对证据的要求和标准，并未规定在《监察法》中，而是规定在《刑事诉讼法》及相关司法解释中。因此，对职务犯罪案件证据的审查，不仅应审查这类证据的收集方式是否符合《监察法》，还应审查其是否符合《刑事诉讼法》及相关司法解释中的有关规定。

（四）证据种类限定

《监察法》第 33 条第 1 款通过"列举加兜底"的形式规定，监察机关依法收集的"物证、书证、证人证言、被调查人供述和辩解、视听资料、电子数据等证据材料可以在刑事诉讼中作为证据使用"。通常而言，"等"主要有"等内等"和"等外等"两种理解。[①] 笔者认为，此处的"等"应作"等外等"解释。监察证据"可以在刑事诉讼中作为证据使用"的条件，除了符合《监察法》有关规定，还"应当与刑事审判关于证据的要求和标准相一致"[②]，而刑事审判对证据种类的要求是 8 种。[③] 故监察机关调查职务犯罪案件时收集的证据材料，除《监察法》第 33 条第 1 款所列举的 6 种外，被害人陈述、鉴定意见、勘验检查笔录、辨认笔录等 4 种证据材料，由于未超出《刑事诉讼法》所规定的证据种类的范围，也均可在刑事诉讼中作为证据使用。

（五）立案前收集的监察证据作为刑事诉讼证据的条件

《监察法》第 33 条第 1 款对于监察机关收集的证据哪些可以在刑事诉讼中使用，并未按照取证的阶段来划分。那么，监察机关在立案前收集的证据，尤其是言词证据，是否也可以在刑事诉讼中使用？对此，在《监察法》颁布实施前，有观点认为，"监察机关向检察机关移送的言词证据以涉嫌犯罪，正式立案调查为界限，采取讯问（被调查人）、询问（证人）等调查措施所取得言词证据才可予以移送，以促进监察委员会对职务犯罪调查的规范性、严肃性与

① 参见谢登科：《监察证据在刑事诉讼中的使用——兼论〈监察法〉第 33 条的理解与适用》，载《中共中央党校学报》2018 年第 5 期，第 124-125 页。

② 《监察法》第 33 条第 2 款。

③ 《刑事诉讼法》第 48 条规定，这 8 种证据分别是：物证，书证，证人证言，被害人陈述，犯罪嫌疑人、被告人供述和辩解，鉴定意见，勘验、检查、辨认、侦查实验等笔录，视听资料、电子数据。

高效性相统一，并保障所移送言词证据能经得起审查起诉的检验”[①]。此后，有学者提出与之相反的观点，主张只要证据是具有关联性的，且符合合法性要求，无论是在哪个阶段收集的，均可以在刑事诉讼中作为证据使用。[②] 官方观点认为，由于初步核实是《监察法》规定的立案前的前置程序，且《监察法》第 33 条第 1 款的内容并未对监察机关证据收集的阶段进行区分，因而，监察机关在初步核实阶段收集的证据材料与立案调查阶段收集的证据具有同等效力，均可以在刑事诉讼中作为证据使用。[③] 上述观点均认为监察机关立案前收集的实物证据可以在刑事诉讼中作为证据使用，而争议点在于这一阶段收集的言词证据是否可以在刑事诉讼中作为证据使用。笔者认为，由于《监察法》对监察机关在立案前后不同阶段调查措施的使用存在不同规定，监察机关在立案前收集的证据材料是否可以在刑事诉讼中作为证据，仍然要看具体的证据种类的收集方式是否符合《监察法》有关规定，以及“刑事审判关于证据的要求和标准”，而不宜按照实物证据、言词证据来分类，进而主张这一阶段收集的所谓实物证据可以作为刑事诉讼证据，而言词证据不具有这一资格。具体有以下几个方面：

第一，监察机关在初步核实阶段收集的实物证据中，除采取技术调查措施获得的实物证据外，其他均可以在刑事诉讼中作为证据使用。结合《监察法》《监督执纪工作规则》中的有关条款，监察机关在初步核实阶段依法可以采取查询、调取、技术调查、勘验检查、鉴定、限制出境、谈话、询问等 8 种措施。在这 8 种调查措施中，用于收集实物证据的措施是查询、调取、技术调查、勘验检查、鉴定。由于《监察法》关于查询、调取、勘验检查、鉴定这 4 种措施的实施程序并未按照取证阶段予以区分，且这 4 种调查措施的实施在《刑事诉讼法》

---

① 陈光中、邵俊：《我国监察体制改革若干问题思考》，载《中国法学》2017 年第 4 期，第 33 页。持相同观点的文献参见谢登科：《监察证据在刑事诉讼中的使用——兼论〈监察法〉第 33 条的理解与适用》，载《中共中央党校学报》2018 年第 5 期，第 125 页。

② 参见纵博：《监察体制改革中的证据制度问题探讨》，载《法学》2018 年第 2 期，第 123-124 页。

③ 参见中共中央纪律检查委员会中华人民共和国国家监察委员会案件审理室编著：《公职人员职务犯罪调查取证工作百问百答：以〈中华人民共和国监察法〉为视角》，中国方正出版社 2019 年版，第 27 页。

中也并未以立案为界限,[①]故根据《监察法》第31条第1款,监察机关在初步核实阶段依法采取这4种调查措施收集的证据,与立案后采取这4种措施收集的证据具有同等的法律效力。不过,在上述8种调查措施中,监察机关在初步核实阶段可以决定采取的技术调查措施源于《刑事诉讼法》中的技术侦查措施,二者性质一样(均由公安机关等有关机关执行),但适用阶段不一样。侦查机关只有在立案后才能实施技术侦查措施,[②]与之对照的是,监察机关在立案前的初步核实阶段就可以决定采取技术调查措施,由公安机关等有关机关执行。《监察法》之所以作出这一不同于《刑事诉讼法》的规定,显然是出于有效打击腐败的目的。尽管如此,监察机关采取技术调查措施获得的证据材料要在刑事诉讼中使用,同样还应符合刑事审判对这类措施所收集的证据的要求和标准,其中要求之一是该措施一定是在立案后实施,故监察机关立案前决定采取技术调查措施获得的证据材料不能直接在刑事诉讼中作为证据使用。加之,由于《刑事诉讼法》仅规定了"技术侦查措施"而非"技术调查措施"的诉讼地位,监察机关如需要使用通过技术调查措施所获得的证据,可依据《监察法》第18条以及《监察法实施条例》第156条之规定,按规定报批,出具《调取技术调查证据材料通知书》向执行技术调查措施的机关予以调取。并且,为确保此类证据的真实性,对于采取技术调查措施收集的物证、书证及其他证据材料,监察机关应当制作书面说明,写明获取证据的时间、地点、数量、特征以及采取技术调查措施的批准机关、种类等。调查人员应当在书面说明上签名。[③]

第二,监察机关在初步核实阶段收集的被调查人涉嫌犯罪的供述不可在刑事诉讼中作为证据使用,需要在立案后进行证据转换。根据《监察法》的相关规定,监察机关实施调查措施均有一定的适用条件,对不同案件类型(职务违法案件或职务犯罪案件)、不同调查阶段(立案前或立案后)适用哪些调查

---

① 《公安机关办理刑事案件程序规定》第174条第2款规定:"调查核实过程中,公安机关可以依照有关法律和规定采取询问、查询、勘验、鉴定和调取证据材料等不限制被调查对象人身、财产权利的措施。"

② 《刑事诉讼法》第150条。

③ 《监察法实施条例》第156条。

措施均有相应规定。其中,监察机关采取的谈话措施可在立案前或立案后实施,适用的情形是监察对象可能涉嫌职务违法,谈话对象是监察对象;[①]讯问的适用条件是被调查人涉嫌职务犯罪,[②]且只能在立案后使用。[③] 由于上述差别,监察机关在立案前的初步核实阶段或谈话函询阶段,要获得被调查人的供述和辩解,只能通过谈话。通过谈话获得的被调查人涉嫌职务犯罪的供述和辩解,由此形成的谈话笔录,不得作为职务犯罪证据直接移送审查起诉,否则,讯问措施就形同虚设。监察机关应在立案后通过讯问,重新收集被调查人涉嫌职务犯罪的供述和辩解,形成讯问笔录,以讯问笔录移送审查起诉。况且,监察机关对涉嫌职务犯罪的被调查人采用讯问措施,对涉嫌职务违法的被调查人采用谈话措施,本身就是属于《监察法》第 33 条第 1 款关于"依照本法规定"收集证据材料的范畴。

第三,监察机关在立案前收集的证人证言等言词证据可以在刑事诉讼中作为证据使用。由于《监察法》关于询问、勘验检查、鉴定在立案前后的适用条件、程序、权利保障均无差别,故立案前通过采取上述措施形成的证人证言或被害人陈述、勘验检查笔录、鉴定意见的可靠性并不会因没有立案而受到减损,立案后对这些证据再次收集既无必要,又影响效率。从反腐败实践需求看,初步核实是为立案与否提供证据支持,通常需要询问证人、被害人,并根据需要开展鉴定、勘验检查,若这一阶段收集的言词证据需要在立案后再次收集,则相当于重复取证,一方面会造成监察资源的浪费,另一方面证人会因多次作证容易拒绝作证或翻证,进而影响案件的办理,不利于实现"建立集中统一、权威高效的监察体系"[④]的改革目标。因此,无论是基于现有法律规定还是基于规范目的,监察机关在立案前依法收集的上述几种言词证据材料,均可以在刑事诉讼中作为证据使用。

---

① 《监察法》第 19 条规定:"对可能发生职务违法的监察对象,监察机关按照管理权限,可以直接或者委托有关机关、人员进行谈话或者要求说明情况。"

② 《监察法》第 20 条第 2 款规定:"对涉嫌贪污贿赂、失职渎职等职务犯罪的被调查人,监察机关可以进行讯问,要求其如实供述涉嫌犯罪的情况。"

③ 参见《监督执纪工作规则》第 6 章和第 7 章有关规定。

④ 《关于在北京市、山西省、浙江省开展国家监察体制改革试点方案》,载《人民日报》2016 年 11 月 8 日,第 3 版。

三、监察证据的证据能力审查规则

监察机关对证据能力的审查,主要涉及的是对证据的相关性、合法性的审查和判断,涉及对证据的采纳或排除。证据能力的审查规则是关于对不具有证据能力的证据予以排除或禁止使用的规则,涉及证据排除的情形、程序。《监察法》确立了非法监察证据的排除规则,但对非法证据的界定尚不完善。另外,除了对不符合法律规定收集的证据予以排除外,对不相关的证据也应确定排除规则。

(一)非法证据排除规则

1. 确立监察案件非法证据排除规则的理论基础

非法证据排除规则是指"将一具证据价值,甚或为真实的证据,因取得程序之违法,而予以排除,即令该证据为关键性的证据,亦同"①。在美国,关于非法证据排除规则,最主要的理论有二:司法的正洁、吓阻警察的不法。② 在德国,排除非法证据是为了阻止执法官员非法取证的观点并不受到认同,③而支持排除非法取得的证据的最有说服力的理由是,"在法治(Rechtsstaat)国度里,法院只有遵循了刑事诉讼法所确立的规则,才可以判决被告人有罪;这就意味着法院不能使用'被污染的'证据"④。我国司法实务界认为,确立非法证据排除规则,"对遏制刑讯逼供和非法取证发挥了积极作用,对于维护司法公正、保障人权、推进庭审实质化具有重要意义"⑤。

---

① 王兆鹏:《美国刑事诉讼法》(第2版),北京大学出版社2014年版,第19页。

② 其中,司法的正洁理论要旨为:若法院于审判中使用警察非法取得的证据,等于法院为政府非法行为背书,也等于宽容恕宥政府侵犯人民宪法权利,甚至间接鼓励政府的非法行为。吓阻警察的不法理论是指证据排除法则是有效防止政府滥权的机制。参见王兆鹏:《美国刑事诉讼法》(第2版),北京大学出版社2014年版,第20页。

③ 批评者指出,存在更直接的方法可以使警察对违法行为负责(纪律措施,非法剥夺公民自由或者非法进入住宅所应承担的民事责任或刑事责任),以及证据排除损害的并不是警察或者公诉人的利益,而是刑事案件获得公正准确判决的公共利益。参见[德]托马斯·魏根特:《德国刑事诉讼程序》,岳礼玲、温小洁译,中国政法大学出版社2003年版,第193-194页。

④ [德]托马斯·魏根特:《德国刑事诉讼程序》,岳礼玲、温小洁译,中国政法大学出版社2003年版,第195页。

⑤ 戴长林、刘静坤、朱晶晶:《〈关于办理刑事案件严格排除非法证据若干问题的规定〉的理解与适用》,载《人民司法(应用)》2017年第22期,第20页。

由于监察机关承担着调查职务犯罪的职责,其移送的证据是否合法,需要接受刑事审判的检验,因而其取证行为受刑事案件非法证据排除规则的规范。因监察机关不是侦查机关,在监察调查阶段,不直接适用《刑事诉讼法》,需在《监察法》中对其职务犯罪调查适用非法证据排除规则予以单独规定,这不仅是监察机关职务犯罪调查程序衔接刑事诉讼程序的要求,也有助于更好阻却监察机关违法取证行为,保障被调查人的合法权益。从发现真相的角度来看,监察机关在监察调查阶段通过排除非法证据,阻止不具有证据能力的证据进入刑事诉讼程序,有助于减少冤错案件的发生、维护司法公正。我们不仅需要对监察机关调查职务犯罪案件确立非法证据排除规则,对其调查职务违法案件也应确立此类规则,理由是监察机关同时还是职务违法行为的调查和处置机关,确立职务违法案件非法证据排除规则,有助于避免非法证据被用于对公职人员施以政务处分,从而损及监察的廉洁性。

《监察法》第33条第3款规定:"以非法方法收集的证据应当依法予以排除,不得作为案件处置的依据。"该款由于规定了非法收集证据的法律后果,符合规则的构成要件,构成《监察法》中非法证据排除规则的"总根据"①。《监察法》第33条第2款关于监察机关收集、固定、审查、运用证据"应当与刑事审判关于证据的要求和标准相一致"的规定,则为监察机关调查职务犯罪案件受刑事案件非法证据排除规则规范提供了法律依据。在此基础上,《监察法》第40条第2款关于"严禁以威胁、引诱、欺骗及其他非法方式收集证据,严禁侮辱、打骂、虐待、体罚或者变相体罚被调查人和涉案人员"的规定以及《监察法实施条例》第65-66条关于监察案件非法证据表现形式的规定,则是对《监察法》第33条第3款规定的禁止性取证方法的具体化。因此,上述条款构成了监察案件非法证据排除规则的内涵。

相比于刑事案件非法证据排除规则,监察案件非法证据排除规则表现为条款更少、内容较抽象、可操作性不强的特点,难以为监察调查人员收集、审查证据提供有效的指引、规范。因此,有必要对现有的监察案件非法证据排除规则的内涵进行界定,并通过监察取证规则对现有监察案件非法证据规则予以

---

① 刘艳红:《职务犯罪案件非法证据的审查与排除——以〈监察法〉与〈刑事诉讼法〉之衔接为背景》,载《法学评论》2019年第1期,第175页。

具体化。

2. 监察案件非法证据排除规则适用的法律规范

监察机关应当依据什么法律认定所取得的证据是非法证据？或者说，监察案件非法证据排除规则与刑事案件非法证据排除规则应该是什么关系？有学者认为，监察机关调查职务犯罪案件同样适用《刑事诉讼法》确立的非法证据排除规则。[①] 对此，有学者基于对《监察法》第 33 条第 2 款的解释，认为“监察机关证据收集规则应当首先与审判机关对证据的审查采用‘同一标准’”[②]。笔者认为，上述观点仅看到了监察案件非法证据排除规则与刑事案件非法证据排除规则的衔接关系，而未看到两者的差异性。二者并非等值关系，其中，监察案件非法证据排除规则的范围大于刑事案件非法证据排除规则的范围。[③] 监察机关调查职务犯罪案件时的取证规范，适用的是“双重遵循”模式，即同时遵循《监察法》和《刑事诉讼法》。此处的“取证规范”就包括非法证据排除规则。换言之，监察机关调查职务犯罪案件须同时受《刑事诉讼法》《监察法》所确立的非法证据规则规范。

监察案件非法证据排除规则包括职务违法案件非法证据排除规则、职务犯罪案件非法证据排除规则。监察机关同时承担职务违法调查与职务犯罪调查，还包括一般意义上的监察监督。监察案件非法证据排除规则适用于这三种活动中的证据调查。但能否在三个截然不同的领域中适用同一套非法证据排除规则是值得深思的。[④] 具言之，监察机关调查职务犯罪案件需要适用刑事案件非法证据排除规则，而调查职务违法案件以及监察监督时取得的证据不需要进入刑事诉讼程序、接受刑事审判的检验，因而刑事案件非法证据排除规则无法约束、规范这两类活动中的证据收集。从规范角度看，确立监察案件非法证据排除规则需要兼顾阻吓监察调查人员违法取证、保障人权与发现案

---

① 参见陈光中、邵俊：《我国监察体制改革若干问题思考》，载《中国法学》2017 年第 4 期，第 35 页。持同样观点的文献参见郑曦：《论非法证据排除规则对监察委办理案件的适用》，载《证据科学》2018 年第 4 期，第 423 页。

② 刘艳红：《职务犯罪案件非法证据的审查与排除——以〈监察法〉与〈刑事诉讼法〉之衔接为背景》，载《法学评论》2019 年第 1 期，第 176 页。

③ 参见高通：《监察程序中非法证据的法解释学分析》，载《证据科学》2018 年第 4 期，第 402 页。

④ 参见高通：《监察程序中非法证据的法解释学分析》，载《证据科学》2018 年第 4 期，第 401 页。

件真相三种价值,最终实现求真与求善的平衡。并且,与职务违法案件相比,职务犯罪案件对被调查人的权益影响更大,事实认定错误的成本也更高,为避免刑事错案,对非法取证行为的容忍度通常要低于职务违法调查中的非法取证行为。因而,理论上,职务犯罪案件非法证据排除规则应严于职务违法案件非法证据排除规则。若职务违法案件调查和职务犯罪调查适用同一套非法证据排除规则,则相当于提升了职务违法案件非法证据排除规则的要求和标准,使价值的天平过多向求善这一端倾斜,不利于实现求真。并且,鉴于职务违法案件调查占监察调查活动中较大比例,若这类案件适用较严的非法证据排除规则,则会损及效率价值,不利于实现《监察法》第 2 条设定的"构建集中统一、权威高效的中国特色国家监察体制"的立法目的。

综上,监察机关调查职务犯罪案件适用的非法证据排除规则,除了包括《监察法》的有关内容,还应整合《刑事诉讼法》确立的非法证据排除规则。相比之下,职务违法案件非法证据排除规则仅包括《监察法》及相关配套法规中有关证据收集方式的规定,其不受刑事案件非法证据排除规则的约束,并在标准上低于后者。监察机关认定某个证据是否为非法证据,首先应看该证据是用于职务违法行为的证明还是职务犯罪的证明。若该证据是仅用于职务违法行为的证明,则应看该证据的取得方式是否遵循了《监察法》。若该证据用于职务犯罪行为的证明,则不仅应看该证据的取得方式是否遵循了《监察法》,还应看该证据是否遵循了《刑事诉讼法》及相关司法解释,只有二者都得到了遵循,才是合法证据。

3. 监察案件非法证据排除规则的内涵

(1)非法实物证据排除规则。

我国刑事案件非法证据包括非法言词证据以及非法实物证据(物证、书证等其他证据种类)两大类。[①] 其中,我国《刑事诉讼法》规定的非法实物证据主要是针对侦查机关采取非法搜查、扣押[②]等措施收集的实物证据。在刑事

---

① 参见郎胜主编:《〈中华人民共和国刑事诉讼法〉修改与适用》,新华出版社 2012 年版,第 124 页。

② 所谓非法搜查、扣押,主要是指未经依法批准或授权而滥用搜查、扣押措施。参见戴长林、刘静坤、朱晶晶:《〈关于办理刑事案件严格排除非法证据若干问题的规定〉的理解与适用》,载《人民司法(应用)》2017 年第 22 期,第 24 页。

诉讼中,对非法言词证据和非法实物证据采取的是两种不同的认定标准,对前者适用“绝对排除模式”,对后者适用“裁量排除模式”,即在确认物证、书证收集方式违法的情况下,增加了补正和解释的要求,只有不能补正或者不能作出合理解释的,才对相关证据予以排除。[①]《监察法》第 33 条第 2 款并未按照非法取得的证据种类分别采取不同的排除模式,而是笼统地规定“非法方法收集的证据”应当予以排除。从字面意思看,依据该款,对于监察机关收集的无论是非法言词证据还是实物证据,均采取的是“绝对排除模式”,这显然严于刑事案件非法证据排除规则。

虽然在监察机关调查的案件中,言词证据占比较大,且获得相关言词证据对查明案件真相具有重要作用,但绝非没有或不需要实物证据,相反,实物证据因其具有稳定性、不易变的特点是定案或补强言词证据的重要证据类型。若立法仅对言词证据的违法取得方式提出禁止,而不对实物证据的非法取得方式进行界定,则相当于纵容监察调查人员违法收集实物证据,从而难以真正实现阻却监察调查人员违法取证、保障被调查人合法权益的目的。同时,若缺乏非法实物证据排除规则,相当于监察机关违法实施搜查、扣押、冻结等收集实物证据的调查措施,不会受到证据排除的不利后果,从而使有关实物证据的取证规范不具有真正的约束力,这显然不符合立法的目的。此外,从法法衔接的视角看,监察案件非法证据排除规则也应包括非法实物证据排除规则,理由是监察机关调查职务犯罪案件“应当与刑事审判关于证据的要求和标准相一致”,而后者关于非法证据排除规则不仅包括非法言词证据排除规则,还包括非法实物证据排除规则。综上,监察案件非法证据排除规则应包括非法实物证据排除规则。

对于监察机关非法收集的实物证据是否也一律“应当予以排除”,则需要进一步讨论。非法取得的证据不一定就是不真实的,排除这类证据,可能阻碍真相发现,进而影响公平正义的实现。因而,非法证据排除规则是在平衡求善与求真的基础上而确立的。例如,“正是考虑到物证、书证本身的不可替代性,一律排除不符合实际,不利于犯罪的惩治”[②],《刑事诉讼法》对非法实物证

---

① 《刑事诉讼法》第 56 条。

② 郎胜主编:《〈中华人民共和国刑事诉讼法〉修改与适用》,新华出版社 2012 年版,第 6 页。

据适用"裁量排除模式"。同样,若《监察法》对非法实物证据也一律"予以排除,不得作为案件处置的依据",则不利于实现对腐败的打击。基于上述规范目的,监察机关对非法取得的实物证据宜参照《刑事诉讼法》及相关司法解释关于非法实物证据的认定标准[①],即综合考虑收集物证、书证违反程序以及所造成后果的严重程度等情况,决定是否排除非法实物证据。[②] 为此,《监察法实施条例》第 65 条第 3 款进行了相应规定,即"收集物证、书证不符合法定程序,可能严重影响案件公正处理的,应当予以补正或者作出合理解释;不能补正或者作出合理解释的,对该证据应当予以排除"。

(2)监察案件非法言词证据排除规则。

对于非法言词证据,《刑事诉讼法》采取的是"绝对排除模式"。依据《监察法》第 33 条第 3 款的规定,监察机关对非法收集的言词证据也"应当予以排除,不得作为案件处置的依据"。目前,《监察法》关于非法收集言词证据的方式的条款较少,且尚未体现《刑事诉讼法》关于非法言词证据排除规则的内容,对于什么是"非法言词证据"的界定尚不明确具体。监察案件非法言词证据排除规则应基于《监察法》有关规定以及刑事案件非法证据排除规则中的有关内容,确立非法言词证据的认定标准。

其一,界定非法收集被调查人、涉案人员的供述或证人证言的方式。《监察法》第 40 条第 2 款规定:"严禁以威胁、引诱、欺骗及其他非法方式收集证据,严禁侮辱、打骂、虐待、体罚或者变相体罚被调查人和涉案人员。"根据《〈中华人民共和国监察法〉释义》,严禁以非法方式收集证据主要是指,"严禁刑讯逼供,严禁以威胁、引诱、欺骗及其他方法方式来获取证据"[③]。此外,《监察法实施条例》第 64 条对监察机关非法收集被调查人、涉案人员的供述和证

---

① 《人民法院办理刑事案件排除非法证据规程(试行)》第 3 条规定:"采用非法搜查、扣押等违反法定程序的方法收集物证、书证,可能严重影响司法公正的,应当予以补正或者作出合理解释;不能补正或者作出合理解释的,对有关证据应当予以排除。"

② 该观点参考了人民法院对非法取得的实物证据的排除模式。"司法实践中,人民法院可以综合考虑收集物证、书证违反法定程序以及所造成后果的严重程度等情况,决定是否排除非法实物证据。"参见戴长林、刘静坤、朱晶晶:《〈关于办理刑事案件严格排除非法证据若干问题的规定〉的理解与适用》,载《人民司法(应用)》2017 年第 22 期,第 24 页。

③ 中共中央纪律检查委员会中华人民共和国国家监察委员会法规室编写:《中华人民共和国监察法(释义)》,中国方正出版社 2018 年版,第 190 页。

人证言的方式作了进一步界定，其规定："严禁以暴力、威胁、引诱、欺骗以及非法限制人身自由等非法方法收集证据，严禁侮辱、打骂、虐待、体罚或者变相体罚被调查人、涉案人员和证人。"由于《监察法实施条例》作为监察法规是对《监察法》条文的细化、丰富，且是在《〈中华人民共和国监察法〉释义》出版后颁布实施，故关于监察机关非法收集被调查人、涉案人员的供述和证人证言的方式应以《监察法实施条例》的界定为准，即包括："暴力、威胁、引诱、欺骗、非法限制人身自由、侮辱、打骂、虐待、体罚或者变相体罚。"其中，"暴力"是指"采用殴打、违法使用戒具等方法或者变相肉刑的恶劣手段，使人遭受难以忍受的痛苦而违背意愿作出供述、证言、陈述"①，与《刑事诉讼法》中的"刑讯逼供"性质相近。这些非法取证方式与《刑事诉讼法》、《关于办理刑事案件严格排除非法证据若干问题的规定》、《人民法院办理刑事案件排除非法证据规程（试行）》（法发〔2017〕31号）等刑事法规规定的非法收集犯罪嫌疑人、被告人供述的方式，存在交叉重合之处，即"暴力（刑讯逼供）、威胁、引诱、欺骗、非法限制人身自由"的取证方式。但二者又存在不同之处，表现为《监察法》将"侮辱、打骂、虐待、体罚或者变相体罚"视为非法取证方式，刑事法规未明确将之视为非法取证方式。监察机关调查职务犯罪案件适用的非法证据排除规则，需要遵循《监察法》有关规定以及刑事案件非法证据排除规则。故监察取证规则应规定："采取暴力、威胁、引诱、欺骗、非法限制人身自由、侮辱、打骂、虐待、体罚或者变相体罚等非法方式收集被调查人、涉案人员的供述或证人证言，应当予以排除。"

其二，确立重复性供述排除规则。在我国，有关司法解释确立了"重复性供述排除规则"②，即除法定情形外，犯罪嫌疑人、被告人受此前刑讯逼供行为影响而作出的与上一次供述相同的重复性供述，应当一并排除。确立重复性供述排除规则，是对办案人员刑讯逼供行为的一种程序性制裁，有助于阻却办案人员实施刑讯逼供行为、保障被调查人的合法权益。职务犯罪的隐蔽性、物

---

① 参见《监察法实施条例》第65条第2款。

② 根据《关于办理刑事案件严格排除非法证据若干问题的规定》第5条规定："采用刑讯逼供方法使犯罪嫌疑人、被告人作出供述，之后犯罪嫌疑人、被告人受该刑讯逼供行为影响而作出的与该供述相同的重复性供述，应当一并排除。"

证书证少等特点,决定了监察调查对被调查人的供述的依赖程度较高,发生重复性供述的风险较高,对监察机关收集的证据适用重复性供述排除规则,具有现实必要性。不仅如此,对监察机关调查职务犯罪案件确立重复性供述排除规则,是监察案件非法证据排除规则适用刑事案件非法证据排除规则、确保监察调查的证据标准与“刑事审判关于证据的要求和标准相一致”的内在要求。当然,考虑到监察实践的需要,“重复性供述一概予以排除,不利于实现打击腐败与保障人权的平衡”①,故有必要参照《关于办理刑事案件严格排除非法证据若干问题的规定》设定的例外情形。②

值得注意的是,上述界定的非法言词证据应区别于瑕疵证据,后者通常是指“形式要件存在瑕疵(或者缺陷)的证据,比如笔录填写的询问时间、讯问人有误或者存在矛盾的,等等”③。如果收集的言词证据的方式仅是违反法定程序,而未影响案件公正处置,或未侵犯被调查人权益的,对于这种瑕疵证据不宜绝对排除,而应裁量排除,即“瑕疵证据如果能够得到补正或者作出合理解释,具备了证据形式要件,可以作为证据使用;但如果瑕疵证据无法补正或者作出合理解释,就将因此而丧失证据能力,则应予以排除”④。

(二)特定证据禁止使用规则

根据德国使用证据的禁止性规定,除了非法收集的证据一般不得使用外,一些合法收集的证据也被禁止使用,包括导致自我归罪的证据不可采纳、从被告人犯罪记录中删除的先前的定罪情况。⑤ 尽管《监察法》没有关于禁止

---

① 戴长林、刘静坤、朱晶晶:《〈关于办理刑事案件严格排除非法证据若干问题的规定〉的理解与适用》,载《人民司法(应用)》2017年第22期,第23页。

② 根据《关于办理刑事案件严格排除非法证据若干问题的规定》第5条规定,在下列情形下收集的证据不予排除:“(一)侦查期间,根据控告、举报或者自己发现等,侦查机关确认或者不能排除以非法方法收集证据而更换侦查人员,其他侦查人员再次讯问时告知诉讼权利和认罪的法律后果,犯罪嫌疑人自愿供述的;(二)审查逮捕、审查起诉和审判期间,检察人员、审判人员讯问时告知诉讼权利和认罪的法律后果,犯罪嫌疑人、被告人自愿供述的。”

③ 戴长林、刘静坤、朱晶晶:《〈关于办理刑事案件严格排除非法证据若干问题的规定〉的理解与适用》,载《人民司法(应用)》2017年第22期,第24页。

④ 戴长林、刘静坤、朱晶晶:《〈关于办理刑事案件严格排除非法证据若干问题的规定〉的理解与适用》,载《人民司法(应用)》2017年第22期,第24页。

⑤ 参见[德]托马斯·魏根特:《德国刑事诉讼程序》,岳礼玲、温小洁译,中国政法大学出版社2003年版,第191-192页。

使用特定证据的规定,但为保障当事人的合法权益,实现“廉洁监察”价值,监察取证规则可规定如下证据禁止使用:

第一,禁止将“污点证人”作出的自我归罪(错)陈述作为对其不利的证据使用。我国法律尚未正式确立“污点证人”制度。然而,实践中,利用共犯揭发同案其他共犯,对揭发的共犯适用认罪认罚从宽制度或免于刑事处罚的做法较为普遍。尤其是在职务犯罪案件办理中,存在事实上的“污点证人”制度。并且,《监察法》第 32 条规定对涉嫌职务违法犯罪的涉案人员适用从宽处罚,为“污点证人”制度运行提供了法律依据。然而,涉案人员成为“污点证人”,在揭发共犯涉嫌职务违法犯罪行为的同时,也是在做自我归罪(错)。为免除涉案人如实供述的不利后果,有必要禁止将涉案人员的自我归罪(错)陈述作为指控其违法犯罪的证据使用。

第二,禁止使用不相关或不可靠的证据。监察机关将不相关的证据排除或禁止使用,会使事实认定者免于不必要的混淆、偏见;排除真实性存疑或不可靠的证据,使之不进入事实认定者视野中,可避免冤错案件。对于职务犯罪案件调查而言,在移送审查起诉前将这类证据自我排除,还可以节省司法资源、减少纠错成本、提升案件胜诉率。《监察法》从正向角度规定了一些分别保障证据真实性、相关性的规范。其中,第 25 条规定的收集原物原件的要求;第 41 条规定的录音录像制度及其他条款规定的各种措施的使用规范,旨在保障取得证据的真实性;第 40 条规定监察机关“收集被调查人有无违法犯罪以及情节轻重的证据”,则对收集相关证据提出了要求。为确保这些规范得以落实,监察调查取证规则还应从反向角度确立不可靠证据、不相关证据禁止使用规则,即对于真实性无法确认的证据、不相关的证据,应依法予以禁止使用。当然,为防止发生监察调查人员以“真实性无法确认”或“不相关”为由故意排除有利于被调查人的证据的现象,应通过一定的程序规制,并赋予被调查人相应的权利保障。

第三节　监察证据的证明力审查

一、证明力审查的内涵

证明力是指“证据资料对于法官形成心证是否有作用,即法官是否采信该证据资料的证据价值问题，因此，又称为‘证据价值’，判断结果是或高或低”[①]。证据的采信是对证据证明力的审查判断；被采信的证据，才能实际上作为定案的根据。[②] 对证据证明力的审查，包括对单个证据的可信性或可靠性、与待证事实的关联程度审查，以及对全案证据对案件事实的证明的充分性审查。其中，对全案证据的充分性审查判断，功能上等同于监察阶段的事实认定。

在两大法系中，法律对证明力的评价除少数情况外，没有设置刚性的规则予以限制。这是因为“无论何种证据，一个或多个证据的证明力，都取决于非常复杂的考量。科学只能指出一种证据有其特殊风险和特殊优势”[③]。不过，从表 6-1 可知，《刑事诉讼法解释》为单个证据的真实性审查提供了规范，规定了一些证明力评价规则。第一，反向规定证据真实性无法确认的“不得作为定案根据”。第二，从正向角度为证据真实性审查规定了一些形式要求：证据（实物证据）的来源是否可靠；证据（实物证据）的保管链条是否完整；证人是否适格；证人是否出庭；证言是否具有猜测性或评价性；证人证言、被告人供述有无其他证据印证；鉴定机构和鉴定人资质是否适格。第三，对全案证据的证明力审查，则从证据与案件事实的关联程度、证据之间的联系等方面进行审查判断。

为确保移送审查起诉的证据“与刑事审判关于证据的要求和标准相一致”，监察机关应当根据案件的具体情况，参考《刑事诉讼法解释》法官审查证据证明力的方法（见表 6-1），从以下几个方面审查证据的证明力：（1）证人证言是否具有记忆、叙述的歧义，是否为猜测性或评价性证言；（2）证据保管链条是否完整（证据的收集、保全过程中是否有见证人，录音录像、检材是否被污染）；（3）证据的来源是否可靠；（4）证人是否适格；（5）证据是否经法定程序查证属实；（6）鉴定机构和鉴定人资质是否适格；（7）被告人供述、证人证言是否有其他证据印证，证据之间是否存在相互矛盾的情况。

---

① 林钰雄：《严格证明与刑事证据》，台北，新学林出版股份有限公司 2002 年版，第 103 页。

② 参见张保生主编：《证据法学》（第 2 版），中国政法大学出版社 2014 年版，第 26 页。

③ ［美］特伦斯·安德森等：《证据分析》（第 2 版），张保生等译，中国人民大学出版社 2012 年版，第 302-303 页。

除此之外,鉴于监察机关办理的案件的特点,对证据的证明力审查,可设定少量必要的刚性规则,包括最佳证据规则、证据补强规则。

二、监察证据的证明力审查规则

(一)最佳证据规则

最佳证据规则最初由吉尔伯特提出,他将证据法整体纳入"最佳证据规则"这一条单一的原则之下,指出:"证据相关的第一个,也是最为显著的规则就是人类必须拥有事实性质所能拥有的最大限度的证据,因为法律的设计就是为了获得对权利问题的严格证实;没有了事实性质所能拥有的最佳证据,也就没有了某个事实的证实。"[①]最佳证据规则既适用于证据收集,又适用于证据审查。在证据收集中,最佳证据规则要求尽量收集原物原件。[②] 在证据审查中,最佳证据规则要求对收集的证据进行鉴别、辨认和保管,禁止伪造、篡改证据,并在两个与待证事实相关的证据存在矛盾时,应优先采信"最佳证据"的证明力。在监察案件中,最佳证据主要包括以下几类证据:(1)原物原件的证明力大于复印件复印物;(2)经过公证或加盖证据提供单位公章的书证的证明力大于其他书证的证明力;(3)物证及其鉴定意见的证明力大于其他言词证据的证明力;[③](4)与案件当事人没有亲友关系和利害关系的证人证言的证明力大于有上述关系的证人证言的证明力。[④]

(二)证据补强规则

1. 证据补强规则的实质内涵

根据《布莱克法律词典》,"补强"(corroborate)是指"加强或确认;使更具有确定性"[⑤]。"补强证据"(corroborating or corroborative evidence)是指"不

---

① [英]威廉·特文宁:《反思证据:开拓性论著》(第2版),吴洪淇等译,中国人民大学出版社2015年版,第41页;吴洪淇:《阐释与理论:英美证据法研究传统的二元格局》,载《华东政法大学学报》2011年第1期,第85页。

② 例如,《监督执纪工作规则》第46条第2款规定:"调查取证应当收集原物原件,逐件清点编号,现场登记,由在场人员签字盖章,原物不便搬运、保存或者取得原件确有困难的,可以将原物封存并拍照录像或者调取原件副本、复印件……已调取证据必须及时交审查调查组统一保管。"

③ 参见何家弘:《证据的审查与认定原理论纲》,载《法学家》2018年第3期,第99页。

④ 参见何家弘:《证据的审查与认定原理论纲》,载《法学家》2018年第3期,第100页。

⑤ *Black's Law Dictionary*, 8th ed., Thomson West, 2004, p. 1046.

同于某个证据,但对该证据所证明的事项具有强化或确认的证据"[①]。证据补强规则(以下简称补强规则)源于英国普通法。根据兰博约(John Langbein)的考察,在18世纪刑事审判中,法官为提高证据的可靠性,保障刑事被告免遭控方迫害,创设了一套证据规则,以排除某些有问题的证据,其中专属刑事审判的是品格规则、补强规则和口供规则。[②] 彼时的补强规则是针对"污点证人"(共犯)证言所隐含的伪证风险设置的,因而,又称共犯规则,适用于有"污点证人"的案件。[③] 补强规则要求,"除共犯证据外,要让陪审团裁决有罪,还应有其他证据"[④]。反之,如果共犯证言没有其他佐证,法庭会适用补强规则,指示陪审团作出无罪判决。[⑤] 此后,补强规则为许多国家或地区所接受,尤其在英美法系中较为发达。美国《联邦证据规则》要求对不利于被告的庭外证言进行补强。[⑥] 日本受美国法的影响,确立了证据补强规则,该国宪法限制口供的证据能力,并且宣言"唯一的不利证据是本人的口供"时,不能认定该人有罪(《日本宪法》第38条第3款)。[⑦] 我国台湾地区也确立了证据补强规则,"被告之自白,不得作为有罪判决之唯一依据……"[⑧]。从上述定义

---

① "corroborating evidence. Evidence that differs from but strengthen or confirms what other evidence shows(esp. that which needs support)—also termed corroborative evidence". *Black's Law Dictionary*, 8th ed., Thomson West, 2004, p. 1679.

② 参见[美]兰博约:《对抗式刑事审判的起源》,王志强译,复旦大学出版社2010年版,第181-182页。

③ 参见[美]兰博约:《对抗式刑事审判的起源》,王志强译,复旦大学出版社2010年版,第198页。

④ 参见[美]兰博约:《对抗式刑事审判的起源》,王志强译,复旦大学出版社2010年版,第181页。

⑤ 参见[美]兰博约:《对抗式刑事审判的起源》,王志强译,复旦大学出版社2010年版,第209页。

⑥ 根据美国《联邦证据规则》804(b)(3)(B),庭外证言不会因传闻证据被排除的情形之一是,如果该证言使被告人受到刑事责任追究,那么其须被补强证据所支持,该补强证据清晰证明该证言的真实性。"The following are not excluded by the rule against hearsay if the declarant is unavailable as a witness:...(3) *Statement Against Interest*. A statement that:...and(B) is supported by corroborating circumstances that clearly indicate its trustworthiness, if it is offered in a criminal case as one that tends to expose the declarant to criminal liability." See Federal Rules of Evidence, https://www.rulesofevidence.org/article-viii/rule-804/.

⑦ 参见[日]松尾浩也:《日本刑事诉讼法》(下卷),张凌译,中国人民大学出版社2005年版,第37页。

⑧ 我国台湾地区"刑事诉讼法"第156条第2项。

看,补强规则是为确保口供的真实性而设置的,实质上是否定孤证(单个口供)的证据能力,因而,又可称为"孤证不能定案规则"。

补强规则是对于历史上出现的自白评价法则(被告自白具有全部的证明力的法则)的彻底反对,自白的证据价值过去被不当地高估,为了取得自白也就无所不用其极。为了摆脱这种历史险霾,立法分别在证据能力和证明力层次上限制被告自白。其中,在证明力层次上,确立了"法官不能(也不应)单凭被告自白而达到百分之百的有罪确信"的立法限制,本质上属于一种"反向的法定证据评价法则"①。通常,补强规则被认为发挥着如下功能:第一,它是通过保障证人证言、被告人自白的可靠性,使法官避免基于错误的口供而作出错判。第二,它是保护被告的错误分配制度。没有经补强的证据在个案中也可能是真实的,法律要求事实认定者排除或慎重考虑其证据价值,在于错判有罪的代价远远高于错判无罪,故制度的设置应有助于减少错判有罪。第三,它是一个限制国家权力、保护被告的措施。它要求控方在指控被告时,不能依赖口供,促使他们努力去发现和收集口供以外的证据,②从而使通过刑讯逼供、审前羁押以获得口供的动力弱化,因而,它是防止侦控权滥用,保护被告人权利的重要举措。

2. 确立监察证据补强规则的正当性

我国法律中并没有含有"补强"字眼的条款,不过,存在功能上等同于补强规则的条款。例如,《刑事诉讼法》自 1979 年修订时就确立了"孤证不能定案规则",即"只有被告人供述,没有其他证据的,不能认定被告人有罪和处以刑罚",这被视为中国式的证据补强规则③。监察机关办理的案件特点及监察

① 林钰雄:《严格证明与刑事证据》,台北,新学林出版股份有限公司 2002 年版,第 124 页。

② 参见[日]松尾浩也:《日本刑事诉讼法》(下卷),张凌译,中国人民大学出版社 2005 年版,第 49 页。

③ 在《刑事诉讼法》基础上,《关于办理死刑案件审查判断证据的若干问题的规定》及《刑事诉讼法解释》进一步丰富了证据补强规则的适用范围、条件。《刑事诉讼法解释》第 143 条规定,生理上、精神上有缺陷,对案件事实的认知和表达存在一定困难,但尚未丧失正确认知、表达能力的被害人、证人和被告人所作的陈述、证言和供述,以及与被告人有亲属关系或者其他密切关系的证人所作的有利于被告人的证言,或者与被告人有利害冲突的证人所作的不利于被告人的证言,应当慎重使用,有其他证据印证的,可以采信;第 87 条、第 93 条则将证人证言或被告人的供述和辩解与其他证据之间能否相互印证,作为审查证据真实性的内容之一。

调查程序的特点,使确立监察证据补强规则具有规范上的正当性。其一,与其他普通刑事案件不同,贿赂犯罪案件秘密性、隐蔽性强,且在没有第三方介入的情况下,行受贿双方的"一对一"情况较为突出。[①] 贿赂犯罪案件的上述特点,使这类案件的办理更加依赖言词证据。然而,言词证据在这类案件中发挥重要作用的同时,也因其稳定性、可靠性差,而容易出现被告人翻供、证人翻证的现象,在没有实物证据支持或补强的情况下,难以形成定案所要达到的证明标准。并且,由于职务犯罪案件的"一对一"性质突出,为了突破案件,经常需要用到行贿人(涉案人)的证言指控受贿人(被调查人),行贿人为获得从宽处罚,[②]存在作伪证的动机。其二,监察机关现有的证据审查机制是审理部门基于调查部门一方提供的证据材料进行的书面审理,审查主体看到的是被讯问笔录或询问笔录所格式化的言词证据,无法如法庭上事实认定者那样通过直接审理,对法庭上的言词证据的可靠性形成内心确信,因而,监察阶段更需要证据补强规则,以弥补现有证据审查模式所存在的结构性缺陷。其三,职务犯罪案件证人出庭率偏低,加之,职务犯罪案件敏感性、政治性强,会使在这类案件的庭审中,控辩对抗性弱于其他普通刑事案件,法官难以通过对质、质证等法庭调查程序评价被告人口供、证人证言的真实性,更有必要通过监察机关在调查阶段提供补强证据为言词证据的真实性提供担保。

在法律层面,通过对《监察法》第 33 条第 2 款关于"监察机关收集、固定、审查、运用证据时,应当与刑事审判关于证据的要求和标准相一致"[③]的规定,以及第 40 条关于"形成相互印证、完整稳定的证据链"的规定进行体系解释和目的解释,在监察调查阶段确定证据补强规则亦于法有据。

3. 监察证据补强规则的具体内容

《刑事诉讼法解释》仅规定被告人的自白,以及特定类型的证人证言、被害人供述需要证据补强,但对于哪些犯罪事实需要证据补强,补强应达到什么程度,以及补强证据自身应满足什么条件,未作明确界定。结合比较法的视

---

① 参见张申杰:《客观性证据审查模式在贿赂犯罪案件中的适用》,载《中国检察官》2019 年第 6 期,第 30-31 页。

② 参见《监察法》第 32 条。

③ 《监察法》第 33 条第 2 款。

角,对这些问题予以准确界定,既是对现有补强规则的完善,也是确立监察证据补强规则的基础。此外,补强规则仅是保障言词证据真实性、减少错误供述的措施之一,还可通过严格的取证程序、录音录像、法庭质证等方式保障言词证据的真实性,通过审查主体的逻辑生活经验判断证据的真实性。故补强规则设置不宜过于严格,否则,容易走向法定证据制度模式。因此,应秉持平衡防止错判与发现真相、打击腐败与保护当事人合法权益的理念,依据刑事审判关于证据补强的规定,构建合理、科学的监察证据补强规则。

(1)补强规则适用的案件类型。

通过比较法考察,补强规则适用于刑事犯罪案件,之所以如此,是因为刑事犯罪一旦出现错案,尤其是错判有罪,代价非常高。设立补强规则,尽管会增加控方的举证责任和成本投入,但这种成本投入为减少错判有罪的收益所折抵。监察机关同时调查职务违法行为和职务犯罪行为。职务违法行为在违法性、处罚后果及错判成本等方面,均次于职务犯罪,从成本收益角度考量,监察机关在调查职务违法行为方面所投入的成本应低于职务犯罪。若职务违法行为调查与职务犯罪调查适用同样的证据补强规则,无疑是增加了证明难度和成本投入,不符合经济原则,也不有利于对职务违法行为的查处,难以实现建立“权威高效的监察体系”之改革目标,故职务违法案件不宜设立严格的证据补强规则,可参照适用部分职务犯罪案件证据补强规则。

(2)补强的对象与范围。

犯罪事实依其性质与内容可分为:①犯罪的客观面(诸如行为、客体、结果等外在的事实);②犯罪的主观面(诸如故意、过失、知情、目的等被告内心的状态);③犯罪的主体面(犯人与被告为同一人之事实)三部分。[①] 目前主流观点认为,“犯罪的主观面无须有补强证据。盖因犯罪之主观面系以被告之内心状态为探讨对象,除自白以外无其他证据存在乃属平常之事,故在犯罪主观面之证明上,设若一再要求须有补强证据补强时,反而会被认为苛求过

① 参见黄朝义:《刑事诉讼法》(第5版),台北,新学林出版股份有限公司2017年版,第588页。

度”[①]。相对应地,倘若在无其他相关补强证据存在下,亦不得勉强地仅依据矛盾之自白或不明确之自白来推断犯罪者之主观面(如知情或谋杀)。多数学者认为,有关犯罪者是否为被告之证明部分,亦会因证据收集有所困难,无法强加要求须有补强证据。[②] 相对应地,为证明犯罪的客观面(罪体),多数学者认为,自白以外须有补强证据。罪体之意义,有三种类别,具体指:①客观法益之侵害事实;②显示为某一人之行为所侵害之法益事实;③显示为被告之行为所侵害之法益事实。[③] 关于犯罪客观面之补强,存在“形式说”和“实质说”两种观点。主张“形式说”的论者,一般会认为关于罪体之补强证据,只要达到对第二种类别内容之补强即可。[④] 相对地,“实质说”论者却认为,“补强被告之证据,未必须要对于犯罪构成要件有关的全部自白加以补强,只要足以保证与自白有关之事实的真实性即可”[⑤]。笔者认为,证据补强规则主要目的是避免基于错误供述而出现错案,是对被告的保护,但因自白也可能是真实的,若补强规则过于严格,也会阻碍真相发现,故补强规则的设置应在发现真相与防止错案间求取平衡。在为确保事实真相不受怀疑方面,“形式说”之见解似乎较为可行,然而若过度强调自白之客观事实全部要有补强证据,犯罪事实之认定似乎更为困难,甚至会演变成无法认定,相比而言,“实质说”更值得参考。

通过比较法考察,主流观点认为,补强的对象是犯罪的客观面,对于证明犯罪主观面、主体面的自白不需要证明。鉴于职务犯罪案件的特点,应确定犯罪的主体面、客观面的自白需要补强证据。理由如下:第一,与侦查机关办理的普通刑事案件不同,监察机关办理职务犯罪案件通常是根据掌握的线索,首先知道涉案的被调查人(被告人),然后通过调查取证,证成或证否被调查人

---

① 持此种意见者如日本最高裁判所昭和24年7月19日判决,刑集3卷8号,第1348页;最高裁判作1951年1月31日判决,刑集5卷1号,第129页;黄东熊:《刑事诉讼法论》,台北,三民书局1985年版,第357页,及《证据法纲要》,警察大学出版社1994年版,第111页以下亦持相同见解。转引自黄朝义:《刑事诉讼法》(第5版),台北,新学林出版有限公司2017年版,第588页。

② 参见黄朝义:《刑事诉讼法》(第5版),台北,新学林出版有限公司2017年版,第588-589页。

③ 黄朝义:《刑事诉讼法》(第5版),台北,新学林出版有限公司2017年版,第589页。

④ 黄朝义:《刑事诉讼法》(第5版),台北,新学林出版有限公司2017年版,第589页。

⑤ 日本最高裁判所采此种见解,如最高裁判所1950年11月29日判决刑集4卷11号,第2402页。

是否真的涉嫌犯罪，以及涉嫌何罪。故被调查人与涉嫌犯罪的人是否为同一人，并不是一个难以证明的问题，需要证明的是被调查人是否是“国家工作人员”，欲证明此，不能仅有被调查人供述、证人证言，还须有书证。第二，犯罪的客观面包括行为、客体及后果，从犯罪的构成要件看，包括犯罪的客体、客观两个方面，对证明犯罪客观面的自白、证言均需要提供相应的补强证据。对于犯罪客观面的证明，宜采用“实质说”观点，即补强言词证据的证据，不需要对与犯罪构成要件有关的全部自白加以补强，只要足以保证与自白有关之事实的真实性即可。

根据《刑事诉讼法解释》的有关规定，在监察调查阶段，需要补强的证据种类包括被调查人供述和辩解、证人证言（包括共犯证言）、被害人陈述。当然，实践中，实物证据在个案中也存在虚假的可能性，可通过辨认、鉴真程序保障其真实性，不宜作为补强的对象。

（3）补强的程度。

补强证据数量与证明力（证据价值）等补强程度的要求，存在“绝对说”与“相对说”[①]两种截然不同之见解。根据“绝对说”之见解，“补强证据的证明力独立于自白的证明力，即补强证据自身需要拥有一定证明力，否则将丧失作为补强证据的资格”[②]。而根据“相对说”之见解，补强证据不一定需要独立的证明力，可以附属于自白，二者拥有一定的证明力即可。我国台湾地区实务界采取的是“相对说”，即除“该自白本身外，其他足资以证明自白之犯罪事实具有相当程度真实性之证据而言，虽其所补强者，非以事实之全部为必要，但亦需因补强证据与自白之相互利用，而足使犯罪事实获得确信者，使足当之”[③]。我国《刑事诉讼法解释》根据不同情形的自白，对补强证据确立了不同的补强要求：第 143 条规定的两类言词证据[④]需要其他证据印证，才能采信，即要求

---

① 如日本最高裁判所 1949 年 4 月 7 日判决，刑集 3 卷 4 号，第 489 页。最高裁判所 1948 年 10 月 30 日判决，刑集 2 卷 11 号，第 1427 页。转引自黄朝义：《刑事诉讼法》（第 5 版），台北，新学林出版股份有限公司 2017 年版，第 590 页。

② 黄朝义：《刑事诉讼法》（第 5 版），台北，新学林出版股份有限公司 2017 年版，第 590 页。

③ 我国台湾地区 1985 年台覆字第 10 号判例。

④ 这两类言词证据是指“生理上、精神上有缺陷的被害人、证人和被告人所作的陈述、证言和供述”，以及“与被告人有利害关系的证人的证言”。

其他证据有独立的证明力，这等同于“绝对说”之见解。除此之外，《刑事诉讼法解释》采信非特殊身份者所作的口供或证言的条件是与其他证据“相互印证”[①]，即允许自白与其他证据相互补强，这类似于“相对说”之见解。

监察机关办理案件可参照刑事审判关于补强的程度，根据具体的言词证据类型，采用“相对说”和“实质说”，同时，还应有特殊规定。监察机关办理的职务犯罪案件“一对一”特点较为突出，且言词证据多。其中，由于共犯为免除或减轻刑事责任，作伪证的风险较高，因此对共犯作出的不利于被调查人的证言的补强宜采用“绝对说”，即不得与被调查人的供述相互补强、印证，而应有其他证据的补强。对于其他类型的言词证据，如对于被调查人的供述和辩解、证人证言，进行证据补强，宜采用“相对说”，即与其他证据之间能相互印证、补强。

（4）补强证据的适格性。

在日本，补强证据必须是具有证据能力的证据，而且要求必须是口供以外的证据。如果第三人的供述是根据被告人的口供作出的，就没有作为补强证据的证明力。同时，被告人的供述原则上都不能成为补强证据。[②] 在我国台湾地区则存在例外情形，即若“补强证据之供述系在被怀疑之前作成，且作成之物纯粹属于侦查无关之记录，因而在与自白无直接关系之前提下，例外地认定其具有补强证据之适格，否则不得将被告之自白列为补强证据”[③]。另外，对共犯所作的不利于其他共犯的证言，要作为补强证据，“应仅限定于被认为十分吻合之情事部分，方容许相互间可为不利之证据，亦即不得轻易容许共犯之陈述可为补强证据或互为补强证据”[④]。

对于监察机关而言，作为补强证据的一般限定为实物证据，且应是合法取

---

① 参见《刑事诉讼法解释》第 87 条、第 93 条、第 96 条。

② 参见[日]松尾浩也：《日本刑事诉讼法》（下卷），张凌译，中国人民大学出版社 2005 年版，第 40 页。

③ 黄朝义：《刑事诉讼法》（第 5 版），台北，新学林出版股份有限公司 2017 年版，第 592 页。

④ 我国台湾地区 2007 年度台上字第 7105 号判决认为：“……两名以上共犯之自白，不问是否属于同一程序（共同被告），纵所述内容一致，仍属自白之范畴，究非自白以外之其他必要证据，故此之所谓补强证据，应求诸于共犯自白以外，实际存在之有关被告与犯罪者间相关联之一切证据；必先共犯之自白先有补强证据，而后始得以该自白为被告或其他共犯自白之补强证据，殊不能经以共犯两者之自白相互间作为证明其中一方所自白犯罪事实之补强证据。”

得的，不得以言词证据作为补强证据。共犯（涉案人）作出的不利于被调查人的供述，不得先作为对被调查人供述的补强证据，而应先求诸于独立于共犯证言的其他证据作为补强证据，而后以该证言作为被调查人供述的补强证据。

《监察法实施条例》第60条第2款关于"只有被调查人陈述或者供述，没有其他证据的，不能认定案件事实；没有被调查人陈述或者供述，证据符合法定标准的，可以认定案件事实"的规定，实际上为监察案件的办理确立了部分证据补强规则。除此之外，监察调查取证规则还可对证据补强规则的补强对象、范围、强度以及补强证据的适格性等内容进行规定。例如，对于被调查人的主体身份、犯罪客观面的证明，相应的言词证据应有独立于它的实物证据补强；对于共犯作出的不利于被调查人的证言，若收集方式合法，且证言内容与被调查人供述基本一致，可以作为补强证据，否则，两者不得相互补强。

三、监察案件调查终结的证明标准

（一）证明力审查与证明标准的关系

我们通常所说的证明，属于"狭义的诉讼证明"，是指"在审判阶段国家公诉机关和当事人依照法律规定的程序和要求，向审判机关提供证据，运用证据阐明系争事实，论证其诉讼主张的活动"[①]。在认识论领域，证明并非限于审判阶段。证明是一种非常普遍的社会现象，在社会生活和科学研究领域，普遍存在各式各样的证明活动。[②] 监察调查阶段涉及对案件事实的认定，必然涉及证明，这种证明因案件类型不同，表现为不同的性质：作为职务违法案件的调查和处置机关，监察机关对该类案件的证明表现为"自向证明"，具有终局性；作为职务犯罪案件的调查机关，监察机关对该类案件的证明表现为"他向证明"，即向检察机关证明被调查人涉嫌职务犯罪，达到移送审查起诉条件，这种证明具有非终局性。根据"证据的审查"概念，证据的审查包括对证据的证据能力、证明力的判断。而监察机关对全案证据的证明力审查，涉及证

① 宋英辉、甄贞主编：《刑事诉讼法学》（第4版），中国人民大学出版社2013年版，第207－208页。

② 参见宋英辉、甄贞主编：《刑事诉讼法学》（第4版），中国人民大学出版社2013年版，第207页。

据与待证事实的关联程度、证据之间的关联的判断，本身就是一个证明的活动。只是由于监察机关的证明与审判阶段的证明不一样，为避免混淆，本书使用“证据审查”概念，其包括监察阶段的证明。既然涉及证明，监察机关在证据审查中必然需要达到法定的证明标准。

（二）监察案件“层次性”证明标准的理论基础

从立法上看，《监察法》明确了监察机关调查职务犯罪案件终结、移送审查起诉的证明标准是“证据确实、充分”，但未明确监察机关认定职务违法行为的证明标准。不过，监察机关无论是调查职务违法案件还是职务犯罪案件，均应形成“相互印证、完整稳定的证据链”①。并且，监察机关审理职务违法、职务犯罪案件均应做到“事实清楚、证据确凿”的标准。② 从字面意思看，现有法规关于职务违法和职务犯罪二者的证明标准在语言表述上并无明显区别。不过，本书认为，关于两类案件证明标准的表述的内涵应存在差异。监察机关办理职务违法案件、职务犯罪案件这两类性质不同的案件，在证据审查活动中需要遵循两类证明标准，理论依据或原因如下：

1. 事实错误成本差异理论

证明标准的设立是为了减少错判，准确地说，是为了减少错判有罪，因而，它是在事实认定错误无法消除的情况下的一种错误分配制度。错误定罪比错判无罪代价更大，正如卡尔顿·艾伦（Carleton Allen）所指出的：“10 个有罪的人被判无罪与 1 个无辜的人被判有罪都是司法的失败，前者恰好是后者的 10 倍。”③换言之，为实现公正的价值，错判成本越高，错判有罪率应更低，证明标准应更高。根据事实错误的成本差异理论，行政不法事实和犯罪事

---

① 《监察法》第 40 条。

② 《监督执纪工作规则》第 8 章“审理”第 53 条第 1 款规定：“纪检监察机关应当对涉嫌违纪或者违法、犯罪案件严格依规依纪依法审核把关，提出纪律处理或者处分的意见，做到事实清楚、证据确凿、定性准确、处理恰当、手续完备、程序合规。”

③ Carleton Kemp Allen, *Legal Duties and Other Essays in Jurisprudence*, The Clarendon Press, 286-7(1931). 转引自［美］拉里·劳丹：《错案的哲学——刑事诉讼认识论》，李昌盛译，北京大学出版社 2015 年版，第 75 页。

实发生认定上的错误，后者产生的成本要远高于前者。[①] 鉴于错判有罪的错误成本高于错判违法的成本，故刑事犯罪的证明标准应高于行政违法的证明标准。这也是为什么我国的行政诉讼证明标准一般低于刑事诉讼证明标准。职务违法的后果最多是开除公职，并不涉及人身自由的剥夺。与之对照的是，犯罪的后果面临人身自由的剥夺，同时可能会被处以罚金刑。由于职务违法对当事人权益的影响显然要低于犯罪，错判的成本相应地也要低于职务犯罪，职务犯罪案件的证明标准相应地应高于职务违法案件的证明标准，以减少职务犯罪案件的错判有罪率。

2. 特别权力关系理论

据“特别权力关系理论”，公职人员与国家机关构成特别的权力关系，在其自愿成为公职人员时，意味着自身克减了部分权利，并增持了部分义务。监察机关对公职人员涉嫌职务违法行为的调查，更多的是“内部行为”，公职人员在接受职务违法调查时，适用于“权利克减”条款，这无疑减轻了取证主体的证明负担。与职务违法调查不同，监察机关对职务犯罪调查则不是“内部行为”，公职人员不受“权利克减”条款约束。这使职务违法案件的证明难度低于职务犯罪案件的证明。

3. 预防性执法理念

“惩前毖后，治病救人”是纪检监察机关监督执纪执法的基本原则。[②] 监察机关办理职务违法案件并不只是为了对公职人员的职务违法行为进行惩处，还有一个目的是对职务违法进行纠正，或通过对苗头性、倾向性职务违法问题进行提醒、监督，防患于未然，最终是挽救公职人员，防止他们由“好同志”直接蜕化为“阶下囚”。这种执法理念可概括为“预防主义”，而非“惩罚

---

① 陈瑞华教授将之概括为事实错误的成本差异理论，认为行政不法事实认定错误的成本要低于犯罪事实认定错误的成本（参见陈瑞华：《行政不法事实与犯罪事实的层次性理论——兼论行政不法行为向犯罪转化的事实认定问题》，载《中外法学》2019 年第 1 期，第 84 页）。笔者认为，这一理论同样适用于职务违法事实认定错误与职务犯罪事实认定错误的成本差异。

② 《监督执纪工作规则》第 4 条规定：坚持惩前毖后、治病救人，把纪律挺在前面，精准有效运用监督执纪“四种形态”，把思想政治工作贯穿监督执纪全过程，严管和厚爱结合，激励和约束并重，注重教育转化，促使党员自觉防止和纠正违纪行为，惩治极少数，教育大多数，实现政治效果、纪法效果和社会效果相统一。

主义”。在这种执法理念下,证明被调查人实施了职务违法行为的证明标准没有必要与犯罪案件的证明标准一样高。对于涉嫌犯罪的行为,只存在罪与非罪两种情形,不存在中间状态。然而,对于职务违法案件,即便是真相查明达不到确信无疑的程度,执法主体也可对被调查人进行监督、提醒。并且,监察机关执法所要实现的“惩前毖后,治病救人”的目标也会稀释其在查明真相上的投入。

4. 构成要件差异理论

职务违法行为与职务犯罪行为的关系主要有以下几个方面:其一,部分职务违法行为不可能上升为职务犯罪行为,这类职务违法行为称为“单纯职务违法行为”;其二,部分职务违法行为,在满足特定构成要件后,可上升为职务犯罪行为。这类职务违法行为可称为“非单纯职务违法行为”,与对应的职务犯罪行为构成“层次关系”。在这种层次关系中,职务犯罪行为存在一个有别于对应的职务违法行为的“特别构成要件”,这种构成要件既可能是“金额”情节,也可能是主体要件、危害后果等其他构成要件。“单纯职务违法行为”的证明对象完全不同于职务犯罪行为。“非单纯职务违法行为”与职务犯罪行为的证明对象存在部分差异,表现为后者还涉及“特别构成要件”的证明。职务违法案件与职务犯罪案件在证明对象上的差异,决定了职务违法事实和职务犯罪事实处于完全不同的层次,对职务犯罪事实的认定要达到更高的法律要求,意味着其需要更高的证明标准。

5. 成本效率因素

监督执法资源是有限的,监督执法资源的分配须考虑的因素之一是监督执法的成本、效率,即应符合执法经济原则。一般而言,对当事人权益影响越大的行为,对其证明应投入的成本越高。从这个角度看,职务违法案件调查的成本投入应低于职务犯罪案件调查。若职务违法案件的证明标准等同于职务犯罪案件的证明标准,则相当于增加了职务违法调查成本,使成本投入与职务违法对当事人权益影响不匹配,并降低了职务违法案件办理效率。监察机关调查的案件中,移送至司法的仅占少数,大量的案件是职务违法案件。若职务违法案件的证明标准与职务犯罪案件的证明标准相同,则意味着整体提升了监察机关调查取证的成本,不符合监察取证规则的效率价值,且“势必导致监察效率严重低下，与监察体制改革追求的'构建集中统一、权威高效的中国特色国家监察体制'目标不符"[①]。此外，两类案件的证明标准相同，则要么会拉低职务犯罪案件的证明标准，要么使职务违法案件的证明标准出现"虚高"，可能使调查主体借助非法方式取证甚至伪造证据来达到所谓的"排除合理怀疑"证明标准，有悖于廉洁监察的价值目标。

（三）监察机关对职务犯罪案件调查终结、移送审查起诉的证明标准

《监察法》第45条第1条第4项规定，监察机关调查职务犯罪案件终结、移送审查起诉的证明标准是"事实清楚，证据确实、充分"。结合《监察法》第33条第2款关于"监察机关在收集、固定、审查、运用证据时，应当与刑事审判关于证据的要求和标准相一致"的规定，此处的"证据确实、充分"应与《刑事诉讼法》第55条第2款规定的"证据确实、充分"标准的内涵是一致的。[②] 对此，《监察法实施条例》第63条规定，监察机关调查终结的职务犯罪案件应当"事实清楚，证据确实、充分"，并明确"证据确实、充分"应当符合如下条件：(1)定罪量刑的事实都有证据证明；(2)据以定案的证据均经法定程序查证属实；(3)综合全案证据，对所认定事实已排除合理怀疑。

监察调查人员对职务犯罪案件事实所达到的"证据确实、充分"证明标准，与检察官、法官对该案件所达到的证明标准，尽管在文字表述上是一致的，但并不意味着三者对同一案件事实须形成同样的确信程度，否则，审查起诉、审判程序就形同虚设。从认识规律看，三个认识主体分别处于三个不同阶段，受认识主体、认识中介和认识客体等因素的影响，对同一个客体的认知并不一定会形成同样的确信程度甚至会存在不同的认识。理论上，监察机关、检察机关、审判机关三者对同一案件的认识的深度呈现依次递进关系。这就是为什么有的案件移送审查起诉后，会因证据不足被退回补充调查，或不被起诉；有的案件进入审判后，会被判无罪或认定罪名与起诉罪名不一致。因此，监察机关对职务犯罪案件移送审查起诉应达到的"证据确实、充分"证明

---

① 马怀德主编：《监察法学》，人民出版社2019年版，第314页。

② 《刑事诉讼法》第55条第2款规定："证据确实、充分，应当符合以下条件：(一)定罪量刑的事实都有证据证明；(二)据以定案的证据均经法定程序查证属实；(三)综合全案证据，对所认定事实已排除合理怀疑。"

标准,是“证据确实、充分”这一法定刑事审判证明标准对监察调查行为的作用,对案件事实的确信程度能否真正达到法定的审判证明标准,还有待于检验。从审判结果看,监察机关移送审查起诉的证明标准可能低于或等于审判证明标准。若低于后者,则意味着案件被判无罪;若等于后者,则意味着审判机关会作出有罪判决。对于监察调查人员而言,这一结果在案件宣判前,并不知晓。为赢得案件胜诉概率,监察调查人员所能做的只能是按照刑事审判的“证据确实、充分”之证明标准收集、审查证据。如果立法者将监察机关移送审查起诉的证明标准降低,使之低于“证据确实、充分”标准,则意味着监察案件的败诉率升高,这不符合监察机关的利益。同时,监察机关移送审查起诉的证明标准,也不宜高于“证据确实、充分”的证明标准,如此则相当于增加了控方的证明责任,监察机关调查取证的难度也随之加大,“意味着更多的贪腐行为得不到法律制裁”①。

(四)监察机关对职务违法案件调查终结的证明标准

既然职务违法案件的证明标准低于职务犯罪案件的证明标准,那么,职务违法案件的证明究竟应达到一个什么样的标准?应如何表述这一标准?有观点认为,职务违法行为通常会导致政务处分,而政务处分相当于过去行政机关内部的行政处分,故职务违法案件的证明标准可以参照《公务员法》规定的“事实清楚、证据确凿”标准。② 笔者认为,职务违法属于行政不法行为,监察机关是职务违法的调查和审理、处置机关,相当于是认定职务违法行为的“法官”,其对职务违法的证明标准可参照法官审理行政诉讼案件的证明标准,同时还应体现其自身特征。对于行政诉讼的证明标准,有学者认为,其大体上相当于民事诉讼的证明标准,相当于“优势证据”或者“高度的盖然性或可能性”③。在例外情形下,可以考虑将该类案件的证明标准提高到“清晰和令人信服”这一程度。④ 对此,有观点则提出不同意见,认为“法官审理该类案件

---

① 张中:《论监察案件的证据标准——以刑事诉讼证据为参照》,载《比较法研究》2019 年第 1 期,第 27 页。

② 参见马怀德主编:《监察法学》,人民出版社 2019 年版,第 314 页。

③ 陈瑞华:《行政不法事实与犯罪事实的层次性理论——兼论行政不法行为向犯罪转化的事实认定问题》,载《中外法学》2019 年第 1 期,第 81 页。

④ 参见曹恒民:《行政诉讼中证明标准的重构》,载《法学杂志》2012 年第 8 期,第 150-154 页。

时，对于证据证明标准的把握，原则上应以行政行为对当事人权益影响大小为根据，而不能一概适用刑事诉讼或者民事诉讼中的标准”①。笔者认为，尽管职务违法的种类很多，对被调查人权益的影响也呈现较大差异，但仍应采用一个证明标准，而不宜根据职务违法案件严重程度适用差别化证明标准。理由有以下几个方面：第一，刑事案件的证明标准并未根据案件涉及罪名轻重而设置差别化证明标准，而是采用统一的证明标准。第二，职务违法案件的证明标准是监察取证主体对涉嫌职务违法的行为调查终结时对全案证据证明力的评价，而监察取证主体在启动调查时对被调查人是否构成职务违法或违法的严重程度如何一般并不知晓，根据具体职务违法行为的严重程度、对被调查人的权益影响大小采用差别化的证明标准，并不具有可行性。第三，由于差别化证明标准相当于降低了轻微违法行为证明标准、提高了严重职务违法行为的证明标准，容易导致执法者在证据不足情形下将严重职务违法行为按轻微违法行为处理或者将无辜者按轻微违法行为处理的现象，从而产生错案。换言之，不同类型职务违法案件的差别化证明标准将增加事实认定的盖然性，与“以事实为根据”②的监察工作原则相悖。尽管对不同类型的职务违法案件采用差别化证明标准，会减少轻微职务违法行为的调查成本，提升个案调查效率，但效率不能以损失公正为前提，且因证明标准降低产生错案而引发的道德成本最终也将损及效率。

《监察法实施条例》第 62 条对于监察机关调查终结的职务违法案件，采用的是同一证明标准，即“证据确凿”，并将其界定为应当符合以下四个条件：(1)定性处置的事实都有证据证实；(2)定案证据真实、合法；(3)据以定案的证据之间不存在无法排除的矛盾；(4)综合全案证据，所认定事实清晰且令人信服。从文义上看，职务违法案件与职务犯罪案件的证明标准差异在于，前者要求证据之间“不存在无法排除的矛盾”且全案证据对认定事实达到“清晰且令人信服”程度，后者要求全案证据对认定事实达到“排除合理怀疑”程度。

综上，职务违法案件调查终结的证明标准理论上应低于职务犯罪案件调

① 最高法司法案例研究所：《治安行政处罚案件的审理思路和裁判要点》，载搜狐网 2020 年 1 月 16 日，http//www. sohu. com/a/367175776_120025315。

② 参见《监察法》第 4 条。

查终结的证明标准。《监察法实施条例》关于这两类案件调查终结的证明标准在文字表述上存在差异。其中,职务违法案件证明标准"证据确凿"的内涵是"清晰且令人信服",职务犯罪案件调查终结的证明标准"证据确实、充分"的内涵是"排除合理怀疑"。

本章小结

监察证据的审查是监察机关人员在监察调查阶段对收集的证据材料的证据能力、证明力进行审查和评价,并据此认定案件事实的活动。监察证据的审查具有防止冤错案件、提升案件质量、促进真相发现的认识论功能,同时具有保障人权、提升案件办理效率、实现廉洁监察的价值。监察证据的审查应坚持无罪(错)推定原则、证据裁判原则、相互协调与相互制约原则、统一化与差别化相结合的原则。监察证据的审查内容分为证据能力审查、证明力审查两个层次,其中,证据能力审查是证明力审查的前提,只有符合证据能力的证据,才能进入证明力审查阶段。

关于监察证据的证据能力审查,本章界定了职务违法证据的证据能力与职务犯罪证据的证据能力是"同中有异"关系。职务犯罪证据具有作为刑事诉讼证据的证据能力,但在取证主体、取证方式、证据种类、证据来源、取证阶段等方面有相应的条件限制。在此基础上,本章主张确立证据禁止使用规则,完善监察案件非法证据排除规则。关于监察证据的证明力审查,本章阐述了印证方法的弊端,主张确立最佳证据规则、证据补强规则,论述了监察案件"层次性"证明标准体系的理论基础,主张职务犯罪案件调查终结、审查起诉的证明标准在文字表述上尽管与审判的证明标准具有同一性,即"事实清楚、证据确实充分",但这是审判证明标准对审前证明标准的约束,实质上前者的证明标准并不要求等于后者,这既不符合认识规律,也不符合监察机关与检察机关、审判机关之间"相互配合、相互制约"的宪法关系。此处,职务违法案件调查终结的证明标准应低于职务犯罪案件调查终结的证明标准。

结　　语

本书在界定监察调查权性质的基础上，通过对《监察法》有关条文进行概念化和体系化建构，提出了“监察取证规则”的概念，界定了其内涵与外延，以及制定监察取证规则的现实需要和理论正当性，并从认识论、价值论两个视角揭示监察取证原理，阐释监察取证规则的体系构成，在此基础上系统地构建了监察取证规则。本书具有以下研究成果：

监察调查权的性质决定监察取证规则的内容及特征。监察调查权是一种集监督属性、政治属性、法律属性、行政属性、侦查属性于一体的复合性权力。监察调查权中的职务违法调查权属于行政调查权，不同于侦查权。监察调查权的子权力职务犯罪调查权与公安机关等侦查机关的侦查权同中有异，兼具侦查和监察属性。因此，监察调查权与侦查权是两种不同的权力，但存在重叠、交叉之处。监察调查权与侦查权在性质上的“同中有异”关系，决定了监察调查权的运行，既受《刑事诉讼法》等刑事法规的规制，同时也须直接遵循《监察法》及其配套法规。

监察取证规则作为规范监察证据收集、审查的规则体系，是监察调查权性质、监察取证原理的体现，应借鉴侦查取证规则的相关原则与内容，同时基于监察工作的特点，并在不违反法治原则的前提下，应有部分内容与侦查取证规则相异。此外，监察取证规则发挥着庭前证据规则的功能，与证据法存在部分交叉内容，受证据法原理的规范。监察取证主体的“组织化”认识结构以及“廉洁监察”价值追求，分别构成监察取证规则的认识论基础、价值论基础，同时监察取证规则又对监察取证主体实现求真、求善具有一定的促进作用。监察取证规则的体系包括取证主体规则、权利保障规则、证据收集规则、证据审查规则等四类规则。立足上述研究成果，本书揭示监察取证活动规律，并对现有规范监察取证活动的规则进行体系化阐释，据此构建了符合监察取证原理的规则体系。

监察机关的监察对象广、监察权限丰富,且监察取证活动是监察权行使的重要场域,因而,提高纪检监察工作的规范化、法治化、正规化水平的关键是提高监察取证的规范化、法治化、正规化水平。监察机关作为反腐败执法机构,在推进依法治国中发挥示范表率作用,提高监察取证的规范化、法治化、正规化水平是贯彻落实党的二十大报告提出的"坚持全面依法治国,推进法治中国建设"①的重要方面。本书阐释并构建的监察取证规则体系,是对《监察法》中的监察取证规则的体系化、完善与丰富,其中有些规则带有引领性、前瞻性。随着社会的不断进步,反腐败法治化程度不断提升,人权保障意识不断增强,监察调查人员的能力素质不断提升,监察取证工作的规范化、法治化、正规化水平必定不断提升,本书提及的一些监察取证规则或将成为现实。需要强调的是,本书的研究目的并不完全是立法建议,其学术价值主要是提出体现监察取证原理的监察取证规则体系,为监察取证确立基本的理念、价值、原理,塑造并培育监察取证主体的法治化思维和能力水平,推动监察取证的规范化、法治化、正规化水平不断提升。

尽管监察取证规则在规范监察取证、保障当事人权利、确保案件质量方面具有独特的优势,但这只是一个方面的努力,也应看到其局限性。毕竟它只是对监察调查权的一种静态控制模式。监察取证规则能否发挥预期作用,既取决于规则的执行者的素质、能力,还取决于党内监督、群众和舆论监督等动态控权机制的有效运行与配合。监察取证规则因其对监察取证主体的能力素质、价值、职业素养的培育作用,久而久之将影响监察取证主体的思维习惯和行为范式。笔者相信,随着"廉洁监察"日渐内化为每个监察调查人员的价值观并转化为行为模式,监察取证行为乃至纪检监察工作的规范化、法治化、正规化水平定将不断提升。

---

① 《高举中国特色社会主义伟大旗帜　为全面建设社会主义现代化国家而团结奋斗——习近平同志代表第十九届中央委员会向大会作的报告摘登》,载《人民日报》2022 年 10 月 17 日,第 3 版。

参考文献

一、著作类

(一)中文著作

1. 陈光中主编:《证据法学》(第3版),法律出版社2015年版。

2. 张保生:《法律推理的理论与方法》,中国政法大学出版社2000年版。

3. 张保生主编:《证据法学》(第2版),中国政法大学出版社2014年版。

4. 李德顺:《价值论》,中国人民大学出版社2007年版。

5. 樊崇义主编:《刑事诉讼法实施问题与对策研究》,中国人民公安大学出版社2001年版。

6. 马怀德主编:《监察法学》,人民出版社2019年版。

7. 卞建林、谭世贵主编:《证据法学》(第3版),中国政法大学出版社2014年版。

8. 樊崇义主编:《刑事诉讼法学》(第3版),法律出版社2013年版。

9. 陈瑞华:《刑事审判原理论》,北京大学出版社2003年版。

10. 张翔:《基本权利的规范建构》,法律出版社2017年版。

11. 刘春:《权力陷阱与制约:西方国家政治腐败透视》,中共中央党校出版社1998年版。

12. 李秀林、王于、李淮春主编:《辩证唯物主义和历史唯物主义原理》(第5版),中国人民大学出版社2004年版。

13. 许春金:《犯罪学》,台北,三民书局1996年版。

14. 刘辰:《侦查监督论》,中国人民公安大学出版社2018年版。

15. 林达:《总统是靠不住的》,生活·读书·新知三联书店1998年版。

16. 何家弘编著:《外国犯罪侦查制度》,中国人民大学出版社 1995 年版。

17. 孙长永:《侦查程序与人权:比较法考察》,中国方正出版社 2000 年版。

18. 谢佑平、万毅:《刑事侦查制度原理》,中国人民公安大学出版社 2003 年版。

19. 李中华:《权力学》,济南出版社 2005 年版。

20. 李景鹏:《权力政治学》,北京大学出版社 2008 年版。

21. 魏宏:《权力论》,上海三联书店 2011 年版。

22. 孔令望等:《国家监督论》,浙江人民出版社 1991 年版。

23. 李福海编著:《行政监察学》,四川大学出版社 1994 年版。

24. 陈哲夫主编:《监察与监督》,北京大学出版社 1994 年版。

25. 彭勃主编:《中华监察大典·法律卷》,中国政法大学出版社 1994 年版。

26. 秦前红、叶海波等:《国家监察制度改革研究》,法律出版社 2018 年版。

27. 吴庚:《行政法之理论与实用》,台北,三民书局 1996 年版。

28. 林锡尧:《行政法要义》,1998 年自版发行。

29. 倪铁等:《程序法治视野中的刑事侦查权制衡研究》,法律出版社 2016 年版。

30. 吴家麟主编:《宪法学》,群众出版社 1983 年版。

31. 王兆鹏:《美国刑事诉讼法》(第 2 版),北京大学出版社 2014 年版。

32. 中国社会科学院语言研究所词典编辑室编:《现代汉语词典》(第 7 版),商务印书馆 2016 年版。

33. 宗玉琨译注:《德国刑事诉讼法典》,知识产权出版社 2013 年版。

34. 何家弘、张卫平:《外国证据法选译》(下卷),人民法院出版社 2000 年版。

35. 陈一云主编:《证据学》,中国人民大学出版社 2010 年版。

36. 郎胜主编:《〈中华人民共和国刑事诉讼法〉修改与适用》,新华出版社 2012 年版。

37. 林吕建:《权力错位与监控》,中国方正出版社 1996 年版。

38. 黄朝义:《刑事诉讼法》(第 5 版),台北,新学林出版股份有限公司 2017 年版。

39. 樊传明:《证据评价论:证据法的一个阐释框架》,中国政法大学出版社 2018 年版。

40. 陆德山:《认识权力》,中国经济出版社 2000 年版。

41. 林钰雄:《刑事诉讼法》(下册　各论编),台北,元照出版有限公司 2010 年版。

42. 林钰雄:《刑事诉讼法》(上册　总论编),台北,元照出版有限公司 2010 年版。

43. 林钰雄:《刑事诉讼法》(上册),台北,元照出版有限公司 2013 年版。

44. 林钰雄:《严格证明与刑事证据》,台北,新学林出版股份有限公司 2002 年版。

45. 傅美惠:《侦查法学》,中国检察出版社 2016 年版。

46. 郭湛:《主体性哲学》,中国人民大学出版社 2011 年版。

47. 张乃根:《西方法哲学史纲》,中国政法大学出版社 1993 年版。

48. 董和平、韩大元、李书忠:《宪法学》,法律出版社 2000 年版。

49. 肖蔚云、魏定仁、宝音胡日雅克琪:《宪法学概论》,北京大学出版社 2002 年版。

50. 魏定仁主编:《宪法学》,北京大学出版社 1994 年版。

51. 马前进:《侦查思维中的推理方法》,中国法制出版社 2016 年版。

52. 崔清田主编:《今日逻辑科学》,天津教育出版社 1990 年版。

53. 黄颂杰主编:《弗罗姆著作精选:人性、社会、拯救》,上海人民出版社 1989 年版。

54. 林山田:《刑事程序法》,台北,五南图书出版股份有限公司 2004 年版。

55. 宋英辉、甑贞主编:《刑事诉讼法学》(第 4 版),中国人民大学出版社 2013 年版。

56.《监察机关 15 项调查措施学习指南》,中国方正出版社 2018 年版。

57. 中共中央纪律检查委员会中华人民共和国国家监察委员会案件审理室编著:《公职人员职务犯罪调查取证工作百问百答:以〈中华人民共和国监察法〉为视角》,中国方正出版社 2019 年版。

58.《邓小平文选》(第 2 卷),人民出版社 1994 年版。

59.《中华人民共和国公务员法释义》,中国法制出版社 2005 年版。

60.《深化国家监察体制改革试点工作百问百答》,中国方正出版社 2017 年版。

61. 中共中央纪律检查委员会中华人民共和国国家监察委员会法规室编写:《〈中华人民共和国监察法〉释义》,中国方正出版社 2018 年版。

62. 中共中央纪律检查委员会中华人民共和国国家监察委员会案件审理室编著:《监察机关调查职务犯罪案件证据收集与运用——以〈中华人民共和国监察法〉为视角》,中国方正出版社 2018 年版。

63.《〈中华人民共和国监察法〉案例解读》,中国方正出版社 2018 年版。

64.《孙中山全集》(第 5 卷),中华书局 1985 年版。

65.《荀子·臣道》。

66.《史记·李斯列传》。

67.《史记·五帝本纪》。

68.《周礼·春官宗伯下·御史》。

69.《陕甘宁边区重要政策法令汇编》(1949 年版)。

(二)外国译著

1.[美]加尔布雷思等:《权力的分析》,陶远华、苏世军译,河北人民出版社 1988 年版。

2.[英]迈克尔·曼:《社会权力的来源》(第 1 卷),刘北成、李少军译,上海人民出版社 2002 年版。

3.[英]伯特兰·罗素:《权力论》,吴友三译,商务印书馆 2017 年版。

4.[古希腊]亚里士多德:《政治学》,吴寿彭译,商务印书馆 2017 年版。

5.[英]洛克:《政府论》(下篇),叶启芳、瞿菊农译,商务印书馆 1964 年版。

6.[奥]凯尔森:《法与国家的一般理论》,沈宗灵译,商务印书馆 2013 年版。

7. [英]罗素:《西方哲学史》(下卷),马元德译,商务印书馆 2009 年版。

8. [美]汉密尔顿、杰伊、麦迪逊:《联邦党人文集》,程逢如、在汉、舒逊译,商务印书馆 2017 年版。

9. [古罗马]西塞罗:《论共和国、论法律》,王焕生译,中国政法大学出版社 1997 年版。

10. [美]拉里·劳丹:《错案的哲学:刑事诉讼认识论》,李昌盛译,北京大学出版社 2015 年版。

11. [英]威廉·特文宁:《反思证据:开拓性论著》(第 2 版),吴洪淇等译,中国人民大学出版社 2015 年版。

12. [美]亚历克斯·斯坦:《证据法的根基》,樊传明、郑飞等译,中国人民大学出版社 2018 年版。

13. [美]霍尔特等:《新实在论》,伍仁益译,郑之骧校,商务印书馆 2017 年版。

14. [美]米尔伊安·R. 达玛什卡:《司法和国家权力的多种面孔——比较视野中的法律程序》,郑戈译,中国政法大学出版社 2017 年版。

15. [德]迪特玛尔·冯·德尔·普佛尔滕:《法哲学导论》,雷磊译,中国政法大学出版社 2017 年版。

16. [美]约翰·罗尔斯:《正义论》,何怀宏、何包钢、廖申白译,中国社会科学出版社 1998 年版。

17. [美]迈克尔·D. 贝勒斯:《法律的原则——一个规范的分析》,张文显等译,中国大百科全书出版社 1996 年版。

18. [加]道格拉斯·沃尔顿:《品性证据——一种设证法理论》,张中译,中国人民大学出版社 2012 年版。

19. [墨]阿托卡·阿丽色达:《溯因推理:从逻辑探究发现与解释》,魏屹东、宋禄华译,科学出版社 2016 年版。

20. [美]罗纳德·J. 艾伦等:《证据法:文本、问题和案例》(第 3 版),张保生、王进喜、赵滢译,高等教育出版社 2006 年版。

21. [法]萨特:《存在与虚无》,陈宣良等译,生活·读书·新知三联书店 1987 年版。

22. [美]大卫·雷·格里芬编:《后现代精神》,王成兵译,中央编译出版社 1998 年版。

23. [德]哈特穆特·毛雷尔:《行政法学总论》,高家伟译,法律出版社 2000 年版。

24. [美]杰克·唐纳利:《普遍人权的理论与实践》,王浦劬等译,中国社会科学出版社 2001 年版。

25. [法]莱昂·狄骥:《公法的变迁——法律与国家》,郑戈、冷静译,辽海出版社、春风文艺出版社 1999 年版。

26. [日]和田英夫:《现代行政法》,倪健民、潘世圣译,中国广播电视出版社 1993 年版。

27. [美]约书亚·德雷斯勒、艾伦·C. 迈克尔斯:《美国刑事诉讼法精解(第一卷·刑事侦查)》(第 4 版),吴宏耀译,北京大学出版社 2009 年版。

28. [日]松尾浩也:《日本刑事诉讼法》(上卷),丁相顺译,中国人民大学出版社 2005 年版。

29. [法]贝尔纳·步洛克:《法国刑事诉讼法》,罗结珍译,中国政法大学出版社 2009 年版。

30. Werner Beulke:《刑事诉讼法教科书》(第 10 版),C. F. 米勒出版社。

31. [德]托马斯·魏根特:《德国刑事诉讼程序》,岳礼玲、温小洁译,中国政法大学出版社 2004 年版。

32. [美]史蒂芬·沙曼:《比较刑事诉讼:案例教科书》,施鹏鹏译,中国政法大学出版社 2018 年版。

33. [美]特伦斯·安德森等:《证据分析》(第 2 版),张保生等译,中国人民大学出版社 2012 年版。

34. [美]兰博约:《对抗式刑事审判的起源》,王志强译,复旦大学出版社 2010 年版。

(三)英文著作

1. George Selders, *The Great Thoughts*, Ballantine Books, 1985.

2. Hill, L., *The Model Ombudsman. Institutionalizing New Zealand's Democratic Experiment*, Princeton University Press, 1976.

3. Black's Law Dictionary (8th edition), Thomson West, 2004.

4. Norwood Russell Hanson, *Patterns of Discovery: An Inquiry into the Conceptual Foundations of Science*, The Syndics of Cambridge University Press, 1965.

5. Jill Hunter et al., *Integrity, Interrogation, Injustice, The Integrity of Criminal Process*, Hart Publishing, 2016.

6. A. Ashworth and M. Redmayne, *The Criminal Process*(4th edn), Oxford University Press, 2010.

7. Peter Murphy, *A Practical Approach to Evidence*, Blackstone Press Limited, 1992.

8. K. Marx, *Critique of Hegel's Philosophy of Rights*, 1970.

9. Terence Anderson, DavidSchum & William Twining, *Analysis of Evidence* (2nd edition), London: Cambridge University Press, 2005.

10. Leonard W. Levy, *The Origins of the Fifth Amendment*, 1968.

11. Leonard W. Levy, *Origins of the Bill of Rights*, Yale Univesity Press, 1999.

12. Charles Whitebread & Chrisopher Slobogin, *Criminal Procedure: An Analysis of Cases and Concepts*, Foundation Press, 4th ed. 2000.

13. Wayne R. La Fave et al., *Criminal Procedure*, Thomson West, 4th ed. 2004.

14. Denker, *Verwertungsverbote im Strafprozess* 1977.

15. Carleton Kemp Allen, *Legal Duties and Other Essays in Jurisprudence*, The Clarendon Press, 1931.

二、论文类

(一)中文论文

1. 习近平:《在新的起点上深化国家监察体制改革》,载《求是》2019 年第 5 期。

2. 杨晓渡:《坚持和完善党和国家监督体系》,载《党建研究》2019 年第 11 期。

3. 陈光中:《关于我国监察体制改革的几点看法》,载《环球法律评论》2017 年第 2 期。

4. 张保生、阳平:《证据客观性批判》,载《清华法学》2019 年第 6 期。

5. 张保生:《事实、证据与事实认定》,载《中国社会科学》2017 年第 8 期。

6. 张保生:《审判职能、说服责任与“案结事了”》,载《证据科学》2009 年第 6 期。

7. 马怀德:《〈国家监察法〉的立法思路与立法重点》,载《环球法律评论》2017 年第 2 期。

8. 马怀德:《国家监察体制改革的重要意义和主要任务》,载《国家行政学院学报》2016 年第 6 期。

9. 陈瑞华:《行政不法事实与犯罪事实的层次性理论——兼论行政不法行为向犯罪转化的事实认定问题》,载《中外法学》2019 年第 1 期。

10. 陈瑞华:《论国家监察权的性质》,载《比较法研究》2019 年第 1 期。

11. 陈瑞华:《论监察委员会的调查权》,载《中国人民大学学报》2018 年第 4 期。

12. 熊秋红:《监察体制改革中职务犯罪侦查权比较研究》,载《环球法律评论》2017 年第 2 期。

13. 施鹏鹏:《国家监察委员会的侦查权及其限制》,载《中国法律评论》2017 年第 2 期。

14. 童之伟:《对监察委员会自身的监督制约何以强化》,载《法学评论》2017 年第 1 期。

15. 谭世贵:《论对国家监察权的制约与监督》,载《政法论丛》2017 年第 5 期。

16. 李勇、余响铃:《对监察委员会的监督制度设计》,载《国家行政学院学报》2017 年第 2 期。

17. 李红勃:《迈向监察委员会:权力监督中国模式的法治化转型》,载《法学评论》2017 年第 3 期。

18. 郭华:《监察委员会职务犯罪调查权的属性及制约机制》,载《贵州民族大学学报(哲学社会科学版)》2019 年第 1 期。

19. 朱福惠:《论检察机关对监察机关职务犯罪调查的制约》,载《法学评论》2018 年第 3 期。

20. 左卫民、唐清宇:《制约模式:监察机关与检察机关的关系模式思考》,载《现代法学》2018 年第 4 期。

21. 杨红:《被监察者的权利及其保障研究》,载《行政法学研究》2017 年第 6 期。

22. 焦洪昌、古龙元:《从全国人大常委会授权看监察体制改革》,载《行政法学研究》2017 年第 4 期。

23. 秦前红:《我国监察机关的宪法定位——以国家机关相互间的关系为中心》,载《中外法学》2018 年第 3 期。

24. 徐汉明:《国家监察权的属性探究》,载《法学评论》2018 年第 1 期。

25. 郑曦:《监察委员会的权力二元属性及其协调》,载《暨南学报(哲学社会科学版)》2017 年第 11 期。

26. 左卫民、安琪:《监察委员会调查权:性质、行使与规制的审思》,载《武汉大学学报(哲学社会科学版)》2018 年第 1 期。

27. 刘玫:《论监察委员会的调查措施》,载《学习与探索》2018 年第 1 期。

28. 陈一天:《监察调查权与刑事侦查权界限考》,载《法治论坛》2018 年第 3 期。

29. 秦前红:《监察体制改革的逻辑与方法》,载《环球法律评论》2017 年第 2 期。

30. 韩大元:《论国家监察体制改革中的若干宪法问题》,载《法学评论》2017 年第 3 期。

31. 陈卫东、聂友伦:《职务犯罪监察证据若干问题研究——以〈监察法〉第 33 条为中心》,载《中国人民大学学报》2018 年第 4 期。

32. 卞建林:《监察机关办案程序初探》,载《法律科学(西北政法大学学报)》2017 年第 6 期。

33. 谭世贵:《监察体制改革中的留置措施:由来、性质及完善》,载《甘肃社会科学》2018 年第 2 期。

34. 吴建雄等:《"用留置取代两规措施"笔谈》,载《新疆师范大学学报

(哲学社会科学版)》2018 年第 2 期。

35. 徐汉明、张乐:《监察委员会职务犯罪调查与刑事诉讼衔接之探讨——兼论法律监督权的性质》,载《法学杂志》2018 年第 6 期。

36. 田西南:《权力腐败及其制约机制》,载《四川警官高等专科学校学报》2004 年第 3 期。

37. 魏宏:《论我国人民代表大会制度下的分权体制——兼论我国人民代表大会制度的完善》,载《现代法学》2003 年第 3 期。

38. 黄美玲:《监察模式及其权力本质的历史解释》,载《中外法学》2019 年第 4 期。

39. 王希鹏:《国家监察权的属性》,载《求索》2018 年第 4 期。

40. 郑贤君:《试论监察委员会之调查权》,载《中国法律评论》2017 年第 4 期。

41. 刘练军:《监察官立法三问:资格要件、制度设计与实施空间》,载《浙江社会科学》2019 年第 3 期。

42. 张建伟:《法律正当程序视野下的新监察制度》,载《环球法律评论》2017 年第 2 期。

43. [美]戴维·伯格兰、张保生、郑林涛:《证据法的价值分析》,载《证据学论坛》2007 年第 13 期。

44. [美]JacquelineRoss、冯俊伟、阳平:《讯问规则(仅)适用于审判阶段吗?——美国和德国欺骗性讯问规则比较研究》,载《现代法治研究》2017 年第 3 期。

45. [美]罗纳德·J. 艾伦:《刑事诉讼的法理和政治基础》,张保生、李哲、艾静译,载《证据科学》2012 年第 1、2 期合刊。

46. 万毅:《转折与定位:侦查模式与中国侦查程序改革》,载《现代法学》2003 年第 2 期。

47. 阳平:《论我国香港地区廉政公署调查权的法律控制——兼评〈中华人民共和国监察法(草案)〉》,载《政治与法律》2018 年第 1 期。

48. 刘忠:《从公安中心到分工、配合、制约——历史与社会叙事内的刑事诉讼结构》,载《法学家》2017 年第 4 期。

49. 陈卫东、简乐伟:《提起公诉的证据标准问题研究》,载《河南社会科学》2010 年第 1 期。

50. 熊晓彪:《刑事证据标准与证明标准之异同》,载《法学研究》2019 年第 4 期。

51. 王玉梁:《论主体性的基本内涵与特点》,载《天府新论》1995 年第 6 期。

52. 王孔雀:《主体、主体性、三体性原则之研究近况》,载《青海社会科学》1994 年第 6 期。

53. [英]William Twining:《证据:跨学科的科目》,王进喜译,载《证据学论坛》2007 年第 2 期。

54. 马前进:《刑事个案侦查思维中的回溯推理》,载《政法学刊》2016 年第 3 期。

55. 黄朝义:《论紧急搜索在台湾地区"刑事诉讼法"上之适用》,载《月旦法学》2005 年第 124 期。

56. 杨宇冠、高童非:《职务犯罪调查人员出庭问题探讨》,载《社会科学论坛》2018 年第 6 期。

57. 张翔:《基本权利的体系思维》,载《清华法学》2012 年第 4 期。

58. 张翔:《基本权利的受益权功能与国家的给付义务——从基本权利分析框架的革新开始》,载《中国法学》2006 年第 1 期。

59. 龚向和:《国家义务是公民权利的根本保障——国家与公民关系新视角》,载《法律科学(西北政法大学学报)》2010 年第 4 期。

60. 陈醇:《论国家的义务》,载《法学》2002 年第 8 期。

61. 杨临宏:《特别权力关系理论研究》,载《法学论坛》2001 年第 4 期。

62. 吴万得:《德日两国特别权力关系理论之探讨》,载《政法论坛》2001 年第 5 期。

63. 张翔、赖伟能:《基本权利作为国家权力配置的消极规范——以监察制度改革试点中的留置措施为例》,载《法律科学(西北政法大学学报)》2017 年第 6 期。

64. 徐小庆:《论"特别权力关系理论"视角下执政党组织与党员关系》,载

《政治学研究》2015 年第 6 期。

65. 黄学贤:《特别权力关系理论研究与实践发展——兼谈特别权力关系理论在我国的未来方位》,载《苏州大学学报(哲学社会科学版)》2019 年第 5 期。

66. 江国华:《正当性、权限与边界——特别权力关系理论与党内法规之证成》,载《法律科学(西北政法大学学报)》2019 年第 1 期。

67. 杨宇冠、董超:《论权利放弃——以无罪推定权利为视角》,载《杭州师范大学学报(社会科学版)》2008 年第 5 期。

68. 倪铁:《监察技术调查权运作困境及其破局》,载《东方法学》2019 年第 6 期。

69. 姜明安:《国家监察法立法应处理的主要法律关系》,载《环球法律评论》2017 年第 2 期。

70. 吴建雄:《对国家监察法立法的认识与思考》,载《武汉科技大学学报(社会科学版)》2018 年第 2 期。

71. 刘艳红:《程序自然法作为规则自洽的必要条件——〈监察法〉留置权运作的法治化路径》,载《华东政法大学学报》2018 年第 3 期。

72. 何家弘:《建立具有中国特色的沉默权制度》,载《上海市政法管理干部学院学报》2000 年第 6 期。

73. 龙宗智:《英国对沉默权制度的改革以及给我们的启示》,载《法学》2000 年第 2 期。

74. 龙宗智:《英国限制刑事沉默权的措施》,载《人民检察》1998 年第 5 期。

75. 何家弘:《中国式沉默权制度之我见——以"美国式"为参照》,载《政法论坛》2013 年第 1 期。

76. 杨宇冠:《论不强迫自证其罪原则》,载《中国法学》2003 年第 1 期。

77. 樊崇义:《从"应当如实回答"到"不得强迫自证其罪"》,载《法学研究》2008 年第 2 期。

78. 姜明安:《国家监察法立法应处理的主要法律关系》,载《环球法律评论》2017 年第 2 期。

79. 陈越峰:《监察措施的合法性研究》,载《环球法律评论》2017 年第 2 期。

80. 艾明:《调取证据应该成为一项独立的侦查取证措施吗?——调取证据措施正当性批判》,载《证据科学》2016 年第 2 期。

81. 阎刚:《论侦查实务中的调取证据》,载《四川文理学院学报》2014 年第 1 期。

82. 朱孝清:《试论技术侦查在职务犯罪侦查中的适用》,载《国家检察官学院学报》2004 年第 1 期。

83. 陈爱娥:《如何明确适用法律明确性原则》,载《月旦法学》2002 年第 9 期。

84. 郭少杰:《监察法中的技术调查措施研究——兼论〈监察法〉第 28 条》,载《山东警察学院学报》2019 年第 2 期。

85. 蔡墩铭:《监听与强制处分》,载《法令月刊》1991 年第 6 期。

86. 王东:《技术侦查的法律规制》,载《中国法学》2014 年第 5 期。

87. 程雷:《技术侦查证据使用问题研究》,载《法学研究》2018 年第 5 期。

88. 郑曦:《论非法证据排除规则对监察委办理案件的适用》,载《证据科学》2018 年第 4 期。

89. 吴洪淇:《刑事证据审查的基本制度结构》,载《中国法学》2017 年第 6 期。

90. 吕广伦等:《〈关于办理死刑案件审查判断证据若干问题的规定〉理解与适用》,载《人民检察》2010 年第 16 期。

91. 何家弘:《证据的审查与认定原理论纲》,载《法学家》2018 年第 3 期。

92. 龙宗智:《印证与自由心证——我国刑事诉讼证明模式》,载《法学研究》2004 年第 2 期。

93. 刘畅:《证明与印证》,载《世界哲学》2011 年第 3 期。

94. 龙宗智:《刑事印证证明新探》,载《法学研究》2017 年第 2 期。

95. 陈瑞华:《论证据相互印证规则》,载《法商研究》2012 年第 1 期。

96. 王星译:《"印证理论"的表象与实质——以事实认定为视角》,载《环球法律评论》2018 年第 5 期。

97. 左卫民:《"印证"证明模式反思与重塑:基于中国刑事错案的反思》,载《中国法学》2016 年第 1 期。

98. 李训虎:《变迁中的英美补强规则》,载《环球法律评论》2017 年第 5 期。

99. 冯俊伟:《行政执法证据进入刑事诉讼的类型分析——基于比较法的视角》,载《比较法研究》2014 年第 2 期。

100. 冯俊伟:《行政执法证据进入刑事诉讼的规范分析》,载《法学论坛》2019 年第 2 期。

101. 谢登科:《监察证据在刑事诉讼中的使用——兼论〈监察法〉第 33 条的理解与适用》,载《中共中央党校学报》2018 年第 5 期。

102. 陈光中、邵俊:《我国监察体制改革若干问题思考》,载《中国法学》2017 年第 4 期。

103. 纵博:《监察体制改革中的证据制度问题探讨》,载《法学》2018 年第 2 期。

104. 戴长林、刘静坤、朱晶晶:《〈关于办理刑事案件严格排除非法证据若干问题的规定〉的理解与适用》,载《人民司法(应用)》2017 年第 22 期。

105. 刘艳红:《职务犯罪案件非法证据的审查与排除——以〈监察法〉与〈刑事诉讼法〉之衔接为背景》,载《法学评论》2019 年第 1 期。

106. 高通:《监察程序中非法证据的法解释学分析》,载《证据科学》2018 年第 4 期。

107. 张申杰:《客观性证据审查模式在贿赂犯罪案件中的适用》,载《中国检察官》2019 年第 6 期。

108. 张中:《论监察案件的证据标准——以刑事诉讼证据为参照》,载《比较法研究》2019 年第 1 期。

109. 董坤:《证据标准:内涵重释与路径展望》,载《当代法学》2020 年第 1 期。

110. 曹恒民:《行政诉讼中证明标准的重构》,载《法学杂志》2012 年第 8 期。

111. 阳平:《论监察取证规则的建构逻辑》,载《行政法学研究》2022 年第 5 期。

(二)英文论文

1. Kemal Bokhary, *The Ombudsman' Role: A Judicial Perspective*, Asia Pacific Law Review, Vol. 17, No. 1(2009).

2. Mirjan Damaska, *Evidentiary Barriers to Conviction and Two Models of Criminal Procedure: A Comparative Study*(1973), 121 Pa LR 506-89, 513.

3. John H Langbein, *The German Advantage in Civil Procedure*(1985), 52 U Chicago LR 823-26, 829.

4. Jacqueline Ross, *Do Rules of Evidence Apply (Only) in the Courtroom? Deceptive Interrogation in the United States and Germany*, *Oxford Journal of Legal Studies*, Vol. 28, No. 3 (2008).

5. Packer, Herbert L., *Two Models of the Criminal Process*, University of Pennsylvania Law Review, Vol. 113, No. 1(1964).

三、学位论文类

刘涛:《刑事诉讼主体论》,中国政法大学2004年博士学位论文。

四、网址及其他

1. 陈光中:《监察体制改革需启动系统修法工程》,载财新网,http://china.caixin.com/2017-01-17/101044638.html。

2. 陈光中:《制定〈国家监察法〉保障被调查人权利》,载财新网,http://china.caixin.com/2017-03-29/101072187.html。

3. 中共中央办公厅印发《关于在北京市、山西省、浙江省开展国家监察体制改革试点方案》,载新华网,http://www.xinhuanet.com/politics/2016-11/07/c_1119867301.htm。

4.《全国人民代表大会常务委员会关于在全国各地推开国家监察体制改革试点工作的决定》,载新华网,http://www.xinhuanet.com/2017-11/04/c_1121906539.htm。

5.《深化监察体制改革推进试点工作之四:使党的主张成为国家意志》,载《中国纪检监察报》2017年7月17日,第1版。

6. 肖培:《监察体制改革是一项重大政治体制改革》,载人民网,http://cpc.people.com.cn/19th/n1/2017/1026/c414536-29610616.html。

7.《赵乐际在十九届中央纪委三次全会上的工作报告》,载新华网,http://www.xinhuanet.com/politics/leaders/2019-01/11/c_1123979441.htm。

8.《全国人民代表大会常务委员会关于国家监察委员会制定监察法规的决定》,载中国人大网 2019 年 10 月 26 日,http://www.npc.gov.cn/npc/c30834/201910/911aed040a7948a3b2679568d6216140.shtml。

9.《留置期间律师为何不宜介入》,载法律服务平台网,http://fl.smesd.gov.cn/ecdomain/fl/index/jgmkljeannldbboeidjbkfhfgonghhip/20180319085743162.html。

10. 最高法司法案例研究院:《治安行政处罚案件的审理思路和裁判要点》,载搜狐网 2020 年 1 月 16 日,http://www.sohu.com/a/367175776_120025315。

11. 徐炳文:《上海推动构建顺畅高效纪检监察工作制度体系——执纪执法贯通有效衔接司法》,载《中国纪检监察报》2019 年 3 月 26 日,第 3 版。

12. 重庆市纪委监委案件审理室:《加强对下业务指导提升审理工作整体水平——落实监察法对案件审理工作的新要求(六)》,载《中国纪检监察报》2018 年 8 月 1 日,第 8 版。

13. 江苏省纪委监委课题组:《调查职务违法工作的实践与思考》,载《中国纪检监察报》2019 年 1 月 9 日,第 8 版。

14. 瞿芃、孙灿:《今年将研究起草政务处分法监察官法》,载《中国纪检监察报》2019 年 2 月 15 日,第 1 版。

15. 熊觉:《建立监察调查人员制度要重点关注三个问题》,载《学习时报》2019 年 2 月 20 日,第 3 版。

16. 张磊:《努力向党中央交出高质量答卷——浙江开展国家监察体制改革试点工作纪实》,载《中国纪检监察报》2017 年 6 月 13 日,第 1 版。

17. 中央纪委副书记、国家监委副主任杨晓超 2019 年 4 月 8 日在全国纪检监察机关审理工作培训班上的讲话。

18.《十八届中央纪律检查委员会向中国共产党第十九次全国代表大会

的工作报告》。

五、法律法规及案例

(一)法律法规

1.《中国共产党章程》。

2.《中国共产党党内监督条例》。

3.《中国共产党廉洁自律准则》。

4.《中国共产党纪律检查机关监督执纪工作规则》。

5.《监察机关监督执法工作规定》。

6.《纪检监察机关监督检查审查调查措施使用规定》。

7.《中国共产党纪律检查机关案件检查工作条例》。

8.《中华人民共和国中央人民政府组织法》(1949年9月27日中国人民政治协商会议第一届全体会议通过)。

9.《中华人民共和国宪法》。

10.《中华人民共和国国务院组织法》(1954年9月21日第一届全国人民代表大会第一次会通过)。

11.《全国人民代表大会常务委员会关于设立中华人民共和国监察部的决定》(1986年12月2日全国人大第6届常委会第18次会议通过)。

12.《中华人民共和国监察法》。

13.《中华人民共和国刑事诉讼法》。

14.《中华人民共和国公职人员政务处分法》。

15.《国家监察委员会管辖规定(试行)》。

16.《中华人民共和国人民检察院组织法》。

17.《中华人民共和国公务员法》。

18.《中华人民共和国国家安全法》。

19.《中华人民共和国人民警察法》。

20.《中华人民共和国监察法实施条例》。

21.《中华人民共和国国家赔偿法》。

22.《公安机关办理刑事案件程序规定》。

23. 最高人民检察院《关于办理死刑案件审查判断证据若干问题的规定》。

24.《人民法院办理刑事案件排除非法证据规程(试行)》。

25. 最高人民检察院《关于办理刑事案件严格排除非法证据的规定》。

26.《国有企业领导人员廉洁从业若干规定》。

27.《关于人民检察院立案侦查司法工作人员相关职务犯罪案件若干问题的规定》。

28.《关于查处党员违纪案件中收集、鉴别、使用证据的规定》。

29.《人民检察院刑事诉讼规则》。

30. 最高人民法院《关于适用〈中华人民共和国刑事诉讼法〉的解释》。

31.《最高人民检察院人民检察院刑事诉讼涉案财物管理规定》。

32.《人民检察院刑事诉讼涉案财物管理规定》。

33. 最高人民法院、最高人民检察院、公安部、中国证券监督管理委员会《关于查询、冻结、扣划证券和证券交易结算资金有关问题的通知》。

34. 中国人民银行、最高人民法院、最高人民检察院、公安部《关于查询、冻结、扣划企业事业单位、机关、团体银行存款的通知》。

35. 最高人民法院、最高人民检察院《关于办理贪污贿赂刑事案件适用法律若干问题的解释》。

36.《中华民国宪法》(1946 年 12 月 2 日国民大会三读通过,1947 年 1 月 1 日国民政府公布)。

37.《国民政府监察院组织法》(1926 年 10 月 4 日修正公布)。

38.《工农检察部的组织条例》(1932 年)。

39.《苏维埃地方政府的暂行组织条例》(1931 年 11 月中央执行委员会第一次全体会议通过)。

40.《陕甘宁边区各级参议会组织条例》(1941 年 11 月边区第二届参议会修正通过,1942 年 4 月边区政府公布)。

41.《华北人民政府组织大纲》(1948 年 8 月 16 日华北临时人民代表大会通过)。

42.《陕甘宁边区政府暂行组织规程》(1949 年 4 月 9 日陕甘宁边区参议

会常驻议员会、陕甘宁边区政府委员会联席会议通过)。

43.《维也纳领事公约》。

44. 我国香港地区《防止贿赂条例》。

45. 英国《1987 年刑事司法法案》(Criminal Justice Act 1987)。

46. 新加坡《预防腐败法》。

47. 我国台湾地区“刑事诉讼法”。

48. 美国《联邦刑事诉讼规则》。

49. 我国台湾地区“通讯保障及监察法”。

50. 我国香港特别行政区《截取通讯及监察条例》。

51.《西班牙刑事诉讼法典》。

(二)案例

1. 我国台湾地区 2008 年度台上字第 1509 号判决。

2. 日本:最决昭 44 · 3 · 18[判例 A2]。

3. 我国台湾地区 2009 年度台上字第 3644 号判决。

4. 日本最高裁判所 1949 年 7 月 19 日判决,刑集 3 卷 8 号。

5. 日本最高裁判所 1951 年 1 月 31 日判决,刑集 5 卷 1 号。

6. 日本最高裁判所 1950 年 11 月 29 日判决,刑集 4 卷 11 号。

7. 日本最高裁判所 1949 年 4 月 7 日判决,刑集 3 卷 4 号。

8. 日本最高裁判所 1948 年 10 月 30 日判决,刑集 2 卷 11 号。

9. 我国台湾地区 1985 年台覆字第 10 号判例。

10. 我国台湾地区 2007 年度台上字第 7105 号判决。

11. 美国联邦最高法院 1967 年 Bergv. New Yory 案。

12. 西班牙最高法院 1992 年 6 月 18 日的裁决。

13. In re Winship,397U. S. 358(1970).

14. Miranda v. Arizona,384U. S. 436,458(1966).

15. Escobedo v. Illinois,378U. S. 478,487-488(1964).

16. Schmerber v. California,384U. S. (1966).

17. In re Doe,860 F. 2d 40,46(2d Cir. 1988).

18. United States v. Maceo,873F. 2d 1(1st Cir.),493U. S. 840(1989).

19. McKennav. State,671 S. W. 2d 138(Tex. App. 1984).

20. Murphy v. Waterfront Comm'n,378 U. S. 52,55(1964).

21. Terry v. Ohio,392 U. S. 1,88 S. Ct. 1868,20 L. ed. 2d 889(1968).

22. United States v. Jacobsen,466 U. S. 124-125(1984).

23. United States v. Place,462 U. S. 696(1983).

24. Illinois v. McArthur,581 U. S. 326(2001).

25. Lambert v. France,30 E. H. R. R. 346(2000).

26. ECHR,Kruslin v. France,1990,Series A No. 176-A.

后　记

时值金秋九月，我的第一本学术著作《监察取证原理与规则》在我博士论文的基础上，经多次修改，历时三年，终于定稿。伴随本书的写作，既有国家监察体制改革的启动、宪法修订、监察法的颁布实施等政治生活中的宏大叙事，也有克服疫情困难、奋笔疾书、走出迷惘的难忘经历，还有个人从昔日单身青年到今日三个孩子父亲的角色转变。在书稿付梓之际，我内心甚为激动，想借此机会分享本书的选题背景和写作过程，并对在这个过程中给予我支持和帮助的家人、老师、朋友、领导与同事表达敬意与感激。

2018 年，在国家监察体制改革深入推进的背景下，正在攻读证据法学方向博士研究生的我结合从事纪检监察工作、参与国家监察体制改革试点前期论证调研的经历，决定将监察取证规则作为博士论文选题。这一选题涉及监察法学与刑事诉讼法学、证据法学等多学科的交叉，具有较强的跨学科特征，容易产生理论创新。在实践层面，监察机关的调查取证工作涉及监察程序与刑事诉讼程序的互动，关乎纪检监察案件的质量和当事人合法权益的保障。提升监察取证的规范化、法治化和正规化水平是国家监察体制改革深入推进的重点。带着对这一选题的浓厚兴趣，在我的博导中国政法大学张保生教授的指导下，我开始了博士论文写作，其间多次与纪检监察干部座谈调研，查阅中英文文献，向导师和师友请教，历经两年时间终于写成 25 万字的博士论文并成功通过答辩。

我将博士论文交付法律出版社评审期间，恰好《监察法实施条例》于 2021 年 9 月颁布实施，原书稿建构的监察取证规则有一部分已成为法规条款，且党中央对纪检监察工作有了新的要求和部署，纪检监察学科也被正式确立为法学门类下的一级学科。为增强书稿内容的时代性、理论性和学科性，我决定推迟书稿的出版。我结合最新法律法规以及国家监察体制改革实践情况对书稿进行了全面修改与完善，突出对监察取证原理的抽象和提炼，同时研究范式由之前的规则“构建”模式转变为规则“阐释+构建”相结合模式，阐释《监察法》《监察法实施条例》等法律法规中监察取证规则的纪理法理，并基于监察取证原理，构建更为完善的监察取证规则体系，为推动纪检监察工作规范化、法治化、正规化发展提供方法论和理论指引，进一步丰富纪检监察学尤其是监察法学的学术体系、话语体系、理论体系。

书稿的写作是一次马拉松式的长跑，除了需要自己的努力和坚持外，离不开身边人的鼓励和助力。在此，我最要感谢的是妻子的理解和支持。她对我攻读博士学位、投入大量精力从事学术创作给予了有力的精神支持，并独自承担了大量哺育照顾孩子、收拾家务的工作，让我有更多时间去写作。感谢我的三个孩子的陪伴，他们让原本单调的写作生活充满乐趣与放松，有时我会在哄他们入睡的过程中突然有了新思路，有时我会在他们睡好后爬起来写到深夜，敲击文字的键盘声与他们此起彼伏的呼吸声成了陪伴我最美妙的音符。感谢我和我爱人的双方父母，他们放弃在老家的休闲生活，来京为我们带孩子、做家务，使得我有一些空闲时间去阅读和写作。

在学术上，我特别需要感谢的是我的博导张保生教授对我学术的严格训练以及对我做人的教导。围绕监察取证规则，我相当于写过两篇博士论文，最初一篇是 2019 年 3 月末写成的，有近 30 万字，老师认为那篇论文的理论性还应加强，建议我延期一年毕业。得知这个消息后，我压力很大。他经常跟学生说，“博士论文通常是人一生中花费最多时间写的，子孙后代都可以看到，既然如此为什么不写成精品，写到满意的程度？以后，即使学术做得不好，但谈及博士论文至少是有底气的。”正是老师的这些话，让我重新反思自己的论文，很快调整自己的状态，进入论文第二次创作阶段。我最初的论文一上来就讨论监察取证规则的体系构成，老师认为不能一下子就写到形而下的内容，而应先研究监察调查权的性质，而研究监察调查权的性质之前，还应先阐述权力的一般性质、结构、监察权的起源等，只有这样才会让论文具有理论深度。再如，我在写第四章（监察取证中的基本权利保障）时，一开始就阐述《监察法》中有哪些权利保障条款，存在哪些缺陷，应如何完善。老师认为，论文不能写得这么浅，当事人在监察取证中享有基本权利、监察机关保障当事人基本权利的理论基础是什么？基本权利的概念是什么？有什么功能？根据这些提问，我开始去研习宪法有关内容，梳理基本权利的概念，提出基本权利的抵抗权功能、对公权力的消极规范功能，论述监察机关保障当事人基本权利的政治义务和宪法义务，并据此构建当事人在监察取证中的权利体系。在老师的严格要求和不断启发下，我克服疫情困难，反复修改完善论文，最终论文成功通过外审和答辩，并得到了外审专家和答辩老师的一致好评。现在呈现在大家面前的书稿与我 2019 年写成的博士论文相比，内容重复度很少，理论性、体系性更强。如果没有导师对我的严格要求和指导，我就不可能去超越和挑战自己，不可能形成从理论维度去研究问题的意识和能力。

在求学中，非常感谢英国诺丁汉大学 Paul Roberts 教授，感谢他对我的鼓励和学术指导。他来中国讲过几次学，我有幸成为他的助教，从中学到很多研究方法。他是一个刑事法学家，关注刑事诉讼法、证据法、刑法，并注重三者的关联，这非常符合我的学术兴趣。他送给我他主编的一本书（The Integrity of Criminal Process），对我论文写作影响很大。我论文提出的“廉洁监察”（Integrity of Supervision）正是受到此书的启发以及他的建议。他曾就我的论文与我在咖啡馆聊了一下午，不断反问我论文的研究目的以及论文的命题，正是在这种追问下，我开始思考论文的理论基础、核心命题，最终提出将“廉洁监察”作为构建监察取证规则的价值论基础。

在博士阶段求学的过程中，对我学术训练帮助最大的除了导师外，就是我的师兄山东大学法学院冯俊伟教授。他为人非常热情谦和，我平时经常向其请教学术问题，受益良多。冯教授对书稿的提纲提出了非常好的建议，认为对监察取证规则的研究不应仅是从静态的视角进行研究，那样就会很技术，而应从动态和静态相结合的视角，从取证的过程来研究取证规则，例如，关于监察取证的主体应研究监察取证主体之间的互动、监察取证主体与客体的互动，将那种动态感呈现出来。受他这一观点的启发，书稿关于监察取证规则的构成包括监察取证的主体、监察取证中的权利保障，而不是仅关注证据收集规则、证据审查规则，并提出了监察取证主体的“组织化”认识模式，以及这种认识模式对监察取证规则的塑造作用。

感谢中国政法大学证据科学研究院施鹏鹏教授、北京大学法学院吴洪淇教授在我论文预答辩过程中对论文提出的宝贵修改建议。施鹏鹏教授提出,监察取证规则不能只研究监察机关职务犯罪取证规则,论文要创新恰恰还需要研究监察机关职务违法取证规则,以及职务违法取证规则与职务犯罪取证规则的关系、监察取证规则与侦查取证规则的差异。吴洪淇教授指出,论文对证据法的一些基本概念还需要界定清楚,监察取证规则与证据法的关系还可进一步论述清楚。根据这些建议,我增加了大量篇幅讨论监察机关职务违法取证规则与职务犯罪取证规则的关系,以及监察取证规则与证据规则的关系,使得本书的内容体系更为完整。

本书第二章内容以《论监察取证规则的建构逻辑》为题有幸发表在《行政法学研究》2022 年第 5 期。在此特别感谢论文的责任编辑中国政法大学曹鎏教授的支持及对论文提出的宝贵修改建议,使得书稿的问题意识进一步增强。此外,华东政法大学魏昌东教授对这篇论文的理论基础、逻辑结构提供了很多完善建议并给出了有益的方法论指导,在此深表感激。

感谢我单位的多位领导和同事对我的支持和帮助,让我在工作之余成功读完博士并写成了这本书,他们的名字不便在此一一列出,但他们对我的帮助我将永远铭记于心。感谢硕士生导师外交学院孙吉胜教授。我在读博期间有几次回母校看她,在论文面临发表压力时,她告诉我要静心修改,不能浮躁、不能急。每次和她见完面,内心都更加强大,也变得更踏实。感谢最高人民法院杨立新法官,她是领我进入法学领域的启蒙老师,在法大读硕期间听她讲过一次证据法课,从此对证据法产生兴趣。后来,她又为我读博给我写过多封推荐信。她具有法官的正义和智慧,一直坚持学习。与她交流总是能感受到正能量和力量,她是我非常敬佩的老师和前辈。

感谢我的博士同学,龙哥、老袁、许哥、哈哥、曹哥、山哥、喜哥、嘉齐哥、益南、歌旋、丹丹、丁婉静、秋玲姐、曹姐,他们在我读博期间给予了我很多帮助与支持,与他们的交流增长了我的视野,并让读博生活忙中有趣。感谢董帅、晓彪师弟的帮助,他们帮我认真校对了论文全文,并提出了很好的修改建议(他们在读博期间各自在《法学研究》发文一篇,轰动法学界,他们的执著和努力给了我极大的鼓舞。)。感谢吴旭阳师兄的支持,多次请其学生为我博士论文查重,最终确保论文通过了学校的查重检测。感谢同门张硕兄,他从武汉给我带来一本哈特穆特·毛雷尔的《行政法学总论》,这本书网上买不到了,后来是我研究"特别权力关系理论"的重要文献,也使得我的论文涉及了大量行政法知识。感谢其他同门对我的激励,与他们的交流往往使我获得很多信息增量。

承蒙法律出版社的支持厚爱,为本书的出版提供诸多便利与支持。非常感谢责任编辑对书稿提出的宝贵修改意见,对我多次修改书稿给予了充分理解,并做了非常艰辛的文字校核与编辑工作。非常感谢我的多年好友旺哥于百忙之中抽空作画相赠,成功实现我希望封面以具象化方式表达本书主要观点的愿望。具言之,封面正面上的画是一朵盛开的莲花,寓意"廉洁",与本书将"廉洁监察"作为监察取证规则的价值论基础相契合;封面背面的画是一枚指纹与一块呈蔓延状的墨,其中,指纹代表证据,墨代表与贪墨同义的腐败。二者放在一起意指通过收集证据查处腐败、遏制腐败蔓延,这与监察机关调查取证的目的相匹配。因而,封面正反面上的两幅画较好表达了本书的意旨,即监察机关的重要任务是收集证据、查处腐败,维护廉洁价值,同时自身在取证中也应遵循廉洁理念、做到正确用权。

感谢的名单还有很长。正是因为生命中遇到的这些帮助、关心、支持我的人,我的生活得以充满色彩,并收获良多。对于他人的帮助,除了表达和铭记感谢之外,最好的感谢方式应是履行好自己的家庭和社会责任,做好手中的工作,服务社会、帮助其他需要帮助的人。作为一个从事纪检监察学研究和教学的教师,我将以钉钉子、滚石上山的精神,以坚如磐石的心态,在研究和教书育人的道路上持续用力用功,为纪检监察事业的不断进步作出应有的贡献。

"书山有路勤为径,学海无涯苦作舟。"写作是慢工细活,好的文章和书大多是靠反复修改出来的。《监察取证原理与规则》虽经多次修改,但囿于自己的能力水平和认识局限,难免存在疏漏与不足,尚祈有关专家、学者和广大读者不吝赐教。